근대 국어학의 논리와 계보

이 저서는 2011년 정부(교육부)의 재원으로
한국연구재단의 지원을 받아 수행된 연구임(NRF-2011-812-A00111).

근대 국어학의 논리와 계보

최경봉 지음

일조각

일러두기

1. 인용문의 경우 옛 표기는 현대 표기로, 한문이나 국한문은 현대어로 바꿔 제시하였다. 단, 원문
   을 제시할 필요가 있을 때에는 원문을 더불어 제시하였다.
2. 인용문의 밑줄은 저자가 표시한 것이다.

머리말

"우리말을 연구하는 것은 어떤 의미가 있을까?" 국어학에 발을 디딜 때부터 이 책을 쓰는 지금까지 내 머릿속을 떠나지 않는 질문이다. 이는 국어학계가 이 사회로부터 받는 도전적 질문의 하나이기도 하다. 내가 쓴 몇 편의 논문과 책이 이 질문에 대한 내 나름의 답변이라면, 그간 발표된 수많은 국어학 논저는 이 사회에 내놓은 국어학계의 답변일 것이다. 그렇다면 이처럼 방대한 답변을 모두 살펴야만 우리말 연구의 의미를 이해할 수 있는 걸까? 그러나 우리말 연구의 의미를 찾는 모두가 그럴 수 있는 것도 아니고 사실 그럴 필요도 없다. 우리말 연구와 별도로 국어학사를 연구해야 하는 이유가 여기에 있으며, 이 책의 의미 또한 여기에서 찾을 수 있다.

이 책은 근대 이후의 국어학 업적을 섭렵하여 우리말 연구의 의미를 이해하려는 이들을 위한 것이다. 그런데 이 책이 기존의 국어학사와 다른 점은 국어학 업적을 정리하고 그 흐름을 보이는 연구사적 서술을 탈피하려 했다는 데 있다. 연구사적 서술을 탈피한다는 것은 우리말 연구의 의미를 좀 더 직접적으로 보이는 데 주력한다는 뜻이다. 이를 위해 이 책에서는 앞선 질문을 다음과 같이 바꿔 이에 답하려 했다. "국어학계는 우리말을 연구하는 것의 의미를 어떻게 인식해 왔는가?"

'인식의 흐름'에 초점을 둠으로써, 이 책에서는 근대 이후 국어 연구의 흐름을 시대정신과 관련지어 거시적 차원에서 조망하는 서술 방식을 취했다. 이에 따라 특정 시대에 공유되던 우리말 연구의 문제의식이 무엇이고, 한 시대의 문제의식이 해소되며 연구 방향이 전환되는 계기는 무엇인지를 포착하는 데 주력했다. 이는 자연스럽게 시대정신과 국어학적 문제의식을 공유하던 인물들 간의 영향 관계를 탐구하는 것으로 이어졌다. '근대 국어학의 논리와 계보'라는 이 책의 제목은 근대 국어학사로서 이 책의 특징을 그대로 드러낸다.

이 책은 총 4부로 이루어졌다. 서론을 포함하는 제I부에서는 서술 태도, 서술 대상, 시대 구분의 기준 등과 같은 서술 방법론을 재검토하면서 이 책의 서술 방향과 원칙을 제시했다. 이 책의 특징이 서술 방식에 있는 만큼 제I부의 논의에는 이 책의 문제의식이 집약되어 있다. 본론에 해당하는 제II, III, IV부는 우리말 연구의 시대적 전환점을 포착하여 구획했다.

제II부에서는 근대 초기(1894~1910)의 문법 연구가 언문일치 실현과 국어 정체성 규명이라는 시대적 과제를 의식하며 문법 기술 내용을 결정했음을 가정하고, 이를 입증하는 차원에서 이 시기의 국어관과 국어정책, 문법서의 상호텍스트성, 서구 문법학과 전통 문법학의 수용과 계승 문제를 다뤘다.

제III부에서는 일제강점기(1910~1945) 동안 조선어학회를 중심으로 이루어진 우리말 연구의 논리와 성과를 서술하는데, 조선어학회의 구심력에서 벗어나고자 했던 다양한 시도들에도 주목하며 우리말 연구의 논리가 다변화되는 맥락을 살폈다. 이에 따라 서구 언어학 이론을 수용한 맥락과 논리, 다양한 언어관이 대립·공존했던 당시 조선어학계의 양상 등을 비중 있게 다뤘다.

제IV부에서는 해방 이후 국어를 재정립해야 하는 시대 상황에서 조성된 우리말 연구의 논리와 성과를 서술하는 한편, 이러한 근대적 과제에서 벗어나 학문으로서의 국어학을 모색하던 전환기의 논리와 연구 양상을 더불어 살폈다. 그리고 국어학이 새로운 국면에 진입한 1965년 이후의 상황을 서술하면서 현대 국어학의 전개 과정에서 대두된 시대정신과 문제의식의 특성을 이전 시기의 것과 대비했다.

이 책을 기획한 게 2009년의 일이다. 그 당시는 역사적 맥락에서 근대 국어학의 좌표를 그림으로써 국어 연구의 현재적 의미를 제시한다는 문제의식만 있었다. 문제의식을 심화하는 과정에서 국어 연구의 흐름을 시대정신과 관련지어 거시적 차원에서 조망하는 시도가 없었다는 사실에 주목하게 되었고, 이러한 문제의식을 구체화하여 2010년 「국어학사의 서술방법론에 대한 비판적 고찰: 근대국어학사의 서술 문제를 중심으로」란 논문으로 발표했다. 논문 발표를 계기로 이 책의 집필 방향이 결정되었는데, 집필을 본격화한 것은 2011년 한국연구재단의 저술 지원을 받게 되면서부터다.

준비 시간이 길었던 만큼 집필을 시작할 때만 해도 2014년이면 출판 직전 단계에 이를 수 있을 거라 자신했다. 그 자신감에는 근대 국어학사에 관심을 가지고 공력을 기울였던 십여 년 동안 이룬 성과물에 대한 믿음도 담겨 있었다. 결국 출판 직전의 단계는 아니지만 예상한 시간에 얼추 맞춰 성글게나마 초고가 만들어졌다. 그러나 아는 만큼 보인다고 했던가! 읽었던 논저를 다시 읽을 때 새로운 사실을 깨닫게 되는 경험을 반복하며 내용을 수정하는 일도 빈번해졌다. 마침표를 찍지 못하고 수정과 보완에 분주했던 시간이 일 년을 넘었다. 그러니 이 책에서 다룬 모든 논저를 완전히 이해하고 이것의 역사적 의미를 제대로 평가했다고 자신할 수는 없을 터. 다만 나의 지적 한계로 인한 오류로부터 독자들의 참신한 문제의식이 싹트기를 기대할 뿐이다.

이 원고를 품에 안고 지내는 동안 나는 대학원 과정으로 돌아간 듯 은사인 김민수 선생님의 책을 다시 읽으며 국어학사 서술의 기본 태도를 익혔다. 그리고 각별한 마음가짐으로 매달 선생님을 찾아뵈었다. 해방 이후 학풍의 혁신을 주창하며 신세대 학술 운동을 주도했던 선생님으로부터 책에서는 읽을 수 없는 이야기를 수도 없이 들었다. 그 시대의 분위기를 경험한 듯 느끼며 근대 국어학사를 집필할 수 있는 사람이 내 세대에 몇이나 될까? 단언컨대 선생님의 지도를 받는 행운을 잡았기에 이 책을 쓸 수 있었다.

선생님과 사제의 인연을 맺고 지낸 세월이 32년. 긴 시간이었지만 돌이켜 보면 나의 게으름과 모자람으로 배울 수 있는 것을 배우지 못한 게 배운 것보다 많다. 근래 병환으로 약해지신 선생님을 뵐 때마다 후회한다. "왜 그때 선생님의 말씀을 제대로, 귀담아 듣지 않았을까?", "왜 그때 선생님께 이걸 묻지 않았을까?"

능력은 턱없이 모자라지만 선생님을 따라 하고 싶은 마음에 선생님의 저서 『신국어학사』를 출간한 일조각의 문을 두드렸다. 국어학 서적의 시장성을 의심할 수밖에 없는 현실이지만 김시연 대표께서는 『신국어학사』를 잇는 책이 나와야 한다는 소신을 밝히며 이 책의 출판을 결정하셨다. 더구나 꼼꼼하기 이를 데 없는 황인아 과장은 엉성한 상태로 넘긴 원고를 버젓한 교정지로 둔갑시켜 내게 보냈다. 일조각의 출판 철학과 그 철학을 뒷받침하는 편집진의 정성에 경의를 표한다.

내가 이 책을 집필하는 동안 내 삶의 동반자인 박유희 선생은 한국문예영화사를 집필했다. 분야는 다르지만 학문사를 집필하는 동지로서 서로에게 의지하는 바가 컸다. 이 책으로 그와 나를 잇는 고리가 하나 더 늘었다. 기쁘다.

2016년 새해를 맞으며
최경봉

차례

I

근대 국어학사를
어떻게 서술할 것인가

지금까지 근대 국어학사의 서술 방법론을 관통해 온 일관된 문제의식은 학설사學說史로서의 국어학사를 완성하는 것이었다. 따라서 근대 국어학사 논의는 언어이론의 수용과 적용이라는 틀로 국어학 논의를 정리하는 것, 연구 자료를 재해석하거나 새로운 연구 자료를 발굴하여 연구의 흐름을 실증하는 것 등으로 제한되었다. 이로써 연구 대상과 목표는 명확해졌지만, 이러한 서술로는 국어 연구의 흐름을 시대정신과 관련지어 거시적 차원에서 조망할 수 없었다. 이에 대한 문제의식이 이 책의 출발점이라 할 수 있다. 이 책에서는 특정 시대에 공유되었던 국어학 연구의 문제의식이 무엇이고 한 시대의 문제의식이 해소되며 연구의 방향이 전환되는 계기는 무엇인지에 대한 논의를 중심으로 국어 연구의 흐름을 서술할 것이다.

그런데 근대 국어학사 서술과 관련하여 새삼 주목해야 하는 사실은, 21세기에 조망하는 근대 국어학이 20세기 중후반에 조망했던 근대 국어학과 동일할 수 없다는 점이다. 서술자의 시점이 달라지고 시야가 넓어질 수 있는 시간적 거리가 확보되었다는 말이다. 이는 근대 국어학의 성격에 대한 논의를 심화할 수 있는 조건이 형성되었다는 것을 의미하는 동시에, 서술 태도, 서술 대상, 시대 구분의 기준 등과 같은 서술 방법론을 재검토해야 한다는 것을 의미한다. 제1부를 할애하여 서술 방법론과 관련한 논의를 별도로 진행하는 것은 이러한 문제의식 때문이다.

1

어떤 태도로 무엇을 서술할 것인가

언어는 발전할 수 있는 것인가? 발전과 변화가 다른 말이라면, 이 질문에 대한 답은 최소한 두 가지로 나뉠 것이다. 그럴 수 없다거나 그래 왔다거나 (혹은 그래야 한다거나). 그러나 현대 언어학자들은 대부분 그럴 수 없다고 대답하거나 질문이 그리 적절하지 않다고 충고할 것이다. 현대 언어학의 관점에서 볼 때, 언어는 가치중립적으로 존재하고 목적의식 없이 변화하는 것이기 때문이다. 이러한 믿음 아래 현대 언어학은 언어 내적인 측면에서 언어의 존재 양식과 실현 양상을 설명하는 데 집중해 왔다.

이처럼 언어 외적인 작용을 차단하는 연구 태도는 언어 연구의 전개 과정을 고찰하는 데에도 영향을 미쳤다. 이로 인해 언어학사는 언어이론의 설명력을 비교하면서 이론의 전개 과정을 서술하는 학설사의 성격을 띠게 되었다. 이런 점에서 국어학사의 서술 방법론이 학설사를 목표로 체계화된 것은 자연스러운 현상이다.

그런데 외부에서 수립된 언어이론을 도입하고 적용하는 데 집중했던 국어학 연구사에서 학설사는 왜곡된 형태로 나타날 수밖에 없다. 외부 언어이론의 도입은 설명력이 뛰어난 이론을 선택하는 것이기도 하지만, 실질적으로는 이론에 얼마나 쉽게 접근할 수 있는가와 이론을 도입하게 된 맥락 등 학설 외적인 조건에 따라 국어 연구의 경향이 결정될 수 있기 때문이다. 더구나 언어이론의 계보에는 편입되지 않는 국어 연구의 성과를 평가하는 문제, 연구자와 연구 지역을 가려 서술 대상을 선택해야 하는 문제 등을 고려하면, 학설사만을 지향하는 국어학사가 성립할 수 있는지에 의문을 던지게 된다.

이러한 문제의식에 따라 이 장에서는 학설사를 지향하는 기존 국어학사의 서술 방법론을 반성적으로 검토하면서, 이 책의 서술 태도와 대상을 밝히고자 한다.

1.1. 서술 태도

근대 국어학의 특징을 어떻게 드러낼 것인가

국어학사에 대한 정의는 다양하지만, 이를 관통하는 문제의식은 학설사로서의 국어학사를 체계적으로 서술해야 한다는 것이다.

> 국어학사에 대한 정의
> 가. 국어 연구사란, 역대 국어학자들이 이룩한 우리 말과 글에 대한 학술적 연구를 분석하여, 그 학맥[1]을 모색하는 학문이라 할 수 있다(김석득, 1983: 9).
> 나. 국어학사는 이와 같은 언어학으로서의 국어학의 연구사를 뜻하며, 우리나라 학문사의 하나로서 자리를 차지한다(강신항, 1996: 15).

여기에서 주목해야 할 부분은 "학맥을 모색"과 "언어학으로서의 국어학

---

1 김석득(1983: 9)에서는 "그 시대적 철학을 배경으로 하여 이루어진 이론적 학문을 통시적으로 연결 지어 놓으면, 이것이 이른바 학맥"이 된다고 설명하고 있다.

의 연구사"인데, 이는 국어학 연구의 배경이 되는 언어이론과 그 배경 철학을 근거로 국어학사를 서술해야 함을 의미한다. 이에 따라 국어교육, 국어정책, 서지해제 등과 같은 주제가 국어학사의 서술 대상에서 배제되기 시작했고, 국어학사의 서술은 '언어학으로서의 국어학'의 연구사라는 관점에서 국어 연구의 방법론이 된 언어이론과 그 배경 철학을 파악하는 데 할애되었다.

그러나 이러한 서술 방법으로는 국어 연구의 흐름을 거시적인 측면에서 짚어 내기 어렵다. 특정 연구를 추동하고 특정 이론을 선택하는 데 영향을 미친 요인을 밝히거나 국어 연구의 논리와 경향성에 내재한 시대정신을 파악할 수 없다는 말이다.

어떤 언어이론이 서구의 철학을 배경으로 나왔더라도, 그것이 국어학에 적용될 때는 당대 한국의 조건 및 시대정신에 따라 적용 양상이 달라진다. 이것이 국어학사와 언어학사의 서술 태도가 달라지는 지점이다. 그렇다면 국어학사는 학설사로 그칠 것이 아니라, 언어이론의 도입과 적용 양상을 시대적 조건 및 시대정신과 관련지어 서술할 필요가 있다. 이런 점을 고려할 때 유창균兪昌均(1969: 12)의 언급은 음미할 필요가 있다.

> 사실의 인식은 심리적 인과관계와 사회가치와 관련되는 인과관계에 입각하고 있다. 심리적 인과관계는 결과된 학설이 개인의 심리적 원인·동기·목적에 해당하고, 사회적 가치와 관련되는 인과관계는 사회적 배경을 의미한다. 그러므로 국어학사는 그 학설을 발전시킨 학자의 연구는 물론이요, 유형적이고 집단적인 사상, 집단운동과 일반적 상태에 대한 연구까지도 전부 포함한 것이다.

유창균은 언어 의식의 전개 과정을 중시하는 태도를 보이고 있는데, 이는 의식사와 문화사로서의 국어학사를 강조한 김민수金敏洙의 서술 태도와 같다.[2] 그런데 문제는 김민수와 유창균이 강조한 '언어 의식(국어 의식)'은 체계적인 언어 연구가 없었던 훈민정음 창제 이전 시기의 국어학을 설명하는 차원에서 강조된 것이라는 점이다. 이는 "근대 이후의 국어학사는 학설사에 해당하지만, 그 이전의 국어학사는 본질적으로 국어현상을 발견해 내는 의식사의 성격이다"(김민수, 1980: 9~10)라는 언급에서도 확인할 수 있다.

이러한 한계 때문에 이들은 국어 의식의 변화와 시대정신의 특수성 등을 언급하며 근대 국어학사를 서술했음에도, 국어 연구를 추동한 계기를 포착해 근대 국어학사의 흐름을 설명하는 데에는 이르지 못했다. 이처럼 기존 국어학사에서 언어이론의 수용과 전개 과정을 국어 의식과 관련지어 체계적으로 기술하지 못한 것은 이를 분리해 인식하는 태도 때문이다.[3] 따라서 이러한 서술 태도로는 근대 국어학의 성격을 제대로 보여 주기 어렵다.

근대 이후 진행된 국어학은 국어 정립[4] 문제와 관련하여 연구되었고, 근대 이후 형성된 '국어 의식'은 우리말에 대한 단순한 인식이 아닌 우리말의 발전 방향에 대한 논리, 즉 '국어 사상'으로 이해할 수 있다. 그렇다면 국어학 이론으로서의 '학설'과 국어 사상을 의식하며 형성된 국어학의 '논리'를 종합하여 근대 국어학사를 서술할 때, 근대 국어학의 전모를 제대로 드러낼

---

2 김민수(1964)의 서술 태도는 의식사와 문화사를 학설사와 결합해야 한다는 것이었고, 이는 이 책의 개정판인 김민수(1980)로 이어진다.

3 학설사로 일관하는 국어학사의 문제점은 이상혁(2007ㄱ)에서도 지적한 바 있는데, 이 연구도 국어학사에서 '의식사'가 별도의 분야로 서술되어야 함을 주장하는 데 그쳤다. 국어학사를 '의식사+문헌사'와 '연구업적사(학술연구사)'로 나누는 것이 하나의 대안으로 제시되었다.

4 국어 정립은 국어 규범의 근간을 마련함으로써 국가 내의 통일적인 의사소통 체계를 완성하는 것을 의미한다. 근대 민족국가들은 공통적으로 국어사전을 편찬하고 표준문법을 제정하는 등의 국어 정립 활동을 전개했다.

수 있을 것이다.

국어 연구의 논리에 담긴 시대정신을 어떻게 포착할 것인가

해방 이후 구조주의 언어이론이 국어 연구에 본격 적용되면서 언어의 분석 방법론을 이해하는 것이 국어학계의 주요 관심사로 부각되었다. 이를 보면 국어 의식과 국어 연구의 논리를 관련짓는 서술 태도를 해방 이후 국어학의 흐름을 설명하는 데 적용할 수 있는지에 의구심이 들 수 있다.[5] 언어의 분석 방법론은 국어 의식과 관계없이 국어 현상을 분석하는 데 적용될 수 있기 때문이다.

그런데 여기에서 주목할 점은, 해방 이후는 언어의 분석 방법론이 수용되는 시기임과 동시에 일반언어학과 구별되는 국어학의 학문 체계를 세우는 시기였다는 사실이다. 따라서 언어이론을 수용하는 맥락과 언어이론의 수용과 관련한 국어학적 논리를 살펴볼 필요가 있다. 당시 국어학계에서는 서구 이론의 도입과 국어 연구의 체계화가 동시에 이루어지면서 국어학의 연구 방향과 관련하여 치열한 논쟁이 전개되었다.

1930년대 이후의 상황을 "인지적인 관점에서 설 때, 한국의 언어학이 주시경周時經(1876~1914) 이후의 실용적 언어연구를 바탕으로 한 관념론과, 서구의 역사언어학의 영향을 받은 실증론으로 갈라질 수 있는 씨앗이 뿌려졌다고 말할 수 있다"(고영근, 2001 ㄴ: 37)는 고영근高永根의 설명을 통해 본다면, 해방 이후는 어문민족주의를 강조한 관념론과 과학으로서의 언어학 연구를 강조한 실증론이 본격적으로 대립한 시기라고 할 수 있다.

---

5 강신항·김석득(1985)에서는 국어 의식과 국어 연구의 논리를 관련짓는 방식으로 국어학사를 서술하는 것은 개화기의 국어학 연구로 한정된다고 지적한 바 있다.

대립의 심각성은 이숭녕李崇寧의 표현에서 짐작할 수 있는데, 그는 "주시경학파의 관념적이고 실용적인 한국어 연구는 애국적 쇼비니즘에 기울어진 학풍"이라고 비판하면서 과학으로서의 언어학 연구와 일반언어학에 입각한 한국어 연구의 필요성을 강조했다. 국어국문학회國語國文學會(1952)가 결성되면서 실증론자들의 문제제기가 조직적으로 이루어지는데, 국어국문학회 설립을 주도한 김민수의 문제제기는 당시 신진 국어학자들의 인식을 잘 보여 준다.

> 제 나라의 어문연구를 국학운동이나 애국실천의 부분으로 인식했던 지금까지의 구세기적 관점 내지 방법론을 일축하고, 오로지 세계문화에 기여하는 과학적 방법론 위에 견실하게 터잡힌 진정한 국어 국문학을 수립하려는 열의로 굳게 뭉쳐 나아가자는 주장이었다. 그리하여, 기성관념에 구애되지 않고, 오히려 백지로 환원하여 과거를 모조리 재검토해야 한다는 좀 건방진 태도로 의기가 높았다.[6]

과학적 방법론, 즉 일반언어학 이론에 입각한 연구를 국어학의 발전 방향으로 제시했다는 것은 역설적으로 국어학사의 전개 과정이 순수한 학술사적 관점으로 서술될 수 없음을 나타낸다. 실증론자들의 문제제기는 언어이론 간의 차이에서 비롯된 것이 아니라 일반언어학에 입각한 국어학의 필요성을 강조하는 것이기 때문이다. 즉 '과학으로서의 언어학 연구'에는 역사주의 언어학이냐 구조주의 언어학이냐의 차이가 중요한 것이 아니라 언어학적 관점으로 국어학의 체계를 세웠느냐 그렇지 않으냐가 중요한 것이다. 고영근이 언어학적 관점의 연구를 범박하게 '실증론'이라고 표현한 것도

---

6 김민수, 학풍의 혁신(상), 『국어국문학』 18, 1957.

이러한 사정에서 비롯되었을 것이다.

그런데 언어이론의 도입과 적용을 본격화하는 과정에서 나타난 연구 경향의 변화도 '국어 정립'이라는 시대적 과제의 자장磁場 안에서 이루어졌다는 점에 주목할 필요가 있다. 위에서 강조하는 과학적 방법론에 의한 국어학 연구는 아래의 『중·고등 학교 국어 문법 지도 지침』을 통해 재차 강조되고 있다. 이는 국어학의 연구 방향과 관련한 사상적 갈등이 학교문법에서의 헤게모니 경쟁으로 분출되고 있었음을 나타낸다.

> 이 태도는 전통과 본질을 극히 중요시함으로써 민족애에 호소하고, 사계의 뜻있는 이의 공명을 일으킬 수 있다. 국어가 훌륭하다는 견지에서 서구 문법이나 일반 언어학에 대하여 배타적인 태도로 확립할 수 있다고 보는 태도다. 이 경향은 세계 문화와 교류할 수 없는 처지에 놓이기 쉬운 것이 한 폐단이라 하겠다. (중략) 우리가 가장 눈여겨 보아야 할 올바른 태도는 반드시 양자를 지양하는 데에 있는 것도 아니다. 일반 언어학一般言語學과 교류되며, 특정 언어학特定言語學의 한 분과로서 가질 바를 취하는 데에 있다고 본다. 이는 일반 문법과 제휴하자는 가장 비판적인 태도이니, 일반 문법적 태도라고 할 만하다.[7]

국어문법 지도 지침에서 특정 언어학의 한 분과인 국어학을 연구할 때 일반언어학으로부터 가질 바를 취하는 태도를 보여야 함을 강조하는 것은 이례적이다. 이는 언어의 보편성과 국어의 특수성을 더불어 고려하는 태도가 필요하다는 뜻인데, 국어교육에서까지 과학적 연구 방법론을 강조한 것은 국수주의적 태도를 배격하는 것에 교육적 의미를 부여했기 때문이다.

---

7 문교부, 『중·고등 학교 국어 문법 지도 지침』, 1962, 6~7쪽. 『역대한국문법대계』 1-99의 해설에는 김민수가 문교부의 위촉을 받아 이 문법 지도 지침을 작성한 것으로 나와 있다.

이러한 시대적 상황을 고려한다면, 문법교육 및 국어정책의 목표 등 언어 이론 외적인 사항들과 관련지어 국어학의 연구 양상을 서술할 필요가 있다. 즉, 특정 논의 혹은 연구 경향이 나타나는 외적 조건과 관련지어 연구의 특징과 그것의 국어학사적 의의를 설명해야 한다는 것이다. 이는 앞서 강조했던 바와 같이 국어학 이론으로서의 '학설'과 국어 사상을 의식하여 형성된 국어학의 '논리'를 종합한 국어학사를 서술하는 것이다.

1.2. 서술 대상

국어학을 "한국어를 대상으로 한 언어학적 탐구"라고 정의하는 것은 바람직한가? 이 정의가 틀렸다고 할 수는 없지만 이를 만족스럽게 받아들일 수도 없다. 국어학의 의미를 일반언어학에 대응되는 특정 언어학으로 한정할 수 없는 역사적 맥락이 있기 때문이다.

학문으로서 국어학은 근대적 개혁이라는 역사적 맥락 안에서 형성되었다. 그리고 일제강점기, 해방, 독립국가 수립 등 외적 상황의 영향을 받으면서 국어학의 학문적 정체성이 분명해졌다. 따라서 국어학의 연구 성과를 한국어에 대한 언어학적 연구 성과와 동일시할 수 없으며, 연구자와 연구자가 진행한 연구의 성격에 따라 국어학사의 서술 대상을 한정할 필요가 있다.

서술 대상이 되는 연구자를 한정하는 것의 의미

국어학사의 서술 대상에 포함할 '연구자의 범위'를 정하는 것이 왜 중요할까? 연구자의 성격에 따라 우리말 연구의 거시적 지향점이 달라지면서 연구의 성격이 달라질 수 있기 때문이다. 이 때문에 서술 대상을 내국인의 연구로 한정할 것인지 외국인의 한국어 연구까지를 포함할 것인지는 일찍부터 논란이 되었다.

역사적으로 볼 때, 조선인의 손으로 조선적인 것을 연구할 것을 천명하며 시작된 1920년대 조선학에서의 문제의식에는 민족적 구별 의식이 강하게 나타난다. 그런데 이러한 구별 의식이 단순하지 않은 것은 이것이 학문의 거시적 지향점에 대한 고민에서 비롯된 것이기 때문이다. 이는 1910년 조직된 조선광문회朝鮮光文會의 활동과 1921년 조직된 조선어학회朝鮮語學會의 활동을 통해서도 확인할 수 있다. 조선광문회는 조선총독부의 조선어사전 편찬에 맞서 『말모이』라는 독자적인 조선어사전 편찬 사업을 전개한 바 있고, 조선어학회는 1920년 조선총독부가 『조선어사전』을 편찬한 이후에 별도의 조선어사전 편찬 사업을 벌였다. 이때 조선어사전의 편찬 주체에 주목하는 것은 편찬 주체의 성격에 따라 편찬의 목적과 사전의 체제가 달라졌기 때문이다.

국어학사에서 다룰 연구자의 범위를 어떻게 정해야 할 것인지에 대해서는 김병제金炳濟의 논의가 두드러지는데, 김병제(1984: 16)에서는 "조선어학사에서는 조선사람이 쓴 조선말연구에 관한 것만 다루기로 한다"고 하면서 국어학사의 연구 대상을 분명히 하고 있다. 그는 이러한 기준을 엄격히 적용하여, 외국어 학습을 위한 연구물(『박통사언해朴通事諺解』, 『첩해신어捷解新語』 등)이나 외국인들의 연구물(『계림유사鷄林類事』, 『조선관역어朝鮮館譯語』 등)을 국어학사의 서술 대상에서 제외시켰다.

이러한 관점을 근대 국어학사 서술에 적용하면, 서양인과 일본인의 국어학 연구, 그리고 내국인의 외국어 연구 등은 서술 대상에서 제외되어야 할 것이다. 그런데 그간의 논의를 보면 내국인의 외국어 연구 등은 자연스럽게 서술 대상에서 제외되었지만,[8] 외국인에 의해 진행된 국어학 연구를 어떻게 봐야 하는지에 대해서는 서술자 간에 차이를 보인다. 유창균, 김민수, 강신항姜信沆 등이 서술한 국어학사에서는 외국인의 역할을 적극적으로 서술한 반면, 김석득金錫得이 서술한 국어학사에는 이러한 부분이 서술되어 있지 않다. 김석득은 앞서 거론한 김병제와 같이 한국인에 의한 우리말 연구만을 국어학사의 서술 대상으로 삼았다.

그러나 우리말 연구의 역사에서 외국인의 역할을 완전히 무시할 수는 없는 현실에서, 고영근은 개화기에 진행된 서양인들의 연구는 엄격한 의미에서 국어학사의 서술 대상은 아니지만 참조할 필요는 있다는 입장을 취했다. "조선조시대의 우리 선인들의 업적과 서양인들의 연구는 국어학적 인식 활동의 소산이라는 점에서 완전히 배제될 수는 없다. 이들 연구들을 '국어학적 업적'이라 불러 참된 의미의 '국어학 업적'과 구분하여 처리하는 것이 좋다"[9](고영근, 1985: 7)고 본 것이다.

그런데 어떤 연구를 국어학사의 서술 대상에 포함할 것이냐 말 것이냐를 결정하는 가장 중요한 기준은 '국어학에 끼친 영향'이 되어야 할 것이다. 이런 점에서 "그들의 사전편찬이나 문법기술은 다 그들의 목적과 편의를 위한 것이었다. 순수한 학술적 업적이 아니므로, 내국인에게는 크게 영향되지 못했다. 반면에, 국어계통이나 정음正音기원에 관한 견해는 의욕적이지만, 거의 실증적인 고증이 불충분했다. 로마자표기나 일인日人의 국어연구도 또한 대개 그들의 목적을 위한 수단이었다고 생각된다"(김민수, 1980: 240)라는

---

8 근대 이전 내국인이 행한 외국어 연구, 즉 역관들의 언어 연구를 국어학의 업적으로 본 것은 근대 이전에는 우리말에 대한 체계적 인식이 대부분 외국어와의 대비를 통한 인식이었다는 현실적 한계를 인정한 것이라 할 수 있다. 그러나 근대 이후 이러한 관계가 역전되면서 내국인이 행한 외국어 연구는 자연스럽게 국어학 연구에서 제외되었다.
9 고영근은 근대 이후 한국인에 의한 국어 연구를 참된 의미의 국어학 업적으로 본다.

평가는 음미할 필요가 있다.

'국어학에 끼친 영향'을 기준으로 삼으면 연구자의 출신을 제한하지 않아 서술 대상을 선정하는 기준이 유연해지지만, 김민수의 평가를 서술 대상 선정을 위한 기준으로 삼았을 때는 개화기부터 이루어진 외국인의 우리말 연구 대부분을 국어학사의 서술 대상에서 제외하는 결과를 가져온다. 이는 결과적으로 연구자가 처한 조건에 따라 학문의 거시적 지향점이 달라짐을 다시금 보여 준다.

그런데 이러한 기준에도 불구하고 일제강점기에 진행된 일본인 조선어학자들의 연구를 평가하는 데에는 다소 복잡한 면이 있다. 첫째, 이들의 연구는 당시 조선어학회를 중심으로 진행된 조선어 연구와 대비해서 고찰할 필요가 있다. 둘째, 일본인 조선어학자들의 영향을 받은 경성제국대학 출신 국어학자들이 국어학에서 차지했던 위상을 고려할 때, 일본인 조선어학자들의 연구를 '외국인에 의한 국어연구'와 한데 묶어 취급할 수는 없다. 셋째, 일제강점기라는 특수한 시대적 상황에서 일본인 조선어학자와 조선인 조선어학자의 정체성은 중첩되는 측면이 있다.

특히 경성제대 조선어문학과 졸업생들의 학문적 경향은 이들을 교육한 오구라 신페이小倉進平(1882~1944), 고바야시 히데오小林英夫(1903~ 1978),[10] 고노 로쿠로河野六郎(1912~1998) 등으로부터 지대한 영향을 받았다. 1930년대 조선어학계에 부여된 '조선어학의 과학화'라는 시대적 과제를 가장 예민하게 의식한 이들은 경성제대 조선어문학과의 졸업생인 이숭녕(1908~1994), 이희승李熙昇(1896~1989), 방종현方鍾鉉(1905~1952) 등이었다.

---

10 고바야시 히데오의 경우는 조선어학자가 아니라 언어학자라는 점을 감안할 필요가 있다. 그런데 고바야시를 포함한 것은 그가 이숭녕, 김수경 등에 끼친 영향이 지대했기 때문이다.

이런 이유로 일본인 학자들의 조선어 연구가 국어학에 어떤 기여를 했고 어떤 영향을 미쳤는지에 대한 검토가 더 정밀히 이루어질 필요가 있다. 이 책에서는 일본인 조선어학자의 연구를 직접적인 서술 대상에 포함하지는 않지만 이들이 경성제대를 통해 조선인 학자들에게 미친 영향을 실증함으로써 이들이 근대 국어학사에서 차지하는 위상을 보이고자 한다.

서술 대상에 포함할 영역은

국어 정립을 목표로 했던 근대 국어학은 국어교육, 국어정책, 국어운동 등과 유기적으로 연결되어 발전했다. 따라서 근대 국어학사를 제대로 서술하기 위해서는 국어학과 국어교육, 국어정책, 국어운동 간의 관련성을 포착하여 이를 서술해야 할 것이다. 이들은 학설사에서 의도적으로 배제하려 한 영역이다.

그런데 국어교육, 국어정책, 국어운동 등과 관련한 연구가 광범위하게 진행된 만큼 이를 근대 국어학의 전개와 연관 지어 서술하는 것은 쉬운 일이 아니다. 그렇다면 어떤 방법으로 이러한 영역과의 관련성을 효과적으로 서술할 수 있을 것인가? 이를 위해 특별히 주목할 영역은 인물론 및 계보론이다. 국어학, 국어교육, 국어정책, 국어운동 등이 유기적으로 연결되어 발전해 온 근대 국어학의 특성을 고려하면, 국어학 연구자의 삶과 사상, 그리고 인물들 간의 영향 관계를 서술하는 것은 자연스럽게 이들 영역과 국어학을 연결 지어 서술하는 효과를 나타낼 것이다.

이는 국어학의 계보를 파악하는 연구와도 관련된다. 현재 국어학의 계보론은 한글전용파와 국한혼용파의 구분 수준을 넘어서지 못하고 있다. 그러나 인물론을 중심으로 국어학사의 서술 대상을 확장하다 보면, 국어학의 계보론은 학회 정립사,[11] 각 대학 국어국문학과의 발전사 등과 관련되어 논의가 심화될 것이다. 이는 이 책에서 시도하고자 하는 바이다.

　인물론을 중심으로 국어학사의 서술 대상을 확장하는 접근은 남북한 국어학사를 통합하여 서술하는 데 더욱 필요하다. 분단 이전과 이후에 걸쳐 활동한 국어학자와 그 후속세대 국어학자들에 대한 고찰은 남북한 국어학의 연구 흐름을 일관성 있게 서술할 수 있는 근거가 되기 때문이다.[12] 이 또한 이 책에서 시도하고자 하는 바이다.

---

11 반세기 이상의 역사를 가진 국어학 관련 학회들이 학회 차원에서 학회사를 작성한 경우가 있는데, 이러한 기초 자료를 바탕으로 인물론을 학회사와 더불어 서술할 수도 있을 것이다.
12 분단 이전과 이후에 활동했던 북한의 국어학자로는 이극로, 김수경, 김병제, 홍기문, 정열모 등을 들 수 있는데, 이들은 월북 이전까지 남한 국어학계에서 중추적 역할을 했고, 월북 이후 북한 국어학의 초석을 놓은 인물들이다.

2

근대를 어떻게 구획하여 서술할 것인가

우리말에 관심을 보이고 이를 연구한 역사를 되짚어 보려면 천 년이 넘는 시간을 거슬러 올라가야 한다. 이두와 향찰은 우리말의 유형에 대한 인식을 체계화한 결과물이며, 훈민정음은 당대 언어학을 응용한 성과이다. 우리말의 정체성 인식에 초점을 둔다면 이러한 성과를 근대정신의 발로로 볼 수 있는 여지는 있다. 그런데 근대 학문이 서구 학문과의 접촉을 통해 이루어졌다는 것을 전제하는 상황에서는, 근대 국어학의 흐름을 서구 언어이론의 도입과 적용 양상을 검토하며 설명하는 것이 일반화되었다. 이러한 점을 보면 다음과 같은 질문이 생길 수밖에 없다. 근대 국어학을 어떻게 규정해야 하며, 언제 시작되었다고 봐야 하는가? 그리고 근대 국어학은 어떻게 전개되어 현재에 이르렀는가?

이 질문의 답을 탐구하는 과정에서 우리는 '국어'와 '국어학'이라는 새로운 개념어가 탄생하는 맥락에 주목하게 될 것이며, 국어학의 연구 논리가 시대정신의 흐름과 맥을 같이함을 발견하게 될 것이다. 따라서 시대 구분과 관련한 문제들을 검토하는 것은 곧 근대 국어학의 성격을 규정하는 일이라 할 수 있다. 근대 국어학의 기점, 근대와 현대의 구분, 일제강점기의 성격 규정 등으로 나누어 위의 질문에 답해 보며 근대 국어학의 성격을 가늠해 보자.

2.1. 근대 국어학의 기점

'근대'의 성격에 대한 논의는 다양하게 이루어졌는데, 이 논의에서 가장 두드러지게 거론된 것은 '민족'이었다. '민족의 의식화'와 '민족국가의 수립' 등과 관련한 문제가 근대 논의의 핵심 주제가 된 것이다. 이는 근대 국어학의 성격을 규정하는 데에서도 마찬가지다. '민족의 의식화'는 타 언어와 비교하여 우리말을 객관화하는 연구를 촉발했고, '민족국가의 수립'은 우리말의 공공성을 확장하기 위한 연구, 즉 국어의 정립을 위한 연구의 계기가 되었기 때문이다.

따라서 근대 국어학의 기점을 논의하는 데에서 핵심적인 사항은, '국어國語'와 '국문國文'이란 개념어로 우리말과 우리글의 존재를 재인식하게 된 맥락을 파악하고 국어와 국문을 정립하기 위한 규범화 연구를 언제 시작했는지를 파악하는 것이다.

갑오개혁은 우리말 연구의 전환점인가
국어학사가 학문적으로 체계화된 이후 근대 국어학의 기점을 어떻게 파악하고 있는지 살펴보자.

근대 국어학의 기점에 대한 견해 비교
  1. 김민수(1980): 근대(1894~1945)
  2. 유창균(1969): 최근세(갑오경장 이후)
  3. 강신항(1996): 3기(개화기 이후)
  4. 김병제(1984): 3기(19세기 60년대~20세기 10년대)

김민수金敏洙와 유창균兪昌均의 연구는 최초의 국어학사인 김윤경金允經의 『조선문자급어학사朝鮮文字及語學史』(1938)에서 설정한 시대 구분을 수용하고 있다. 여기에서 시대 구분의 분기점은 갑오개혁甲午改革인데, 김윤경은 봉건제도를 근대적으로 개혁하게 된 계기로서 갑오개혁에 주목한 것이다. 그렇다면 갑오개혁을 분기점으로 보는 견해는 우리말 연구의 경향에 기초한 것인가? 아니면 갑오개혁이라는 역사적 사건을 국어학사의 시대 구분에 기계적으로 적용한 결과인가? 김민수와 유창균의 서술에서는 우리말 연구가 갑오개혁을 전후해서 어떻게 변화했는지를 비교하면서 갑오개혁을 근대 국어학 연구의 기점으로 삼고 있다. 갑오개혁을 역사적 사건인 동시에 우리말 연구의 전환점으로 본 것이다.

강신항姜信沆과 김병제金炳濟는 갑오개혁이라는 사건보다 개화사상이 형성되는 시기에 주목했는데, 개화기에 이루어진 우리말 연구를 포함한다면 근대 국어학의 기점은 갑오개혁 이전으로 거슬러 올라갈 수 있다. 이때 주목해야 할 것은 강신항과 김병제가 갑오개혁 이전에 이루어진 우리말 연구에서 근대성을 포착한 지점이다.

강신항의 시대 구분은 19세기 후반에 진행된 외국인 선교사들의 우리말 연구까지를 근대 국어학의 성과에 포함할 때에야 비로소 의미가 있다. 강신항이 근대 국어학 연구에 포함한 내국인의 연구는 갑오개혁 이후에 나온 연구뿐이기 때문이다. 그러나 외국인에 의한 우리말 연구를 근대 국어학의 기점으로 볼 수 있는지에 대해서는 회의적일 수밖에 없다. 이를 보면 강신항의 시대 구분은 갑오개혁을 특정하지 않았을 뿐 김민수와 유창균의 시대 구분과 실질적으로 차이가 없다고 볼 수 있다.

이런 점에서 주목할 것이 김병제의 시대 구분이다. 김병제는 개화사상가 강위姜瑋(1820~1884)를 실학의 학풍을 이으며 국어의 규범화를 고민한 국어학자로 보고 있다. 이러한 견해는 실학자들의 우리말 연구를 근대 국어학과 구별 지은 나머지 관점들과 뚜렷하게 대비된다. 이는 우리말의 연구 경향을 토대로 시대 구분을 해야 함을 분명히 했다는 점에서도 의미가 있다.

김병제의 시대 구분이 타당하다면 강위의 우리말 연구를 어떻게 평가하느냐에 따라 근대 국어학의 기점이 달라진다고 할 수 있다. 그렇다면 이러한 질문이 제기될 수밖에 없다. 우리말 연구를 한 실학자가 많았는데도 김병제는 왜 하필 강위의 연구만을 근대 국어학의 기점으로 평가했을까? 이는 결국 실학자들의 연구를 어떻게 평가해야 하는가라는 문제와 관련된다.

실학자들의 연구를 어떻게 평가해야 하는가

실학자들의 언어 연구를 근대 국어학에서 제외한 김민수는 실학자들의 언어 연구를 '문자음운학文字音韻學'이라 규정했고, 강위의 연구도 문자음운학에 포함했다. 그러나 국문연구소國文研究所의 설립으로 이어진 국문 논쟁의 초점이 문자의 음가音價 문제[1]였고, 국문연구소에서의 논의 내용도 상당 부분 문자음운학적인 경향을 띠고 있었다는 점[2]을 고려한다면, '문자음운학'의 근대적 의미를 부정할 수는 없을 것이다. 따라서 앞서 던진 질문에 제대

---

[1] 국문연구소의 설립이 'ㆍ' 자의 폐지 문제에서 촉발된 점을 상기할 필요가 있다. 지석영은 'ㆍ' 자를 폐지하고 이에 대응하는 '=' 자를 새로 만들어 국가의 공인을 받게 되는데, 이는 국문 문제에 관심을 가지고 있던 지식인들의 저항에 부딪히게 된다. 'ㆍ' 자가 특히 문제가 된 것은 이 글자가 나타내는 음가가 당시 현실음에서 변별성을 지니지 못했기 때문이다.

[2] 국문연구소에서는 열 가지 연구 주제를 정하고 이에 대해 토론했다. 이 중 "칠음七音 체계를 오음五音 체계로, 청탁淸濁음의 구분 체계를 청음淸音, 격음激音, 탁음濁音의 체계로 조정하는 것"은 한자음을 대상으로 하는 만큼 문자음운학과 직접적으로 관련되며, "성조의 사성四聲 표시를 하지 않을 것인지 그리고 장음長音의 왼쪽에 점 하나를 찍을 것인지를 결정하는 것"도 상당 부분 한자음과 관련되는 내용이라 할 수 있다. 국문연구소의 열 가지 과제에 대해서는 제2부에서 설명할 것이다.

로 답하기 위해서는 다음 두 가지 질문을 던지고 이에 답할 필요가 있다.

첫째, 실학자들의 문자음운학과 국문연구소의 문자음운학적 연구에는 어떤 차이가 있는가? 둘째, 강위의 연구만을 특별히 국문연구소의 문자음운학적 연구와 함께 묶어서 봐야 할 이유가 있는가?

국문연구소에서 진행한 연구의 최종 목적은 언문일치 글쓰기를 위해 국문을 '규범화'하는 데 있었다. 한마디로 국문 철자법을 완성하기 위해 문자의 음가를 규명하는 연구를 한 것이다. 반면, 실학자들이 언어를 연구한 목적은 고증학적 차원에서 음가를 규명하고 문자의 연원을 파악하려는 것이었다. 실학자들의 연구가 궁극적으로는 소리[正音]를 합리적으로 표기하기 위한 시도였지만, 한자음 교정을 목적으로 산발적으로 진행된 연구는 표기의 규범화를 위한 논의로까지 진전되지는 못했다. 그럼에도 불구하고 실학자의 언어 연구를 근대 국어학자의 국문 의식과 연결 짓는 것[3]은 근대 국어학의 출발 지점을 '한글'이라는 문자 자체에 대한 학문적 인식에 두었기 때문이다. 그러나 국문 의식을 규범화 의식의 일종으로 본다면, 국문 의식과 한글이라는 문자에 대한 학문적 인식을 동일시할 수는 없다.

이처럼 국문 의식, 곧 규범화 의식을 근대성의 핵심 요소로 본다면, 실학자들의 문자 연구 중 강위의 연구만을 어문 규범을 확립하는 연구의 일환으로 볼 수는 있는지 점검할 필요가 있다. 이는 앞서 제기한 둘째 질문의 답을 구하는 일이기도 하다.

강위의 연구 중 우리가 확인할 수 있는 것은 『동문자모분해東文字母分解』(1869)인데, 이 내용 중 서사규범을 확립하는 문제와 관련된 부분은 '합자법合字法', '변이辨異', '변와辨訛' 등이다. 특히 '합자법'은 한글 교육과 관련하

---

3 김지홍(2013)이 이러한 관점에 서 있는 연구이다.

여, '변이'와 '변와'는 음가와 표기를 정립하는 문제와 관련하여 주목을 받았다. 이런 점 때문에 국문연구소의 논의에서 강위의 견해가 인용되기도 했다. 그렇다면 이러한 일련의 사항에 규범적 의미를 부여하여 강위의 언어 연구에서 근대성을 부각할 수 있는 것일까?

음가와 표기를 정립하는 시도로 평가받기도 하는 '변이'와 '변와'의 내용은 고증학적인 차원에서 한자의 음과 이에 대한 정음 표기의 잘못을 지적하는 수준이다. 또 합자법은 『훈몽자회訓蒙字會』(1527)를 비롯한 언문 관련 서적마다 주요하게 다룬 내용이다. 훈민정음 창제 이래 한글 교육은 해방 이후 국어교육이 본격화하기 전까지 합자법 교육을 벗어나지 않았다. 그렇다면 다른 실학자와 구별 지어 강위의 연구에만 특별히 근대적 의의를 부여할 수 있을까? 강위의 『동문자모분해』가 유희柳僖(1773~1837)의 『언문지諺文志』(1824) 수준을 넘기 어려웠을 것이라고 본 김민수의 평가는 이러한 의심에서 비롯되었을 것이다.

이런 점에서 문자음운학의 연구 내용은 국문연구소의 논의 과정에서 비로소 근대적 의의를 갖게 되었다고 해야 할 것이다. 그렇다면 국문연구소를 설립하는 계기가 된 갑오개혁에 다시금 주목할 수밖에 없다.

문자와 음가에 대한 문제의식이 문법으로

문자음운학을 실학자들에 의해 이루어진 전근대적 연구의 특징으로 본다면, 언어 연구의 대상을 문자와 음가의 영역에서 문법의 영역으로 확장하려는 시도에 특별히 주목할 필요가 있다. 물론 문자와 음가 문제는 일반언어학 이론이 본격적으로 수용될 때까지 한글맞춤법 논의와 관련하여 국어학자들의 관심을 끌었던 주제이다. 그러나 문법을 체계화하면서 우리말을 전면적으로 규범화할 수 있게 되었고 우리말의 특성을 객관적으로 인식하게[4] 되었다는 점을 생각한다면, 문자음운학에서 문법론으로 연구 영역이 확장되는 시점에 특별히 유의할 필요가 있다. 이런 점에서 이봉운李鳳雲(미상)의 『국문정리國文正理』(1897)와 유길준兪吉濬(1856~1914)의 『대한문전大韓文典』(1909)[5]은 근대 국어학사 논의에서 중요한 위치를 차지한다.

『국문정리』는 적은 분량에 음운과 문자 문제에서부터 문법 문제까지 다룸으로써 그 논의가 불충분하기는 하지만, 문법 기술의 필요성이 최초로 제기되었고 문법 단위의 특성을 감안하여 띄어쓰기를 시도하고 있다는 점에 주목할 필요가 있다.

문법론

금자에 셔찰 왕복 ᄒᆞᄂᆞᆫ딕 국문 쓰ᄂᆞᆫ 법이 일뎡ᄒᆞᆫ 규식이 업셔 이졔 희혹解惑ᄒᆞᆫ즉 등셔謄書ᄒᆞᄂᆞᆫ 칙도 그러ᄒᆞᆫ지라 그러ᄒᆞ딕 혹 문법딕로 쓰ᄂᆞᆫ사름도 잇시니 무슨 문장을 짓ᄂᆞᆫ거슨 문법으로 쓰ᄂᆞᆫ거시 올호딕 각국사름이 죠션말 빅호기ᄂᆞᆫ 분간ᄒᆞ기 어려오니 언문은 본딕 말을 위ᄒᆞ야 내인 글이니 말딕로 쓰ᄂᆞᆫ거시 올코 문장꿈이ᄂᆞᆫ거슨 문법으로 쓰ᄂᆞᆫ거시 올호니 상량商量ᄒᆞ오. [요사이 서찰 왕복하는 데 국문 쓰는 법이 일정한 규식이 없어 이제 의혹을 풀어 말끔히 한즉, 등서하는 책도 그러한지라 그러하되 혹 문법대로 쓰는 사람도 있으니, 무슨 문장을 짓는 것은 문법으로 쓰는 것이 옳되 각국 사람이 조선말 배우기는 분간하기 어려우니 언문은 본디 말을 위하여 나온 글이니 말대로 쓰는 것이 옳고 문장 꾸미는 것은 문법으로 쓰는 것이 옳으니 상량하기 바랍니다.][6]

---

4 우리말에 대한 객관적 인식이 언어 간 비교를 통해 이루어진다면, 문법의 차이에 대한 기술은 언어를 비교하는 데 있어서 가장 핵심적인 사항이다.

5 유길준의 『대한문전』은 1909년 출판되었지만, 이전의 유인본과 필사본 등을 통해 볼 때 이 책의 구상은 19세기 말부터 이루어진 것이라고 봐야 할 것이다. 따라서 유길준의 『대한문전』 자서自序에 나타난 문제의식은 곧 19세기 말의 문제의식이 응축된 것이라고 봐야 할 것이다.

6 이봉운, 『국문정리』, 1897, 8쪽.

『국문정리』에 쓰인 '문법' 및 '문법론'이 현대 국어학에서와 같은 의미로 쓰였는지는 분명하지 않다. 밑줄 친 부분에서 "문법으로 쓰는"은 철자법의 문제에 가깝고, '문법론' 항목에 뒤이어 나오는 항목인 '문법말 규식'과 '속담 규식'의 구분은 아래아(ㆍ) 발음과 관련된 것으로 보이기 때문이다. 그러나 '어토명목語吐名目'이란 항목에서 시제, 문장종결형, 어미, 품사 등을 기술한 것을 보면, 이봉운이 문법을 철자법 이상의 것으로 인식했음이 분명하다.

『국문정리』에 나타난 문법 의식은 서구 문법의 체계를 원용한 『대한문전』에서 구체화된다. 『대한문전』의 서문은 문법 기술의 목적을 비교적 분명하게 제시하고 있다.

> 然ᄒᆞ則 苟此思想의 發表를 明快케 ᄒᆞ고저 홀진대 固有 一定ᄒᆞ 軌範을 遵ᄒᆞ며 法則을 循ᄒᆞ미 可ᄒᆞ니 若其規範과 法則에 昧홀진대 口에 出ᄒᆞ는 聲은 有ᄒᆞ나 語는 成치 못ᄒᆞ며 手로 書ᄒᆞ는 字는 有ᄒᆞ나 文을 成치 못ᄒᆞ매 聞者와 見者가 朦然解得지 못홀지니라. [그러한즉 진실로 이 사상을 발표하는 것을 명쾌하게 하고자 할 때는 고유하고 일정한 궤범을 따르며 법칙을 정연히 해야 하니, 만약 그 규범과 법칙에 몽매할 때는 입에서 나오는 소리는 있지만 말은 이루지 못하며 손으로 쓰는 글자는 있으나 문을 이루지 못하니 듣는 자와 보는 자가 어두워 이해하지 못할지니라.][7]

이상에서 이봉운과 유길준이 언급한 내용을 볼 때, 그들이 문법론을 강조한 것은 '규범의 확립과 언문일치言文一致의 실현'이라는 시대적 과제와 연결되어 있었음을 알 수 있다.

---

7 유길준, 『대한문전』, 1909, 2쪽.

국어 의식과 한국어 의식의 교차

국어 의식이 근대의 산물이라면 한국어 의식 또한 근대의 산물이다. 현재 국어라는 지칭어를 한국어로 바꿔야 한다는 탈근대적 관점이 부각되면서 우리말의 의미를 새롭게 규정하기도 하지만, 역사적으로 볼 때 국어 의식과 한국어 의식은 민족의식을 강화하는 과정에서 표출되었기 때문에 근대 국어학의 성격을 규정하는 요소로 볼 수 있다.

1876년 강화도조약 체결 당시만 해도 대외적 상징으로서의 국어(국문)에 대한 인식은 분명하지 않았던 것으로 보인다. 수호조관 제3관에는 "이후 양국 간에 오가는 공문公文은, 일본은 자기 나라 글을 쓰되 지금부터 10년 동안은 한문으로 번역한 것 1본本을 별도로 구비한다. 조선은 한문을 쓴다"[8] 라고 기록되어 있다. 이처럼 한문으로 공문서를 작성한다는 인식이 견고한 상태에서는 국어 의식과 한국어 의식이 형성되기 어렵고, 이는 우리말 연구의 목적과 범위를 제한하는 조건이 되었다.

결국 갑오개혁 이후 국어 규범화를 위한 문법 연구가 이루어지면서 우리말의 특성에 대한 인식, 즉 한국어 의식도 구체화될 수 있었다. 당시 서양 선교사들이 편찬한 문법서에는 조선어의 특성이 상세히 기술되었지만, 외부에서 조선어를 관찰한 성과가 한국어 의식을 형성하는 데 영향을 미치긴 어려웠다. 그런데 김규식金奎植(1881~1950)이 미국 로어노크 대학 학보에 발표한 「한국어론」은 외부의 관찰자 시점과 내부의 자각적 시점이 교차한 결과다.

김규식의 「한국어론The Korean Language」(1900)
　라틴어나 희랍어보다 더 종합적이므로, 한어韓語는 접두사나 접미사가 아주 적다

---

8 『고종실록』(국역본), 고종 13년, 1876. 2. 3.

는 것은 짐작할 수 있다. 동사, 명사, 대명사, 형용사, 부사, 전치사, 접속사는 전부 어미로 혹은 어미에 의하여 변화한다. 동사는 라틴어처럼 활용하며, 그 어미에 의하여 서법과 시청의 차이를 보인다. 그러나 인칭과 수는 동사 그 자체로 표시되지 않고 수반하는 대명사나 명사의 어미로 표시된다. 명사나 대명사의 변화는 라틴어처럼 6격을 갖고 있다. 형용사나 부사의 비교급은 접두사로 형성되는데, 같은 어근에 붙이는 접미사로 구별할 수 있다. 이 언어에 전치사는 없으나, 그 관계는 어미로써만 표시된다. 접속사는 그 자체가 다른 단어나 절에 덧붙는 외에 접미사를 갖고 있다.[9]

김규식의 「한국어론」은 서구문법과의 비교를 통해 우리말 문법의 체계를 약술하고 그 특징을 설명한 것이다. 열아홉 살 청년 김규식이 한국어론을 작성했다는 데에서 당시 우리말의 특성에 대한 탐구가 활발했음을 짐작할 수 있다. 청소년기를 언더우드H. G. Underwood의 보호 아래 지내고 그의 지원으로 미국 유학을 떠난 것을 감안하면 김규식은 서양 선교사들의 연구 성과를 접했을 것이며, 신교육을 받는 학생으로서 갑오개혁 이후부터 활성화된 국어문법 연구에서의 문제의식을 공유하고 있었을 것이다. 결국 김규식은 미국 유학에서 돌아와 『대한문법大韓文法』(1908)이라는 유인본油印本 문법서를 펴낸다. 이처럼 유길준, 주시경, 김규식 등 초기 문법학자들의 국어 문법론은 다른 언어와의 비교 과정을 거치며 체계화된 것이다.

근대 국어학의 기점

지금까지의 논의를 종합할 때 근대 국어학의 기점은 갑오개혁으로 볼 수 있다. 이는 근대적 시대정신과 국어학의 연구 경향을 연결 지어 고찰한 결과이다. 지금까지 이러한 판단의 근거로 다음 사실들을 거론했다.

---

9 번역문은 김민수(1987: 215)에서 재인용.

첫째, '국어 규범의 확립과 언문일치의 실현'이라는 시대적 과제가 갑오개혁 이후 제기되었고, 이러한 시대적 과제를 의식한 활동의 결과로 규범화 연구의 논점이 구체화될 수 있었다. 국문연구소의 설립과 이후 활동은 이를 상징적으로 보여 준다.

둘째, 갑오개혁 이후 문자와 음가에 대한 논의에서 출발한 규범화 논의는 언문일치의 실현을 의식하며 문법 전반의 연구로 확장되었고, 이로 인해 실학 시대의 문자음운학과는 질적으로 구별되는 국어학이 탄생했다.

셋째, '국어의 특성에 대한 인식'을 체계화할 필요성이 갑오개혁 이후에 제기되었고, 이에 부응하여 국어문법의 체계화가 시도되었다. 이러한 상황에서 유길준, 주시경, 김규식 등이 서구의 문법체계를 참조한 국어 문법서를 출간할 수 있었다.

2.2. 근대 국어학의 종언

근대 국어학은 국어의 정립이라는 시대적 과제를 의식하며 시작되었고 이를 추동력으로 삼아 발전했다. 그러나 국어의 정립이라는 시대적 과제는 한시적인 목표일 수밖에 없다는 점에서, 근대 국어학의 발전은 국어의 정립이라는 시대적 과제가 새로운 시대정신에 의해 대체될 시점을 앞당기는 계기가 되었다. 어느 시점에 국어의 정립이라는 근대적 과제가 완결되었고, 국어학계는 언제부터 새로운 전환을 모색할 수 있는 토대를 갖추게 되었는가?

근대와 현대의 분기점
역사적 시대 구분에서 근대와 현대를 나누는 것이 가능한지에 대해서는 회의적인 시각이 있을 수 있다. 근대의 경계 설정이 모호하고 현대를 역사적 시대 구분에 포함할 수 있는가라는 문제의식이 있기 때문이다. 그러나 이 책에서는 개화기 이후부터 형성된 국어학의 문제의식이 해소되는 시점과 새로운 문제의식이 출현한 기점을 포착하여 근대와 현대의 분기점으로 삼고자 한다. 이는 거시적인 관점에서 국어학의 내적 발전 동기를 파악하는 데 필요하다.

국어학사에서는 대부분 1945년을 근대 국어학과 현대 국어학이 분기하는 기점으로 삼는다. 그러나 1945년에는 '규범화를 통한 국어 정립'이라는 과제가 여전히 현재진행의 문제였을 뿐만 아니라, 일제강점기에 와해된 국어를 재건해야 한다는 시대적 과제를 의식하면서 근대 국어학의 논리가 도리어 강화되고 있었다. 그렇다면 1945년을 근대 국어학과 현대 국어학의 분기점으로 삼은 것은 국어학에서의 전환 논리에 주목하기보다는 해방과 분단이라는 역사적 사건을 과도하게 의식한 결과라 할 수 있다.

이런 점을 볼 때 언어관의 변화에 근거하여 국어학사를 기술한 김석득金錫得의 견해를 주목할 필요가 있다. 그는 1950년을 근대와 현대의 분기점으로 보면서 언어이론 및 언어 사상에 근거하여 국어 연구의 전환점을 포착했다.

김석득(1983)에서 제시한 시대 구분
조선조 국어학(1446~1894): 역易사상
근대 국어학(1894~1950): 인간의 정신과학. 홈볼트 언어철학, 분석철학, 논리학, 심리학 등이 결합한 언어관을 근간으로 한 연구
현대 국어학(1950~현재): 경험주의와 행동주의 철학의 언어관을 근간으로 한 연구. 구조주의 이론의 도입

그런데 이러한 시대 구분에서는 시대정신 또는 시대적 과제를 소홀히 다루고 있다. 근대적 문제의식이 해소되었느냐 혹은 근대적 과제가 완결되었느냐는 시대 구분에 아무런 영향을 미치지 않으며, 근대와 현대의 구분 기준은 단지 구조주의 이론의 정착 여부일 뿐이다.

국어 정립을 목표로 하는 근대 국어학이 민족정신을 중요시한 낭만주의 언어관을 근간으로 했다는 것은 가능한 가설이지만, 국어학의 전환이 경험주의 및 행동주의 언어이론의 도입에서 비롯된 것인지는 국어학사의 흐름을 보며 판단할 필요가 있다. 그러나 앞에서 살폈듯이 근대 국어학의 시대적 과제는 국어 정립이었으며, 이 시기 구조주의 언어이론의 도입도 국어 정립이라는 과제와 연동된 것이었다. 당시 학교문법은 학문문법의 연장 선상에서 각 문법가들의 견해가 투영되며 체계화되었고, 국어문법론사가 품사 분류의 유형론으로 요약될 수 있었던 것도 학교문법에서 품사론이 부각되었던 상황과 관련된다.

이처럼 각기 다른 역사적 맥락을 가진 언어이론을 바탕으로 한 문법 연구가 학교문법과 관련되어 전개되었던 상황을 감안한다면, 국어학사에서 일반언어학 이론의 도입 자체가 시대 구분의 근거가 될 수는 없다. 시대 구분은 연구자의 사관에 따라 달라질 수 있는 것이지만, 역사 기술로서의 합리성을 띠기 위해서는 이전 시대의 문제의식이 해소되고 새로운 전환을 필요로 하는 시점을 포착해야 한다. 이를 위해서는 해방 이후 나타난 일련의 연구 성과를 검토해 볼 필요가 있다.

해방 이후부터 1950년까지는 남북한이 각자의 이념에 근거하여 새로운 국어학을 모색하는 시기였지만, 규범의 확립과 사전의 편찬이라는 공동의 목표를 향해 나아가는 시기이기도 했다. 이러한 목표는 이전 시기의 연구를 마무리하는 의미를 띠고 있었다. 규범문법과 규범사전의 완성은 근대 국어학의 목표였기 때문이다. 그러나 한국전쟁으로 인해 이러한 목표가 완성 단계에서 좌절되었고, 1953년 이후에야 남북 국어학계는 사전 편찬과 표준문법의 정립을 위한 논의를 재개할 수 있었다.

남한에서는 1957년 『큰 사전』이 완간[10]되었고, 1963년 학교문법통일안[11]이 마련된다. 북한의 경우에도 1962년 사전 편찬이 종결되고 1964년 표준문법이 정립되었다.[12] 이는 국어 규범화가 일단락되었음을 의미하며, 동시에 한국어의 범위와 특성을 객관적으로 보일 수 있는 토대가 마련되었음을 의미한다. 그렇다면 1960년대는 국어학사에서 하나의 분기점이 되는 시기라 할 수 있다. 국어 정립을 위한 연구가 마무리되는 시점은 곧 새로운 방향으로 전환이 이루어질 수 있는 토대가 구축되는 시점이기 때문이다.

규범화 연구가 일단락될 즈음에 국어 연구에서 일반언어학 이론을 적용하려 하는 것은 1930년대 후반의 연구 경향에서도 확인할 수 있다. 1930년대 어문정리가 마무리되는 시점에 조선어 연구에 과학적 연구 방법론을 적용해야 한다는 문제의식이 분출되었고, 1930년대 중후반에 역사주의 및 구조주의 언어학의 문제의식을 지닌 정교하고 수준 높은 연구가 나오기 시작했다. 이는 조선어 연구가 새로운 단계에 진입했음을 말해 준다. 그러나 이

---

10 『큰 사전』은 이후 편찬된 모든 사전의 모태가 되었는데, 『큰 사전』 완간 이후 이를 토대로 1950년대 말과 1960년대에 걸쳐 여러 종의 국어사전이 편찬되었다.

11 1962년 3월 학교문법 통일 준비 위원회가 구성되고, 1963년 통일문법이 결정된다. 1963년 제2차 국어과 교육과정이 마련되는데, 국어과 교육과정 심의회의에서 채택된 학교문법 통일 방안에 근거하여 교과서를 구성하게 된다. 이에 따른 검인정 중등 교과서는 1966년과 1967년에 걸쳐 발행된다. 문법교육사와 관련한 사항은 이관규(2005)를 참조할 수 있다.

12 현재의 북한 국어문법은 과학원언어문학연구소가 1960년에 발행한 『조선어문법 1』과 1964년 김수경, 렴종률, 김백련, 송서룡, 김영황 등이 집필한 『조선어문법』(고등교육도서출판사) 등에 기초한 것이다. 이는 1950년대 '토'의 성격 논의를 중심으로 진행된 북한 국어학계의 문법 논의를 반영한 것이다.

시기는 일제의 식민지 언어정책이 억압적으로 진행되면서 조선어의 위상이 떨어지던 때였다. 한편에서는 규범 틀이 완성되어 갔지만, 다른 한편에서는 조선어 교육이 약화되면서 조선어 교육과 관련한 연구 동력이 소멸되었다. 이로 인해 근대적 과제를 완결할 수 없는 상황이 되었다. 식민지 언어정책으로 인해 연구 방향의 전환이 시대 구분의 분기점이 되지 못한 것이다.

해방 이후 국어 규범화와 국어교육의 체계화를 위한 국어학 연구가 주류가 된 것은, 일제강점기를 거치면서 근대적 문제의식이 해소되지 못한 현실에서 비롯한 것이다. 해방 이후 국어학계에서는 한자 폐지와 관련한 논쟁이 격화되었고, 국문연구소의 논의 과정에서 제기되었던 풀어쓰기로의 문자개혁은 1960년대까지 남북한 국어정책에서 주요 논쟁거리였다. 국어학 연구의 상당 부분이 이러한 문제에 묶여 있었다는 것은 해소되지 못한 근대적 문제의식을 상징적으로 보여 준다.

이러한 점을 고려한다면 1894년부터 1960년대 중반까지 국어학 연구의 주류적 경향은 국어 정립이란 과제와 연관되어 있었다고 볼 수 있다. 이 시기에 이루어진 국어학 연구는 '규범과 표준의 확립'이라는 근대적 과제를 실현하는 것을 목표로 진행되었기 때문이다. 단적인 예로 품사론과 토 문제 등을 중심으로 남북한에서 치열하게 진행된 문법 논의의 목표는 국어 규범(맞춤법)과 규범문법을 정립하는 것이었다.[13]

그렇다면 근대적 문제의식 내에서 이루어졌던 관념론과 실증론의 대립이 해소되고 국어학 연구가 실증론 중심으로 재편되는 시기를 국어학사에

---

13 김민수(1980)에서는 1950년대와 1960년대 초까지의 문법론을 학교문법을 위한 문법연구로 규정한 바 있다.

서 분기점으로 삼을 수 있을 것이다. 관념론과 실증론의 대립이 해소되었음은 어문민족주의에 기반 한 연구 방법론이 시대적 효용성을 잃었음을 의미하기 때문이다.

현대 국어학의 중요한 특징은 언어 내적 속성에 대한 탐구가 주류적 연구 경향이 되었다는 것인데, 이러한 변화는 국어학과 언어학의 경계가 급속히 와해되고 국어교육과 국어정책론 등이 국어학의 영역에서 이탈하는 계기가 되었다.[14] 이처럼 근대적 문제의식에 근거하여 형성된 국어학의 체계가 흔들리며 국어학의 정체성 문제가 새롭게 제기된다.

새로운 전환을 위한 토대의 구축

근대와 현대의 분기점을 파악하기 위해서는 새로운 전환을 이룰 수 있는 토대가 구축된 시기를 알아볼 필요가 있다. 이런 점에서 1960년대는 현대 국어학의 기반을 다진 시기라 할 수 있다. 새로운 학문관으로 서구 언어이론을 습득한 신세대 국어학자의 등장과 국어학 전문 학회의 등장은 국어학의 새로운 연구 기반이 형성되었다고 볼 수 있는 근거이다.

1959년 과학적인 방법론에 의한 국어학 연구를 목표로 국어학 전문 학회인 '국어학회國語學會'가 창립되고 1962년 학회지『국어학國語學』을 발간한 것은 국어학의 시대적 전환이 시작되었음을 의미한다. 이를 주도한 세력은 해방 이후 대학에 들어왔거나 해방 이후부터 본격적으로 국어학을 연구하기 시작한 신세대 국어학자들이었다.

---

14 학교문법이나 국어정책과 관련한 국어학적 논의는 현재에도 지속되고 있지만, 이러한 논의가 국어학 연구를 주도하거나 국어학 연구의 흐름에 영향을 주는 것은 아니다. 국어교육과 국어 정책은 국어학의 관련 분야로서 독립적인 영역을 구축했다고 볼 수 있다. 이는 근대 국어학과 현대 국어학의 중요한 차이다.

국어학회의 발기인과 상임회원을 맡은 이들은 해방 이후 설립된 국어국 문학과의 초기 입학생이자 국어학을 체계적으로 학습할 수 있었던 최초 의 세대였다는 점에서 신세대新世代라 부를 수 있다. 신세대 국어학자들은 1950년대 중반부터 대학 강단에 들어오기 시작했으며, 구세대의 연구 성향 을 강하게 비판하면서 학회를 설립하고 이를 중심으로 집단화하여 1960년 대 국어학계의 논의를 주도하는 세력으로 성장했다.

그런데 이들의 등장은 과학적이고 객관적인 방법론에 의한 국어국문학 연구를 주창한 '국어국문학회'가 창립(1952)되면서 예고되었다고 볼 수 있 다. 국어국문학회 창립 세대에게 '연구의 과학화'를 통한 학풍學風의 혁신은 가장 중요한 목표였고, 이는 국어학회를 창립한 신세대 국어학자들의 화두 이기도 했다. 그러나 당시 학풍의 혁신을 위한 시도는 두 가지 점에서 시대 전환의 직접적인 계기가 되지는 못했다.

첫째 이유는 이러한 혁신 의지에도 불구하고 당시 신세대 국어학자들의 연구는 양과 질에 있어서 이전 시대와 뚜렷한 차이를 보이지 못했다는 점 이다. 가장 큰 문제는 논문을 생산할 수 있는 전문 연구자의 부족이었다. 1962년 창간된 『국어학』이 이후 후속 호를 내지 못하다가 1974년에 이르러 서야 비로소 제2호 학회지를 출간하게 되었다는 사실은 이러한 문제를 잘 보여 준다. 그러나 1960년대부터 신세대 학자들의 후속세대가 연구 대열에 동참하면서 국어국문학회와 국어학회의 활동이 활발해졌고, 이때부터 국어 학의 주요 논의는 이론 언어학적 경향을 띠게 되었다. 이러한 상황은 어문 운동의 관점에서 국어학계를 주도하던 한글학회의 위상이 흔들리는 계기 가 되었다. 학회 질서에 혁신적인 변화가 생긴 것이다. 결국 대학의 1960년 대 학번이 학계에서 본격적으로 활동하는 1970년대 이후로 국어학의 연구 기반은 이전 시대와 뚜렷한 차이를 보이게 된다.

둘째 이유는 학풍의 혁신이 '학문하는 태도의 혁신'에 주안점을 두고 있었다는 데 있다. 신세대 국어학자들이 국어학을 국학운동이나 애국 실천의 일부분으로만 인식하는 태도를 비판하고는 있지만, 그들이 국어사전 편찬과 학교문법서 저술 등에 적극적이었던 것은 국어 정립이라는 근대적 문제의식이 여전히 유효했다는 의미이다. 국어학회 창립 취지문을 통해 신세대 국어학자들의 근대적 소명의식을 읽을 수 있다.

> 국내적으로는 민족문화의 중추인 언어와 문자의 합리적인 개선의 바탕이 되는 학술을 집대성하며, 대외적으로는 세계 학계와 유대를 맺어서 부단히 그 문화를 교류한다.

근대적 소명의식이 있었기에 신세대 국어학자들은 국어학 연구자들의 관심을 학교문법에 집중시키는 역할을 할 수 있었다.[15] 이러한 상황은 이후 신세대 국어학자들이 현대 국어학의 주도 세력으로 성장하는 밑거름이 되었다.

이 과정에서 주목할 점은, 학교문법 통일과 관련해 국어학회의 논의가 격화되는 시기에 연세대학 교수 박창해朴昌海(1916~2010)가 국어학회의 이사장으로 활동하고 있었다는 사실이다. 박창해는 연희전문에서 최현배崔鉉培(1894~1970)로부터 문법을 배웠고, 해방 후 최현배를 도와 문교부 편수사로 재직하며 국어정책과 국어교육 정책을 주도한 인물이다. 어문민족주의의 철저한 신봉자였던 최현배의 측근이 어문민족주의와의 단절을 모토로 순수 학술단체를 지향한 국어학회에서, 신세대 국어학자들의 추대에 의해 이

---

15 1958년 11월에 개최된 제1회 전국국어국문학연구발표대회의 주제는 '학교문법 체계 문제'였고, 1962년 10월에 개최된 제5회 대회의 주제는 '한글전용안문제·학교문법통일문제'였다.

사장으로 활동했다는 것은 의미심장한 일이다. 그의 행보는 근대 국어학이 이미 전환기로 들어섰음을 상징적으로 보여 준다.

그런데 근대적 소명의식에서 자유롭지 못했기에 신세대 국어학자들의 혼란과 균열은 예고된 것이기도 했다. 국어국문학회와 국어학회가 학교문법 헤게모니 다툼에 관여하고 이 와중에 박창해가 국어학회 이사장에서 사퇴한 사실에서, '학문하는 태도의 혁신'을 내세운 신세대의 의지만으로는 시대적 제약을 극복할 수 없었음을 알 수 있다. 다만, 학교문법 논쟁 속에서도 '학문의 과학화'라는 목표 의식이 퇴색하지 않았던 데에서 시대적 변화의 흐름을 읽을 수 있다. 그렇다면 1960년대는 국어학계가 새로운 전환을 도모할 수 있는 학문적 기반을 형성해 가는 시기이며, 근대적 가치를 실현하고 새로운 출로를 모색한 시기라고 볼 수 있다. 혁신의 주도 세력들에게 나타나는 혼란과 균열의 양상은 이 시기가 시대의 전환기였음을 말해 준다.

이러한 변화는 김일성대학을 졸업한 신세대 국어학자들이 '토를 중심으로 한 문법 논쟁'의 시기를 거치면서 북한 국어학계를 주도하는 세력으로 성장한 것과 대비할 수 있다. 이처럼 근대적 문제의식에서 벗어나기 위한 모색이 숙성된 시점에 주목한다면 남북한 국어학의 공통적 흐름을 포착할 수 있을 것이다. 국어 의식의 전개 양상에 따라 국어학의 목표와 방법론을 수정하기도 했지만, 1894년부터 1960년대 중반까지 국어 연구의 일관된 흐름은 규범 정립과 국어학 연구를 일치시키는 것이었다. 이는 분단 이후 남북한 국어학의 공통된 경향이기도 했다.

이런 점에서 1945년 이후의 북한 국어학을 유물론에 입각한 언어학으로 보고 이를 남북한 국어학이 이질화된 계기로 본 것은, 남북분단이라는 외적 조건에 경도되어 국어학사의 흐름을 올바로 짚어 내지 못한 것이라 할 수 있다. 국어학사의 큰 흐름으로 볼 때, 남북한 국어학의 학문적 목표가 달라

진 것은 규범 정립의 시기인 1960년대를 거친 후였다고 볼 수 있다. 1960년
대 중반 이후 북한은 주체언어학[16]을 수립했고, 남한은 이론 언어학적 경향
이 강화되었던 것이다. 따라서 국어학의 목표와 방법론에 근거하여 국어학
사를 서술한다면, 초기 북한 국어학의 전개 과정을 "소련 언어학 이론의 도
입과 구조주의 문법과의 단절"로 단순화시키는 관점을 탈피할 수 있을 것
이다.[17] 이는 하나의 틀로 남북한 통합국어학사[18]를 서술하는 출발점이 될
것이다.

2.3. 일제강점기의 성격 규정 문제

앞서의 논의를 종합해 보면 근대 국어학의 시대는 1894년부터 1960년대
중반에 걸쳐 있다. 이 시기를 하위 구분하여 그 전개 과정을 밝힐 때 문제가
되는 시기가 일제강점기이다. 일제강점기는 국어 정립을 위한 학술적·정책
적 시도가 좌절되고 왜곡된 형태의 국어 연구, 즉 일개 민족어로서의 조선
어 연구가 진행된 시기였다.

---

16 주체언어학은 규범적 성격이 강하다고 볼 수 있지만, 주체언어학을 규범의 수립을 위한 모색
  으로 보기는 어렵다. 주체언어학은 언어학의 응용성과 규범 집행의 효율성을 제고하는 방법론
  의 성격을 띤다는 점에서 규범 수립기의 연구와는 차이가 난다.
17 북한 국어학계에서 구조주의가 비판의 대상이었던 것은 바로 언어의 발전 법칙과 언어적 실
  천을 고려하지 않는 구조주의 언어학의 원리 때문이다. 따라서 구조주의에 대한 비판을 근거
  로 구체적인 문법 현상의 분석에서 구조주의적 분석 방법론이 배척되었다고 보는 것은 문제
  가 있다. 이와 관련한 논의는 제IV부에서 다룰 것이다.
18 남북한 통합국어학사의 필요성에 대해서는 이상혁(2007ㄱ)에서 언급되었지만, 이는 북한의
  연구 업적을 국어학사 서술에 포함시키자는 차원의 논의이다. 최경봉(2010ㄱ)에서는 남북한
  과 중국 조선족공동체의 연구를 포괄하는 통합국어학사의 필요성을 언급했다.

그러나 연구 업적의 축적이라는 면에서만 본다면 일제강점기의 연구는 1910년 이전에 진행되었던 국어학 연구의 연장 선상에 있다고 볼 수 있다. 최초의 국어학사로 볼 수 있는 김윤경의 『조선문자급어학사』(1938)에서는 이 시기를 '한글의 부흥과 새 연구(갑오경장~현재)'로 보았는데, 이는 1930년 대에 조선어 연구 논문이 증가한 현상에 주목한 결과이다. 이처럼 학설사적인 관점에 설 경우 일제강점기는 국어학사에서 특별히 구분할 필요가 없다. 이 시기에 특별한 의미를 부여한다면 이는 외적 기준으로 국어학사를 본다는 점에서 비판을 받을 수도 있다. 그러나 일제강점기라는 시대 상황에 따라 우리말의 위상이 변하고 우리말 연구의 목표와 방향이 달라졌다면 이러한 점을 시대 구분에 반영할 필요가 있을 것이다. 이런 관점에 따라 해방 이후 서술된 국어학사에서는 이 시기를 대체로 '저항과 모국어 수호 시기'로 규정했다.

그런데 '저항과 모국어 수호 시기'의 기점을 '조선어학회朝鮮語學會 창립'[19]으로 설정한 것은 재론의 여지가 있다. 조선어학회가 일제강점기 조선어 연구의 양상을 기술하는 데에서 중심이 되는 것은 분명하고, 일제의 문화통치가 조선어 연구 단체를 활성화한 것도 분명하다. 그러나 조선어학회의 창립 혹은 문화통치라는 식민지배 정책의 변화가 국어학사의 시대 구분을 변경할 결정적 근거는 되지 못한다. 국어학사에서 일제강점기를 특별히 구분해야 하는 것은 한일병합이 우리말 연구의 기본 토대를 바꿔 놓은 사건이기 때문이다.

그런 점에서 방종현方鍾鉉이 '한글과 관련한 새 연구가 증가하는 측면'과

---

19 김민수(1980)에서는 '조선어학회 창립'을 그 기점으로 분명하게 내세우지는 않았지만, 1919년 이후 식민통치의 전환을 주요하게 내세웠다는 점에서 유창균(1969)과 문제의식은 같다.

'한일병합으로 인해 우리말 연구의 기본 토대가 바뀐 점'을 함께 살핀 것은 의미가 있다. 그는 일제강점기를 '국문시대'(1894~1910)와 구분 지어 '한글 시대'(1910~1945)로 규정했다.[20] 이때 '국문'에서 '한글'로 혹은 '국어'에서 '조선어'로의 지시어 변화는 우리말 환경의 변화를 상징하는 것이었는데, 식민지적 상황에서 조선어학의 연구 지형은 '식민 지배를 위한 언어 연구' 와 '피지배 민족의 민족어 연구'라는 이중 체계를 띠었다.

1912년에 조선총독부가 공포한 「보통학교용 언문철자법」은 대한제국 국문연구소의 『국문연구의정안國文硏究議定案』을 고려하지 않은 음소주의 철자법이었던 반면, 주시경 학파의 규범 연구는 형태주의 철자법을 지향했다. 그리고 조선총독부에서 『조선어사전』(1920) 편찬 사업을 진행할 때 광문회 에서는 주시경을 중심으로 『말모이』 편찬 사업을 시작했고, 조선총독부의 『조선어사전』이 발간된 상태에서 주시경 학파의 주도로 1929년 사전 편찬 사업을 시작했다. 또 일본인 학자들의 조선어 연구가 경성제국대학 조선어 문학과를 중심으로 진행될 때, 조선어학회는 이와 길항적 혹은 상호보완적 관계를 형성하며 조선어 연구를 지속했다.

이러한 이중적 연구 상황에서 '피지배 민족의 민족어 연구'는 '식민 지배 를 위한 언어 연구'로부터 적지 않은 영향을 받았다. 이는 지배자와 피지배 민족의 권력 관계에서 비롯된 면도 있지만, 언어 연구 자체를 놓고 볼 때는 일본의 언어학 수준이 조선어학의 수준을 압도한 데에 따른 면이 크다. 그렇다면 조선어학은 식민 지배를 위한 언어 연구로부터 어떤 영향을 받았다고 볼 수 있을까?

첫째, 국어(일본어) 상용화 정책을 골자로 하는 일본의 식민지 언어정책에

---

20 방종현, 『훈민정음통사訓民正音通史』, 1948.

대응하는 과정에서, 한일병합 이전 형성된 국어 의식은 한편으로는 수세적인 어문민족주의와 다른 한편으로는 제국주의적 국어관과 융합하면서 조선인 학자들에게 내면화되었다. 조선어 규범화 사업이 한편으론 민족어를 유지하려는 노력의 일환이었지만 다른 한편으론 일본의 국어 규범화 사업을 적극적으로 참조했다는 점에서 내면화된 국어 의식을 확인할 수 있다. 그렇다면 일제강점기의 조선어 연구는 식민 지배하의 연구라는 점에서 그 목표와 방법이 이전 시기의 국어 연구와 구분되지만, 다른 한편으로는 근대 국어학의 문제의식을 심화한 측면이 있다고 할 수 있다.

둘째, 동경제국대학 언어학과를 중심으로 한 일본 언어학계는 당시 서구 언어이론을 제공하는 거점이었다. 경성제대를 졸업한 조선어학자 방종현, 이희승李熙昇, 김수경金壽卿(1918~2000) 등이 동경제대 언어학과 대학원에서 수학했다는 사실, 그리고 박승빈朴勝彬(1880~1943)의 지원하에 동경제대 언어학과를 졸업한 유응호柳應浩(1911~1994)가 귀국하여 박승빈이 이끄는 조선어학연구회에서 활동했다는 사실, 언어학을 전공하지는 않았지만 조선어학회의 대표적인 문법가인 최현배가 일본 유학 시절 일본 문법을 연구하여『우리말본』(1937)의 틀을 세울 수 있었다는 사실 등은 조선어학계와 일본 언어학계의 관계를 상징적으로 보여 준다. 더구나 경성제대 조선어문학과 졸업생들이 이들을 가르친 일본인 조선어학자들에게 받은 영향을 생각하면 관계의 종속성은 더 깊을 수밖에 없다.

이러한 점을 종합한다면, 일제강점기 조선어 연구는 개화기의 국어 연구와도 구분되며 해방 이후 국어 연구와도 구분되는 독특한 양상을 띠고 있었다고 평가할 수 있다. 이에 따르면 근대 국어학사는 다음과 같이 세 시기로 구분될 수 있을 것이다.

근대 국어학사의 시대 구분

1기: 1894~1910년

2기: 1910~1945년

3기: 1945~1965년

2.4. 국어 연구를 추동한 논리의 특수성

국어학사에서 근대를 하나의 시대 단위로 설정할 수 있는 것은, 국어 의식과 이로부터 비롯된 국어 연구 논리가 동질성을 유지하는 시기를 구획할 수 있기 때문이다. 이 시기를 간단히 정리하면, 근대 국어학사의 기점은 한국어와 한글(諺文)의 정치사회적 의미가 부각되기 시작하는 갑오개혁 이후이며, 갑오개혁을 통해 제기된 국어 정립의 과제가 완결된 시점은 한반도의 국가 체제가 안정적으로 구축되며[21] 국어 규범의 근간이 마련된 1960년대 중반이다.

그런데 연구사적으로 볼 때, 근대적 언어관의 특징, 근대 어문정리 활동의 양상 등을 다루는 논의는 진부한 측면이 있음을 부정할 수 없다. 19세기 말부터 1945년까지의 어문정리 활동과 이를 추동한 국어관에 대한 논의는 근대 국어학사의 전통적 주제였으며,[22] 근대에 대한 학문적 관심이 언어 문제로 확장되며 진행된 최근의 연구[23] 또한 이 시기에 진행된 어문운동의 성격을 논하는 것이기 때문이다. 이러한 선행 연구에도 불구하고, 근대적 언어관이 한국의 국어 정립 과정에서 어떻게 작동했는지에 대한 논의가 확장

---

21 한반도의 국가 체제가 안정적으로 구축되었다는 것은 다른 한편으로 분단 체제가 고착되었음을 뜻한다.

22 이와 관련한 논의의 흐름은 이상혁(2000)과 조태린(2009) 등을 참조할 수 있다.

23 이와 관련한 논의의 경향은 최경봉(2006ㄴ)을 참조할 수 있다.

적이지 못했던 이유는 무엇일까?

이는 어문민족주의를 국어 정립 활동의 사상적 기반으로 규정한 상태에서, 어문민족주의의 기원 문제, 어문민족주의가 국어 정립 과정에 끼친 영향과 그것의 문화사적 혹은 국어학사적 의의 등에 대한 논의가 반복되었기 때문이다. 이러한 접근은 국어 정립 활동의 전말을 밝히는 데 필요한 절차였지만, 국어 정립 과정에 나타난 한국적 특수성을 단순화해 이와 관련한 논의의 폭을 좁히는 결과를 초래했다.[24] 즉 국어 정립이라는 현실적 목표에 따라 전개된 활동의 동질성에만 주목했을 뿐, 이러한 활동의 맥락과 사상적 배경의 차이에 대한 탐구가 부족했던 것이다.

이 책에서 주목하고자 하는 것은 국어 정립기가 한일병합, 해방, 분단, 한국전쟁 등 역사적 격변으로 점철되었고, 이러한 상황에서 국어 정립 활동에 임하는 주체들의 현실 인식과 국어관이 복잡한 양상을 띠었다는 사실이다. 이는 한국의 국어 정립 과정을 부르주아 민족주의자들을 중심으로 진행된 서구의 국어 정립 과정과 동일시할 수 없다는 것을 의미한다. 실제 한국의 국어 정립기는 근대적 언어관과 탈근대적 언어관, 관념론적 언어관과 유물론적 언어관이 혼재되어 나타난 시기였을 뿐만 아니라, 언어관에 따라 국어 정립 활동 주체들의 현실 대응 논리도 다양했다.

따라서 국어 정립과 관련하여 나타난 다양한 논리들이 '일제강점기의 민족어 정립'과 '남북 분단기의 국어 정립' 과정에서 어떻게 수용되고 배척되었는지, 그리고 그 과정에서 국어 정립의 논리가 어떻게 변화했는지를 살펴보는 것은 근대 국어학의 특수성을 파악하는 데 필요한 일이다.

---

24 조태린(2009)에서는 국어 의식의 특수성을 심도 있게 규명했지만, 어문민족주의를 국어 의식의 기반으로 전제한 상태에서 논의를 전개하고 있다.

II

근대 국어학의 태동

(1894~1910)

근대 국어학에 대한 연구가 문법서의 체계 및 문법 용어와 같은 미시적 항목을 나열하여 비교하는 수준에 머문다면, 당대의 문법에 대한 이해는 축자적逐字的 수준을 벗어나기 힘들다. 이처럼 당대의 시대정신을 문법 연구와 관련지어 조망할 수 있는 문제의식이 결여되면, 국어를 의식하고 국어학을 모색한 맥락을 지나치거나 단순화하기 쉽다.

제Ⅱ부에서는 근대 초기(1894~1910)의 문법 연구가 언문일치言文—致 실현과 국어의 정체성 규명이라는 시대적 과제를 의식하며 문법 기술 내용을 결정했음을 가정하고, 이를 입증하는 차원에서 이 시기의 국어관과 국어정책, 당시 문법서의 상호텍스트성, 서구 문법학과 전통 문법학의 수용과 계승 문제를 다룬다. 이를 위해 특별히 부각하는 것은 다음과 같다.

구어口語를 문어文語로 실현하는 언문일치가 시대적 과제였던 상황에서 당대인들은 구어와 문어를 어떻게 인식하고 있었을까?

근대 초기의 대표적 문법학자인 이봉운, 유길준, 주시경, 김규식, 김희상 등이 출간한 문법서에서 공유하는 문제의식은 무엇인가? 이들의 연구는 언문일치 실현이라는 시대적 과제와 어떻게 관련되는가?

근대 문법학은 서구 문법학의 일방적 이식으로 형성된 것인가? 근대 문법학자들의 문법관에 나타나는 특수성을 전통 문법학의 사유체계에 기대어 설명할 가능성은 없는가?

1

근대 국어학의 출현 맥락

문자의 외피에 싸여 있던 언어에 주목하면서 언어 연구는 새로운 국면을 맞게 된다. 훈민정음 창제부터 20세기 이전까지는 언어에 대한 관심이 문자와 그 문자가 표시하는 소리에 국한되어 있었다. 문자와 소리의 문제에서 한 걸음 더 나아가 문장으로서의 언어에 관심을 갖고 문법을 체계화하기 시작한 것은 20세기 즈음의 일이다. 그렇다면 어떤 계기로 문장의 문제를 고민했고, 어떤 과정을 거쳐 문법의 틀을 세우게 되었을까?

1.1. '국문'과 '국어'의 함의

'문자, 문장' 혹은 '말'

근대적 어문개혁이 이루어지고 문법이 체계화되면서 '국문國文'과 '국어國語'라는 말이 등장했다. '국어'는 개념상 언어학적인 측면에서는 '발화된 말'을, 역사적인 맥락에서는 '국가 차원에서 규범화한 말'을 가리킨다. 이에 비해 '국문'은 우리말을 옮긴 문자나 문장을 가리킨다. 따라서 개념적인 측면에서 보면, '국문'은 '국어'와 달리 문법적 탐구 대상이라기보다는 근대적 글쓰기를 실현하는 수단으로서의 의미를 갖는다.

실제 시간적 선후 관계를 보면, 근대 국어학이 본격화하기 전에는 '국문'이란 말만 쓰이다가 문법 연구가 활성화되는 시점에 '국어'라는 말이 출현해 그 쓰임이 확장되는 양상을 보인다. '국문'과 '국어'라는 말을 먼저 만들어 사용한 일본에서도 우에다 카즈토시上田萬年(1867~1937)에 의해 근대 국어학이 체계화되면서 국어학의 연구 대상이 '국문'에서 '국어'로 이동한 사실을 보면, '국문'과 '국어'를 언어에 대한 근대적 인식의 발전 단계를 나타내는 말로 이해할 수도 있다. '국어'라는 용어가 출현하고 일반화되는 시점에 국어학사적 의미를 부여할 수 있다는 말이다. 따라서 다음과 같은 가정을 세울 수 있다.

"문자 중심의 언어관에서 말 중심의 언어관으로 바뀜으로써 근대 국어학이 체계화되는데, 이러한 전환의 징표는 개념적으로 불안정했던 '국문'이라는 지시어가 '국어'로 대체되는 데에서 찾을 수 있다."

이러한 가정에 따른다면, '국어'라는 용어가 일반화된다는 것은 근대 국어학 연구가 본격화한다는 의미이고, 이는 곧 국어 연구의 질적 상승을 의미한다.[1] 이와 관련한 상징적인 문법서가 주시경周時經의 저작물인 『국문문법國文文法』(1905)과 『대한국어문법大韓國語文法』[2](1906)이다. 저작의 제목을

---

1 이상혁(2000)에서 이러한 관점을 제시한 바 있고, 김병문(2013)에서는 이러한 관점하에 주시경의 인식 변화 과정을 사료에 근거하여 면밀하게 추적했다.

2 표지와 본문에 표기된 제목이 다르기 때문에 '국문강의'와 '대한국어문법'이라는 두 가지 이름으로 불린다. 그런데 지석영의 「대한국문설」(『대한자강회월보』 11, 1907)에 이 책을 '대한국어문법'이라고 지칭한 것에 근거하여 국어학계에서는 일반적으로는 '대한국어문법'으로 부른다. 이 책에서도 '대한국어문법'이라는 제목을 선택하고자 한다. 이는 주시경의 애초 기획 의도가 '대한국어문법'이라는 제목에 나타나 있고 이후 주시경의 저술이 이러한 기획 의도의 연장 선상에 있는 만큼, 역사적으로는 기획 의도가 담긴 제목을 채택해 주시경이 가지고 있던 문제의식을 드러내는 것이 필요하다고 생각하기 때문이다.

보면 주시경의 연구가 문자[國文]의 문제에서 언어[國語]의 문제로 무게 중심이 이동했음을 확인할 수 있다.

그런데 이때 주목할 점은,『대한국어문법』의 내용이 문자와 음운의 문제를 중심으로 한 철자법 논의에 국한될 뿐 단어와 문장의 문제를 다루고 있지 않다는 사실이다. 이러한 내용은 '국어'라는 말의 함의와 일치하지 않는 것이다. 이러한 불일치는 이 책의 혼란스러운 제목에서도 확인할 수 있다. 이 책의 표지에는 '국문강의國文講義'란 제목이 표기되어 있는데, 본문에 표기된 제목은 '대한국어문법'이다. 이러한 혼란은 무엇을 시사하는 것일까? 시사점을 알기 위해서는 먼저 이러한 혼란이 일어나게 된 계기를 알 필요가 있는데,『대한국어문법』의 발문을 통해 어느 정도 짐작할 수 있다.

> 엇지흐면 國文이 修正될가 設力흐나 또한 效驗을 보지 못흐고 不得已흐니 다만 余의 所究를 學生에게 敎授흐다가 其 餘紙를 收編흐니 <u>이는 音理만 大綱 말흔 것이요 國語는 次期에 敎授코자 흐니</u> [어찌하면 국문이 수정될까 힘쓰기를 도모하나 효험을 보지 못하고, 부득이하게 나의 연구한 바를 학생에게 가르치다가 책을 엮으니, <u>이는 음리만 대강 말한 것이고 국어는 다음에 가르치고자 하니</u>]

밑줄 친 부분을 통해 짐작할 수 있는 것은, 주시경이 '대한국어문법'이란 제목으로 책을 기획했지만 일차적으로 철자법에 대해 설명한 내용만으로 책을 엮었고, '국어', 즉 말에 대해 본격적으로 분석한 내용은 다음에 책으로 엮을 것이라는 사실이다. 이는 본문에 나온 제목과 달리 표지의 제목을 '국문강의'로 한 이유를 자연스럽게 설명한다. 이러한 불일치는 이 책이 유인본이기 때문에 가능했던 일이기도 한데, 주시경은 일단 음리音理를 밝힌 원고를 묶어 강의용 책을 만들고, 단어 및 문장에 대해 설명한 원고를 완성하면 이를 다시 묶어 책으로 만들고자 했던 것이다. 주시경이 원고의 제목을 그대로 둔 채 책의 표지에만 '국문강의'란 제목을 붙인 것을 보면, 그가 '국문강의'를 이 책의 임시적인 제목으로 봤을 가능성이 높다.

이 대목에서 알 수 있는 것은 주시경이 '국문'과 '국어'의 구분을 분명히 하면서, '국어'가 '국문'을 포함하는 것으로 인식했다는 사실이다. 그렇다면 주시경이 밝히고자 했던 '국어'의 본령은 무엇일까? 이는 앞서 지은 『국문문법』과 뒤에 지은 『국어문법國語文法』(1910)을 비교해 보면 어느 정도 짐작할 수 있다. 『국문문법』에서 설명하고 있지만 『대한국어문법』에서 빠진 부분은 '품사론'이고, 『대한국어문법』이후 출간된 『국어문법』에서 추가한 부분은 '품사론'과 '문장론'이다. 이를 보면 주시경은 '국어'의 본령이 '발화된 말'이라고 봤으며, 이를 설명하기 위해 '품사', '문장의 구조와 유형', '문법 형태소' 등을 탐구했음을 알 수 있다. 이는 주시경이 일반언어학의 연구 관점을 의식했음을 말해 준다.

이러한 정황을 종합할 때, 『대한국어문법』을 분기점으로 주시경의 관심이 문자의 음가 및 철자법에서 단어와 문장의 구조로 확장되는데, 이는 근대 국어학이 연구 대상을 확립하는 과정의 일환으로 이해할 수 있다. 즉, 주시경이 '국어'라는 용어를 의식적으로 사용하는 것에서 근대 국어학의 연구 대상을 분명히 하려는 의도를 읽을 수 있다는 것이다. 그러나 '국어'라는 용어의 출현 맥락을 중시하는 설명에서 주의해야 할 점은, '국문'과 '국어'라는 용어의 축자적 해석만을 근거로 한 문제제기는 근대 국어학의 형성 맥락을 왜곡할 소지가 있다는 것이다.

'국어'와 '국문'을 대비적으로 볼 경우, '국어'라는 용어가 등장하기 이전의 국문 연구를 근대 국어학의 문제의식에 도달하지 못한 것으로 판단할 수 있다. 이러한 관점에서 보면 이때의 국문 연구는 전근대적 국어 의식에 계몽적 성격이 강화된 정도일 것이다. 그러나 앞 장에서 시대 구분에 대해 논의하면서 밝힌 바와 같이, 근대 초 연구자들이 '국문'이라는 용어로 가리킨 연구 대상은 실학자들의 '문자음운학'과는 차원이 달랐다. 그렇다면 이러한 차원의 차이를 "계몽적 성격이 강화되었다"는 정도로 평가할 수는 없다. 그 이유는 두 가지 측면에서 생각해 볼 수 있다.

첫째, 국문연구소國文研究所에서 문자의 연원에 대한 실학자의 고증학적 연구[3]를 참조하여 문자의 규범화 문제를 논의한 것은 사실이지만, 이는 근대적 문제를 해결하기 위해 전근대적 연구 결과를 참조할 수밖에 없었던 당시 지식 토대의 특수성을 상징적으로 보여 주는 것일 뿐이다. 주시경이 구상하고 국문연구소에서 채택한 철자법은 음운 변동의 결과를 '임시의 음'으로 보고 본음本音과 원체原體를 밝혀 적는 형태주의적 철자법을 지향하고 있었다. 이는 우리말 단어의 형태론적 분석을 전제한 것이란 점에서 전근대 시대의 문자음운 연구와는 차원이 다르다.

둘째, 주시경은 이미 『국문문법』에서 철자법 정리를 위한 연구에 국한하지 않고 '품사 분류'를 시도하며 문장 내에서 단어의 기능 문제를 고민했다. 이봉운李鳳雲 또한 초보적이지만 『국문정리國文正理』(1897)에서 '어토명목語吐名目'이란 항목에 품사 및 문장종결형 등을 기술하고 있다. 더구나 국문연구소 연구위원인 이능화李能和(1869~1943)는 국문연구소 설립의 한 계기가 된 건의서 「국문일정의견國文一定意見」(『황성신문』, 1906. 6. 1.~2.)에서 국문과 국어를 섞어서 쓰고 있다.[4] 이런 점들을 종합하면, 당시 국어학자들이 '국

---

3 김민수(1980)에서는 실학자의 연구를 文字音韻學으로 규정지으며, '正音'에 대한 관심의 이론적 기저가 『周易』이었고 그 영역이 漢字音에 집중되었음을 논한 바 있다. 이는 시대 구분 논의에서 자세하게 언급했듯이 19세기 말 국문관과 질적인 차이를 보이는 것이다.

4 이능화는 「국문일정의견」에서 세 개 항을 건의하는데, 그의 건의를 그대로 옮기면 다음과 같다. "一, 輯述國文字典一部事. 二, 小學校科書, 漢字側附書諺文事. 三, 輯述國語規範一冊, 添入國語一科, 於小學事."

서고문誓告文 고종은 서고誓告하며 최초의 헌법이라 할 수 있는 홍범 14조를 선포하여 내정 개혁과 독립의 신체제를 내외에 천명했다. 조칙詔勅 서고문은 관보(1895. 1. 15.)에 국문, 국한혼용문, 한문 각각 세 가지로 발표했다. 이는 한문, 이두식 언해문, 완전 언해문이 공존했던 다층적 어문생활을 국문 본위로 공식화했다는 의미가 있다.

문'과 '국어'를 명료하게 구분하지 않았고, '국문'을 '국어'를 포함하는 의미로 사용했다고 할 수 있다. 그런데 흥미로운 것은 갑오개혁 이후 사용되었던 '국문'의 의미 또한 이와 비슷했다는 점이다.

1894년 갑오개혁과 함께 발표된 공문서식에 대한 칙령勅令과 이를 위해 공포한 서고문誓告文의 국문체는 말로서의 국어를 의식한 것이다.

1894년(503년 11월 21일) 칙령 제1호 公文式

제14조 法律勅令 總以國文爲本 漢文附譯 或混用國漢文 [법률 칙령은 모두 국문으로 본을 삼되, 한문을 덧붙여 번역하거나 국한문을 혼용할 수 있다.]

서고문誓告文[5]

대군쥬게셔 종묘에 견알ᄒ시고 밍셔ᄒ야 고ᄒ신 글월

  유긔국 오ᄇᆡᆨ삼년십이월십이일에

  밝히

황됴렬셩의 신령에 고ᄒ노니 짐 소즈가

됴죵의 큰 긔업을 니어 직흰지 셜흔ᄒᆫ 히에 오작 하늘을 공경ᄒ고 두려ᄒ며 ᄯᅩ한 오작 우리

됴죵을 이 법 바드며 이 의지ᄒ야 쟈죠 큰 어려움을 당ᄒ나 그 긔업을 거칠게 버리지

  아니ᄒ니 짐 소즈가 그 감히 굴ᄋ되 능히 하ᄂᆞᆯ 마ᄋᆞᆷ에 누림이라 ᄒ리오 진실로 우리

됴죵이 도라보시고 도으심을 말미옴이니 오작 크오신 (하략)

1894년 공포한 칙령에는 국문과 국한혼용이 분명하게 구분되어 있었고, 동일한 서고문을 국한혼용문과 국문으로 써서 관보에 게재한 것을 보면, 이미 '국문'은 문자를 가리키는 말에서 벗어나 언문일치한 글을 가리켰음을 알 수 있다. 말과 문자의 관계도 이러한 관습에 기대어 규정되었다.

지석영池錫永(1855~1935)은 그의 「국문론」(1896)에서 "나라에 국문이 있어서 행용하는 것이 사람의 입이 있어서 말씀하는 것과 같으니"라고 했고, 그가 설립한 '국문연구회國文硏究會' 취지서 첫머리에는 "文字ᄂᆞᆫ 言語의 符號라 符號가 無准ᄒ면 言語가 無規ᄒ야[문자는 언어의 부호라 부호가 본보기가 없으면 언어가 본보기가 없어]"라는 말이 나온다. 이는 규범화에서 말과 글을 분리하여 생각할 수 없음을 강조하는 것이다.

이러한 인식이 일반화된 상황에서는 오히려 '국문'이란 말이 언문일치의 문제를 해결하려는 국어학의 목표를 직접적으로 드러내는 데 유리한 면이 있다. 이와 관련하여 흥미로운 점은 대한제국 시절 '국문國文'과 같은 의미

---

5 이해의 편의를 위해 원문에 띄어쓰기를 하여 인용했다. 관보에 게재된 서고문에는 점이 찍혀 있는데, 이 점이 읽기의 편의를 위한 것이란 점에서 띄어쓰기의 역할을 대신했다고 볼 수 있다.

로 '한문韓文'이 쓰였으며, '한문韓文'을 풀어 쓴 '한글'이 일제강점기에 널리 쓰였다는 사실이다. 이때 '국문, 한문, 한글'은 학문적 구분의 엄격함과 상관없이 모두 '문자, 문장, 말'을 동시에 가리킬 수 있는 이름이었다. 이는 오늘날도 크게 달라지지 않았다. 문자와 말에 대한 언어학적 구분이 엄밀함에도, '한글'은 여전히 '우리 문자'와 '우리글'과 '우리말'을 가리키는 데 사용되고 있다.

규범화한 말, 국어의 실체

당시 '국문'은 '발화된 말을 기록한 문장'의 의미로 쓰이면서 '말로서의 국어'라는 의미를 일정 부분 포함했다. 그런데 '국문'에 '규범화한 말로서의 국어'라는 의미는 직접적으로 나타나지 않았다. 이러한 상황은 '말의 규범화'를 특별히 의식하지 않을 만큼 '단일한 국어'가 당연시된 데에서 비롯된 것일 수도 있고, '말의 규범화'를 시도할 만큼의 '국어 의식'이 없었던 데에서 비롯된 것일 수도 있다.

　그러나 당시 말을 규범화하자는 논의 없이 언문일치를 강조한 걸 보면, 통용되는 말의 통일성에 대해서는 큰 문제의식이 없었다고 짐작할 수 있다. 여기에는 5백여 년 동안 중앙집권적인 체제를 유지했던 조선의 수도가 서울이었고, 훈민정음 창제 이후 출간된 다양한 언해서가 서울말을 근간으로 하고 있었다는 배경이 작용한다. 서울말이 조선의 공용어임이 당연시되는 상황이었다면, 당시 사람들에게 더 절박했던 것은 표준어 정립과 같은 언어의 통일이 아니라, '철자법'과 '문체'의 통일이었을 것이다. 흥미로운 것은 국어사전의 필요성을 강조할 때조차 표준어 문제는 거론되지 않았다는 점이다.

　불가불 국문으로 옥편을 만들어야 할지라. 옥편을 만들자면 각색 말의 글자들을 다

모으고 글자들마다 뜻들도 다 자세히 내려니와 불가불 글자들의 음을 분명하게 표하여야 할 터인데, 그 높고 낮은 음의 글자에 표를 각기 하자면 음이 높은 글자에는 점 하나를 치고 음이 낮은 글자에는 점을 치지 말고 점이 업는 것으로 표를 삼아 옥편을 꾸밀 것 같으면 누구든지 글을 짓거나 책을 보다가 무슨 말의 음이 분명치 못한 곳이 있는 때에는 옥편만 펴고 보면 환하게 알지라.[6]

주시경이 위의 「국문론」에서 말하고 있는 '국문으로 만든 옥편'은 국어사전을 가리키는 것으로 볼 수 있다. 옥편을 각색 말의 글자[7]들을 다 모으고 그 뜻을 자세히 규정하여 만든다고 한 것은 자연스럽게 수긍이 되지만, 사전을 통해 파악할 수 있는 사항으로 자세히 거론한 것이 '높고 낮은 음'인 것은 선뜻 이해하기 어렵다. 그러나 이봉운의 탄식을 들으면 그 탄식의 옳고 그름을 떠나 음의 표시가 그 당시 얼마나 절박한 문제였는지 가늠할 수 있다.

각국 사람들이 말하기를 너희 나랏말이 장단이 있으니, 언문에도 그 구별이 있어야 옳을 것인데, 글과 말이 같지 못하니 가히 우습도다 하고 멸시하니 그러한 수치가 어디 있으리오.[8]

이처럼 국문 쓰기에서 음가에 따라 음을 표기하고 음의 표기로 의미를 구별하려는 시도는 지석영의 「국문론」[9]에서도, 이봉운의 『국문정리』[10]에서도 이루어지며, 국문연구소의 연구 주제 중에도 음의 고저장단高低長短을 어떻

---

6 주시경, 국문론, 『독닙(립)신문』, 1897. 9. 25.
7 여기서의 글자는 음절과 형태소를 아우르는 것으로 보인다.
8 이봉운, 『국문정리』, 1897.
9 지석영은 사성표를 통해 음의 높낮이를 분명하게 표시하여 단어의 뜻을 분명하게 구분하자고 제안한 바 있다.
10 이봉운은 같은 음가를 가진 음절의 장단長短을 'ㅏ'(長)와 'ㆍ'(短)로 구별하는 것을 강조했다. 예를 들면, 장음의 경우 '年나히, 來나중'으로 표기하고, 단음의 경우 '我ㄴ, 菜ㄴ물'로 표기한다.

게 표기할 것인지는 주요한 논의 사항이었다.

이는 결국 글자의 음을 정확히 구별하는 것은 뜻을 구별하는 것이며, 문장에서 글자의 뜻을 구별해 읽기 위해서는 글자마다 그 음을 나타내는 표기를 정밀하게 해야 된다는 것을 말한다. 이때 까다로운 문제는 분절음으로 나타낼 수 없는 음의 고저장단인데, 근대 초 국어학자들은 바로 듣고 바로 말하는 훈련뿐만 아니라 이를 국문 표기로 실현하여 구분하는 것이 필요하다고 보았다. 따라서 뜻의 정밀한 구별 문제는 결국 표기의 문제로 귀결된다. 국문연구소의 『국문연구의정안』에서도 연구위원들은 '국어사전'의 필요성을 표기의 문제와 관련지어 강조한다.

> 이능화: 文學社會가 漢文만 崇拜ㅎ고 諺文은 賤卑ㅎ야 字典 文典 等 一定혼 規則이 無홈이 原因이 되야 今日에 國文이 雜亂 無章혼 境域에 墜陷ㅎ야 今此 聚訟을 致홈이라. [문학 사회가 한문만 숭배하고 언문은 천하게 여겨, 자전과 문전 등 일정한 규칙이 없음이 원인이 되어, 금일에 국문의 난잡함이 끝이 없는 지경에 떨어지게 되어, 이에 서로가 옳고 그름을 따져 결말이 나지 않음에 이르게 되었다.]

> 주시경: 今日로 言ㅎ면 아직 國語의 字典도 無ㅎ고 文典도 無ㅎ며 官民間에 國文을 行用홈도 府府 不同ㅎ고 人人相異ㅎ여 準的되는 바가 無ㅎ며 [금일로 말하면 아직 국어의 자전도 없고 문전도 없으며 관민 사이에 국문을 쓰는 것도 각각 같지 않고 사람마다 서로 달라 법도 되는 바가 없으며]

> 지석영: 國文 字典 辭典 等書를 編制할 時에 音理의 正則이 如此한다고 例言에 說明하야 [국문 자전이나 사전 등의 책을 편찬할 때에 소리 이치의 바른 규칙이 이래야 한다고 일러두는 말에 설명하여]

위는 사전의 필요성을 설파한 내용이지만, 대부분이 일정한 규범에 따른 철자법을 의식한 언급으로 보인다. 오히려 표준어 문제를 직접적으로 거론하며 국어사전 편찬의 필요성을 강조한 것으로는 국문연구소의 행보를 비판한 신문의 논설에서 찾을 수 있다.

근래 듣기로 학부에서 국문연구소를 설치하고 국문을 연구한다고 하니 어떤 특이한 사상이 있는지는 알지 못하거니와 나의 우둔한 생각으로는 그 연원과 내역을 연구하는 데 세월만 허비하는 것이 필요치 아니하니, 다만 그 풍속의 언어와 그 시대의 말소리를 널리 수집해 온전한 경성(서울)의 토속어로 명사와 동사와 형용사 등 부류를 구별하여 국어 자전 일부를 편성하여 전국 인민으로 하여금 통일된 국어와 국문을 쓰게 하되, 그 문자의 고저高低와 청탁淸濁은 앞서 강정講定한 사람이 이미 있으니 취하여 쓸 것이오, 새롭게 괴벽한 설을 만들어내어 사람의 이목만 현란하게 하는 것은 불가하다 하노라.[11]

위 논설의 밑줄 친 부분은 근대 국어사전의 체제와 내용을 정확히 설명했을 뿐만 아니라 언어로서의 국어와 문자로서의 국문을 구분하여 사용하고 있다. 국문연구소 연구위원들과 『대한매일신보』 논설위원의 인식 차이는 어디에서 오는 것일까? 그것은 문장어에서 서울말의 존재와 실체를 당연시했느냐 아니냐의 차이일 것이다. 그러나 서울말의 존재와 실체를 당연시했건 아니건 '온전한 서울말'을 보여 주는 것은 국어 규범화에서 궁극적으로 필요한 일이었다. 이런 점에서 『대한매일신보』의 인식은 한발 앞선 것이다.

그런데 위의 논설은 당시 지식인들이 지니고 있었던 국어에 대한 인식의 수준을 말해 준다는 점에서도 주목할 필요가 있다. 『대한매일신보』의 논설은 주로 양기탁梁起鐸(1871~1938), 신채호申采浩(1880~1936), 박은식朴殷植(1859~1925) 등이 쓴 것으로 알려져 있는데, 위의 논설은 양기탁의 것으로

---

11 국문 연구에 대한 관견管見, 『대한매일신보』, 1908. 3. 1.

보인다. 양기탁은 주시경과 함께 만민공동회 운동을 이끌었을 뿐만 아니라, 지석영이 1906년에 설립한 '국문연구회'에 참여하여 활동한 바 있다.

1.2. 언문일치와 국어학의 과제

언문일치 당위론

갑오개혁 이후 세 가지 글쓰기 양식(국문, 국한문, 한문) 중 한문 글쓰기가 급격히 쇠퇴하면서, 글쓰기 양식은 국한문 위주의 글쓰기에 국문 전용 글쓰기가 뒤따르는 양상이 되었다. 그러나 국한문은 완전한 언문일치를 달성하기 위해 궁극적으로는 탈피해야 할 양식이라는 데에는 대부분의 국어학자가 동의한 것으로 보인다. 이는 유길준兪吉濬의 인식을 통해 충분히 짐작할 수 있다. 유길준은 국한문으로 쓴 『서유견문西遊見聞』(1895)의 발문을 통해 완전한 언문일치를 실현하지 못하는 한계와 완전한 언문일치를 위해서는 국문만으로 글을 써야 한다는 당위성을 강조한다.

> 『서유견문』이 완성된 며칠 뒤에 친구에게 보이고 비평해 달라고 하자, 그 친구가 이렇게 말하였다. "그대가 참으로 고생하기는 했지만, 우리글과 한자를 섞어 쓴 것이 문장가의 궤도를 벗어났으니, 안목이 있는 사람들에게 비방과 웃음을 면치 못할 것이다." 그래서 내가 이렇게 대답하였다. "이는 그럴 만한 까닭이 있다. 첫째, 말하고자 하는 뜻을 평이하게 전하는 것을 위주로 하였으니, 글자를 조금만 아는 자라도 (이 책의 내용을) 쉽게 알 수 있도록 하기 위해서다. (중략) 셋째, <u>우리나라 칠서언해七書諺解의 기사법을 대략 본받아서 상세하고도 분명한 기록이 되도록 하기 위해서다.</u> (중략) 우리나라의 글자는 우리 선왕 세종께서 창조하신 글자요, 한자는 중국과 함께 쓰는 글자이니, <u>나는 오히려 우리 글자만을 순수하게 쓰지 못한 것을 불만스럽게</u>

생각한다. 외국 사람들과 국교를 이미 맺었으니, 온 나라 사람들이 상하 귀천이나 부인과 어린이를 가릴 것이 없이 저들의 형편을 알아야 할 것이다. 그러니 서투르고도 껄끄러운 한자로 얼크러진 글을 지어서 실정을 전하는 데 어긋남이 있기보다는, 유창한 우리글과 친근한 말을 통하여 사실 그대로의 상황을 힘써 나타내는 것이 올바르다고 생각한다.[12]

국문만으로 글을 쓸 수 없었음을 자조하는 듯한 유길준의 말은, 지식 사회의 주류가 '한자에 익숙한 계층'이고 한자가 정확한 기록의 방편이기 때문에 국한문으로 출판할 수밖에 없었음을 말하는 것이면서 동시에 국한문 글쓰기를 탈피해야 할 관습[13]으로 보는 반성적 인식을 보여 준다. 주시경은 이를 이중적 글쓰기로 해결한다. 그는 거의 비슷한 내용을 두 가지 양식으로 써서 서로 다른 매체에 발표했던 것이다.

隨區域人種之不同 而文言亦不同 人種이 各各 天然으로 句別된 地方의 水土風氣를 稟ᄒ여 生ᄒ믹 言語도 各各 其域其種의 適宜ᄒ딕로 自然發音되여 其音으로 物件과 意思를 命各ᄒ야 其同域同種內에 通用ᄒᄂ 言語가 되고 또 各各 此에 適宜혼 文字를 制用ᄒ니 是以로 天然的의 各殊혼 句域과 人種을 쫄아 言語와 文字도 天然的으로 不同ᄒ더라.[14]

『황성신문皇城新聞』의 독자층을 염두에 두면서 그들에게 국어의 의미를

---

12 허경진 옮김(2004)의 번역문 인용.
13 『서유견문』에서의 국한문 글쓰기를 후쿠자와 유키치福澤諭吉의 문체를 모방한 것으로 보는 견해도 있지만, 이는 한문과 우리말의 상호 간섭 과정에서 다양하게 전개된 이두식 언해문의 전통을 잇는 것으로 봐야 한다. 칠서언해의 기사법을 대략 본받았다는 유길준의 말은 이러한 문체 형성 맥락을 표현한 것으로 볼 수 있다. 이와 관련한 종합적 논의는 김영민(2012)을, 『서유견문』 국한문체의 특징에 대한 계량언어학적 분석은 한영균(2011)을 참조할 수 있다.
14 『황성신문』, 1906. 4. 1.

강조하고자 했던 주시경은, 이와 비슷한 내용을 3개월 전『서우西友』라는 잡지에 게재했다.

　　이디구상 륙디가 텬연으로 구획되여 그 구역안에 사는 흔쩔기 인종이 그 풍토의 품부흔 토음에 뎍당흔 말을 지어쓰고 쪼 그말 음의 뎍당흔 글을 지어쓰는 거시니 이럼으로 흔 나라에 특별흔 말과 글이 잇는 거슨 곳 그 나라가 이 셰상에 텬연으로 흔목 즈쥬국 되는 표요…. [이 지구상 육지가 천연적으로 구획되어, 그 구역 안에 사는 한 떨기 인종이 그 풍토에서 선천적으로 타고난 소리에 적당한 말을 지어 쓰고, 또 그 말소리에 적당한 글을 지어 쓰는 것이니, 이렇게 함으로 한 나라에 특별한 말과 글이 있는 것은 곧 그 나라가 이 세상에 천연적으로 하나의 자주국 되는 표시요….][15]

주시경이 이중적 글쓰기를 염두에 두면서 글을 썼다는 것은『국어문법』에서도 확인할 수 있다. 그는 문법의 설명을 국한문으로 하면서 다음과 같은 변명을 덧붙였다. 그는『말의 소리』(1914)에 이르러서야 완전한 국문으로 문법을 설명하게 된다.

　　이 글은 다 한문을 섞어 만들었던 것인데 이제 다 우리나라 말로 고쳐 만들고자 하나 바쁨을 말미암아 다 고치지 못하므로 틈틈이 한문이 있음은 이 까닭이다.[16]

그런데 이중적 글쓰기 방식은 주시경의 독특한 언어 의식에서 비롯된 것은 아닌 듯하다. 성경이 국한문 성경과 국문 성경으로 나뉘어 출판되던 현실은, 한자로부터 소외된 계층과 한자를 익숙하게 쓰던 계층이 대립적으로 존재했고, 이러한 계층을 의식한 글쓰기가 시도될 수밖에 없었음을 잘 보여 준다.

---

15 『서우』, 1906. 1. 1.
16 주시경, 이온글잡이,『국어문법』, 1910.

국한문에 대한 지식 사회의 요구가 상존하고 국문 철자법이 확립되지 않은 상태에서 국한문 글쓰기는 합리적 선택으로 받아들여진 면도 있다. 이러한 상황에서 새롭게 탄생한 글쓰기 양식이 훈독법을 따르는 국한문이다. 훈독법은 당시 일본에서 언문일치를 위해 선택한 방식이기도 하다. 훈독법은 국한문의 요구와 완전한 언문일치의 요구를 더불어 충족시킬 수 있는 방안이었다.

텬지사이 만물가운디 　　　오직사람 　　　가장귀
天地之間 萬物之中 에 　　　唯人 이 　　　最貴 ᄒ니

(이능화, 國文一定意見, 『황성신문』, 1906.6.1.)

집을 興^{이르키}는 者^쟈는 사람의 도리를 修^{닥구}며 나라를 사랑ᄒ는 者^쟈는 사람의 도리를 守^{직히}며 (유길준, 『勞動夜學讀本』, 1908)

會社가 아니고 商號中에 會社임을 示^보이는 文字를 用^쓰ㅁ을 得^어ㄷ지 못함 會社의 營業을 讓受한 時^때에라도 亦^또한 同^가틈 (박승빈, 『言文一致日本國六法全書』, 1908)

이능화는 소학교에 국어 과목을 설치할 것을 건의하면서 소학교 교과서에는 한자 옆에 언문을 덧붙일 것(漢字側附書諺文)을 주장했다. 이는 그의 말대로 아속雅俗이 함께 읽을 수 있게 하기 위해서였다. 이러한 주장은 유길준과 박승빈 등에 의해 일반 출판물로 실현되었는데, 유길준은 『노동야학독본』(1908)에서 훈독법을 선보였고, 박승빈은 번역한 일본 법전에서 훈독법을 선보였다. 특히 박승빈은 일본 법전 번역서의 제목을 '언문일치일본국육법전서'라 하며, 훈독법이 언문일치를 실현하는 방안임을 강조했다.

이처럼 국한문과 국문이 공존하는 상황에서 언문일치 운동은 '완전한 언문일치에 한자를 병용하는 방식'[17]과 '완전한 언문일치의 국문 전용 방식'으로 나뉘게 된다. 이는 이후 한자폐지 논쟁으로 이어지면서 국어학계를 양분하는 계기가 된다.

그런데 이와 더불어 주목해야 할 점은 언문일치 글쓰기를 시도하면서 국문의 표기 문제가 대두될 수밖에 없었다는 사실이다. 위에서 유길준과 박승빈의 훈독법을 보면, 분철을 하지 않고 연철을 하는 데에서 공통점이 있지만, 박승빈이 아래아(ㆍ)를 사용하지 않는 점, 용언의 어간을 표기할 때 받침을 쓰지 않고 받침에 해당하는 요소를 뒤로 넘기는 점(쓰ㅁ을, 으ㄷ지, 가틈) 등은 독특하다. 이는 형태 분석의 원칙과 활용법에 대한 이해 등이 다른 데에서 비롯한 현상으로 볼 수 있다.

1930년대에 들어 박승빈이 자신의 문법론을 철자법에 적용시키고자 '조선어학연구회朝鮮語學研究會'(1931)를 조직하면서, 주시경의 형태주의 철자법을 이어받은 '조선어학회朝鮮語學會'와 격렬하게 대립한다. 특히 박승빈과 주시경은 철자법을 문법 분석과 관련지어 연구했기 때문에 철자법의 대립은 문법 논쟁으로 번질 수밖에 없었고, 이는 1930년대 당시 조선어학계를 양분하는 논쟁거리로 부상했다.

사실 언문일치 글쓰기를 시도하던 1908년 무렵 박승빈은 자신의 문법론을 체계화하지 않았을 뿐만 아니라 국문연구소에도 참여하지 않았다. 당연히 주시경과의 직접적인 논쟁은 있을 수 없었다. 그러나 언문일치를 위한 글쓰기를 통해 제시한 표기의 원리가 결국 문법 논쟁의 출발점이 되었다는 점[18]

---

17 이광수는 『황성신문』(1910. 7. 24.~27.)에 언문일치 국한문 쓰기를 주장하는 글을 싣는데, 이 주장의 핵심은 고유명사나 한문에서 온 명사, 형용사, 동사 등 국문으로 쓰지 못하는 것만 한문으로 쓰고 그 밖의 것은 모두 국문으로 쓰자는 것이었다.

18 시정곤(2015: 181~182)에서는 박승빈이 『언문일치일본국육법전서』(1908)에서 채택하고 있는 철자법의 특징이 후에 박승빈의 저서 『조선어학』(1935)에 나타난 문법과 정확히 일치하고 있음을 밝힌 바 있다. 그렇다면 박승빈 문법의 주요 특성인 용언 활용법은 1908년 언문일치를 위한 글쓰기를 하면서 구상한 것이라 할 수 있다.

에서, 박승빈은 근대 초에 활동한 문법가 그룹에 포함할 수도 있을 것이다.

국어학의 과제

중화문화권에서의 이탈을 목적으로 했던 근대적 개혁에서, 어문개혁의 대립 지점은 언어보다는 문자와 문장일 수밖에 없었다. 한문을 문장어로 썼던 어문생활에서 언문일치의 어문생활로 전환하는 것이 시대적 과제로 부각되는 현실에서는, 표기 문자를 국문으로 교체하는 것과 문장 쓰기의 규범화가 어문개혁의 일차적인 목표였던 것이다.

그런데 문자와 문장의 규범화가 언문일치적 글쓰기를 위한 것이었다는 점에서, 문자와 문장에 대한 연구는 말의 문법을 연구하는 문제와 연결될 수밖에 없었다. 당시 국어문법 연구는 철자법의 확립과 동시에 문체의 혁신, 즉 구어口語의 문장어화를 지향했다. 근대 초기 문법론이 '규범의 확립과 언문일치의 실현'이라는 시대적 과제와 연결되어 있었음은 당시 문법가들의 문제의식에서 확인할 수 있다. 특히 선구적으로 문법서 편찬을 시도했던 유길준은 『대한문전大韓文典』(1909)의 자서를 통해 이러한 문제의식을 분명하게 보여 준다.

> 文이 言을 載치 못ᄒ고 言이 文에 配치 못ᄒ야 判然二致의 結果를 生하매 靑春으로브터 白首에 至토록 螢雪의 苦를 積ᄒ야도 其皮相의 識解를 得ᄒ는 者가 百中一二에 過치아니ᄒ니 [글에 말을 싣지 못하고 말이 글과 짝하지 못하여 완전히 다른 두 개의 결과를 만들매, 젊어서부터 늙을 때까지 형설의 노력을 쌓아도 피상적인 이해나마 할 수 있는 자가 백 명 중에 한둘을 넘지 않으니]

이러한 문제의식은 '총론'에서 '문전의 의의'를 설명하는 것으로 이어진다.

유길준俞吉濬(1856~1914) 유길준은 근대적 의미의 문법을 최초로 체계화한 인물이다. 그는 『대한문전』을 출간하기 전에 『조선문전朝鮮文典』이란 제목의 원고본을 네 차례에 걸쳐 수정한다. 김민수(1980)에서는 『조선문전』이 저술된 시기를 1897~1901년 사이로 추정하고 있다. 이러한 점을 감안하면 유길준이 『대한문전』을 집필하기 시작한 때는 1897년부터라고 볼 수 있다. 유길준은 우리말의 특수성을 강조하는 데에서 어문민족주의적 성향을 띠기도 하지만 민족어와 민족정신을 관련지어 사고하는 단계로 나가지는 않았다. 그는 문법 기술의 궁극적 목적을 실용에서 찾은 문법가이다.

然ᄒ則 苟此思想의 發表를 明快케 ᄒ고저 홀진대 固有 一定ᄒ 軌範을 遵ᄒ며 法則을 循ᄒ미 可ᄒ니 若其規範과 法則에 昧홀진대 口에 出ᄒ는 聲은 有ᄒ나 語는 成치 못ᄒ며 手로 書ᄒ는 字는 有ᄒ나 文을 成치 못ᄒ매 聞者와 見者가 朦然解得지 못홀지니라. [그러한즉 진실로 이 생각을 명쾌하게 나타내고자 하려면 고유하고 일정한 규범을 지키며 법칙을 따라야 하니, 만약 그 규범과 법칙에 미치지 못하면 입에서 나오는 소리는 있으나 말은 이루지 못하며 손으로 쓰는 글자는 있으나 글을 이루지 못하매 듣는 사람과 보는 사람이 이해하지 못할 것이니라.]

유길준의 언급을 볼 때, 문법론의 전개는 '규범의 확립과 언문일치의 실현'이라는 시대적 과제와 연결되어 있었음을 알 수 있다. '규범의 확립과 언문일치의 실현'이라는 시대적 과제는 앞서 언급했듯이 갑오개혁 이후 제기되었고, 근대 국어학은 이를 의식하며 문자와 음운에서 문법 전반으로 연구 영역을 확장했다. 이러한 연구의 목적은 규범화를 통해 국어를 정립하는 것이었다. 시대적 과제로서 '국어의 정립'이 궁극적으로 지향하는 바는 최광옥 崔光玉(1879~1911)을 통해 좀 더 직접적으로 표명된다.

我國의 言語는 我國國語라 國語가 國民으로 關係됨이 甚大ᄒ니 若國語가 一定치 못ᄒ면 國民의 團合心이 缺乏ᄒ고 國語가 自由치 못ᄒ면 國民의 自由性을 損失ᄒᄂ니 支那와 露國 等國으로 鑑戒를 作ᄒᆯ지어다. [우리나라의 언어는 우리나라 국어라. 국어가 국민과 관계됨이 크니 만약 국어가 일정하지 못하면 국민의 단합심이 결핍되고 국어가 자유롭지 못하면 국민의 자유성을 잃게 되니, 중국과 러시아 등의 나라로부터 경계를 삼을지어다.] [19]

언문일치의 실현이라는 목표는 이처럼 근대 국어학의 출현과 긴밀한 관련을 맺고 있는데, 근대 국어학의 목표와 영역도 언문일치의 실현이라는 목표에 의해 규정되었다고 볼 수 있다. 근대 국어학의 목표와 영역은 문법서의 내용체계와 기술 내용을 통해 확인할 수 있는데, 목표는 다음 세 가지로 정리할 수 있다.

근대 국어학의 목표
1. 철자법의 확립
2. 구어口語의 문어화文語化를 위한 기반 조성
3. 구어 문법의 체계화

위에 제시한 근대 국어학의 세 가지 목표는 언문일치 글쓰기의 실현이라는 시대적 과제에서 도출된 것이라 할 수 있다. 진정한 언문일치는 위의 목표가 달성됨으로써 가능해질 것이기 때문이다. 이는 이론상 단계적인 목표

---

19 최광옥, 『大韓文典』, 1908, 2쪽.

로 볼 수도 있지만,[20] 그 실행 과정을 보면 세 가지 목표가 병렬적으로 진행되었음을 알 수 있다.

물론 근대 국어학에서 언문일치 의식이 전개되는 과정을 보면 철자법에서 시작되어 문장과 문체의 문제로 관심 영역이 확대됨을 알 수 있다. 이는 철자의 문제가 대두될 수밖에 없는 한국 어문 상황의 특수성에서 비롯된 것으로, 철자법을 의식하지 않았던 중국과 일본의 언문일치 운동과는 다른 특성으로 볼 수 있다. 그런데 관심 영역이 철자법에서 문장과 문체로 확대되는 것이 언문일치의 절차적 과정을 뜻하는 것은 아니다. 시기적으로 철자법 구상이 심화되는 과정은 곧 표준어와 구어 문법에 대한 구상이 심화되는 과정이었기 때문이다.

근대 초기의 국어학이 철자법 문제에 집중했던 맥락에서 간과할 수 없는 것은, 당시 국어학자들이 표기를 규범화하는 문제를 말을 규범화하는 문제보다 더 복잡하게 생각했다는 점이다. 이는 『독닙(립)신문』(1896년 창간)과 『뎨국신문』(1898년 창간) 등 국문을 전용한 신문을 발간하면서 싹 튼 문제의식이 표준어 제정과 같은 언어의 규범화보다 철자법의 통일에 있었다는 데에서 확인할 수 있다. 서울말이 지배적 언어로 분명히 존재하는 상황에서[21] 우리말을 국문만으로 옮겨 쓸 때 발생하는 가장 큰 문제는 표기의 불일치였던 것이다. 그런데 표기의 규범화가 국어학의 영역에 들어오면서 철자법

---

20 정승철(2003ㄴ)에서는 주시경이 문자로서의 국어 문제, 즉 철자법 문제에 집중했음을 지적하면서 주시경의 언문일치 의식이 구어의 문어화를 도모했던 일본 및 중국의 언문일치 의식과 절차적 차이가 있음을 논한 바 있다.

21 철자법 논쟁 중 한자어의 구개음화 문제, 즉 '天'을 '텬'으로 쓸 것인가 '천'으로 쓸 것인가의 문제에서 평안도 방언의 상황을 근거로 '텬'을 주장하기도 하지만, 여기에는 평안도 방언을 존중한다기보다는 한자 자전字典의 전통 표기를 존중해야 한다는 데 방점이 놓여 있다고 봐야 한다.

구상과 맞물려 문법의 논리가 정교해졌고, 이로 인해 철자법 논쟁은 문법 논쟁의 성격을 띠게 되었다.

철자법 구상이 본격화하는 한편, 이와 더불어 문장과 문체에 대한 문제의식도 심화되었다. 앞서 밝혔듯이 문장과 문체에 대한 문제의식은 국한문과 국문의 대립 구도를 의식한 데에서 비롯했다. 이 과정에서 구어를 국문으로 문어화文語化하는 틀을 제시하는 문법서가 편찬되었고, 어휘의 표준적 용법을 제시하는 국어사전이 기획되었다. 이처럼 19세기 말부터 시작된 우리말 연구를 관통하는 문제의식은 언문일치의 실현을 위한 기반을 조성하는 것이었다.

2

근대 국어학의 전개

근대 국어학은 완전한 언문일치를 이룰 수 있는 토대를 마련하는 것을 시대적 사명으로 삼아 발전했다. 언문일치의 핵심은 구어를 문어화하는 것인데, 이를 위해서는 국문 철자법을 구상하고 국어 문법서를 편찬하고 국어사전을 편찬하는 일을 진행해야 했다.

2.1. 철자법의 구상과 근대 국어학의 형성

문법 의식과 철자법

앞서 시대 구분의 기준을 논한 장에서 이봉운李鳳雲의 『국문정리國文正理』(1897)에 나온 아래 구절을 인용하며, 문자에서 문장으로 문제의식을 확대하는 것이 근대 국어학의 한 특징임을 설명했다. 그런데 아래 인용문에서 사용하고 있는 '문법'이란 용어의 의미가 '철자법'에 가깝다는 점에서, 이봉운이 '문법론'에서 보이는 문법 의식을 면밀히 살필 필요가 있다.

문법론

    요사이 서찰 왕복하는 데 국문 쓰는 법이 일정한 규식이 없어 이제 의혹을 풀어 말 끔히 한즉, 등서하는 책도 그러한지라 그러하되 혹 문법대로 쓰는 사람도 있으니, 무슨 문장을 짓는 것은 문법으로 쓰는 것이 옳되 각국 사람이 조선말 배우기는 분간하기 어 려우니 언문은 본디 말을 위하여 나온 글이니 말대로 쓰는 것이 옳고 문장 꾸미는 것은 문법으로 쓰는 것이 옳으니 상량하기 바랍니다.

이봉운이 문법과 관련지어 철자법을 확립하고자 했음은 '문법말 규식'이 란 항목에서 분명해진다. '속담 규식'과 '문법말 규식'의 차이는 국문 쓰기 에서 '아래아(﹒)'를 사용했느냐 여부에 따른 것이다.

문법말 규식
    이거슨 이러ᄒᆞ니 십리ᄅᆞᆯ 이거슬 ᄒᆞ니….
속담 규식
    이거슨 이러허니 십리를 이거슬 허니….

이봉운이 ' ﹒ '를 통해 문법말 규식을 보인 의도는 무엇일까? 그는 구어에 서 'ㅏ, ㅡ, ㅓ'로 달리 쓰이는 ' ﹒ '를 문장 쓰기에서 ' ﹒ ' 하나로 고정하는 것이 문법의 확립이라고 봤던 것이다. ' ﹒ '의 음가 문제는 유희柳僖가 『언문 지諺文志』(1824)에서 "ㅏ ㅡ의 간음間音"이라고 한 이래로 국문연구소國文研 究所(1907)가 설립되는 계기가 될 만큼 국어학에서 주요 논쟁거리였다. 그렇 다면 이봉운의 문법 의식은 문자음운 연구의 문제의식을 철자법으로 확장 한 것이라 할 수 있다.

    그런데 철자법의 구상과 관련지어 문법 연구를 구체화하는 태도는 주시 경周時經에게서도 나타난다. 주시경의 『대한국어문법大韓國語文法』(1906: 35) 은 철자법과 관련한 문법 의식을 잘 보여 준다.

任

법法　맡아도　맡으면　맡고　맡는

속俗　마타도　마트면　맛고　맛는

　　　맛하도　맛흐면　맛고　맛는

　　　맛타도　맛트면　맛고　맛는

　주시경은 국문 표기를 법法과 속俗으로 나누어 비교하는데, 이는 이봉운이 『국문정리』에서 '문법말 규식'과 '쇽담 규식'을 나눈 것에 대비해 볼 수 있다. 그런데 이봉운에 비해 주시경이 제시한 '법(철자법)'에는 정교한 형태 분석 원리가 작동하고 있다. 형태 분석 원리는 위에 제시된 예처럼 단어의 형태를 고정하여 주변 요소와 분리하는 원리로, 주시경이 표기의 혼란을 막을 방도로 일관되게 내세운 것이다. 이는 두 가지 측면에서 언문일치의 실현이라는 시대적 과제와 관련된다.

　첫째, 위와 같은 문법 기술은 구어의 표준화를 의식한 것이라고 볼 수 있다. 어근語根의 형태와 어미語尾의 형태를 고정하는 일은 다양한 변이형變異形으로 사용되는 구어의 형태를 표준화하는 일과 관련되기 마련이다. 둘째, 위와 같이 한자어 어근에 우리말 어근을 대응시키며 어근의 형태를 제시하는 기술 방식은 한자어 어근 '임任'과 우리말 어근 '맡'을 고정적으로 대응시키는 인식을 나타낸다.

　이를 보면, 주시경은 국한문 글쓰기에서 국문 전용 글쓰기로 전환하기 위한 현실적인 방안을 모색하는 차원에서 철자법 문제를 고민했음을 알 수 있다. 국한문에서는 어근을 한자로 표기하기 때문에 표기상 어근과 문법 형태소가 분리되는데, 그는 한자어 어근에 고유어 어근을 고정하여 대응시키면 문법에 맞는 표기를 할 수 있다고 본 것이다. 이러한 실천적 고민을 통해 주시경은 '원체原體, 본음本音'과 같은 문법론적 개념을 구상하고 구체화할 수 있었다.

속에서 이런 말을 씀은 원톄와 본음과 법식에 하나도 옳을 것이 업고 쏘 규모가 불일
흐여 쳔만언을 짜라 변톄흐니 번잡홈이 측량홀 수 업슨즉 이를 다 곳쳐 발으게 흐고자
흐면 불가불 법이란 줄대로 홀 수밖에 업도다. [관습적으로 이런 말을 씀은 원체原體
와 본음本音과 법식法式에 하나도 옳을 것이 없고, 또 규모가 하나가 아니어서 천만 가
지 말을 따라 체를 바꾸니 번잡함이 측량할 수 없은즉, 이를 다 고쳐 바르게 하고자 하
면 불가불 법이란 줄대로 할 수밖에 없도다.][1]

"법이란 줄대"는 말의 형태가 말의 환경에 따라 변하지 않는 것으로 원체
와 본음과 법식을 말한다고 볼 수 있는데, 이는 형태주의 표기법의 문법 의
식을 상징적으로 보여 주는 것이다. 이러한 생각은 주시경이 같은 책에서
'ㅅ, ㄷ, ㅌ, ㅈ, ㅊ, ㅍ, ㅎ, ㄲ, ㄺ, ㄻ, ㄼ, ㅀ' 등을 받침으로 하는 단어를 예시
하면서 한자어 어근과 이에 대한 우리말 어근을 대응시키면서 표기 문제를
논한 데에서도 확인할 수 있다. 이러한 시도는 국문 전용의 가능성을 높이
는 데 기여했지만, 박승빈朴勝彬의 문법론에 따른 철자법과는 확연한 차이
를 드러내면서 1930년대 철자법 논쟁의 발단이 된다. 이 철자법 논쟁은 형
태주의와 음소주의의 대립이라는 전통적인 논쟁 형식을 띠지만, 각자의 문
법론과 관련지어 논리를 구축함으로써 문법 논쟁으로 비화되었다는 점에
서 주목할 필요가 있다.
　　이처럼 주시경의 철자법 구상은 국어문법에 대한 체계적인 정리로 이어
지게 되는데, 이는 이봉운의 『국문정리』에서 진일보한 점이다. 특히 형태주
의적 관점에서 철자법을 구상하면서, 형태론에 대한 인식은 서구 이론에 근

1　주시경, 『대한국어문법』, 1906, 41쪽.

주시경周時經(1876~1914) 주시경은 국문 철자법을 구상하고 국어 문법서와 국어사전을 편찬하며 근대 국어학의 목표와 과제를 제시했다. 주시경을 통해 국어학에 입문한 이들은 조선어학회(1921)를 결성하여 그의 뜻을 실현했다.

접하거나 이를 뛰어넘을 정도로 정교해졌다. 열다섯 살 때 이형태異形態 문제를 고민했다는 대목은 주시경의 형태 분석 의식이 언어 현상에 대한 오랜 관찰 끝에 나온 것임을 말해 준다.

내가 십오 세에 국문을 처음으로 공부훌새 조희와 붓과 먹과 벼루와 칙은 션비의 쓰는 물건이라 흐는 말을 쓰고 본즉 붓, 먹 두 주 밑에는 '과' 주요, 조희, 벼루 두 주 밑에는 '와' 주라. 그째 곳 생각나기를 '과'나 '와'는 다 토라. 이 두 주는 다 眞書에 '及' 주의 쯧과 갓이 '조희, 붓, 먹, 벼루, 칙' 주 사이를 련홀 싸롬이어눌, 웨 어느 주 알에는 '와' 주가 쓰이고, 어느 주 알에는 '과' 주가 쓰임은 무슴 까닭인가 흐고 다시 살펴본 즉[2]

주시경은 위의 글에서 한문 글쓰기 또는 국한문 글쓰기에서는 크게 문제

---

2 주시경,『대한국어문법』, 1906, 24쪽, 띄어쓰기와 ' ' 표시는 저자.

가 되지 않았던 것을 새롭게 인식하게 된 경험을 언급하고 있다. 당시 국한 문 글쓰기에서 문제 되지 않았던 이형태(及=와/과)의 표기를 의식하게 되었다는 것은 무엇을 말하는 것일까? 단어의 형태뿐만이 아니라 문법형태소의 형태를 발음 원리와 관련지어 확정하고자 했다는 것은 구어의 문어화를 이루기 위한 문법을 구체화하기 시작했다는 것을 의미한다.

이러한 점을 종합해 보면, 문자와 철자법 문제에 국한되는 것처럼 보이는 논의는 실질적으로 국한문 문장과 일상 구어의 괴리를 줄이고 구어의 문법을 체계화하는 연구의 일환이었음을 알 수 있다. 따라서 철자법의 확립, 표준어의 정립, 문법의 체계화, 문체의 개혁 등은 상호 밀접히 관련되는 문제일 수밖에 없다.

이는 국문연구소의 연구보고서인 『국문연구의정안國文研究議定案』에서 특별히 사전과 문법서를 편찬할 필요성을 강조한 데에서도 확인할 수 있다. 국문연구소가 어문정리와 규범 확립을 주요 과제로 의미 있는 논의를 진행하더라도, 논의 결과를 반영한 결과물은 결국 국어사전과 규범문법을 통해 제시되어야 했기 때문이다. 앞서도 거론했지만 『대한매일신보』(1908. 3. 1.)가 국문연구소 활동과 관련하여 내놓은 사설은 철자법 논의에 수반되어야 하는 것이 '표준어 확립과 사전의 출판'임을 공론화한 사례로 꼽을 만하다. 이런 점에서 '국문연구소'의 출현은 국어학의 문제의식이 공론화되는 계기로서 주목할 필요가 있다.

국문연구소의 출현: 국어와 국문 문제의 공론화

내각 총리대신內閣總理大臣 이완용李完用이 아뢰기를, "학부 대신學部大臣 이재곤李載崑이 청의請議한 것으로 인해 국문 연구소를 설치하고 특별히 위원委員을 차용할

데 대하여 이미 회의를 거쳐 가부를 표제標題하여 별도로 첨부하고 아울러 원안原案
을 올려 삼가 성상께서 재결하시기를 기다립니다." 하니, 제칙制勅을 내리기를, "재가
裁可한다." 하였다.[3]

1907년 7월 8일 국문연구소[4]가 설치된다. 설치 목적은 국문연구소 규칙
제1조 "本所에서는 國文의 原理와 沿革과 현재 行用과 장래 發展 등의 方法
을 연구"에 분명하게 제시되었다. 순서상으로 보면 '국문의 원리와 연혁을
연구한다는 목적'이 앞서 제시되어 있지만, 방점은 '현재 쓰임과 장래 발전
의 방법'을 연구한다는 데 놓여 있다. 국문연구소의 연구 결과가 실학자들
의 문자음운학과 차원을 달리한다는 건 '국문의 원리와 연혁'의 연구가 '현
재 쓰임과 장래 발전의 방법'의 연구를 위한 것이기 때문이다.

국문연구소의 연구 내용을 보면, 국문연구소가 지석영池錫永이 제안한 국
문 개혁안인 『신정국문新訂國文』(1905)을 검토할 목적으로 설치되었음을 알
수 있다. 왜 지석영의 국문 개혁안이 문제가 된 것일까? 지석영은 1905년 7
월 국문 개혁안을 만들어 이를 고종에게 상소했는데, 고종이 지석영의 개혁
안을 전적으로 수용하여 이를 실시토록 했기 때문이다. 지석영의 국문 개혁
안인 『신정국문』은 곧바로 관보(1905. 7. 25.)에 게재된다.

이러한 조치는 파격적인 것이었다. 이는 지석영의 상소가 국문 개혁을 요
구하는 상소로서는 최초의 것이었고 지석영에 대한 고종의 신뢰가 두터웠
기 때문에 가능한 일이었다. 지석영의 상소는 자신의 국문론을 고종에게 강

---

3 『고종실록』(국역본), 고종 44년, 1907. 7. 8.
4 국문연구소 구성원을 보면, 윤치오尹致旿(학부 학무국장)를 위원장으로 하여 어윤적魚允迪, 이
  능화李能和, 권보상權輔相, 이억李億, **주시경周時經**, 송기용宋綺用, 현은玄檃, 이종일李鍾一, 이
  민응李敏應, **윤돈구尹敦求**, 지석영池錫永 등이 위원으로 활동했다. 굵은 글씨로 표시한 것은 마
  지막까지 남은 연구위원의 이름이다.

력히 피력하는 것으로 시작하는데, 이는 그의 국어 사상과 국문 개혁론을 집약한 것이었다.

(상략) 삼가 보건대 ① 임금이 지은 정음正音 28자는 초初, 중中, 종終 3성을 병합하여 글자를 만들고 또 높낮이의 정식正式이 있어서 추호도 변경시킬 수 없는 것입니다. 그러나 오랜 세월이 흘러가면서 교육이 해이되어 참된 이치를 잃은 것이 있고 또 학문을 하는 사람들이 연구할 생각은 하지 않고 전적으로 거친 민간에 내맡겨 두었는가 하면 어린이를 가르치는 데는 다만 글을 만든 후의 음音만을 가지고 혼탁 시켜 놓았기 때문에 읽어가는 과정에 점점 잘못 전해지게 하였습니다. 이로 말미암아 ② 현재 쓰는 언

<u>문諺文 14행行 154자字 중에 중첩음中疊音이 36자이고 잃은 음이 또한 36자입니다.</u>

또 ③ 정해진 높낮이법을 전혀 잘못 전하였기 때문에 하늘에서 내리는 눈과 사람의 눈이 서로 뜻이 뒤섞이고 동쪽이라는 동東 자와 움직인다는 동動 자가 서로 음이 같아져 대체로 말이나 사물 현상을 기록하는 데 막히는 점이 많으므로 신이 늘 한스럽게 여겼습니다. (중략) 오주五洲의 모든 백성들이 누구나 글을 알고 시국時局을 통달하며 날이 갈수록 문명에로 전진하고 있습니다. 유독 우리나라만이 통상通商 후 몇 십 년이 지났으나 어물어물 전진하지 못하고 있습니다. 그것은 해득하기도 어려운 한문에 인이 박혀 쉽게 이해되는 국문을 숭상하지 않기 때문입니다.[5]

지석영은 ①, ②를 통해 세종이 창제한 정음의 법식은 바꿀 수 없는 것임에도 바꾸어 버린 현실을 개탄한다. 그리고 이렇게 된 이유가 교육이 잘못되었기 때문이라 진단하면서 정음을 제대로 가르쳐 문명을 발전시켜야 함을 강조한다. 이는 곧 자신이 제안한 국문 개혁안이 정음 창제의 본뜻을 살리기 위한 것임을 피력하는 것이다. 특히 ③을 통해 국어음의 높낮이가 분별력을 잃어 의미를 제대로 구분할 수 없음을 한탄하는데, 이는 높낮이를 국문 표기에 실현해야 한다는『신정국문』의 취지를 밝히는 것으로 볼 수 있다.

이에 대한 고종의 비답批答[6]과 학부의 반응에서 지석영에 대한 정부의 신뢰를 가늠할 수 있는데, 이는『신정국문』을 곧바로 시행하는 파격적인 조치가 어떻게 가능했는지를 설명해 준다.

"의학교장醫學校長 지석영池錫永의 상소문에 비답을 내린 것을 보니 <u>진술한 말이 진실로 백성들을 교육하고 구제하는 요점인 만큼 상소문 내용을 학부學部에게 자세</u>

---

5 『고종실록』(국역본), 고종 42년, 1905. 7. 8.
6 상소에 대하여 말미에 임금이 적는 가부의 하답. 아래 인용의 밑줄 친 내용이 고종이 내린 비답의 취지다.

히 의논하고 확정하도록 하여 시행할 것을 명령하였습니다. 신의 부部에서 정리하고 고찰하여 저술한 책은 고금을 참작하여 현실에 맞추었습니다. 새로 고친 해당 국문 실시안國文實施案을 삼가 자세히 적어 올려서 폐하의 재가를 바랍니다." 하니, 제칙制勅을 내리기를, "좋다." [7]

그러나 정부의 파격적 조치는 많은 논란을 불러일으켰다. 특히 갑오개혁 이후 국문 표기법을 연구하던 지식인들의 반발이 컸다. 지석영의 개혁안은 국어 현실에 비춰 볼 때 문제점이 많았기 때문이다. 국문 연구자들의 반발이 커지면서 실제 교육 현장에서 지석영의 개혁안이 받아들여지지 않는 상황이 1년 정도 지속되었다.

이러한 상황에서 이능화李能和는 1906년 「국문일정의견國文一定意見」이라는 건의문을 학부에 제출한다. 이것은 '사전 편찬', '국어 규범서 편술', '소학교에 국어 과목 설치' 등의 건의가 주된 내용이었다. [8] 지석영의 국문 개혁안이 논란이 되던 차에 이능화가 국어 규범과 국어교육에 대한 건의를 올리자, 이는 자연스럽게 국문 개혁의 방향과 국문 발전 방안 등을 논의할 기관을 설립하자는 제안으로 이어졌다.

대한제국의 국문연구소는 일본의 '국어조사위원회'를 연상시킨다. 일본은 문부성에 국어조사위원회를 두었는데, 1900년에 만들어진 이 기구에서는 '일본의 국어 조사의 기본적인 방침을 정하는 예비적 조사'를 사명으로 삼았다. 1903년 3월에는 관제로 공포되면서, 전국적으로 국어학의 석학들을 총망라해서 16명의 위원을 구성했다. 이 기관은 문자의 정리, 언문일치

---

7 『고종실록』(국역본), 고종 42년, 1905. 7. 19.
8 이 의견서는 순한문으로 『황성신문』 제2615호(1906. 6. 1~2.)에 게재되었고, 같은 의견서가 국한문혼용으로 대한자강회 월보 제6호(1906. 7. 31.)에 게재되었다.

를 위한 연구조사, 방언 조사, 한자 사용을 줄이기 위한 방안 연구, 외국어 전사법에 대한 연구 등 어문 정책을 수립하기 위한 기초적 연구를 수행했다. 이런 사실을 통해 보면, 국문연구소의 설립은 일본의 사례를 참조한 결정이었음을 추론할 수 있다. 일본은 동아시아에서 가장 먼저 근대적인 어문정리를 실시했고, 그 당시 일본의 어문정리 사례는 한국뿐만 아니라 중국의 어문정리 과정에서도 중요한 참고가 되었을 것이다.

국문연구소의 연구 목표가 된 열 가지 과제는 대체로 지석영이 『신정국문』에서 제안한 것의 옳고 그름을 검토하는 차원에서 설정된 것이다. 이를 현대어로 풀어 놓고 그 아래 결정된 사항, 즉 대다수 위원의 동의를 받은 사항을 간략하게 정리하면 아래와 같다.

국문연구소에서 논의한 열 가지 논제와 결론

1. 국문의 연원淵源과 자체字體 및 발음의 연혁沿革은?

   검토 내용: 국문의 연원에서는 신라 향가를, 자체의 연혁에서는 『훈민정음』, 『용비어천가』, 『사성통고』, 『사성통해』, 『훈몽자회』, 『삼운성휘』, 『정음통석』 등 역대 문헌의 자체와 자형 기원설을, 발음의 연혁에서는 모음과 자음의 구별, 『훈민정음』과 『용비어천가』를 비롯한 문헌의 발음 등을 검토했다.

2. 초성 중에 ㆁ ㆆ ㅿ ◇ ㅱ ㅸ ㆄ ㅃ 등 8자를 다시 쓰는 것이 옳으냐?

   결론: 쓰지 않는다.

3. 초성에서 ㄲ, ㄸ, ㅃ, ㅆ, ㅉ, ㆅ 등 6자를 병서竝書하여 된소리를 표기하는 것은 어떠한가?

   결론: 된소리 표기는 'ㅅㄱ ㅅㄷ ㅅㅂ ㅅㅈ'와 같이 된시옷을 써서 표기하지 않고, 'ㄲ, ㄸ, ㅃ' 등처럼 같은 자를 병서한다.

4. 중성 중에 'ㆍ' 자를 폐지하고, 'ᆖ' 자를 창제하는 것이 옳으냐?

   결론: 'ㆍ'의 本音이 'ㅣ'와 'ㅡ'의 合音이라는 증거가 분명하지 않으므로 'ᆖ'를 만드는 것은 옳지 못하다. 'ㆍ'는 'ㅏ'와 혼동되지만, 외국에도 글자는 다르지만 발음은 같

은 예가 있으므로 '、'를 폐지할 필요는 없다.

5. 종성의 ㄷ, ㅅ 두 자를 쓰는 것과 ㅈ, ㅊ, ㅋ, ㅌ, ㅍ, ㅎ 등도 종성에 구별하여 표기하는 것이 옳으냐?

결론: 표기를 항상 고정되게 하려면 ㄷ, ㅅ 두 자를 쓰고 'ㅈ, ㅊ, ㅋ, ㅌ, ㅍ, ㅎ'과 같은 받침도 써야 한다.

6. 자모의 칠음七音을 구분하고, 청탁清濁을 구분하는 것은 어떠한가?

결론: 자모는 오음(아, 설, 순, 치, 후)으로 구분하고, 청탁에 격음激音을 추가하여 '청음, 격음, 탁음'으로 구분한다.

7. 사성표四聲票를 쓰지 않는 것과 국어음의 고저법高低法은 어떠한가?

결론: 국어에 성조가 없으므로 사성표는 불필요하고, 고저 즉 장단高低卽長短만 구분하여 장음은 글자의 왼쪽 어깨에 한 점을 찍는다.

8. 자모를 읽는 방식을 어떻게 정해야 하는가?

결론: ㅇ 이응 ㄱ 기역 ㄴ 니은 ㄷ 디은 ㄹ 리을 ㅁ 미음 ㅂ 비읍 ㅅ 시옷 ㅈ 지읒 ㅎ 히읗 ㅋ 키읔 ㅌ 티읕 ㅍ 피읖 ㅊ 치읓

ㅏ 아 ㅑ 야 ㅓ 어 ㅕ 여 ㅗ 오 ㅛ 요 ㅜ 우 ㅠ 유 ㅡ 으 ㅣ 이 · ᄋ

9. 자모의 순서는 어떻게 정해야 하는가?

결론: 초성은 아설순치후牙舌唇齒喉의 순서로, 그리고 청음을 먼저 놓고 격음을 나중에 놓으며, 중성은 『訓蒙字會』의 것을 그대로 따른다. 8에서의 배열 순서대로.

10. 철자법(초중종성의 결합법)은 어떻게 해야 하는가?

결론: 풀어쓰기를 하지 않고 훈민정음 예의대로 모아쓰기를 한다.

위의 결론에 도달하기까지 연구위원들은 2년에 걸쳐 스물세 번의 회의를 했고, 각 논제에 대해 일반인들의 의견을 수렴하는 절차를 밟았다.[9] 국문연

---

9 1908년 8월 18일 자 『황성신문』에는 국문연구소에서 일반인의 의견을 구한다는 광고가 실려 있다. 전문가의 의견뿐만 아니라 일반인의 언어 관습을 반영하고자 했다는 점에서 국문연구소의 진보성을 확인할 수 있다. "本所에셔 國文研究에 對하야 ㅇ ㆆ ㅿ ◇ 四字의 復用當否를 問題에 提出하고 一般學識家의 意見을 廣徵하오니 有志僉君子는 意見書를 本月三十日內에 本所에 提出하심을 爲要 學部內國文研究所 [본소에서 국문연구에 대하여 ㅇ ㆆ ㅿ ◇ 4자를 다

구소의 결정이 대체적으로 합리성을 띨 수 있었던 데에는 이러한 의견 수렴 절차도 큰 역할을 했을 것이다. 국문연구소의 최종 결론이 합리적이었음은 다음 사실들을 통해 확인할 수 있다.

관습에 벗어나거나 개인의 관점이 강하게 투영된 제안들은 거부되었다. 대표적으로 '=' 문자의 창제를 주장한 지석영의 안[10]이나 풀어쓰기를 주장한 주시경의 안이 거부되었다. 또 현재의 관습을 존중하는 선에서 국문 쓰기 안을 마련하려는 노력이 컸는데, 이는 'ㆍ'의 폐지를 거부한 것에서 확인할 수 있다. 그러나 국문 쓰기의 발전 방향을 결정하는 데 관습에 구애받지는 않았다. 당시 관습적이었던 'ㅅㄱ ㅅㄷ ㅅㅂ ㅆ'을 거부한 것, 관습과 멀었던 'ㅈ, ㅊ, ㅋ, ㅌ, ㅍ, ㅎ'의 종성 표기를 받아들인 것, 사성을 받아들이지 않되 높은 음을 장음長音으로 보고 이를 어깨 점으로 표기한 것[11] 등은 새로운 시도였다.

이러한 논의 과정에서 가장 대립적이었던 것은 지석영의 안과 주시경의 안이었다. 지석영의 안과 주시경의 안은 이후 철자법 제정의 고비마다 논쟁의 시발점이 되었다. 국문연구소에서의 논쟁이 이후에도 되풀이되었던 것은 국가가 주도했던 국문 쓰기 규범안이 한일병합과 함께 무위로 돌아갔

시 쓰는 것의 당부當否를 문제에 제출하고 일반 학식가의 의견을 널리 구하오니 뜻이 있는 모든 사람은 의견서를 이 달 30일 내에 본소에 제출하기를 바람. 학부 내 국문연구소]"

10 'ㆍ'의 本音이 'ㅣ'와 'ㅡ'의 合音이라는 것은 원래 주시경의 주장인데, 이를 지석영이 받아들인 것이다. 주시경은 'ㆍ'의 음가를 연구하는 중에 모음 문자 'ㅏ ㅑ ㅓ ㅕ ㅗ ㅛ ㅜ ㅠ ㅡ ㅣ ㆍ' 간의 파생 관계에 주목한다. 그가 파악한 모음 문자 간의 파생 관계는 'ㅣ + ㅏ = ㅑ, ㅣ + ㅓ = ㅕ, ㅣ + ㅗ = ㅛ, ㅣ + ㅜ = ㅠ, ㅣ + ㅡ = ㆍ'였다. 이는 문자 중심으로 음가를 판정한 것이었지만, 문자 논리적으로는 정합한 것이었다.

11 지석영은 의미 구분을 위해서는 분별력이 없어진 사성과 높낮이를 모두 구분해야 한다고 했으나, 국문연구소에서는 사성은 받아들이지 않은 반면, 고저의 구분을 장단의 구분과 같은 것으로 봤다.

기 때문이다. 따라서 1920년대 말부터 1930년대 중반까지의 소모적이고 격렬했던 철자법 논쟁은 국문연구소의 『국문연구의정안』이 폐기된 순간부터 예고되었다고 할 수 있다. 철자법 논쟁이 한창일 때 나온 김태준金台俊(1905~1949)의 글은 철자법 논쟁의 시원始原을 다음과 같이 암시한다.

> 그러나 나는 선진 제씨를 우상처럼 숭배하고 싶지 아니하다. 왜? 그들-지석영, 주시경 씨들은 모두 육체를 가진 사람이었기 때문이다. (중략) 그들은 한글 연구의 초엽 다시 말하면 조선어 연구의 제1기적 발전 과정에 있던 사람이다. 그러므로 그들의 논설과 주장에도 오류와 모순이 필연적으로 많을 것이며 따라서 나는 선진의 말한 편언척구片言隻句까지 일일이 맹종하고 싶지는 아니하다.[12]

그러나 다양한 연구위원들이 어문정책에 대한 각자의 관점을 피력하면서 다양한 어문관이 공론화된 것은 국문연구소 활동의 소득이다. 이 중 윤돈구尹敦求[13]는 공적 언어와 사적 언어를 구분하여 어문정책을 진행해야 한다는 관점을 피력하고 있어 주목된다.

> 此後라도 閭巷間 書札 等에 便易를 從ᄒᆞ야 (ㅅ)자[14]로 用ᄒᆞᄂᆞᆫ 것슨 本所의 相關를 바ㅣ 아니오 本所ᄂᆞᆫ 但 字典 辭典 敎科書 等에 正理로 用ᄒᆞ야 標準을 삼음이 可홈 [차후라도 일반에서 서찰 등에 편리함을 좇아 (ㅅ)자로 쓰는 것은 본소(국문연구소)가 상관할 바가 아니다. 본소는 단 자전이나 사전, 교과서 등에 바른 규칙으로 써서 표준을 삼는 것이 옳다.]

12 김태준, 한글철자에 대한 신이론 검토, 『동광』 32, 1932. 4. 1.

13 윤돈구는 1895년 일본인 아다치 겐조安達謙藏가 발행한 국한문 혼용신문인 『한성신보漢城新報』의 국문 기자를 역임한 바 있다.

14 'ㄸ'을 써야 하는데, 된시옷을 써서 'ㅅㄷ'으로 쓰는 것.

윤돈구는 국문연구소에서 된소리 표기로 'ㄸ'과 'ㅼ' 중 'ㄸ'을 선택했다고 해서 이를 일반인의 사적인 글쓰기에까지 강요하는 것은 옳지 못하다고 하면서, 국문연구소는 사전이나 교과서에서 그 규범형을 제시하는 것으로 소임을 다한다는 점을 강조했다. 이는 오늘날 공적 언어와 사적 언어를 구분하여 '공공언어' 개념을 정립하고 언어 통제의 범위를 '공공언어'로 제한해야 한다는 관점과 일맥상통한다.

국문연구소 전사前史: 주시경의 '국문동식회'와 지석영의 '국문연구회'

국문연구소는 갑오개혁 이후 진행된 국문 연구를 집약하여 국문 쓰기 통일안을 국가 규범으로 제시하는 것을 목적으로 활동했다. 그런데 국문연구소가 설립되기 전부터 국문 쓰기의 통일을 위한 연구는 조직적으로 진행되고 있었다. 개별 연구자가 자신의 규범안을 연구한 것이 아니라, 연구회를 조직하여 연구하고 그 연구 결과를 전 사회적으로 확산시키려는 활동이 민간에서 시작되었던 것이다.

1896년 4월 7일 서재필徐載弼(1864~1951)에 의해 순한글 신문인 『독닙(립)신문』이 창간되었다. 그리고 당시 배재학당 학생이던 주시경은 서재필에게 발탁되어 신문사의 교정원으로 활동하게 되었다. 국문 철자법이 확립되지 않은 상태에서 순한글 신문의 표기 문제는 심각했다. 철자법 통일에 대한 주시경의 문제의식은 그의 「국문론」에 잘 나타나 있다.

남이 지어 놓은 글을 보거나 내가 글을 지으려 하거나 그 사람이 문법을 모르면 남이 지어 놓은 글을 볼지라도 그 말뜻에 옳고 그른 것을 능히 판단치 못하는 법이오, 내가 글을 지을지라도 능히 문리와 경계를 옳게 쓰지 못하는 법이니 어떤 사람이든지 먼저 말의 법식을 배워야 할지라. 이때까지 조선 안에 조선말의 법식을 아는 사람도 없고 또

조선말의 법식을 배우는 책도 만들지 아니하였으니 어찌 부끄럽지 아니하리오.[15]

주시경은 국문 쓰기의 통일 문제를 논하면서, '문법'과 '말의 법식'을 강조한다. 이는 철자법에 문법과 말의 법식이 반영되어야 한다는 뜻으로 볼 수 있는데, 음의 고저를 국문 표기에 반영해야 한다는 주장[16]이나 형태를 밝혀 표기를 해야 한다는 주장[17] 등은 이러한 문제의식에서 비롯된 것이다. 「국문론」에 나타난 문제의식은 주시경이 국문 철자법 연구를 목적으로 신문사 내에 설치한 '국문동식회國文同式會'(1896)의 목표와 일맥상통하는 것이다. 『대한국어문법』에 나온 주시경의 회고에 따르면, '국문동식회'에서는 형태주의 원칙을 국문 쓰기의 혼란함을 바로잡을 방안으로 삼고 이를 연구했음을 알 수 있다.

그런데 주시경의 「국문론」이 발표되기 이전에 「국문론」을 통해 국문 개혁의 구상을 밝힌 인물이 지석영이다. 의학자이자 개화사상가로 종두법을 보급하고 근대적 제도 개혁에 열성을 다하던 지석영은, 1896년 『대조선독립협회회보大朝鮮獨立協會會報』 제1호(1896. 11. 30.)[18]에 「국문론」을 발표하면서 국문 정리 문제에 본격적으로 뛰어들었다.

우리나라 사람은 말을 하되 분명히 기록할 수 없고 국문이 있으되 전일하게 행하지

---

15 주시경, 국문론, 『독립신문』, 1897. 9. 25.
16 위의 「국문론」에는 "높고 낮은 음의 글자에 표를 각기 하자면 음이 높은 글자에는 점 하나를 치고 음이 낮은 글자에는 점을 치지 말고 점이 업는 것으로 표를 삼아"와 같이 높낮이 표시를 하자는 주장이 나온다.
17 주시경은 「국문론」(1897. 9. 28.)에서 "(墨먹으로) 할 것을 머그로 하지 말고 (手손에) 할 것을 소네 하지 말고 (足발은) 할 것을 바른 하지 말고 (心맘이) 할 것을 마미 하지 말고 (飯밥을) 할 것을 바블 하지 말고 (筆붓에) 할 것을 부세 하지 말 것이니 이런 말의 경계들을 다 옳게 찾아 써야 하겠고"와 같이 형태를 구분하는 표기를 주장했다.
18 『대조선독립협회회보』는 국내에서 발간한 최초의 잡지로, 애국·애민의 뜻을 알리는 데 힘썼다.

지석영池錫永(1855~1935) 국문개혁안인 『신정국문』을 제안하고 '국문연구회'를 조직하여 국문 개혁과 관련한 연구를 진행했다. '국문연구소' 위원으로 활동하며 음소주의 표기법을 주장하여 주시경과 대립한다. 표기법과 관련한 그의 생각은 박승빈에 의해 계승된다.

못하야 귀중한 줄을 모르니 가히 탄식하리로다. 귀중하게 여기지 아니함은 전일하게 행치 못함이오 전일하게 행치 못함은 어음을 분명히 기록할 수 없는 연고이러라. (중략) 우리 나라 국문을 읽어 보면 모다 평성 뿐이오 높게 쓰는 것은 없으니 높게 쓰는 것이 없기로 어음을 기록하기 분명히 못하야 東 동녘 동 자는 본래 낮은 자 즉 동하려니와 動 움직일 동 자는 높은 자연마는 동 외에는 다시 표할 것이 없고 棟 대들보 동 자는 움직일 동 자보다도 더 높건마는 동 외에는 또 다시 도리가 없으며 棄 버릴 기 列 버릴 열이 두 글자로 말할진데 첫 자에 표가 없으니 국문으로만 보면 列 버릴 열 자 뜻도 棄 버릴 기 자 뜻과 같으며 (중략) 세종조께옵서 어정하시와 두옵신 국문을 봉심하온즉 평성에는 아무 표도 없고 상성에는 옆에 점 하나를 치고 거성에는 옆에 점 둘을 쳐서 표하였더라 하기로 그 말씀대로 상성 거성 자에 표를 하고 보니 東 동녘 동 動 움직일 동 棟 대들보 동 棄 버릴 기 列 버릴 열 舉 들 거 野 들 야 음과 뜻이 거울 같으니 성인의 작자하신 본의는 이같이 비진하시건만 후세 사람이 강명하들 않고 우리 국문이 미진한 것이 많다 하여 귀중한 줄을 모르니 엇지 답답하지 않으리오.

지석영이 「국문론」에서 밝힌 국문 개혁안은 『신정국문』을 상소하며 밝힌 국문론과 문제의식이 동일하다. 그의 국문 개혁안은 10여 년 전부터 준비되었던 것이다. 그는 일관되게 세종이 글자를 만든 본의를 알고 이를 국문 표기에 실현하는 것이 중요하다고 강조했다. 말의 성조를 국문 표기에 반영해야 한다는 주장도 이로부터 비롯한 것이다.

성조 표시까지 포함하는 정밀한 국문 표기를 강조한 것을 언문일치라는 과제와 관련지어 보면, 지석영은 한자를 쓰지 않고 국문만으로도 말의 의미를 구분하여 쓸 수 있는 가능성을 보여 주려 했다고 평가할 수 있다. 따라서 그가 어문정리에 임했던 원칙은 "완전한 국문전용이 이상적이지만, 이를 실현하기 위해서는 국문만으로도 의사 전달이 정확히 이루어질 수 있게 규범을 정비하여야 한다"는 것으로 요약할 수 있다.

자신의 '국문 개혁안'을 세상에 알리며 국문 연구를 시작한 지석영은 국문 개혁안을 구체화하여 『신정국문』을 만들고 이를 황제에게 상소했다. 그리고 이를 실현할 수 있는 동력을 얻기 위해 스스로 '국문연구회國文研究會'(1907)를 조직했다.

주시경의 '국문동식회'가 독립신문사라는 한정된 공간에서의 연구회였던 반면, 지석영의 '국문연구회'는 사회적 파급력을 가질 만한 조직이었다. '국문연구회'의 창립과 조직에 대한 당시의 사회적 관심[19]과 이에 참여한 인사들의 면면[20]은 지석영의 '국문연구회'가 어떤 위상을 지니고 있었는지 말해 준다. 특히 주시경, 이능화, 이종일李鍾一(1858~1925) 등 후에 국문연구

---

19 『황성신문』에서는 '국문연구회'의 출범 소식과 취지서 및 조직 현황 등을 집중적으로 소개했고, 『대한매일신보』에서도 취지서 전문을 소개했다. 이러한 당대의 관심에도 불구하고 지금까지 국어학사에서 지석영의 '국문연구회'의 의의는 거의 언급되지 않았다.
20 윤효정은 대한협회 총무, 박은식은 『대한매일신보』 주필과 임시정부 제2대 대통령, 이종일은 『제국신문』 제1대 사장, 정운복은 『제국신문』 초대 주필과 제2대 사장, 양기탁은 『대한매일신보』 주필과 임시정부 주석을 역임했다.

소 연구위원으로 참여하는 인물들이 '국문연구회'의 연구원으로 참여하고 있음은 주목할 필요가 있다.

국문연구회 조직

國文硏究會를 去金曜日下午七点에 勳洞醫學校內로 臨時開會ᄒᆞ고 規則과 任員을 薦定ᄒᆞ얏ᄂᆞᆫ딕 회장會長은 윤효정尹孝定氏요 총무總務ᄂᆞᆫ 지석영池錫永 氏요 硏究員은 주시경周時經 박은식朴殷植 이능화李能和 유일선柳一宣 이종일李鍾一 전용규田龍圭 정운복鄭雲復 심의성沈宜性 양기탁梁起鐸 유병필劉秉珌 氏 等 十人이 爲先被薦되고 편집원編纂員은 지석영池錫永 유병필劉秉珌 주시경周時經 三氏요 書記 二人에 전용규田龍圭氏一人만 爲先選定ᄒᆞ얏ᄂᆞᆫ딕 硏究員會ᄂᆞᆫ 每金曜日下午七点이요 通常會ᄂᆞᆫ 每月 第四日曜日下午四時에 開會ᄒᆞ기로 定ᄒᆞ얏더라[21]

또 『황성신문』(1907. 2. 6.)에서는 '국문연구회' 취지서를 게재했는데, 이 취지서를 통해서도 국문연구회의 위상과 목표를 확인할 수 있을 것이다.

國文硏究會 趣旨書

文字ᄂᆞᆫ 言語의 符號라 符號가 無准ᄒᆞ면 言語가 無規ᄒᆞ야 以至凡百行動에 記事論事가 悉皆差誤ᄒᆞ야 使人摹捉無所ᄒᆞ리니 由此觀之면 文字之於生民에 關係誠大哉로다 我世宗大王이 深察此理ᄒᆞ시고 始制訓民正音二十八字ᄒᆞ야 頒行中外ᄒᆞ시니 大聖人의 裕後 啓蒙ᄒᆞ신 至意가 東土四千年에 創有ᄒᆞ신 弘業이어늘 噫라 世降敎弛ᄒᆞ야 後之學者가 不思對揚ᄒᆞ고 一任抛棄 故로 御製二十八字中에 此ㆁㅿㆆ 三字初聲은 失傳已久ᄒᆞ야 摸擬不得ᄒᆞ고 現用反切一百五十一字에도 疊音이 爲三十六字ᄒᆞ니 曷勝悚嘆이리오 今我國民의 言語文字가 每多岐異ᄒᆞ야 天을 하ᄂᆞᆯ이라도 ᄒᆞ며 하늘이라도 ᄒᆞ며 ᄒᆞᄂᆞᆯ이라도 ᄒᆞ야 無一定規例 故로 凡屬言語의 動輒如右者가 十之五六이라 由是로 國語가 無准ᄒᆞ고 國文이 無法ᄒᆞ니 [지금 우리 국민의 언어문자가 쓸 때마다 다르게 쓰여 天을 하늘이

---

21 『황성신문』, 1907. 2. 6. 한글 병용은 저자.

라고도 하며 ㅎ늘이라고도 하며 ㅎ눌이라고도 하여 일정한 본보기가 없는 고로 무릇 언어를 엮을 때 오른쪽에 적은 바와 같이 왔다갔다하는 자가 열 중 오륙이라 따라서 국어가 기준이 없고 국문이 법이 없으니] 雖欲使吾人으로 入於文明之域이나 其可得乎아 有自國之字典 辭典 然後에야 可以敎國民이오 國民을 以自國文字로 敎導之 然後에야 可望其自國精紳[22]을 注于其腦也라 [자국의 자전 사전이 있은 연후에야 국민을 교육할 수 있고 국민을 자국문자로 가르친 연후에야 그 자국 정신을 그 뇌에 주입할 수 있을 것이라] 欲做此等事業인된 不得不 先究國文之源流 故로 廼與同志로 發起意見ᄒ야 欲紏合高明ᄒ야 組織國文硏究會ᄒ오니 有志君子는 幸勿以人棄言ᄒ시고 惠然賜臨ᄒ야 協同贊成ᄒ심을 盥手頂祝ᄒ나이다 發起人 지석영池錫永 조경구趙經九 이병욱李炳勗 조완구趙琬九 김명수金明秀[23]

'국문연구회' 취지서는 지석영이 「국문론」(1896)과 「상소문」(1905)에서 밝힌 생각을 압축하여 반영하고 있다. 그런데 음의 높낮이 표기를 특별히 강조하지 않고 "天을 하늘, ㅎ늘, ㅎ눌 등으로 쓴 예를 표기 혼란의 예로 든 것"에서는 국문 정리의 목표가 현실의 문제에 더 근접했음을 확인할 수 있고, "자전과 사전이 마련된 후에야 국민을 교육할 수 있고, 국민을 자국 문자로 교육해야 자국 정신을 그 뇌에 주입할 수 있다고 설명한 것"에서는 어문민족주의 논리가 강화되는 징조를 확인할 수 있다.

'국문연구회'의 조직과 설립 목표는 '국문연구회'가 국가의 어문정책 연구 기관에 준하는 역할을 지향하고 있었음을 말해 준다. '국문연구회'에 대한 사회의 시선도 이와 유사했다고 볼 수 있는데, 학부에 설치된 국문연구소를 '국문연구회'라 지칭하는 신문기사가 빈번하다는 사실에서 '국문연구회'와

---

22 『대한매일신보』(1907. 1. 31.)에 게재된 취지서에는 '精紳'이 '精神'으로 표기된 것으로 보아 '紳'은 표기상 오류로 판단된다.
23 인명의 한글 병용은 저자.

'국문연구소'를 보는 당대인의 시각을 짐작해 볼 수 있다. 이는 '국문연구회'가 지석영 개인의 국문 개혁안을 관철하기 위한 사조직이 아니라 국문 개혁을 위한 공조직의 성격을 지님을 분명히 하려 한 데에서 비롯한 것이다.

'국문연구회'의 연구 내용은 알려져 있지 않지만, '국문연구회'의 구성을 볼 때 구체적인 연구 내용이 지석영의 의도대로 이루어졌을 가능성은 매우 낮다. '국문연구회'의 연구원과 편집원이었던 주시경은 국문연구소 활동 시 대부분의 안건에서 지석영과 의견을 달리했다. 또 '국문연구회'의 연구원이었던 이능화도 국문연구소 활동 시 'ㆍ'의 폐지를 앞장서 반대했는데, 당시 이능화의 주장은 'ㆍ' 폐지 논리를 무력화하는 데 결정적인 역할을 했다. 따라서 'ㆍ'를 대체할 문자로 '='을 제안한 지석영과는 대립적일 수밖에 없었다.

이런 점에서 지석영이 조직한 '국문연구회'는 실질적으로 국문연구소의 전신이라 평가할 수 있다. '국문연구회'가 출범하던 해 학부에 국문연구소가 설치되면서 국문연구회가 해체되지만, 바로 그런 점이 국문연구소와의 관련성을 말해 준다고 볼 수 있다. 지석영은 국문 개혁과 국문 규범 정립이라는 대의에 따라 발기인을 규합한 후 명실상부한 공적 조직으로서 '국문연구회'를 출범시켰던 것이다.

그런데 국문연구소의 활동이 본격화하면서 국어 연구를 위한 또 다른 연구회가 조직되었다는 사실을 눈여겨볼 필요가 있다. 주시경은 국문연구소 연구위원으로 활동하면서 상동청년학원 내에 하기 국어강습소를 설치하고 강사로 활동한다. 그리고 1908년 8월 30일에는 국어강습소와 병행하는 연구회로 '국어연구학회國語演究學會'[24]를 조직한다. 국어연구학회의 창립에는 철자법 확립 이후 본격화할 국어 연구를 준비한다는 의미가 있었다.

---

24 당시 이 연구회의 명칭은 '國語研究學會'로도 쓰였다.

국어연구학회의 성격은 국어연구학회와 병행했던 국어강습소의 교육과정으로 어느 정도 짐작할 수 있다. 국어강습소에서는 '음학音學, 자학字學, 변체학變體學, 격학格學, 도해식圖解式, 실험연습實驗演習' 등을 개설했는데, 이는 언어의 연구 분야에 해당한다. 국어연구학회에서의 연구와 국어강습소에서의 교육을 병행하며 주시경은 자신의 문법론의 전모를 드러내는『국어문법國語文法』(1910)을 출간한다.

한일병합으로 그 계획이 평탄하게 진행될 수는 없었지만, 국어연구학회는 '조선언문회朝鮮言文會'로 이름을 바꾸고 국어강습소는 '조선어강습원朝鮮語講習院'으로 이름을 바꾸며 명맥을 유지한다. 이처럼 열악한 상황에서 주시경 학파로 발전하던 연구회는 주시경 사후 급격히 와해된다. 그러나 국어강습소(조선어강습원)에서 배출된 주시경의 후예들은 1921년 '조선어연구회朝鮮語研究會(조선어학회의 전신)'를 설립하여, 민족어를 연구하고 민족어문운동을 선도하는 조직으로 발전시킨다. '국어연구학회'가 일제강점기 민족어문운동의 꽃인 '조선어학회'로 이어진 것이다.

2.2. 문어로 실현되는 구어: 문법 기술의 대상

문어文語는 "일상적인 대화에서 쓰는 말이 아닌, 문장에서만 쓰는 말"을 가리키고, 구어口語는 "문장에서만 쓰는 특별한 말이 아닌, 일상적인 대화에서 쓰는 말"을 가리킨다. 이러한 정의에 따르면 문어와 구어의 구분은 문체적인 측면에서의 구분으로 이해할 수 있다.[25] 그러나 문장에서 쓰는 말과 일

---

25 문체적 측면에서 구어체와 문어체에 대한 관심은 언문일치로의 전환이 본격화되면서 나타난

상적인 대화에서 쓰는 말이 뚜렷하게 달랐던 시절, 문어와 구어의 간극은 언어적 차이에 버금갈 정도였다. 이런 상황에서 언문일치를 추구했던 근대 초기 국어학자들에게는 구어를 문어의 반열에 올려놓는 '구어의 문어화'가 시대적 과제로 다가올 수밖에 없었다. 따라서 문법 연구의 방향은 구어의 문법을 확립하는 데로 모아졌다.

문어와 구어의 구분 의식

문어와 구어의 구분과 문법 기술의 대상 문제가 연동되는 것임은 김희상金熙祥의 말을 통해 짐작할 수 있다. 김희상은 『조선어전朝鮮語典』(1911)[26]의 범례凡例에서 자신이 '문전文典'과 '어전語典'을 구분하고 있음을 밝히고 있다.

> 一 本書는 現今에 通行ᄒᆞᄂᆞᆫ 바 朝鮮語의 語音及語法에 基ᄒᆞ야 編輯ᄒᆞᆫ 者 [이 책은 현재 통용하는 조선어의 어음과 어법에 기초하여 편집한 것]
> 一 本書는 朝鮮語의 語音及語法의 正則을 指ᄒᆞᄂᆞᆫ 바 語典이오 文典은 안이기로 本書의 用言中 朝鮮文字及漢字의 音은 現時의 語音에 基ᄒᆞ야 記호 者 [이 책은 조선어의 어음과 어법의 바른 법칙을 가리키는 어전이요 문전은 아니므로, 이 책에서 쓰는 말 중 조선문자와 한자의 음은 현재의 어음에 기초하여 기록한 것]

김희상은 왜 당시 문법서를 가리키는 일반적 용어인 '문전'이란 말을 거

다. 안확은 『수정조선문법』(1923: 89~90)에서 "文語와 口語에 通用치 안는 것"이라 하여 조사와 어미의 쓰임에서 나타나는 문어와 구어의 차이(와/과 … 하고, 고로 … 길내/기에, 뇨 … 냐, 하옵나이다 …합니다 등)를 기술하면서 이러한 차이가 수사법이 발달함에서 발생한 것으로 설명했다.

26 김희상은 1909년 초등교육용으로 『초등국어어전初等國語語典』세 권을 간행한 바 있는데, 1911년 이를 발전시킨 『조선어전』을 출간한다. 1911년에 나온 책이지만, 1909년의 문제의식을 확장한 것이라는 점에서 근대 국어학의 형성기에 포함하여 다루었다.

부하고 '어전'이라는 말을 사용했으며, 이를 굳이 범례를 통해서 밝혔을까?

첫 번째 이유는 언어학의 연구 대상을 '입으로 발화한 말'로 규정한 근대 언어학의 관점에서 찾을 수 있다. 김희상은 문법 기술의 대상이 '발화된 말'임을 분명히 하고 싶었던 것이다. 이는 자연히 문자의 음에 대한 고증학적 연구를 배제하는 논리가 되는데, "朝鮮文字及漢字의 音은 現時의 語音에 基ᄒᆞ야 記ᄒᆞᆫ 者"라는 설명은 국문연구소의 주요 논제이기도 했던 "국문의 연원淵源과 자체字體 및 발음의 연혁沿革"을 다루지 않을 것임을 예고한 것이라 할 수 있다.

두 번째 이유는 "現今에 通行ᄒᆞᄂᆞᆫ 바 朝鮮語의 語音及語法"에서 찾을 수 있다. 이를 '발화된 말'을 연구 대상으로 삼은 관점과 관련지어 보면, 김희상은 '어전'이란 말을 통해 현재 통용하는 구어의 문법을 설명 대상으로 삼았음을 나타냈다고 추정할 수 있다. 문장어가 국한문 문장부터 국문 문장까지 다양한 형태로 실현되고 있던 상황에서는 문법의 기술 대상을 분명히 할 필요가 있었을 것이다. 따라서 문어와 구어의 구분은 근대 초기 문법가들이 특별히 의식했던 것으로, 이봉운의 『국문정리』에서부터 그러한 구분 의식이 나타난다.

그런데 이봉운이 지니고 있던 문어와 구어의 구분 의식은 'ᆞ'의 쓰임을 구분 짓는 것으로 표기 문제에 국한되어 나타난다고 할 수 있지만,[27] 언더우드H. G. Underwood의 『한영문법韓英文法, An Introduction to the Korean Spoken Language』(1890)에서의 구분 의식은 문어와 구어의 소통 문제에 맞닿아 있다. 당시 문어와 구어의 괴리 문제는 『한영문법』의 영문 제목[28]과 서문을

---

27 앞서 살펴보았듯이 이봉운은 '문법말 규식'과 '속담 규식'을 구분하고 있는데, 여기에서 '문법말 규식'이 문장 쓰기에서 'ᆞ'의 바른 표기(예: 이거슨 이러ᄒᆞ니)라면, '속담 규식'은 구어에서의 사용 양상(예: 이거슨 이러허니)을 나타낸다고 할 수 있다.

28 언더우드가 영문 제목에 굳이 'Spoken'을 포함하여 'Korean Spoken Language'란 말을 쓰게

언더우드H. G. Underwood(1859~1916) 선교사이자 문법가, 사전 편찬자. 1890년 『한영문법』, 『韓英字典한영ㅈ뎐』(1부 한영, 2부 영한)을 펴냈다. 그는 고아가 된 김규식을 양자로 맞아 근대 교육을 시키고 미국에 유학 보냈다. 이런 맥락에서 김규식의 문법이 언더우드의 영향하에 형성되었다고 보기도 한다.

통해 짐작할 수 있다.

This work does not enter into the study of the Korean written language, which differs from the spoken, largely in verbal terminations and a few expressions never used in the colloquial. [이 책은 한국어 문어의 연구는 아니다. 한국어 문어는 구어와 다른데 문장 종결형과 일상 대화에서 사용되지 않는 몇몇 표현에서 두드러진다.]29

위의 글을 통해 알 수 있는 것은, 당시 문어와 구어는 종결형(verbal termi-nations)과 일부 표현(a few expressions)에서 그 차이가 두드러지게 나타났다는 사실이다. 이때 언더우드가 지적한 '일부 표현'은 구어에서 잘 사용되지 않는 한자어를 가리키는 것으로 볼 수 있어 어휘의 문제이지만, 종결형, 즉

된 것도 문장어와 구어의 괴리 문제를 의식했기 때문일 것이다.
29 언더우드, 『한영문법』, 1890, 4쪽. 영문 번역은 저자.

어미의 차이는 문법의 문제가 된다. 언더우드는 이어서 한자 어휘에 따른 소통의 문제를 다음과 같이 실감나게 표현한다.

The idea that there are two languages in Korea is strengthened by the fact, that foreigners, who are perhaps tolerably well acquainted with words purely Korean, have, when they heard conversations carried on between officials and scholars, been unable to understand what was said. They have been on their way to the houses of the officials and passing through the streets and hearing the merchants the middle classes, and the coolies, talking among themselves, have been able to understand, while when they came into presence of the officials, they have been unable to comprehend the meaning of statements and questions addressed directly to them. [순수 한국어 어휘에 어지간히 익숙한 외국인이라도 관리와 학자들 사이의 대화를 이해할 수 없는 것을 보면 한국에 두 개의 언어가 있다는 생각을 할 수 있다. 그들은 관리들의 관저에 가는 길에 거리에서 상인, 중인, 막노동꾼들이 대화하는 걸 들으며 이를 이해할 수 있지만, 관저에 들어가서는 관리들이 그들에게 하는 말이나 질문의 뜻을 이해할 수 없다.] [30]

언더우드는 위 인용문에 뒤이어 "외국인들이 한국에 두 개의 언어가 있다고 말하는 이유가 관리들이 중국어에서 나온 한자어들을 사용하기 때문"이라고 설명한다. [31] 이는 관리나 학자들이 대부분 문어 어휘인 한자어로 대화했다는 걸 말해 주는데, 이런 상황은 언더우드가 어떤 말을 대상으로 문법을 기술할 것인지를 진지하게 생각하는 계기가 되었을 것이다. 그리고 문법서 서

---

30 언더우드, 『한영문법』, 1890, 5쪽. 영문 번역은 저자.
31 실제 외국인 선교사들이 편찬한 이중어사전에는 한국어의 일부인 한자어뿐만이 아니라 한문어 투의 말들도 다수 실렸는데, 이는 '구어'와 한문, 국한문체 등의 '문어'가 구별되어 공존했던 언어 상황을 반영한 것이다.

문에 자신이 일상의 구어를 대상으로 문법서를 썼음을 명확히 밝힌 것이다.

이를 보면 언문일치의 실현을 시대적 과제로 의식하며 구어의 문법을 체계화하려 했던 문법가에게도 이러한 문제의식은 분명히 있었을 것이다. 이는 앞서 제시한 김희상의 언급에서도 확인할 수 있다. 김희상의 말을 당시 문어와 구어의 괴리 문제와 관련지어 재음미해 본다면, 이는 문어가 아닌 구어를 중심으로 문법을 기술해야 한다는 생각을 피력한 것으로 볼 수 있기 때문이다. 그런데 이러한 문제의식에 대한 언어학적 규정으로 특별히 주목할 것은 김규식金奎植이 『대한문법大韓文法』(1908)의 서문에서 밝힌 내용이다.

今에 此 大韓文法은 現時言語나 文章에 普通體勢를 依ᄒᆞ여 法例를 定ᄒᆞ거시니라.
[이 대한문법은 현재 언어나 문장의 일반적 양상에 따라 법례를 정한 것이니라.]

김규식이 언급한 내용은 표준어에 대한 인식에 근접한 것으로 볼 수 있다.[32] 표준어를 기준으로 국어문법을 기술하는 것이 당위적이라면, 문법 기술의 대상이 되는 국어의 범위를 정하는 것은 곧 표준어의 범위를 정하는 것이다. 특히 그가 문법 기술의 대상이 되는 국어의 성격을 표현한 말들은 '구어의 문어화'라는 시대적 과제와 관련하여 시사하는 바가 크다.

김규식은 '현시언어現時言語'라는 말로 문법 기술의 대상이 '구어'임을 밝혔고, '보통체세普通體勢'라는 말로 '구어'의 범위가 특정 계층의 말이 아님을 밝혔으며, 여기에 '문장의 법례'를 포함함으로써 '구어의 문어화'라는 언문일치의 목표를 드러낸다.

---

32 최경봉(2006ㄷ)에서는 김규식의 말 중 '現時言語'와 '普通體勢'라는 기준이 표준어 사정 원칙에 근접한 것임을 밝힌 바 있다.

구어의 문어화를 위한 실천

근대 초기 문법가들이 체계화하고자 했던 구어 문법은 당시의 실용 글쓰기에 직접적인 도움은 되지 않았을 가능성이 높다. 이는 구어로의 글쓰기가 정착되지 않은 상황에서 비롯된 문제이다. 정작 구어의 문법화를 지향했던 국어 문법서의 경우에도 문장 용례에 사용된 말을 제외하고 본문 설명에 사용된 문장은 대부분 국한문의 문어였다. 이는 문법가들이 구어 문법의 정립을 지향했으되, 국문을 전용한 문어보다 국한문의 문어 쓰기에 익숙했던 이중적 상황을 보여 준다. 그렇다면 당시 문어와 구어의 큰 차이가 진정한 언문일치를 실현하는 데 심각한 장애가 되었음을 짐작할 수 있다.[33]

이는 자연스럽게 당시 문어인 국한문을 보완한 훈독법[34]을 유행시키는 계기가 되었지만, 다른 한편으로는 한자 및 한문 폐지 논쟁을 촉발하는 계기가 되었다.

國漢文의 關係를 皮解ㅎ는 者는 煩雜혼 漢文은 全廢ㅎ고 簡易혼 國文만 收用홈이 便宜ㅎ다ㅎ니 此는 그 詳細혼 裏由와 密接혼 關係를 不知홈이로다 何者오 我國文은 原來 一般人民의 純粹혼 語音으로 組織되야 個字의 意味가 無홈으로 漢文과 幷用ㅎ여야 비로소 詳釋이 分明ㅎ니 萬一 漢文과 調和키 不能ㅎ면 엇지 言語上 說明을 得ㅎ리오 假令 孝悌忠信과 仁義禮智를 한갓 音으로만 人民을 敎育홀딘디 무샴 意味가 其中에 含有혼지 確知티 못홀디라 [국한문의 관계를 피상적으로 이해하는 사람은 번잡한 한문은 전폐하고 간이한 국문만 수용함이 편의하다 하니 이는 그 상세한 이유와 밀접한 관계를 알지 못함이로다. 왜냐하면 우리 국문은 원래 일반 인민의 순수한 어음으로 조직되어 각 글자의 의미가 없으므로 한문과 병용하여야 비로소 상세한 해석이 분명하니 만

---

33 이연숙(2009: 69)에서는 일본에서의 언문일치 반대론이 "언문일치가 실행되면 문어가 각 지방에서 사용되는 방언마다 분열된 상태로 쓰일 수 있다는 우려"에 근거한 것이었음을 밝혔다.
34 이에 대해서는 제II부의 1.2에서 예시한 바 있다.

일 한문과 조화하지 못하면 어찌 언어상 설명을 얻으리오 가령 효제충신과 인의예지를 한갓 음으로만 인민을 교육할진데 무슨 의미가 그중에 있는지 확실히 알지 못할지라.][35]

한흥교韓興教(1885~1967)는 국문의 우수성을 강조하는 동시에 한문과 국문의 병용을 주장한다. 이는 당시 글쓰기의 관행을 고려할 때 국문만 쓰기는 불가능하다고 판단했기 때문이다. 이러한 판단은 일본 유학생인 한흥교가 일본의 언문일치 운동을 경험한 후에 내린 것이라 더욱 주목할 필요가 있다. 그는 이 논설의 말미에 "일본에서 일어난 한문 폐지 운동과 로마자 채용 운동이 현실적으로 실행되지 못했음"을 지적하면서 "한문을 많이 쓰는 현재의 사정에 맞는 것은 한문의 병용임"을 강조했다. 이는 국한문으로 쓰는 관습을 그대로 둔 채 문자만을 국문으로 전환할 경우 더 큰 문제가 발생함을 지적한 것이다.

한흥교는 결국 국문만으로 쓰는 것이 가능하려면 구어를 문어로 정립하는 일이 선행되어야 함을 지적했다고 볼 수 있는데, 이러한 지적은 현실적으로 국문만으로 쓰는 것은 불가능하다는 주장과 같다. 이에 대해 이광수李光洙(1892~1950)는 현실론을 비판하는 글을 발표한다.

國文을 專用하고 漢文을 廢흔다 함은 國文의 獨立을 云함이요 絶對的 漢文을 學하지 말나 함이 아니라 此 萬國이 隣家와 갓치 交通ᄒᄂ 時代를 當ᄒ야 外國語學을 硏究흠이 學術上 實業上 政治上을 勿論ᄒ고 急務될 것은 異議가 無흘 바이니 漢文도 外國語의 一課로 學흘지라 此 重大흔 問題를 一朝에 斷行ᄒ기는 不可能흔 事라 할 듯ᄒᄂ 遷延히 歲月을 經ᄒ야 新國民의 思想이 堅固케 되고 出刊書籍이 多數히 되면 더욱 行ᄒ기 難ᄒ리니 一時의 困難을 冒ᄒ야 我邦文明의 度를 速ᄒ게 함이 善策이 아닌가 [국

---

35 한흥교, 국문과 한문의 관계, 『대한유학생회학보』 1, 1907. 3. 3.

문을 전용하고 한문을 폐한다 함은 국문의 독립을 말함이요 절대적으로 한문을 배우지 말라 함이 아니라. 이제 만국이 이웃집과 같이 교통하는 시대를 맞아 외국어학을 연구함이 학술상 실업상 정치상을 물론하고 급한 일이 될 것은 이의가 없을 바이니 한문도 외국어의 한 과목으로 배울지라. 이 중대한 문제를 일조에 단행하기는 불가능한 일이라 할 듯하나 천연히 세월을 지나 새 국민의 사상이 견고하게 되고 출간 서적이 많아지게 되면 더욱 행하기 어려우리니 일시의 곤란을 무릅써 우리나라 문명의 도를 빠르게 함이 선책이 아닌가.]³⁶

이광수의 견해는 한흥교의 견해를 반박하는 성격을 띤다. 이광수의 견해는 한문을 배우지 말자는 것이 아니라 한문을 외국어의 하나로 취급하자는 것이다. 그리고 현재 한문의 영향력이 강한 시점에 국문 전용 정책을 추진하는 것은 현실적 어려움이 있을 수밖에 없지만 이러한 어려움을 감수하는 것이 미래를 위해 바람직하다는 견해를 피력하고 있다.

위에 제시한 두 사람의 논쟁은 당시 한자의 영향력이 얼마나 컸는지를 짐작케 한다. 한문의 영향력은 갑오개혁 이후 많이 줄어들었지만, 국한문의 일반화로 한자의 영향력은 결코 줄지 않았던 것이다. 공문서의 본을 국문으로 한다고 했지만 실질적으로는 이두식 국한문이 사용되었다. 한자의 폐지를 주장하는 글이나 한자의 존속을 주장하는 글이나 모두 국한문으로 작성된 것은 이러한 현실을 적나라하게 보여 준다. 이런 점에서 보면 근대 사상을 전파하는 개화기 교과서가 국한문으로 편찬된 것은 현실적 선택이었다고 할 수 있다.

그런데 근대 교육을 담당한 교사들 또한 대부분 한문의 영향에서 벗어나

---

36 이보경, 국문과 한문의 과도시대過渡時代, 『태극학보』 21, 1908. 5. 24. 필자 명인 '이보경李寶鏡'은 이광수의 아명兒名이다.

지 못했다. 이런 상황에서 한문 교육을 중시하는 보수적 교육관과 국문 교육을 중시하는 개혁적 교육관의 갈등은 필연적이었다. 이는 근대적인 교육에 대한 열망에 비해 근대 교육을 담당할 만한 자질을 갖춘 교사가 부족했던 현실에서 비롯된 문제였다. 1910년 한성사범학교에 입학한 최현배崔鉉培는 당시 75명을 모집하는 데 1,200여 명이 지원했다고 회고했는데,[37] 이러한 경쟁률은 근대 교육에 대한 열망과 교사양성 기관의 부족을 잘 보여 준다. 결국 국가에서 설립한 한성사범학교로는 교사의 수요를 감당할 수 없자, 지방의 경우 대부분 그 지방의 유생儒生들이 초등교육을 담당하게 되었다. 이로 인해 학교가 근대 교육의 상징인 국문 글쓰기를 가르치지 못하는 상황이 발생했다.[38] 이렇듯 교육 현장에서조차 국문 전용의 글쓰기가 이루어지기 어려운 상황에서 사회적으로 국문 전용의 글쓰기가 쉽게 정착될 수는 없었다.

그러나 근대적 가치관이 자리를 잡아 갈수록 국문 전용의 논리는 강화되었고, 이광수의 주장은 이후 조선어학회의 한글 전용 논리로 발전한다. 신명균申明均(1889~1940)의 한글 전용 논리는 당대의 인식이 근대 초의 국한문체를 혁신하는 것[39]에서 민중적 구어 문체를 실현하는 데로 나아갔음을 보

---

37 『외솔 최현배 박사 고희기념 논문집』, 1968.
38 나생의 소설 「교육자 토벌대」는 이러한 상황에서 오는 갈등을 잘 보여 주고 있다. "제군, 암만해도 토벌하는 수밖에 없소. 우리에겐 '국문'도 아니 분배해 주는 저 소위 교육자 암만하여도 토벌하는 수밖에 없소. 대저 학문이란 것은 천하의 공기이지 결코 일인 일국一人一國이 소유할 수 있는 바가 아니오, 우리나라가 광무 유신 이후로 양반이니 상복이니 하는 망국적 계급이 타파되던 동일同日에 전일前日같이 소수 계급자의 학문 전유專有하던 악습이 일변하였소. (중략) 그뿐 아니라 또 사서삼경을 재삼독再三讀하고도 편지 한 장 축문 하나 못 쓰던 그 글은 다 진시황 문고에 깊이 넣어두고, 한 자를 배우면 한 자를 쓰고 백 자를 배우면 백 자를 쓰는 실용적 활학문活學問이 출래出來하였소."(『대한학회월보』통권 제4호, 1908. 4. 25.)
39 이광수는 이후 완전한 구어 문장에 한자를 섞어 쓰는 국한 병용을 제안한다. 이때 유념해야 할 것은 근대 초기 국한문이 이광수가 제안한 국한 병용문과 완전히 다르다는 사실이다. 이광수

여 준다.

　　그리고 설혹 우리가 글을 理想的으로 整理한다 할지라도 術語와 日用語가 民衆化하지 못한다면 글의 理想的 整理라 하는 것은 아무 意味 없는 일일 줄 안다. 文化의 民衆的 開放은 글의 民衆化보다도 말의 民衆化가 더욱 緊切한 것이다. 그러나 오늘날처럼 各 新聞과 雜誌들이 自己標準만으로 漢文熟語를 만히 쓰고 또는 日文의 漢文熟語를 작고 만들어내서는 참으로 困難할 줄 안다. 우리가 만일 이리하여서 마지 안는다 하면 그 結果는 果然 엇지 될 것이냐 다만 이왕엔 漢字로써 封鎖되던 文化가 지금은 難語와 新製熟語로써 대신할 뿐일 것이다.[40]

　　신명균은 글(문자)의 문제와 언어의 문제를 분리해 보면서 진정한 한글 전용의 의미와 방법에 대해 논하고 있다. 그는 진정한 한글 전용은 글을 한글로 쓰는 것만으로 실현될 수 없고 말의 민중화를 통해 이루어질 것이라고 주장한다. 이때 '술어와 일용어의 민중화'라는 신명균의 주장은 '우리말로 글쓰기'의 궁극적 지향점을 제시하는 것이었다. 이러한 맥락에서 볼 때 이윤재李允宰(1888~1943)가 저술한 『문예독본文藝讀本』은 '우리말로 글쓰기'의 기준을 제시한 시도로 평가할 수 있다.[41] 그러나 '우리말로 글쓰기'에 임하는 조선어학회의 논리가 '말의 민중성'보다 '말의 민족성'에 방점이 놓이면서, 해방 이후 국어순화 운동의 논리는 어문민족주의의 틀을 벗어나기 어려웠다.

가 제안한 국한 병용문의 실제는 본문에 예시한 신명균의 글과 같다. 당시 국한문의 다양한 변종들을 임상석(2008)에서는 '한문 문장체: 漢主國從', '한문구절체: 國主漢從의 시도', '한문 단어체: 國主漢從'으로 분류한 바 있다.

40　신명균, 문자중의 패왕 한글, 『별건곤』 제12, 13호, 1928. 5.

41　『문예독본』은 조선어학회의 철자법 통일안이 완성되는 시점에 상권(1932)과 하권(1933)으로 출판된다. '독본류'의 출간과 문장 쓰기의 기술적인 규범이 형성되는 과정을 연결 지은 연구로는 문혜윤(2008)을 들 수 있다.

구어 문법은 어떻게 체계화되었나

문법의 기술 대상을 분명히 하려는 시도, 문어와 구어를 구분하는 의식 등은 구어 문법을 지향했던 근대 초기의 문제의식을 잘 보여 준다. 구어를 문어화하여 진정한 언문일치를 실현하고자 하는 것이 국어 문법서를 집필한 문법가들의 이상이었던 것이다. 문법가들이 국어운동을 하면서 구어 문법을 체계화하여 언문일치의 규범을 알리고자 했던 것은 이러한 맥락에서 이해할 필요가 있다. 그렇다면 구어 문법을 확립한다는 당시 문법학의 목표가 문법서의 내용체계에는 어떻게 반영되었는가?

초기 국어 문법서는 대체로 철자론, 품사론, 문장론으로 구분된 19세기 영어 문법서의 체계를 따르고 있다. 그러나 국어 문법서의 내용체계를 영어 문법서의 영향으로만 이해해서는 곤란하다. 설혹 국어 문법서의 내용체계가 영어 문법서를 그대로 따른 것이라 하더라도, 중요한 것은 국어문법 연구의 전개 과정에서 그러한 내용체계를 수용한 동인을 파악하는 일이기 때문이다.

근대 초기 국어 문법서가 영어 문법서의 영향을 많이 받았다는 점 때문에 당시 문법서의 특징을 분석하면서 영어 문법서와 비교하는 연구가 흥미롭게 진행된 바 있다. 이러한 연구에서 주시경의 저술이 관심의 초점이 되었는데,[42] 특히 주시경 문법의 독특한 구문 해부 방식이 비교 대상이 되었다. 구문 해부 방식은 문장 구조에 대한 문법가의 인식 수준을 직접적으로 드러낸다는 점에서, 주시경의 수준 높은 구문 해부 방식이 어디에서 비롯되

---

42 최호철(1989)에서는 Lowth의 *A short Introduction to English Grammar*, Murray의 *English Grammar: adapted to the Different Classes of Learners*와 비교했고, 정승철(2003ㄱ)에서는 *English Lessons*(1903/1906)와 비교하면서 그 영향 관계를 규명한 바 있다.

었는지에 관심을 보이는 것은 자연스러운 현상이었다. 그런데 구문 해부는 주시경의 저술뿐만 아니라, 당시 대부분의 문법서에서 공통적으로 시도한 사항이었다.

구문 해부는 문장론뿐만 아니라 품사론과 관련하여 논의되었는데, 김규식, 주시경, 김희상 등은 문장론에 덧붙여 문법서에 거론된 예문을 대상으로 품사 구분의 실례를 제시하기도 한다. 특히 주시경의 『국어문법』에서는 "품사론, 구문 도해, 품사론" 등의 순서로 설명을 진행하면서, 구문 도해가 품사론의 설명을 구체화한다는 사실을 내용체계로 보여 준다. 이러한 방식들은 문법교육이 한 문장의 구성 방식을 이해시키는 데 집중해야 한다는 관점에서 비롯된 것으로 평가할 수 있다. 이는 품사의 명칭 및 개수 문제가 학교문법 논의의 주요 쟁점이 되면서 품사 논의가 관념화되었던 1960년대 이후의 상황과 비교되는 점이다.[43]

그런데 이와 관련하여 주목해야 할 점은, 국어 문법서의 내용체계가 19세기 말부터 1910년경까지 일정한 방향으로 변한다는 사실이다. 영어 문법서의 체계를 수용하여 그 내용이 풍부하고 정교해지는 과정에서, 문법서는 음운 및 문자에 대한 기술 내용이 줄어들고 품사와 문장에 대한 기술 내용은 늘어나는 경향을 띤다. 그렇다면 품사와 문장에 대한 기술 내용이 확장되는 쪽으로의 변화가 어떤 특징을 띠며, 이것이 언문일치의 실현 과제와 어떻게 관련되는지에 주목할 필요가 있다.

---

43 품사 논의 관념화에 대한 문제의식은 1960년에 김민수, 남광우, 유창돈, 허웅 등 4인이 저술한 문법 교과서(『새 중학 문법』과 『새 고교 문법』)의 내용체계에서 구체화된다. 여기에서는 언어와 문자에 대한 개설적 논의 바로 후에 문장의 기본형과 성분에 대해 설명하고 있다. 특히 품사의 개념에 대한 설명을 구문의 도해 뒤에 배치함으로써 문장 구조의 이해가 전제되지 않은 품사 학습이 무의미함을 나타내고 있다.

【 국어 문법서의 내용체계와 구성 비율 】

구성 / 문법서	문자 및 음운 관련			품사 관련				구문 관련		
	제목	분량	비율	제목		분량	비율	제목	분량	비율
유길준 『대한문전』 (1909) 128면	서론 (문자, 음운)	14면	11%	언어론(품사)		75면	59%	문장론	39면	30%
김규식 『대한문법』 (1908) 219면	字體, 聲, 音, 韻	10면	5%	詞字學	品詞學	74면	34%	문장법	50면	23%
					變詞法	85면	39%			
주시경 『국어문법』 (1910) 118면	국문의 소리	26면	22%	기난갈		58면	49%	짬듬갈	34면	29%
김희상 『조선어전』 (1911) 145면	聲	17면	12%	詞	일반론	40면	28%	句語(문장)	42면	29%
					詞의 變化	49면	34%			

＊ 구성 비율은 근삿값으로 표시했음.

국어 문법서의 체계가 형성되었다고 판단되는 1910년 전후의 국어 문법서의 내용체계를 분석한 결과[44]가 표 "국어 문법서의 내용체계와 구성 비율"이다.

표에 제시된 문법서들의 내용체계상 특징은 음운 및 문자와 관련한 기술 내용에 비해 품사와 문장에 대한 기술 내용이 많다는 것이다. 특히 근대 초기 문법서는 품사 중심의 문법서라고 할 만큼 품사에 대한 내용이 대부분

---

[44] 김민수(1977)에서는 『대한문법』의 항목당 분량을 계산하여 제시하면서 구문 중심 문법을 지향한 김규식 문법의 특징을 설명한 바 있는데, 이는 당시 문법서에서 주요하게 다루는 바를 보여 준다. 여기에서는 김민수(1977)의 표를 응용해 근대 초 대표적인 4종의 문법서의 내용체계를 비교했다.

50%를 넘어선다. 그런데 앞서 언급했듯이 당시 문법서는 품사를 다루되, 품사 범주의 구분 문제에 집중하기보다는 문장 구성이라는 실용적 관점에서 품사 문제에 접근했다.

이런 점은 근대 초기 문법서의 품사론에서 중요하게 다루어진 부분이 품사의 형태 변화라는 데에서 확인할 수 있다. 품사의 형태 변화는 곧 해당 단어가 문장 내에서 어떻게 쓰이는지를 설명하는 것과 관련되기 때문이다. 김규식, 주시경,[45] 김희상의 문법서는 이러한 특징을 잘 보여 주는데, 특히 김규식과 김희상의 경우는 단어의 형태 변화 부분을 별도의 절로 하여 상세하게 다루고 있다.[46]

한국어에서 품사의 기능, 문법형태소의 역할, 문장의 유형 등이 어미(접사)의 형태로 드러난다는 사실을 문법서에서 체계화하고자 했다는 건 의미 있는 진전이다. 어미(접사)의 변화를 상세하게 기술하는 것은 한국어 구어 문법을 체계화하는 데에서 가장 중요한 일이기 때문이다. 주시경은『국어문법』이전의 유인본 문법서『말』(1907~1908 추정)에서부터 '언체言體의 변법變法'을 비중 있게 설명하기 시작했고, 김희상은『초등국어어전初等國語語典』(1909)을 증보·개정한『조선어전』에서 어간과 어미의 결합 사례를 중심으로 이루어진 절인 '사詞의 변화變化'를 추가한다.

표준어가 확립되어 있지 않은 상태에서, 각 문법서에서 제시하는 어미와 이에 따른 형태 변화의 예는 각 문법가들이 생각하는 보통어법(즉, 표준어법)

---

45 주시경은 품사의 형태 변화에 따른 기능 변화인 '언체의 변법'(예: 좋다, 좋은, 좋게)을『국어문법』에서는 '기난갈'에 '기몸박굼'이라 하여 설명한다.
46 김민수(1980)에서는 김희상 문법에서 단어의 변화를 중시한 관점은 김규식의『대한문법』(1908)에서 영향받은 것으로 추정하고 있다. 유길준과 주시경의 문법서에서도 어미의 변화는 중요하게 다루어지지만 별도의 장으로 배정되어 있지는 않다.

을 구체화한 것이라 할 수 있다. 표 "국어 문법서에서의 어미 항목"은 각 문법서에서 제시한 어미 항목을 비교한 것인데, 이를 통해 보더라도 당시 문법가들이 문어화文語化하고자 했던 구어口語의 모습이 일치하지 않았음을 알 수 있을 것이다.

형태에 대한 관심과 더불어 문장구조에 대한 관심도 이 시기 문법의 중요한 특성이다. 문장론이 부각된 것은 규범화되지 않은 구어 문장을 규범화해야 했기 때문이다. 문장, 주성분과 부속성분, 기본문과 확장문의 개념을 정립하고 문장의 기본 구성을 제시하는 것이 이 당시 문장론의 주요 목표였다. 이 과정에서 어미와 조사의 문제, 수식어의 특성 등이 품사 문제와 관련되어 논의된다. 주시경의 『국어문법』은 품사론과 문장론의 관련성과 문장론의 역할 등이 명확하게 드러난 예라 할 수 있다. 그런데 여기에서 특별히 주목해야 할 것은 당시 문법가들이 영문법의 전통적 정의를 수용하여 문장을 "완결된 생각을 표현하는 것"으로 정의했다는 점이다.

문법가들이 이처럼 문장의 정의를 공통적으로 강조한 것은 구어의 문장어화를 위해서는 완전한 문장이 무엇인지에 대한 규정이 필요했기 때문이다. 이러한 필요성은 유길준과 김규식의 설명을 통해 알 수 있다.

유길준[47]은 다양한 형식으로 나타나는 문장의 본원적 형식을 파악해야할 필요성을 강조했고, 김규식[48]은 완전한 사상과 불완전한 사상을 구분해

---

47 文章 本原의 位置는 順正혼 者와 顚倒혼 者가 有혼지라 故로 各其 本原의 作用을 考ᄒ야 其 判別을 立홈이 可ᄒ니 [문장 본원의 위치는 순서가 바른 것과 뒤바뀐 것이 있는지라. 그러므로 각기 본원의 작용을 고찰하여 그 판별을 함이 가하니](『대한문전』, 1909, 127쪽).

48 김규식은 문장을 가리키는 용어로 구어句語를 사용하는데, 구어를 다음과 같이 설명한다. "'그 사름이 집에 잇섯드면 우리가 맛나보앗슬 터인되 그 쎄에 맛츰 어듸 가고 업더라' ᄒ면 此는 長演ᄒ고 複雜혼 一句語나 (중략) 詞句 '어듸 가고 업더라'가 無ᄒ고 '우리가 맛나보앗슬 터인듸'에 止ᄒ엿스면 비록 幾個의 詞句를 連接혼 바이로되 言者의 一完全혼 思想을 發表치 못

【 국어 문법서에서의 어미 항목 】

서술형 어미	유길준 『대한문전』	-오(가오), -다(가다)
	김규식 『대한문법』	-고나(슬프고나), -더이다(덥더이다), -올시다(아니올시다), -웨다(그러흐웨다)
	주시경 『국어문법』	다, ㄴ다, 는다, 앗다, 엇다, 겟다, 리라, 으리라, 앗으리라, 엇으리라, 앗겟다, 엇겟다, 요, 이요, 어, 으오, 소, 앗소, 엇소, 겟소, 앗겟소, 엇겟소, 이다, 오이다, 웁나이다, 옵나이다, 이웁나이다, 으웁나이다, 습나이다, 더라, 이더라, 더이다, 이더이다, 웁더이다, 옵더이다, 옵더이다, 으웁더이다, 습더이다, 시웁더이다, 앗업더이다, 시더라, 지, 이지, 지요, 이지요, 웁지요, 웁지요, 십지요
	김희상 『조선어전』	-압니다(보압니다), -올시다(사람이올시다), -오(보오), -아(보아), -네(보네), -다(본다)
명령형 어미	유길준 『대한문전』	-오(저리 가오), -게(그리 말게), -라(이리 하여라)
	김규식 『대한문법』	-지라(갈지라), -지니라(갈지니라), -지어다(갈지어다)
	주시경 『국어문법』	아라, 어라, 오, 으오, 시오, 웁소서, 소서, 으서셔, 웁소서, 시웁소서, 오시웁소서, 시웁시오, 십시오, 으시오
	김희상 『조선어전』	-압시오(보압시오), -오(보오), -아(보아), -게(보게), -아라(보아라)

【 국어 문법서에서의 문장의 정의 】

유길준 『대한문전』	文章이라 ᄒᆞᄂᆞᆫ 者ᄂᆞᆫ 人의 聲音을 一團體의 文字로 記錄ᄒᆞ야 其 一定ᄒᆞᆫ 思想을 發表ᄒᆞᄂᆞᆫ 者이라
김규식 『대한문법』	句語라흠은 詞字를 聚ᄒᆞ야 一完全ᄒᆞᆫ 思想을 發表ᄒᆞᄂᆞᆫ 거슬 云흠이니
주시경 『국어문법』[49]	다 둘로 붙어 둘 더 되는 기로 짠 말을 다 이름이라 드 한 짠 말에 남이가 잇어 다 맞은 말을 다 이름이라 미 한 일을 다 말함을 다 이름이라
김희상 『조선어전』	句語ᄂᆞᆫ 詞와 吐의 集ᄒᆞ야 完全ᄒᆞᆫ 思想을 發表ᄒᆞᄂᆞᆫ 것이라

보여 주었다. 특히 당시 문법가들은 완결된 사상을 표현하는 것이 문장이라는 정의에 근거하여, 생략된 성분을 복원하고 그 기본 구성을 제시하는 데 관심을 기울였다.[50] 이때 주목해야 할 것은 당시 문법가들이 표면적인 구문 구조만이 아니라 생략되거나 숨겨진 문장 성분을 포함한 구문 구조를 보이며 문장의 구조를 설명한[51] 맥락이다.

생략된 성분을 복원하고 그 기본 구성을 제시하는 것 또한 형태 변화에 대한 기술처럼 언문일치 실현과 구어 문법의 체계화라는 목표와 관련되어 있다고 볼 수 있다. 이는 "완전한 사상을 나타낸다"는 문장의 정의로부터 유추할 수 있다. 화용적 상황에 기대어 발화되는 구어에서는 생략 현상이 빈번하게 발생하기 때문에, 완전한 본원의 문장을 제시하고 이것의 생략 원리를 설명하는 것이 구어 문법을 체계화하는 데에서 중요했던 것이다. 이런 점에서 국어문법 연구가 성숙해질수록 문장구조에 대한 연구는 깊어질 수밖에 없다.

ᄒᆞᄂᆞᆫ 故로 一句語라 ᄒᆞᆯ 수 업ᄂᆞ니라['그 사람이 집에 있었다면 우리가 만나 보았을 터인데, 그때에 마침 어디 가고 없더라.' 하면 이는 길게 늘여 복잡한 문장이나 (중략) '어디 가고 없더라'란 절(=詞句)이 없고 '우리가 만나 보았을 터인데'에 그쳤으면 비록 몇 개의 절을 연접했지만 말하는 이의 완전한 사상을 발표치 못한 고로 한 문장이라 할 수 없느니라.](『대한문법』, 제89장)

49 주시경의 『국어문법』(1910)에 나온 '다, 드, 미'는 '구, 문장, 텍스트'의 개념에 근접하지만 일치하지는 않는다. '다, 드, 미'에 문장의 정의가 분산 기술되어 있다고 볼 수 있다.

50 김규식은 '은각隱覺', 김희상은 '생략省略', 주시경은 '속뜻'이란 용어를 사용하여 문장 성분의 생략 현상을 설명했다.

51 주시경 관련 연구에서는 생략된 성분의 복원이란 점에 주목하여 이를 변형생성문법의 변형 개념으로까지 확대 해석하는 경우도 있다. 그러나 생략된 성분을 설명하는 것은 당시 영어문법에서 일반화된 것이었다는 점에서 이를 변형생성문법과 특별히 관련짓는 해석은 적절치 못하다. 언어이론의 흐름과 문법서 간의 상호텍스트성에 대한 이해가 부족할 경우 인물론은 이러한 오류에 빠지기 쉽다.

3
전통 언어학의 계승과 서구 언어학의 수용 사이

전통 언어학의 계승과 서구 언어학의 수용 문제를 이해하기 위해서는 전통 언어학의 중심적 문제의식이 어떻게 근대 국어학에 계승되었는지를 파악해야 한다. 그간 전통의 계승 문제에서 주요 논점은 실학자들의 언어 연구와 근대 국어학의 관계를 설정하는 문제였다. 전통의 계승을 강조하는 관점에서는 실학자들의 언어 연구에서 근대적 의미를 찾고 여기에 과도한 민족성을 부여하는 문제를 보였다. 이는 실학자들이 '한글'에 관심을 가졌다는 사실을 부각하는 태도에서 비롯되었다.[1]

다른 한편으로 서구 이론의 영향과 수용[2]을 강조하는 관점에서는 전통 언어학과의 단절을 전제로 근대 국어학의 형성 과정을 설명하는 문제를 보였다. 전통과의 단절을 전제하는 관점이 쉽게 수용되었던 것은 근대 국어학이 형성되는 데 서구 언어학의 영향이 절대적이었다고 보기 때문이다.

한 예로 주시경周時經의 『대한국어문법大韓國語文法』(1906)에서 문답 방식

---

1 이에 대한 비판은 근대의 기점을 설명한 제I부에서 이미 이루어졌다.
2 서구 문법과의 영향 관계에 대한 논의로는 이기문(1976), 김민수(1977), 최호철(1989), 정승철 (2003ㄱ) 등을 들 수 있다. 김민수와 이기문의 논의는 주시경이 문법에 관한 개념을 대부분 영어 문법에서 얻었음을 거론하고 있으며, 이들의 논의는 최호철과 정승철에 의해 구체화되었다.

으로 국어문법을 설명하는 방식을 보자. 주시경이 서구 언어학으로부터 받은 영향 관계에 주목하다 보면, 문답식 서술형식을 취한 영문법서, 교회에서의 문답식 교리 교육 등의 사례를 통해 주시경의 문법 연구가 서구 문화의 영향에서 비롯되었다고 보는 것이 자연스럽다.[3] 그러나 여기서 우리가 놓치지 말아야 할 부분은 이러한 문답식 기술이 모든 종교 경전에 공통되는 특성이라는 사실이다. 특히 유희柳僖의 『언문지諺文志』(1824)에서도 문답식 서술형식이 나타난다는 점을 보면,[4] 이를 서구 문화의 영향으로만 보는 것은 온당치 못하다. 주시경이 이러한 설명 방식을 서구의 사례에서 차용한 것이 사실일지라도, 국어학사에서 더 중요한 것은 그러한 방식을 선택한 수용의 맥락을 아는 것이기 때문이다.

이처럼 전통의 계승을 강조하는 관점과 전통과의 단절을 전제하는 관점의 문제점은 전통 언어학의 계승이나 서구 언어학의 수용을 표면적 사실만을 근거로 판단한 데에서 비롯되었다. 실학자들과 근대 국어학자들이 한글 연구를 했다는 표면적 사실만을 근거로 전통의 계승을 단정할 수 없고, 서구 문법서의 설명 방식과 근대 국어문법서의 설명 방식이 유사하다는 표면적 사실만을 근거로 서구 언어학의 수용을 단정할 수 없기 때문이다. 따라서 당대인의 의식과 당대의 사회문화적 맥락을 중심에 놓고 계승과 수용의 문제를 바라볼 필요가 있다.[5]

---

3 최호철(1989)에서는 문답식 서술형식이 서구 문화의 영향이라고 보는 것에는 동의하지만 영어 문법서의 영향이라고 단정하기는 어렵다는 견해를 보이고 있다.

4 김지홍(2013)에서는 『언문지』의 본문 전개 방식으로 누군가 묻고 유희가 대답을 하는 대목들이 있음을 지적하면서, 이러한 문답 방식이 송나라 시절에 유행하던 방식이었음을 밝히고 있다. 그리고 어릴 때부터 유교 경전을 읽었던 유희로서는 문답식 전개 방식이 아주 자연스런 논의 전개 방식이었을 것이라고 보고 있다.

5 이런 점에서 고영근의 인식은 이 책의 관점과 상통하는데, 고영근(2001ㄴ: 25)에서는 주시경의

3.1. 언어의 보편성에 대한 이해

근대 국어학의 성취는 서구 언어학을 기반으로 한 것이지만, 전통 언어학을
배경으로 서구 언어학을 새롭게 이해함으로써 전혀 예상하지 못했던 성과
를 거두기도 했다. 언어에 대한 과학적 분석을 통해 얻은 주시경의 발견이
그러한 예이다. 주시경은 형태소의 개념에 근접하는 '늣씨'와 음소의 개념
에 근접하는 '고나'를 발견했다. 이러한 발견을 전통 언어학과 단절하고 서
구의 과학적 사고틀을 받아들인 결과로만 보는 것이 합리적일까? 주시경의
사유체계가 형성되는 배경을 좀 더 천착한다면 이러한 발견은 전통 언어학
의 사유를 지렛대로 이룬 성취로 볼 수 있다.

보편성의 전통적 준거: 전통적 언어관의 계승

전통 언어학과 근대 국어학의 연결 고리를 '민족'과 '한글'에서 찾는 연구
들은 전통 언어학이 한글에 보였던 관심을 근대적 관점에서 해석한다. 한글
을 연구 대상으로 삼았다는 공통점에 주목한 것이다. 그러나 앞서 말했듯이
근대 의식에 근접했던 실학자들의 한글 연구는 근대 국어학의 한글 연구와
는 목적과 맥락이 달랐다.

　따라서 전통의 계승 문제를 제대로 논의하기 위해서는 좀 더 본질적인 접
근이 필요한데, 이를 위해서는 전통 언어학의 사유체계에 대한 이해가 우선
되어야 한다. 그런데 사유체계를 중심으로 전통 언어학과 근대 국어학을 비

언어철학을 "고대 이래의 언어 풍토설과 성리학에 기반을 둔 중세적 언어철학을 물려받고 밖으
로는 중국을 통하여 들어온 서양의 고전 사회학과 진화론의 영향을 받아 이루어진 것이다"라
고 설명한 바 있다.

교한다면, 우선 주목해야 할 것이 언어의 보편성에 대한 인식 태도이다. 역사적으로 볼 때 언어를 체계적으로 연구한 것은 언어의 보편성을 인식하면서부터이기 때문이다. 그렇다면 다음과 같은 질문을 던져 볼 수 있을 것이다. 전통적 언어 연구에서 언어의 보편성에 대한 믿음은 어떤 것이며, 이것이 근대 국어학에 어떤 방식으로 나타났을까?

실학적 인식

언어의 보편성에 대한 전통적 인식은 훈민정음 창제자들의 언어관에서부터 시작하여 실학자들의 언어관으로 이어진다. 훈민정음의 문자 체계가 성운학聲韻學의 이론 체계에 근거했고, 실학자들의 한글 연구는 한자의 음에 대한 고증학적 연구가 주를 이루었기 때문에 이 역시 성운학의 이론 체계를 벗어나지 않았다.[6]

이때 실학자들이 한글과 관련하여 주목한 지점은, 한글이 보편적 체계에 근접하거나 이를 가장 명료하게 드러낼 수 있는 최적화된 수단이라는 점이었다. 실학자들은 한글이 한자음을 가장 정밀하게 표기할 수 있는 문자이고 한자음은 음소문자인 한글로 기록했을 때에만 영원히 그 음을 보존할 수 있다는 사실을 새삼 깨달은 것이다. 유희의 『언문지』 서문에서는 이러한 깨달음을 그의 스승 정동유鄭東愈(1744~1808)의 말을 통해 전하고 있다.

> 정동유 선생께서 사물의 이치를 깨우치고 일찍이 나에게 말씀하시기를 "그대는 한글의 정묘함을 아는가? 대개 한자음을 가지고 다른 한자음을 전하면(반절음을 말하는

---

6 김민수(2000)에서는 상고음上古音이라는 이상적인 음운체계를 가정하는 것 때문에 『언문지』가 19세기 국어의 현실음을 제대로 반영하지 못했고 이론 체계에만 너무 얽매어 있다고 지적했다.

듯) 다른 한자음으로 쓰인(반절법으로 쓰인) 한자 자체의 뜻이 변했을 때 이것을 가지고 표시된 다른 한자음도 변하여 옛날에 조화를 이루던 음들이나 근래 압운押韻으로 쓰인 음들이 자주 어긋남은 당연한 일이다. 그런데 만일에 한글을 가지고 음을 기록하면 영원히 전해져서 올바른 음을 제대로 유지하지 못할까봐 어찌 걱정하겠는가! 하물며 한문은 간결하게 뜻을 존중하여 잘못 보기 쉬우나 한글로 써서 주고 받으면 조금도 의심나는 것이 없으니 그대는 부녀자들이 공부하는 한글이라고 해서 소홀히 해서는 안된다."라고 하셨다.[7]

언문이 이처럼 인간의 모든 언어음을 정밀하게 표기할 수 있다는 인식은 언문의 가능한 조합과 인간의 언어음이 일치한다는 설명으로 이어진다.

諺文字總數 一萬零二百五十 以諺盡人口所出聲 人口所出聲 一萬零二百五十 以應 盡天地萬物之數 [언문의 자는 총 10,250개로서 사람이 내는 소리를 모두 표기할 수 있으며 사람의 내는 소리는 10,250개로서 이는 천지만물의 수를 다할 수 있다.][8]

이러한 생각은 우주 자연의 생성 원리와 문자의 생성 원리를 같은 차원으로 이해했던 훈민정음 창제자들의 생각에 맞닿아 있다. 실학자 신경준申景濬(1712~1781)도 일찍이 『훈민정음도해訓民正音圖解』(1750)에서 이러한 생각을 드러냈다.

則正音不止惠我一方 而可以爲天下聲音大典也. [정음은 우리들에게만 혜택을 베푸는 데 그치지 않는다. 이는 천하의 '성음대전'으로 삼을 만하다.]

7 번역문은 강신항(2000)에서 인용함.
8 유희, 전자례全字例, 『언문지』, 1824.

'천하의 성음대전'은 '만국음성기호'에 해당하는 것이라 할 수 있으니 이는 유희의 생각과 맥을 같이 하는 것이다. 신경준은 이러한 생각을 바탕으로 훈민정음의 원리를 우주 자연의 생성 원리인 역학으로 설명한 『훈민정음도해』를 저술했다. 『훈민정음訓民正音』(해례본)을 볼 수 없었던 신경준이 훈민정음의 제자원리에 근접하는 발음기관 상형설[9]을 제시한 것은 성리학적 사유체계와 성운학적 지식을 기반으로 훈민정음을 연구했기에 가능했던 일이다.

국문연구소(1907)에서는 국문의 연원과 연혁을 연구하면서 신경준의 『훈민정음도해』와 박성원朴性源(1697~1757)의 『화동정음통석운고華東正音通釋韻考』(1747) 등을 참조했다. 그런데 국문연구소 연구위원 주시경은 이러한 책들이 "한문 음운만 상조相照하여 해석하고 국어에 상당하는 언론言論이 없어서 유감"이라고 평했다. 근대 국어학이 실학자들의 연구와 차원을 달리하는 지점을 정확히 짚은 것이다. 이를 근대 국어학과 문자음운학의 단절이라 할 수 있을까? 그런데 여기에서 주목해야 할 것은 실학자들의 문자음운학이 면밀하게 검토되었던 현실은 근대 어문 정리를 위해 필요했던 지식 기반의 성격을 말해 준다는 사실이다.

근대 국어학으로의 계승

훈민정음 창제의 본뜻을 살려 현재의 혼란한 국문을 정리하겠다는 것은 국문연구소 연구위원들의 공통된 생각이었다. 이는 주시경의 「국문론」과 지

---

9 신경준은 초성자의 제자원리를 오행 상형으로 설명하고 중성자를 순설 상형脣舌象形으로 설명했다. 중성자, 즉 모음자가 입술과 혀의 모양을 상형했다는 것은 그의 독창적 상형설이라 할 수 있다.

석영池錫永이 설립한 국문연구회의 「취지서」에서 확인할 수 있다.

> 큰 성인께서 하신 사업이여 글자 음이 음률에 합당하고 반절 속이 문리가 있어 어리
> 석은 어린 아이라도 하루 동안만 공부하면 넉넉히 다 알만 하도다[10]

> 我世宗大王이 深察此理ㅎ시고 始制訓民正音二十八字ㅎ야 頒行中外ㅎ시니 大聖人
> 의 裕後 啓蒙ㅎ신 至意가 東土四千年에 創有ㅎ신 弘業이어늘 噫라 世遠敎弛ㅎ야 後之
> 學者가 不思對揚ㅎ고 一任抛棄 故로 御製二十八字中에 此ㅇㅿㆆ 三字初聲은 失傳已
> 久ㅎ야 摸擬不得ㅎ고 [우리 세종대왕이 이 이치를 깊이 살피시고 훈민정음 28자를 만
> 드셔서 나라 안팎에 반포하여 행하시니 큰 성인의 너그럽게 계몽하신 지극한 뜻이 동
> 쪽 땅 사천년의 역사에 처음 있는 홍업이거늘, 안타깝도다. 오랜 세월이 흘러가면서 교
> 육이 해이해지고 후대의 학자가 이를 받들어 널리 알릴 생각을 하지 않고, 내맡겨 포기
> 하여 임금이 지은 28자 중에 이 ㅇㅿㆆ 3 글자의 초성은 전하지 않은 지 오래되어 흉내
> 내어 그대로 해 볼 수 없고…][11]

당시 우리말 연구자들이 훈민정음 창제의 본뜻을 알기 위해 탐구해야 했
던 것은 훈민정음 창제의 이론적 기반이 된 성운학이었다. 주시경을 비롯
하여 한학에 익숙했던 국문연구소 연구위원들은 실학자들의 문자음운학적
성과를 참고해 국문의 연원과 자체와 발음의 연혁을 검토했고 이 과정에서
전통 성운학을 이해했다. 이러한 경험이 주시경의 연구에 반영되었을 것임
은 충분히 가정할 수 있다.[12] 주시경은 전통적 언어 인식의 영향권 안에서

---

10 주시경, 국문론, 『독닙(립)신문』, 1897. 4. 24.

11 국문연구회 취지서, 『황성신문』, 1907. 1. 12.

12 김병문(2013)에서는 주시경이 실학자들의 연구를 유감이라고 평한 점, 자연과학적 지식을 음
　운 연구에 반영한 점 등을 들어 주시경이 오행五行, 오상五常, 오방五方 등으로 상징되는 전통
　적인 성운학과 거리를 유지한 것으로 보고 있다. 그러나 이는 전통 언어학의 영향 관계를 천착
　하지 않고 주시경 연구의 근대성을 강조한 결과로 보인다.

전통적 언어 인식을 극복하고자 한 인물이었다.

실제 주시경은 문자와 음운 이론을 전개하면서 성리학적 세계관에 기초한 훈민정음의 정합성을 신뢰하는 태도를 보였고 이를 근거로 문자와 음운의 원리를 설명하려 했다. 이러한 예로 주시경이 "ㅎ도 나눌 수 없는 음이라 함이 不可치 아니하나 ㆆ보다 탁하므로 ㅎ는 ㆆㅎ의 합음이 되느니라"[13]라는 모순적인 의견을 제시한 것을 들 수 있는데, 이는 'ㅋ, ㅌ, ㅍ, ㅊ, ㅎ'을 '차청次淸: 快ㅋ 呑ㅌ 漂ㅍ 侵ㅊ 虛ㅎ'으로 배치했던 훈민정음 창제 당시의 음운 설명 방식을 의식한 것이다. 즉 같은 계열의 'ㅋ, ㅌ, ㅍ, ㅊ'이 합음이라면 'ㅎ'도 합음이 된다고 생각했던 것이다. 그가 훈민정음 창제자의 음운 이론을 자모의 분류에서 중요한 기준으로 삼았음을 보여 주는 대목이다.[14]

주시경은 훈민정음의 정합성에 대한 신뢰를 바탕으로 훈민정음 창제자의 음운 이론을 깊이 이해하게 된다. 주시경의 우리말 연구는 『훈민정음』[15]을 보기 전과 본 이후로 나뉜다고 할 수 있을 만큼, 『훈민정음』은 그가 철자법을 구상하고 음운 이론을 전개하는 데 깊은 영향을 미쳤던 것이다. 따라서 그가 여러 경로로 접했을 훈민정음 창제자의 언어관 또한 그가 언어관을 형성하는 데 깊은 영향을 미쳤을 것이다. 언어음과 문자에 대한 주시경의 설명을 『훈민정음』의 정인지鄭麟趾 서문과 비교해 보면, 주시경의 언어관

---

13 주시경, 『대한국어문법』, 1906, 117쪽.

14 『말』에서는 이 의견을 철회하고 'ㅎ'을 단음의 부류에 포함시킨다.

15 훈민정음訓民正音은 세종이 창제한 문자의 이름이기도 하고 그 문자에 대해 해설한 책의 이름이기도 하다. 한글 창제 후 정인지를 비롯한 집현전 학사들은 해설서 『훈민정음』(보통 훈민정음 해례본이라 불림)을 편찬하는데, 이 책은 '예의+해례+서문'으로 구성되었다. 이 중 세종이 직접 문자 창제의 취지를 밝히고 각 낱자의 소리 값과 쓰는 방법을 간단히 설명한 '예의例義'는 따로 묶여 다른 책들에 실리기도 했다. 주시경은 『대한국어문법』에서 1905년에 지석영을 통해 『훈민정음』을 접했다고 밝혔는데, 그가 본 『훈민정음』은 『문헌비고文獻備考: 악고樂考』에 실린 것이다.

이 성리학적 세계관 및 자연관에 맞춰 음운 이론을 전개하는 훈민정음 창제자의 언어관에 맞닿아 있음을 확인할 수 있다.

주시경(현대어 역): '소리'라 하는 것은 천지에 자연히 있는 것이라. 이러므로 천지에 자연히 있는 소리를 뉘 능히 덜할 수 없고 천지에 자연히 없는 소리를 뉘 능히 더하지도 못할지라. (중략) 글은 천지에 자연히 있는 소리대로 될 것이요 한 점 한 획이라도 있는 것을 덜거나 없는 것을 더할 수 없으리라 함이 명백하니라.[16]

정인지 서문(국역): 사람의 말소리도 다 음양의 이치가 있지만 사람들이 살피지 못할 따름이다. 이제 정음을 만든 것도 애초부터 지혜로 경영하고 힘써 찾은 것이 아니요, 다만 그 말소리에 따라 이치를 다했을 따름이다.

위의 인용문에서 주시경은 "글은 천지에 자연히 있는 소리대로 된다"는 인식을 보이는데, 이러한 인식은 "말소리에 따라 이치를 다한 결과 정음을 만들었다"는 훈민정음 창제자의 인식과 연결되어 있다.

주시경(현대어 역): 이 지구상 육지가 천연적으로 구획되어, 그 구역 안에 사는 한 떨기 인종이 그 풍토에서 선천적으로 타고난 소리에 적당한 말을 지어 쓰고, 또 그 말소리에 적당한 글을 지어 쓰는 것이니, 이렇게 함으로 한 나라에 특별한 말과 글이 있는 것은 곧 그 나라가 이 세상에 천연적으로 하나의 자주국 되는 표시오….[17]

정인지 서문(국역): 천지天地 자연의 소리가 있으면 반드시 천지 자연의 글이 있게 되니, 옛날 사람이 소리로 인하여 글자를 만들어 만물萬物의 정情을 통하여서, 삼재三才의 도리를 기재하여 뒷세상에서 변경할 수 없게 한 까닭이다. 그러나 사방의 풍토風土가 구별되매 성기聲氣도 또한 따라 다르게 된다.

---

16 주시경, 소리의 분별, 『가뎡잡지』 1-5, 1906.
17 주시경, 국어와 국문의 필요, 『서우西友』 2, 1907.

위의 인용문에서 주시경은 "풍토에서 선천적으로 타고난 소리에 따라 말이 나오고, 말소리에 따라 글을 짓는다"는 인식을 보이는데, 이러한 인식은 "사방의 풍토에 따라 소리의 기운이 다르고 소리로 인하여 글자를 만든다"는 훈민정음 창제자의 인식과 연결되어 있다

이를 보면 주시경이 생각했던 언어의 이치는 곧 훈민정음 창제자가 생각했던 언어의 이치에 근접하는 것임을 알 수 있는데, 그렇다면 훈민정음 창제자의 언어관을 규정한 성리학적 세계관은 주시경 자신의 의도와 관련 없이 주시경의 언어관에 깊은 영향을 미쳤다고 볼 수 있을 것이다. 주시경이 언어의 근본적 이치를 천착하는 데 집중했던 이유도 이러한 사상적 배경에서 찾을 수 있을 것이다.

그런데 언어를 천지자연의 원리와 연관 짓는 사고틀에서 기호로서 언어의 특성을 관찰하는 태도를 취하기는 쉽지 않다. 즉, 언어의 기원을 "인종이 그 풍토에서 선천적으로 타고난 소리에 적당한 말을 지어 쓰고, 또 그 말소리에 적당한 글을 지어 쓰는 것은 것"으로 설명하는 데에서 언어의 기원을 의사소통을 위한 기호의 출현으로 설명하는 것은 한계가 있을 수밖에 없다. 그런 상황을 감안한다면 장응진張膺震(1880~1950)의 언어 인식은 두드러진다.

音聲으로써 意思를 相通ᄒᆞᄂᆞᆫ 거슨 其 個個의 音聲이 表示ᄒᆞᄂᆞᆫ 符號 卽 文字가 發見ᄒᆞ기 以前에 이믜 使用ᄒᆞᆫ 거슨 的確ᄒᆞᆫ 事實이라. 此 節調가 有ᄒᆞᆫ 音聲은 完全ᄒᆞᆫ 一全體의 意味를 構成ᄒᆞ며 個個의 音이 其 發表와 意味間의 關係를 明瞭히 表現ᄒᆞ야 此 音聲으로써 意思를 交換ᄒᆞᄂᆞᆫ 거슨 自然記號의 模倣的 形容으로써 ᄒᆞᄂᆞᆫ 것보다 大異ᄒᆞ니 模倣的 形容으로 意思를 交通ᄒᆞᆯ 時에ᄂᆞᆫ 此 模倣이 表示코져 ᄒᆞᄂᆞᆫ 物과 直接으로 結合ᄒᆞᄂᆞ(假令 鹿을 表示ᄒᆞᆯ 時에ᄂᆞᆫ 角形을 模倣ᄒᆞᄂᆞᆫ 것 갓치) 純全ᄒᆞᆫ 合意的 言語에 達ᄒᆞ면 此 直接結合의 必要가 無ᄒᆞ고 ᄯᅩ 音聲과 此 音聲이 表示코져 ᄒᆞᄂᆞᆫ 事物間에 類似ᄒᆞᆫ 點을 離ᄒᆞ고도 音聲上 關係와 意味上 關係를 連關表示ᄒᆞᄂᆞᆫ 것이 合意的 言語의 特點

이라. [음성으로 의사소통하는 것은 그 개개의 음성이 표시하는 부호, 즉 문자가 나오기 이전에 이미 사용한 것은 맞는 사실이다. 이 절조節調가 있는 음성은 완전한 하나의 의미를 구성하며 개개의 음이 그 표현과 의미 간의 관계를 명료히 표현하여, 이 음성으로 의사를 교환하는 것은 자연 기호를 모방하여 형용하는 소통 방식과 크게 다르다. 모방적 형용으로 의사소통할 때에는 이 모방으로 표시하고자 하는 사물과 직접 결합하나(가령 사슴을 표시할 때에는 뿔모양을 모방하는 것 같이) 순전한 함의적 언어에 이르면 이처럼 직접 결합할 필요가 없고 또 음성과 그 음성으로 표시하고자 하는 사물 간에 유사한 점이 없어도 음성상 관계와 의미상 관계를 연관 표시하는 것이 함의적 언어의 특징이다.][18]

주시경이 천지자연의 원리와 언어의 원리를 연결 지을 때, 장응진은 언어의 의미와 기능, 그리고 그 기원을 설명하면서 밑줄 친 부분처럼 언어 기호의 자의성恣意性을 언급하고 있다. 언어 기호의 이러한 특성 또한 언어의 보편성에 대한 인식의 일종이고 주시경도 이러한 점을 이해한 것으로 보이지만,[19] 이러한 기호론적 논의는 당시 국어학 논의에서 더 이상 심화되지 않는다. 이는 어문민족주의를 배경으로 한 근대 국어학 논의의 특수성을 보여 주는 현상인데, 이러한 현상이 일어난 맥락을 다음과 같이 추론해 볼 수 있을 것이다.

1. 우리말 연구를 시작한 주시경은 어문민족주의적 관점에서 국어(국문)의 연구에 근대적 의미를 부여하고자 했다.
2. 서구지향적 언어관을 지녔으되 전근대적 지식 기반을 공유했던 주시경에게 『훈민정음』에 드러난 언어관은 의미심장하게 다가왔다.

---

18 장응진, 심리학상으로 관찰흔 언어, 『태극학보』 9, 1907. 이 글을 쓴 장응진은 동경고등사범학교를 졸업한 교육자로, 1929년 결성된 조선어사전편찬회의 발기인으로 참여했다.
19 주시경은 『가뎡잡지』 제3호(1906)에서 말과 글에 관한 문답식 설명을 하는데, 말은 뜻을 표하는 것이라 정의하면서 말의 기능이 사람들의 뜻을 서로 통하게 하는 것이라 설명하고 있다.

3. 훈민정음 창제자로부터 확인한 전통적 언어관에서 주시경은 국어(국문)의 이치와 그것의 존재 의미를 설명할 수 있는 논리를 발견했다.
4. 그 논리는 어문민족주의가 강화되는 현실에서 더욱 설득력을 얻게 되었다.

이처럼 주시경이 전통적 언어관에서 영향을 받게 된 데는 『훈민정음』과의 만남이 결정적 계기가 되었고, 『훈민정음』은 언어의 이치를 새롭게 인식하는 근거가 되었다. 주시경은 『국어문전음학國語文典音學』(1908)에서 '음리音理'에 대해 언급하고 있는데, '음리'는 훈민정음 창제자나 실학자들이 생각했던 '말소리의 이치'와 상통하는 것이라 할 수 있다. 주시경은 훈민정음을 말소리를 따라 이치를 다한 결과라 봤기 때문에 훈민정음이라는 문자를 통해 말소리의 이치를 찾을 수 있다고 생각했다. 'ㅏ, ㅓ, ㅗ, ㅜ, ㅡ, ㅣ' 여섯 자를 국어 모음의 원소이자 모든 천하 모음의 원소라고 규정한 것도 이러한 믿음에서 비롯된 것이었다. 주시경이 훈민정음 창제자의 본뜻을 알려 했고 그것에 맞춰 국어의 규범을 확정하려 했던 것도 '음리'는 자연의 이치이기에 변하지 않는다는 생각을 했기 때문일 것이다.

그런데 이러한 사유 방식이 현대 국어학에서 주목받았던 것은 여기에서 보편적인 규칙을 찾고자 하는 현대 언어이론의 문제의식을 발견할 수 있었기 때문이다. "필자는 이 본음과 임시의 음의 이론에 접하여 무엇보다도 먼저 생성음운론의 기저표시와 음성표시의 이론을 연상하였다. 이것은 비단 필자에 국한된 일은 아닐 것으로 믿는다"(이기문, 1981)와 같은 설명은 주시경이 보편적인 음운규칙과 문법을 염두에 두었다는 점을 강조한 것이다. 이러한 점은 주시경 연구의 우수성을 강조하는 연구에서 부각되곤 했다. 그러나 주시경의 인식을 전통문법학의 사유체계를 계승한 근대 국어학의 특징으로 설명할 수 있다는 점은 그간 연구에서 특별히 부각되지 않았다.

보편적 소리문자인 '훈민정음'의 근대적 응용

사람이 내는 모든 언어음을 훈민정음으로 기록할 수 있다는 의식은 소리문 자의 보편성을 인식한 예라 할 수 있다. 이러한 인식은 훈민정음 창제자들 뿐만 아니라, 앞에서 살펴본 실학자들로부터도 확인할 수 있다. 그런데 소 리문자의 보편성에 대한 인식은 근대 이후 외래어 표기를 결정하는 데에도 결정적인 영향을 미친다.

한 예로 이봉운李鳳雲의 『국문정리國文正理』(1897)에는 국문이 모든 언어의 음을 표기해야 한다는 의식이 강하게 드러나 있다. 특히 '탁음규식'[20]을 별 도로 두고 일본어의 탁음濁音을 표시하는 문제를 거론하는 부분에서는 '언 문'이 보편문자로서 기능해야 함을 강조한다. 이러한 의식은 우리말 발음 에 실재하지만 표기 문자가 없는 탁음을 표기하기 위해 탁음 부호 설정의 가능성을 밝힌 견해와 유사한 면이 있다.[21] 이는 한글의 본질이 현실에 존재 하는 음성을 완전하게 표기하는 데 있다는 인식을 보여 준다.

이와 관련해 눈여겨볼 것이 당시 학부 편집국에서 간행한 『태서신사람요 泰西新史攬要』(1895) 권두에 실린 '인지제명표人地諸名表'의 외래어 표기이다. 여기에서의 표기법에는 국문으로 모든 언어의 소리를 표기해야 한다는 생 각이 잘 드러나 있다. 이는 외래어의 원음주의原音主義 표기라 할 수 있는데, 원음주의 표기가 한자로는 이루어질 수 없다는 점에서, 원음주의 표기는 완

---

20 평음平音에 'ㆁ, ㄴ, ㅁ' 등의 비음鼻音을 덧붙여서 표기하는 방식으로 '탁음濁音'을 표기했다. 이는 『첩해신어捷解新語』나 『왜어유해倭語類解』 등에서도 사용했던 표기 방식이다.
21 최현배 「조선말과 흐린소리」(『한글』 1-6, 1927)에서 'ㄷ, ㅂ, ㅈ'의 청탁에 대한 구분 의식이 희박하지만 실제로는 이러한 발음을 한다는 사실을 지적한다. 음성과 음운의 차이를 지적한 것이다. 따라서 이를 구별하여 적을 필요는 없지만, 실제 존재하는 탁음을 적을 수 있어야 우 수한 한글의 본질을 발전시킬 수 있다고 보았다. 그가 제시한 표기 방식을 보면 이봉운의 방식 과 유사하게 'ㄱ, ㄷ, ㅂ, ㅈ' 문자 위에 'ᆢ'의 표시를 얹어 탁음濁音임을 표시하고 있다.

전한 국문 전용의 글쓰기를 전제한다는 의미가 있다.

그런데 다른 한편으로 원음주의는 이상적 표기를 지향하는 것이었다. 이는 새로운 문자를 만들면서까지 원음주의를 지키고자 했던 데에서 확인할 수 있다.[22] 이러한 태도는 인간이 내는 언어음은 보편적 속성이 있기 때문에 어디서든 그대로 실현되는 것이 이상적이라는 인식에서 비롯되었고, 이는 인간의 언어음을 표시하기 위해 만들어진 국문은 모든 언어음을 표기하는 데 이용할 수 있다는 인식으로 이어진다. 원음주의적 관점에서 외래어 표기를 해야 한다는 생각은 이능화李能和의 『국문연구안國文研究案』(1908)과 지석영의 『아학편兒學編』(1908)으로 이어지며, 이러한 문제의식은 외래어 표기법 원칙을 확립할 때까지 계속된다.

보편소로서의 언어 단위에 대한 인식

주시경의 언어 연구가 주목받은 이유는 여러 측면에서 살펴볼 수 있지만, 가장 큰 이유는 언어를 분석할 수 있는 방법론을 세우고 그에 따라 언어를 정밀하게 분석했다는 데 있다. 앞서 살펴봤듯이 주시경이 시도했던 언어 분석 방법이 주시경 사후에 서구 언어학계에서 등장한 방법론과 같다는 사실은 주시경의 위대함을 증명하는 근거가 되기도 했다. 이 때문에 주시경이 이러한 언어 분석 방법을 모색할 수 있었던 바탕이 무엇인지에 대해 관심이 집중되었다. 그중 많이 거론되었던 것은 주시경이 배재학당 등에서 근대 교육을 받으면서 익혔을 수학數學이었다.

그런데 문제는 주시경이 수학과 과학을 공부하며 서구적 분석 방식을 익

22 『태서신사람요』의 '인지제명표'에는 th=ㅇㄷ, f=ㅇㅍ, l=ㄹㄴ, v=ㅇㅂ, z=ㅇㅅ 등과 같은 특수표기가 나타난다.

했더라도, 이러한 지식이 곧바로 언어 분석 방법론으로 승화되었다고 보는 건 무리가 있다는 점이다. 따라서 좀 더 합리적인 추론이 요구되는데, 앞 절에서의 논의는 이러한 추론의 근거가 될 수 있다. 즉, 주시경이 수학과 과학 학습을 통해 익힌 서구적 분석 방법을 언어 분석의 방법으로 승화할 수 있었던 데에는 그가 공유했을 전근대적 지식 기반과 훈민정음 연구를 통해 받아들였을 전통적 언어관이 결정적인 역할을 했다고 볼 수 있다는 것이다. 특히 훈민정음의 제자원리가 음양陰陽, 오행五行, 삼재三才 등으로 세상 만물의 구성 원리를 체계화한 성리학적 세계관을 배경으로 형성된 것이라는 점을 감안한다면, 주시경이 훈민정음의 제자원리를 추론하며 언어 분석 방법론을 정교화했다는 사실을 주목할 필요가 있다. 이에 따라 주시경의 언어 분석 방법론이 형성된 과정을 다음과 같이 추론해 볼 수 있을 것이다.

1. 주시경이 한학을 통해 체화했을 성리학적 세계관은 그가 신교육을 받으며 접했을 서구의 합리적 과학주의에 부딪혀 부정된다.
2. 그는 수학과 과학과 같은 서양 학문을 접하며 과학적인 분석 방법에 매료된다.
3. 국문에 관심을 갖게 되면서 이를 서구적 분석 방법(영문법에서의 분석 방식 포함)에 맞춰 분석한다.
4. 합리적인 철자법을 구상하기 위해 국문의 창제 원리를 탐구하게 되고 'ㆍ'의 음가에 관심을 가지면서 『화동정음통석華東正音通釋』과 같은 운서韻書를 접하게 된다.
5. 훈민정음과 관련된 문헌을 접하게 되고, 결국 1905년 이후 『훈민정음』과 『용비어천가』를 연달아 보게 된다.
6. 훈민정음 창제 원리의 정합성을 깨달아 가며 그 정합성에 근거하여 소리를 분석하면서 언어 분석 방법론이 더욱 정교해진다.

이러한 추론을 거칠 때, 주시경이 언어의 보편적 원소原素/元素를 서구 언어학에 앞서 포착할 수 있었던 이유를 합리적으로 설명할 수 있을 것이다.

주시경은 열다섯 살 되던 1890년 국문을 처음 배우면서 문자의 합성 원리에 주목했는데, 합성 원리를 다각도로 분석하던 그는 훈민정음의 창제 원리에 근접하는 이치를 깨닫게 된다. 이는 그가 언어를 분석하는 방법론을 세우는 출발점이 된 것으로 보인다.

아래아(ㆍ)가 'ㅡ'와 'ㅣ'의 합음合音이라고 한 견해는 문자의 합성 원리에 주목하여 내린 결론이었다.[23] 그 결론은 결국 적절한 해석이라고 할 수는 없지만, 그가 얼마나 분석적으로 언어와 문자에 접근했는지를 보여 주는 중요한 사례가 된다. 이는 주시경이 훈민정음 창제 원리를 탐색하는 과정에서 얻은 깨달음이었던 것이다. 그는 『훈민정음』(해례본)을 볼 수 없었던 한계에도 불구하고, 자신이 확보할 수 있는 자료 내에서 훈민정음의 창제 원리를 탐색했고 이를 통해 문자와 음운의 원리를 발견할 수 있었다. 이러한 깨달음을 거쳐 체계화한 개념이 '원소原素/元素, 합음合音, 본음本音' 등이다. 이 중 주시경이 가장 주목한 것은 '원소'의 개념이었는데, 그는 『말의 소리』(1914)에서 '원소'를 뜻하는 문법 용어로 '늣'을 제안한다. 그가 제안한 문법 용어 체계에서 소리의 '늣'은 '고나'였고, 단어의 '늣'은 '늣씨'였다.

음운, 즉 소리의 '원소(늣)'에 대한 이해는 초기에 문자 합성 원리를 이해하는 연장 선상에서 이루어졌는데, 이 과정에서 단음을 가리키는 '원소'로 자음에서는 'ㄱ, ㄴ, ㄷ, ㄹ, ㅁ, ㅂ, ㅅ, ㅇ, ㅈ, ㅎ' 열 자를, 모음에서는 'ㅏ, ㅓ, ㅗ, ㅜ, ㅡ, ㅣ' 여섯 자를 설정한다. 주시경은 『말의 소리』에서 이러한 소리의 원소(늣)를 '고나'라는 용어로 설명한다. 이는 '음운'의 개념에 근접하는

---

23 'ㅏ, ㅑ, ㅓ, ㅕ, ㅗ, ㅛ, ㅜ, ㅠ, ㅡ, ㅣ, ㆍ'라는 모음자들에서 주시경은 기본 모음자를 추출하는데, 이는 'ㅏ, ㅓ, ㅗ, ㅜ, ㅡ, ㅣ'였다. 그리고 합성 모음자를 각 기본모음과 'ㅣ'의 합성으로 설명했다. 그 상태에서 남게 되는 'ㆍ'를 'ㅡ'와 'ㅣ'의 합음이라고 설명한 것이다.

것이었지만, 문자의 합성 원리를 분석하는 차원에서 진행된 것이기 때문에 현대 언어학의 음운 개념과 일치하지는 않는다.[24]

다만 주시경은 『훈민정음』(해례본)을 볼 수 없었기 때문에 'ㄱ, ㄴ, ㅁ, ㅅ, ㅇ'과 'ㆍ, ㅡ, ㅣ'라는 훈민정음의 기본 글자를 알 수 없었지만, 훈민정음이 소리의 이치를 탐구한 결과라는 점만은 분명하게 인식하고 있었다. 그는 이러한 인식 혹은 믿음을 확장하여 소리의 기본 단위를 발견해 내려 했고, 나름대로 그 구성 원리를 파악하는 성과를 거두었다. 그가 발견한 사실은 원소가 되는 음운이 있고 이 음운이 합성의 과정을 거쳐 '합음合音'을 산출한다는 것이다. 자음에서는 거센소리와 된소리 자음이, 모음에서는 이중모음이 합음의 결과이다.

'원소'와 '합음'의 개념을 통해 음운체계에 접근한 주시경이 주목한 것은 음운 환경에 따른 소리의 변동 현상이었다. 주시경은 음운 변동에 따라 형태가 달라지지만, 이것은 임시음(百年 뱅년, 千里철리)이고 임시음에 대한 본음(백년, 천리)이 존재한다고 보았다. 그는 임시음이 만들어지는 음운 변동을 세계 모든 언어에 나타나는 보편적인 음리音理로 보았다. 이러한 생각은 본음 중심의 형태주의 표기법을 구상하는 데 결정적인 역할을 했다.

이처럼 근본적인 요소를 찾는 주시경의 탐구는 세상의 모든 만물에는 근본적인 요소가 있다는 전통적 세계관에 근거한 것이다. 그가 이러한 궁극적 구성소에 주목했음은 『말의 소리』에서 단어의 원소로 '늣씨'라는 개념을 제안한 것에서도 확인할 수 있다. 이는 구조주의에서의 형태소morpheme 개념

---

24 주시경은 훈민정음의 문자 체계가 음운체계를 완벽하게 반영한 것으로 전제하고 논의를 전개한다. 'ㆍ'를 'ㅡ, ㅣ'의 합음으로 보는 것도 이러한 전제에서 나온 것이며, 'ㅔ, ㅐ'를 거듭(복모음)으로 분류한 것도 기본 모음을 'ㅏ, ㅓ, ㅗ, ㅜ, ㅡ, ㅣ' 여섯 자로 설정한 데에서 비롯되었다. 이는 곧 문자와 음성을 엄격하게 구분하지 않고 관찰한 결과다.

에 근접한 것으로 평가되면서 학계의 관심을 모았다.[25]

그/사람/이/착^하/다.
두름^이/가/울/며/날/아/가/오.

주시경이 단어[26]를 ' / ' 부호로 구분하고 나서 ' ^ ' 부호로 '착하'와 '두름이'를 다시 나눈 것은 의미를 지닌 최소의 단위를 보이려 한 것으로 설명할 수 있는데, 이러한 분석 단위가 곧 형태소이다. 이처럼 그가 미국의 구조주의 언어학자 블룸필드L. Bloomfield(1887~1949)에 앞서 형태소의 개념에 접근할 수 있었던 것을 어떻게 설명할 수 있을까? 그가 국어문법을 탐구한 궤적을 되짚어 보면, 이러한 성과는 앞서 설명한 바와 같이 훈민정음 창제의 바탕이 된 전통 언어학의 사유 방식을 서구 언어학의 방법론과 결합한 결과로 볼 수 있다.

보편성의 새로운 준거: 서구 언어학의 틀

근대 국어학자들이 언어의 보편성을 이해하는 과정에서 성리학적 사유체계로부터 일정한 영향을 받았음은 앞서 거론했다. 그러나 근대는 성리학적 사유체계를 벗어나 서구의 합리주의와 과학 기술을 받아들이는 시기였다. 근대 국어학이 이러한 흐름을 비켜 갈 수 없었을 뿐만 아니라, 오히려 이러한 흐름을 가장 먼저 받아들이고 이를 국어 연구에 적용했다. 국어학자들이

---

25 '늣씨'에 대해서는 김민수(1961), 이병근(1979) 등에서 논의된 바 있으며, 김민수(1980), 고영근(1985) 등에서 주시경의 논의에 나타난 분석적 특징에 대해 설명하고 그 의의를 논한 바 있다.
26 주시경은 『국어문법』에서 조사와 어미에 해당하는 말을 단어로 보고 겻(이, 가, 을 …), 잇(와, 과, 고 …), 긋(다, 오, 니라 …) 등의 품사로 분류했다.

접했던 영어 문법서는 언어에 대한 과학적 분석의 방법과 틀을 제시하는 모델이었던 것이다.

한번은 땅이 돌아간다는 말을 처음 듣고 자세히 알려고 한 선생을 찾아 간 즉 그 선생이 영어 지지地誌 책을 펴놓고 일러주기에 그 말을 다 들은 후에 영어 글자도 처음 보는 것인 고로 어떻게 만든 글잔가 이상히 여겨 또 영어 글자는 어떻게 된 것이요 내가 물은즉 모든 음을 다 자모 이십사 자로 분별하여 만들어 말을 따라 쓰는 것이라고 대강 가르쳐 주시는 말씀을 듣고 돌아와 우리 국문을 자모음 경위로 떼어보고 다시 차차 모음의 나누이고 합하여지는 것을 연구하다가 이 위에 첫째 증거 같이 ㅣ ㅡ의 합음 표기가 있겠고 ㆍ가 ㅣ ㅡ의 합음이 되리라 하여 그 확실한 증거를 찾으랴 하더니[27]

서구 언어학의 수용은 근대적 개혁과 이로 인한 사회 변화 속에서 자연스러운 현상이었다. 그리고 전통 언어학 시대의 성운학과 성리학적 세계관을 통해 구축한 언어 보편성의 준거는 서구 언어이론으로 대체된다. 근대 초기 문법가들은 서구 문법서를 통해 문법의 보편성을 확인하고 이를 체계화하려는 모습을 보인다.

주시경은 『국어문법』(1910: 340)에서 "이 글은 全世界에 두루 쓰이는 文法으로 으뜸을 삼아 꾸밈이라. 그러하나 우리나라 말에 맞게 하노라 함이라"라고 하면서 서구의 문법을 보편문법으로 삼아 국어문법을 기술하되 우리말의 특성을 반영해야 한다는 뜻을 피력한다. 이는 당시 문법가들이 대부분 문법의 보편성을 영문법의 체계를 통해 확인하려 했다는 것과 관련하여 음미해 볼 수 있다. 문법가들이 영문법을 통해 문법의 보편적 틀을 찾으려 했던 태도는, 중국 성운학을 보편적 체계로 가정하고 우리말 음운체계를 체계

---

27 주시경, 『말』, 1908(추정), 5a.

화하려 했던 것에 유비類比될 수 있다.

서구 문법의 틀로 한국어를 보는 시각은 현대 한국어 문법에서 인정하지 않는 범주인 '관사, 조동사, 관계대명사, 명사의 성' 등을 한국어의 문법 범주로 가정하는 데에서 찾아볼 수 있다. 이를 영어문법에 경도된 시도로 평가할 수도 있지만, 보편성의 준거가 서구의 틀로 바뀐 상황에서 영어문법의 범주 틀이 한국어를 어떻게 설명할 수 있는지 판단하는 것은 문법가들의 첫 번째 임무였다. 특히 '관사'라는 범주가 실질적으로 한국어에서 하나의 문법 범주로서 작용하고 있다는 김규식金奎植의 설명은 당시 문법가들이 서구 문법의 틀을 어떻게 의식했는지를 잘 보여 준다.

韓國言語에ᄂ 語尾의 變化를 多用홈으로 每樣 定冠詞 [그]와 指示的代名詞 [그]를 明白히 分明ᄒᆞ야 用치 아니ᄒᆞᄂ 時가 多ᄒᆞ고 又 不定冠詞 [흔]을 落ᄒᆞ고 言ᄒᆞᄂ 時바가 多도ᄒᆞ니라 假令 [그] 칙 좀 쥬시오 ᄒᆞ면 言者가 聽者의 便에 近在흔 冊을 指示ᄒᆞ야 言ᄒᆞᄂ 바도 되면 他處에 在ᄒᆞ고 言者 聽者가 知了ᄒᆞᄂ 바 特別흔 冊을 指示ᄒᆞᄂ 것도 되ᄂᆞ니라 又 不定冠詞를 用ᄒᆞ야 [흔 ᄉᆞ름이 왔쇼]흘 것을 ᄯᅩ [사람이왔쇼]ᄒᆞ여도 其意趣가 別無殊異ᄒᆞ니라 由是로 或 曰 韓國語에ᄂ 冠詞가 無다ᄒᆞ되 其實은 無흔 것이 아니오 其作用을 明白히 分析지 아니흔 所致니라 [한국어에는 어미의 변화가 많으므로 항상 정관사 '그'와 지시적 대명사 '그'를 명백해 구분하여 쓰지 않는 때가 많고 또 부정관사 '한'을 생략하고 말하는 때가 많다. 가령 "그 책 좀 주시오." 하면 화자가 청자의 편에 가까이 있은 책을 지시하여 말하는 것도 되면, 다른 곳에 있고 화청자가 이미 알고 있는 특별한 책을 지시하는 것도 되느니라. 또 부정관사를 써 "한 사람이 왔소." 할 것을 또 "사람이 왔소." 하여도 그 뜻이 특별히 달라지는 것이 아니다. 이런 이유로 혹 말하기를 한국어에는 관사가 없다 하되 기실은 없는 것이 아니고 그 작용을 명백히 분석하지 아니한 소치니라.][28]

---

28 김규식, 『대한문법』, 1908, 27~28쪽.

김규식은 '관사'를 '형용사'의 하위 범주로 보면서, 관사 범주가 한국어에서 일정하게 작용하는 범주라 결론 내린다. 그는 관형형으로 쓰이는 형용사 중 형태가 변하지 않는 것을 구분하고자 한 것인데, 이는 결국 '관형사'에 근접하는 범주를 파악한 셈이 된다. 이때 김규식이 "한국어에 관사가 없는 것이 아니라 그 작용을 명백히 분석하지 않은 것"이라 판단한 것을 보면, 그가 보편적 문법체계를 전제로 다양한 가능성을 모색하는 것이 문법가의 역할이라고 생각했음을 알 수 있다. 이러한 인식은 '조동사'라는 범주를 설정한 것과 명사에서 '성, 수'를 문법 범주의 하나로 판단하는 것에서도 확인할 수 있다.

'조동사'라는 범주는 유길준俞吉濬의 문법에서 먼저 나타나는데, 여기서는 동사에 붙어 문법적 작용을 하는 어미[29]를 가리킨다. 그런데 김규식은 '조동사'라는 문법 범주는 설정하되 이를 '보조동사'의 개념으로 사용했다. 즉 "내가 가보겟소, 그 사람을 보고져 ㅎ오" 등에서 밑줄 친 보조동사 부분을 조동사라는 범주로 본 것이다. 이는 서구 문법의 문법 범주를 수용하더라도 이를 한국어 문법에 적용하는 방식은 문법가들마다 달라질 수 있음을 보여준다.

그런데 서구 문법을 보편성의 준거로 삼은 예 중에는 서구 문법의 범주를 전통적인 사유체계와 관련지어 받아들이는 경우도 있다. 주시경은 『국어문법』(1910: 94)에서 명사의 성을 "天賦의 性으로 類가 있는 것"이라 정의하고 '수(陽性), 암(陰性), 보통성, 무별성'의 네 부류로 나누고 있다. 그런데 이 부

---

29 유길준의 『대한문전』(1909)에 나타난 조동사는 "욕정(가고져ㅎ오), 필요(가어야ㅎ겟다), 결정(가겟다, 가마), 명령(가오, 그리말게), 역사役使(쌔트리어지어), 의상疑想(갓지, 갈는지), 의문(갓는가), 존경(오시오, 주소서), 겸공謙恭(가압나이다)" 등의 서술 양태를 나타내는 어미다.

류의 실제를 보면 문법적 성이 아닌 어휘적 의미로서의 성을 가리키고 있음을 알 수 있다. 김규식도 이런 관점에서 '남성, 여성, 보통성'으로 성性 범주를 나누고 있다. 결국 이러한 범주 설정은 '문법적 성'과 '어휘적 성'을 구분하지 못했다기보다는 보편성의 준거로 삼은 서구 문법의 체계를 최대한 수용하려는 의식적 노력의 결과라 할 수 있다.

서구 문법적 틀의 수용과 한국어의 발견

이봉운은 『국문정리』에서 "명목 법의 붙는 말을 다 하려 하면 한량이 없기로 대강 투에 이치를 내어 짐작하게 하오니, 천만 말에 규범을 가량하여 보면, 이 속에 다 있사압"이라 하여 어토명목이 문법 규범의 틀임을 밝히고 있다. 이봉운은 문법은 한정된 틀로 무한한 언어 현상을 설명할 때 의미가 있는 것임을 간파하고 있다. 그런데 이봉운의 문법이 서구 문법의 틀과 다른 점은 범주 분류가 기본적으로 의미를 중심으로 이루어진다는 것이다. 어사의 기능 역시 의미에 따른 기능을 언급하는 수준에서 설명된다.

어토명목 21종은 "과거過去, 미릭未來, 현직現在, 명령命令, 금지禁止, 반ᄉ反辭, 동사動事, 어죠語調, 범위範圍, 련ᄉ聯辭, 찬양讚揚, 문ᄉ文辭, 샹디相對, 의아疑訝, 연고緣故, 즈위自謂, 반말半辭, 한뎡限定, 문ᄉ問辭, 답ᄉ答辭, 형용形容" 등인데, 이는 주로 문법적 요소 및 화용적 요소를 범주화한 것이라 할 수 있다. 그런데 이러한 범주의 성격이 분명치 않은 것은 이들을 서구 문법의 범주에 대응시킬 수 없기 때문이다.

품사와 관련된 것은 부사에 해당되는 어죠(語調; 대개, 가령, 므릇) 정도를 들 수 있겠으나 '부득불'과 같은 부사는 '범위範圍'의 범주에 포함되고 있으니, 이를 품사 분류와 관련짓는 것은 쉽지 않아 보인다. 더욱이 형용形容의 경우는 "모양, 형상, 꼴, 양즈, 태도" 등을 가리키는 말로 형용사와는 직접적인 관련이 없다. 시칭 및 서법과 관련되는 "과거過去, 미리未來, 현지現在, 명령命令, 금지禁止" 등은 문법 요소의 일종으로 볼 수 있지만, 여기에서도 이와 관련한 문법소를 추출하여 보여 주지는 않는다.

이러한 특수성 때문에 '어토명목'을 전통적인 역관문법譯官文法을 계승한 것으로 설명하기도 한다. 어토명목의 분류 방식에 주목하여 이를 최세진崔世珍의 『노박집람老朴集覽』(1517)에 나타난 어사 분류와 관련이 있는 것으로 보는 것이다. 실제 이봉운의 분류 방식은 『노박집람』에 나타난 역관문법의 분류 방식을 일정 부분 수용하고 있는 것으로 보인다. 문제는 『노박집람』에 나타난 '適當之辭'(마치), '止此之辭'(다믄, 오직) 등의 어사 분류가 범주 구분의 결과인지 단순히 단어의 의미적 성격을 나타내는 것인지 불분명하다는 것이다. 『노박집람』에서 어휘의 의미 기능을 설명한 것에 대한 언어학적 평가는 별도로 있어야겠지만, 사실 『노박집람』은 개별 단어의 의미를 설명하는 어휘집의 성격을 띠고 있다. 그렇다면 이봉운의 『국문정리』가 지닌 국어학적 의의는 무엇인가?

이봉운 문법의 근대적 의의로 주목해야 할 점은 의미 기능에 따른 단어의 설명을 범주 분류의 차원으로 발전시켰다는 것이다. 이때 의미 기능에 따른 단어의 설명을 범주 분류의 차원으로 발전시켜야 한다는 문제의식은 서구 문법의 영향에서 비롯한 것이라 할 수 있다. 그렇다면 이봉운은 문법 범주화의 필요성을 깨달은 근대적 문법학자로 평가되어야 할 것이다.

이봉운 이후 문법가들은 의미보다 기능을 중심으로 단어를 분류하면서 서구 문법의 틀에 근접하게 된다. 이처럼 의미 중심에서 형태와 기능 중심으로 어사의 분류 방식이 변하면서, 우리말의 특성을 체계화하는 문제가 본격적으로 대두된다. 이때 문법가들이 봉착한 문제를 가장 잘 보여 주는 것이 형용사의 범주 설정과 관련한 논의이다.

초기 국어문법에서 형용사 범주의 범위와 내용은 단어의 의미와 기능 중 무엇을 중심에 놓고 보느냐에 따라 달라졌다. 영어문법을 기준으로 할 때 한국어에는 진정한 형용사는 없다고 볼 수 있기 때문에,[30] 근대 초기 서구 문법의 틀로 한국어를 설명해야 하는 문법학자들에게 형용사는 난감한 범주였던 것이다.

김규식은 기능 중심의 관점으로 형용사를 규정했는데, 이 때문에 '형용사' 이외에 '형동사'라는 별도의 범주가 필요했다. "좋은 집"과 "이 집이 좋다"에서 '좋은'과 '좋다'의 품사를 '형용사(좋은)'와 '형동사(좋다)'로 달리 본 것이다. 그러한 관점에서는 형용사와 형동사의 의미적 연관성을 고민할 수밖에 없었다. 그는 이러한 고민을 다음과 같이 해결한다.

이   집이   됴흔   이다.   =   이   집이   됴타.
       형용사   동격동사   형동사

여기에는 의미와 기능의 특성을 동시에 고려하여 한국어의 특성을 설명해야 한다는 김규식의 문법관이 드러난다. 이 과정에서 "이 집이 됴타."를 "이 집이 됴흔 이다."라는 가상적 문장과 관련지어 설명한 것은 주목할 만한데, 이때 가상적 문장은 변형생성문법의 '심층구조'를 연상시킨다. 김규식은 서구 문법의 틀로 한국어를 기술하는 과정에서 한국어의 특성을 발견했고, 한국어의 특성을 설명하는 과정에서 새로운 설명 방식을 모색할 수 있었던 것이다.

---

30 언더우드는 『한영문법』(1890)에서 한국어에는 진정한 형용사가 극히 드물다고 말하면서, 형용사와 관련한 설명을 '제7장 The Verb'와 '제8장 The Adjective'에 나누어 제시하고 있다.

주시경이 형용사의 범주 문제를 고민한 흔적은 그의 문법 연구에 고스란히 남아 있다. 그는 『국문문법國文文法』(1905)에서부터 『말의 소리』(1914)에 이르기까지 형용사의 범주 설정 문제를 고민하는데, 고민의 줄기는 기능, 의미, 형태 중 어떤 측면을 중시하여 범주를 구분해야 하는지에 대한 것이었다. 『국문문법』에서 주시경은 '큰', '크다', '크게'의 범주를 각각 '형명形名', '형용形容', '형동形動'으로 구분하면서 기능 중심의 관점을 명확히 보인다.[31] 이러한 기능 중심의 관점은 『국어문법』에서 이를 '언(관형사), 엇(형용사), 억(부사)'으로 분류하는 것으로 이어진다. 그런데 이후 문법적 역할을 하는 '-ㄴ, -게'를 '겻(어미)'으로 분류하면서 의미적인 관점에 따라 '크다, 크게, 큰'을 모두 형용사로 보았으며, 형태적인 관점[32]에 따라 '그, 무슨, 매우, 꼭' 등을 '임(명사)'으로 보았다. 이로 인해 『말의 소리』에 이르면 '언, 억'과 같은 기능적 범주가 사라지게 된다.

이러한 변화 과정은 보편적 문법체계라 믿었던 서구 문법의 틀로 우리말을 범주화하면서 단어의 의미와 기능을 새롭게 인식하는 과정을 잘 보여준다. 그런데 의미적인 분류가 전통적 분류라는 관점에서 본다면, 근대 초기 문법서에 나타난 관습적인 분류에도 주목할 필요가 있다. 즉, 명사, 동사, 형용사 등의 하위분류는 대개 의미적 분류의 방식을 취하는 경향을 보이는데, 이를 통해 당시 문법가들이 문법의 문제와 의미의 문제를 명확히 분리

---

31 여기서 형명은 관형사, 형용은 형용사, 형동은 부사에 해당된다. 그런데 이때 유의할 것은 이러한 대응이 품사 분류의 기본 원칙을 감안한 대응일 뿐 실제 포함되는 어휘를 고려하면 오늘날의 관형사, 형용사, 부사와는 일치하지 않는다. 현대 문법의 관점에서 보면, '형명=관형어, 형동=부사어'라고 해야 할 것이다. 형명에는 '큰'뿐만 아니라 '먹는'도 포함될 수 있고, 형동에는 '크게'뿐만 아니라 '먹게'도 포함될 수 있다.
32 『국문문법』에서는 '그, 무슨'을 '언(관형사)'에 포함하고 '매우, 꼭'을 '억(부사)'에 포함했지만, 활용을 하지 않는다는 형태적 특징에 주목하면서 이를 '임(명사)'에 포함한 것이다.

하는 수준에까지 이르지 못했음을 알 수 있다. 김규식처럼 형용사 하위부류로 "性質(惡호 사람), 資品(됴호 冊), 形像(둥근 돌), 大小(큰 馬), 容積(만흔 물)" 등을 제시한 것은 의미적인 관점에 따른 것으로, '성질, 자품, 형상, 대소, 용적' 등과 같은 하위 범주들은 형용사의 문법적 작용을 설명하는 데에 별다른 의미가 없다. 이러한 문제는 김희상의 분류에서도 마찬가지로 나타난다.

3.2. 국어문법의 개별성에 대한 인식

앞서 살펴본 바와 같이 근대 초기 국어문법학은 영어문법을 틀로 국어의 특수성을 설명하면서 발전했다. 따라서 근대 국어문법학의 계보 연구에서 서구 문법에 바탕을 둔 문법을 따로 분류하기도[33] 하지만, 유길준과 주시경의 문법서를 비롯한 근대 초기 문법서가 모두 서구 규범문법을 바탕으로 하고 있다는 점을 생각한다면, 서구 문법에 바탕을 둔 문법서를 따로 구분한다는 것은 무의미하다.[34] 이는 결국 근대 국어문법의 토대가 서구 규범문

---

33 김민수(1980)에서는 김규식 문법을 "원숙한 영어문법의 지식으로 국어문법을 기술한 만큼, 서구 문법적 관점이 선명하다"고 평가하고 있다. 이는 김민수(1980)에서 내린 김규식 문법에 대한 다른 평가들보다 두드러지게 인용됨으로써 김규식 문법의 본질에 접근하는 데 장애 요인이 되어 온 게 사실이다. 고영근(1985)에서는 김규식의 문법이 서양인의 한국어 연구와 서양의 전통 언어학의 영향을 크게 받은 것이 틀림없다고 짤막하게 평하고 있으며, 『대한문법』을 구체적으로 분석하고 평한 고영근(1990)에서는 언더우드 문법의 한 부류로 파악하고 이와의 공통점을 집중적으로 조명했다. 이러한 평가는 김희상 문법에도 마찬가지로 적용된다.

34 근대 초기 문법서는 외국인이 직접 쓴 문법서, 일본의 문법서를 모방한 문법서, 서구 문법을 모방한 문법서로 나눌 수 있지만, 이들의 근원은 모두 서구의 문법이라는 점을 분명히 인식할 필요가 있다. 특히 유길준이 직접적으로 영향을 받은 일본어 문전 또한 서구 규범문법을 바탕으로 한 문법이다.

김규식金奎植(1885~1950) 언더우드의 영향 아래에서 김규식은 일찍부터 서구 언어학의 기술 방법론을 접할 수 있었다. 그는 있는 그대로의 한국어를 문법 기술의 대상으로 삼았고, 역사비교언어학의 관점에서 한국어의 기원을 파악하고자 했다. 그런 점에서 김규식은 '국어 연구의 과학화'라는 과제를 앞서 의식한 인물로 평가할 수 있다.

법이라는 사실을 말해 준다. 이렇듯 근대 초기 문법가들이 서구어를 설명한 문법으로 한국어를 설명할 수 있다고 판단한 것은 언어 보편성에 대한 인식의 산물이다. 그러나 국어문법 연구가 심화되면서 국어문법의 특징을 찾고 이를 설명하고자 하는 언어 개별성에 대한 인식도 깊어졌다.

한국어 구조론의 출발점

한국어 구조론韓國語 構造論은 서양 선교사가 한국어를 탐구하면서 시작되었다. 서양인의 한국어 연구는 타자의 시선으로 한국어를 관찰한 결과로, 다른 언어와의 비교를 통해 한국어의 특성을 살폈다는 특징이 있다. 그런데 국어 연구가 시작되면서, 한국어 구조론은 한국인이 외국인에게 한국어의 구조를 설명하는 방식으로 발전한다. 그 출발점에 김규식이 있었다.

미국의 로어노크대학에서 수학하던 김규식은 로어노크대학 학보(Roanoke Collegian) 1900년 5월호에 「한국어론The Korean Language」을 발표한다. 이는 한국어의 구조와 특성을 설명한 것으로, 한국인이 세운 최초의 종합적인 한

국어 구조론이라고 할 수 있다.[35]

「한국어론」에서 김규식은 역사비교언어학적 관점에서 한국어의 계통, 음운 및 문법 구조 등의 특성을 설명하고 있다. 특히, 중국어, 일본어, 서구 제어, 범어 등과 한국어를 비교하면서, 한국어의 음운 및 문법 구조의 특성을 지적한 것은 언어에 대한 그의 폭넓은 지식을 보여 주는 대목이다. 이러한 역사비교언어학적 관점은 이후 『대한문법大韓文法』(1908)을 집필하는 데에도 이어진다.

김규식 「한국어론」의 내용구성(김민수, 1987 : 218)
  가. 서론: 韓語의 본질
    (1) 韓語에 대한 의문, (2) 韓語와 東洋諸語와의 차이, (3) 印歐語의 유사성과 韓語의 특성
  나. 國字의 文字構造
    (4) 反切字母 25자, (5) 反切의 由來와 諺文의 構造, (6) 漢字와 音節表 및 正書法, (7) 東西洋 書體의 차이
  다. 國語의 文法構造
    (8) 韓語形成構造의 特徵, (9) 韓語의 語形變化와 格形態, (10) 韓語의 語尾變化와 尊卑形, (11) 韓語의 敍法과 尊卑法의 특징
  라. 결론: 漢文과 韓語
    (12) 中世 라틴어와 漢文과의 대조, (13) 韓語의 言語的 平易性

또 서양과 동양, 서양문법과 한국어문법을 비교하면서, 언어의 상대성을 강조하는 대목에서는 그의 객관적인 언어관을 볼 수 있다. 정서법에서 시작

---

35 이 평가는 김민수(1987)의 평가를 인용한 것이다. 김민수(1987)에서는 김규식의 「한국어론」을 본격적으로 분석하고 이 논문의 국어학사적 의의를 평가했다.

하여, 문법적 성을 비롯한 언어적 차이를 비교, 검토하면서 엄밀하고 객관적인 태도를 유지하고 있다. 특히 단어, 구, 문 등을 쓸 때 그 구별이 없고 문맥을 통해 이를 인식한다는 사실을 기술하면서도, 이를 동양과 서양의 차이로 파악할 뿐 어느 한쪽의 우월성을 이야기하지 않은 것은, 다른 초기 어문 연구자들에게서 찾기 힘든 태도였다.[36]

亞洲諸語는 句讀點이 없다. 大文字, 休息符, 終止符, 疑問符, 引用符 등이 다 없다. 單語, 句, 文 등은 말할 때에 분명히 구별되나, 쓸 때는 구별이 없다. 모든 것을 앞뒤 文脈에서 얻는다. (중략) 그래서, 東洋文章에서는 單語와 文을 한눈으로 구별하기 곤란하다. 이것은 이상하게 여겨질지 모르나, 모든 것을 간단하게 한다. (중략) 文法的 性의 구별도 韓語에서는 라틴어, 희랍어, 불어, 독어처럼 매우 엄격하지 않다. 우리 東洋人이 수평적으로 가로 읽거나 쓰지 않고, 수직적으로 위에서 아래로 읽는다는 것은 누구나 다 알고 있다고 생각된다. 우리는 또 좌측에서 우측으로 계속하지 않고, 우측에서 좌측으로 읽는다. 나는 美國人이 韓國책을 집었을 때, 또는 韓人이 美國책을 집었을 때에 처음부터 시작하지 않고 끝에서부터 시작하는 것을 자주 보았다. 어떤 사람은 영어처럼 펜으로 쓰지 않고 붓으로 쓰는 것이 매우 더디다고 생각한다. 그러나 우리는 영문보다 더 빨리 쓸 수 있는 草書라는 것이 있다. (중략) 우리가 본 바로는 韓語에 매우 어려운 점은 없고, 다른 말보다 유리한 점이 많다고 생각한다. 그렇지만, 이제 그 조금 어려운 부분을 생각해보기로 하자. 위에서 말한 대로 라틴말나 희랍어보다 더 종합적이므로, 韓語는 接頭辭나 接尾辭가 아주 적다는 것은 짐작할 수 있다. 동사, 명사, 대명사, 형용사, 부사, 전치사, 접속사는 전부 어미로 혹은 어미에 의하여 변화한다. 동사는 라틴어처럼 활용하며, 그 어미에 의하여 서법과 시칭의 차이를 보인다. 그러나, 인칭과 수는 동사 그 자체로 표시되지 않고 수반하는 대명사나 명사의 어미로 표시된다. 명사나 대

---

36 근대 어문 규범은 서양 정서법을 모델로 하는 것이며, 이를 확립하는 과정에서 어문 연구자들은 서양 정서법의 우월성과 편리성을 입증하고자 했다. 그 극단적인 예가 풀어쓰기로의 문자 개혁 방안이었다.

명사의 변화는 라틴어처럼 6격을 갖고 있다. 형용사나 부사의 비교급은 접두사로 형성되는데, 같은 어근에 붙이는 접미사로 구별할 수 있다. 이 언어에 전치사는 없으나, 그 관계는 어미로써만 표시된다. 접속사는 그 자체가 다른 단어나 절에 덧붙는 외에 접미사를 갖고 있다.[37]

「한국어론」은 김규식이 열아홉 살이던 1900년에 작성되었고, 그가 미국 유학을 떠난 때가 1897년이라는 점을 감안한다면, 「한국어론」에 제시된 '한국어의 특성' 등과 관련한 기술 내용은 한국어에 대한 관찰 내용을 서구 문법과 대조·분석함으로써 스스로 터득한 사항을 정리한 것으로 볼 수 있다. 따라서 김규식의 「한국어론」은 서구문법과의 비교를 통해 한국어 문법체계를 약술하고 그 특징을 객관적으로 제시한 최초의 시도라 할 수 있다.

이는 자연히 그가 귀국 후 집필한 『대한문법』에 반영되었다. 『대한문법』에서 서구 언어의 문법체계를 의식하면서 한국어 문법을 기술하고 있는 점, 비교언어학적 관점에서 한국어의 기원과 특징을 설명하려 한 점 등은 「한국어론」에 나타난 특징이기도 하다.

한국어의 기원에 대한 의식과 국어관

김규식은 『대한문법』 권두에 두 편의 글을 싣는다. 첫째가 「국어역대國語歷代」이고, 둘째는 「문법개의文法槪意」이다. 「국어역대」는 한국어의 계통과 역사에 대한 간략한 소개이고, 「문법개의」는 문법의 역할에 대한 자신의 생각을 간략하게 밝힌 글이다. 이 중 「국어역대」에서 제시한 한국어의 계통론[38]

---

37 김민수(1987)의 번역문 재인용.
38 국어 계통에 대한 견해는 1900년에 발표된 「한국어론」에서도 간략하게 언급되었지만, 『대한문법』에서는 구체적으로 국어 계통에 대해 언급하고 있다. 국어 계통이 북부 투라니아어와 남부 투라니아계 드라비다어에서 온 것임을 밝힌 것으로 보아, 그의 견해는 헐버트H. B.

은 비교언어학적 관점이 분명하게 제시되었다는 점에서 그 당시 국어문법서에 나타난 계통 의식과 차별성이 있다.

[大韓語를 他國語와 比考컨딕 투라니아言語中 滿州語와 近似ᄒ고 (중략) 語法으로 論컨딕 日本語法과 幾爲同ᄒ다 홀 슈 잇스니 此논 無他라 此等諸語가 原來 투라니아 人種의 言語인 緣由요 漢文과 比較ᄒ즉 原語만 漢文과 大相不同홀 쎈 아니라 語法에 互相近似혼 句節이 都無ᄒ다 홀 슈 잇ᄂ니라] 上에 言혼 바와 如히 투라니아 人種이 支那一局을 圍繞ᄒᄂ 圓線이 大韓에서 相合ᄒ엿스니 大槪言컨딕 투라니아 人種이 大韓 北方으로 蔓入되고 南方에도 渡來ᄒ엿다가 距今 二千一百餘年主前百九十餘年에 此兩端이 바로쇼 相通되엿고 距今一千二百十八年主後六百九十年에 至ᄒ야 新羅가 全半島를 統一홀 時에 相連되엿ᄂ니라 [대한어를 타국어와 비교하건데 투라니아 언어 중 만주어와 근사하고 (중략) 어법으로 보면 일본어법과 같다고 할 수 있으니 이는 다른 것이 아니라 이러한 말들이 원래 투라니아 인종의 언어인 연유요 한문과 비교한즉 원어가 한문과 전혀 다를 뿐만 아니라 어법에 서로 비슷한 구절이 전혀 없다고 할 수 있느니라. 위에 말한 바와 같이 투라니아 인종이 중국 지역을 둘러싼 둥근 선이 대한에서 서로 합하였으니 개략 말하면 투라니아 인종이 대한 북방에로 들어오고 남방에도 건너왔다가 지금으로부터 2100년(기원전 190여 년)에 이 양 끝이 비로소 상통되었고 지금으로부터 1218년(기원후 690년)에 이르러 신라가 전 반도를 통일할 때에 서로 연결되었느니라.]

위에서 김규식은 한국어를 투라니아(우랄알타이어) 각종 언어 중 하나로 보았고, 일본어와 유사하고 중국어와는 계통상 다름을 논했다. 그리고 한국어가 북방 언어와 남방 언어의 유입을 통해 형성되었음을 밝히고 있다. 즉, 북

Hulbert(1863~1949)의 한국어 계통론으로부터 영향을 받은 것으로 추정된다. 그러나 그가 여러 계통론 중에서 하나를 선택하고 한국어의 형성 과정을 분명하게 밝힌 것은 중요한 업적으로 인정되어야 한다. 이는 19세기에 서구 언어학계를 풍미한 역사비교언어학에 대한 이해가 없이는 불가능한 일이기 때문이다.

방의 언어뿐만 아니라, 델루그어(드라비다어)를 알타이어의 언어로 보고 이 언어들이 한국어에 유입되었음을 논하고 있다. 또 한국어의 형성을 한반도에서의 국가 형성의 역사와 관련지어 설명하고 있는 것도 특색이 있다.

위의 인용문을 보충하는 이후 기술 내용을 보면, 단군 시대에는 언어가 북방에서 왔고, 기자箕子가 내려와 중국의 문화가 들어왔고, 그 후 가락국 시조 김수로왕이 남방으로부터 건너오며 인도 남부의 언어가 들어왔고, 북방계와 남방계의 두 언어가 신라 통일로 융합된 것으로 설명하고 있다. 북방과 남방에 유입된 알타이 계통의 언어가 한국어에서 융합된다는 설명은 김규식의 탁견이다. 이는 부여계 언어와 삼한계 언어가 통일신라 시대에 융합되고, 이것이 중세어로 이어진다는 것으로 바꿔 말할 수 있을 것이다.

이처럼 한국어 계통을 자세하게 설명한 국어 문법서는 『대한문법』이 최초이다. 이 시기 국어문법의 기술을 위해 받아들인 영어문법이 라틴어문법을 틀로 하는 규범문법 체계였다는 점에서, 문법서의 전면에 한국어 계통론에 대한 견해를 피력한 것은 그의 독특한 문법관을 반영한 것이라 할 수 있다. 개별 언어의 문법을 기술하기 위해 라틴어 규범문법을 수용한 것은 보편문법을 수용하여 개별문법을 정립한다는 의의가 있지만,[39] 역사비교언어학을 수용하는 것은 언어의 개별성에 대한 인식을 확산시킨 계기가 되었기 때문이다. 이를 보면 김규식은 언어의 보편성과 개별성에 대한 과학적 인식을 바탕으로 국어문법을 기술하고자 한 문법가였다.

---

39 동양제어의 근대문법 수립은 서구 규범문법을 적용하여 개별언어의 문법을 기술하는 것에서 시작되었다. 이는 서구 규범문법을 보편문법으로 인식하고 이에 맞추어 개별언어의 문법을 기술하는 태도라 할 수 있다. 진류(2001)에서는 중국 근대문법의 효시인 『마씨문통馬氏文通』과 유길준의 『대한문전』을 비교하면서, 이들의 공통점으로 데카르트의 이성주의 철학의 입장에서 서구 규범문법을 보편문법으로 인식하고 이를 바탕으로 자국어문법을 기술한 것을 들었다. 이는 일본 근대문법에도 적용되는 것이라 할 수 있다.

김규식을 제외한 초기 문법서의 저술자들은 계통적 관점에서 한국어의 기원을 파악했다기보다는 민족 형성의 관점에서 한국어의 기원을 파악하고 있다. 따라서 계통과 관련한 설명을 깊게 하지는 않았지만, 국어의 정체성을 밝히는 대목에서 한국어의 기원에 대한 생각을 피력하고 있다.

> 읽을지어다. 우리 大韓文典을 읽을지어다. 우리 大韓同胞여. 우리 民族이 檀君의 靈秀ᄒᆞᆫ 後裔로, 固有ᄒᆞᆫ 言語가 有ᄒᆞ며, 特有ᄒᆞᆫ 文字가 有ᄒᆞ야, 其思想과 意志를 聲音으로 發表ᄒᆞ고, 記錄으로 傳示ᄒᆞ매… [읽을지어다, 우리 대한문전을 읽을지어다. 우리 대한동포여. 우리 민족이 단군의 빼어난 후예로 고유한 언어가 있으며 특유한 문자가 있어. 그 사상과 의지를 성음으로 발표하고 기록으로 전하여 보이매…][40]

유길준은 한민족이 단군의 후예임을 강조하면서 고유의 언어와 특별한 문자가 있다고 설명한다. 단군의 후예임을 이야기함으로써 우리 민족이 다른 지역으로부터 유입되었다는 설명은 원천적으로 차단된다. 이러한 관점은 주시경에서도 찾을 수 있다. 주시경은 유길준에서 한 걸음 더 나아가 하늘이 낸 우리 민족이 하늘의 조화로 자연스럽게 우리말을 하게 되었음을 이야기한다.

> 天이 此域을 界하고 我人種을 祖産하고 其音을 命하매 此域에서 此人種이 此音을 發하여 言語를 作하고 其言語로 思想을 相達하여 長白四疆에 繁衍하더니 許多年代를 經하여 檀祖의 開國하신 以來로 神聖한 政教를 四千餘載에 傳하니 此는 天然特性의 我國語라 [하늘이 이 지역을 경계로 우리 인종을 낳고 그 소리를 명하니, 이 지역에서 이 인종이 이 소리를 내어 언어를 만들고 그 언어로 사상을 서로 전하여 장백사강에서

40 유길준, 자서自序, 『대한문전』, 1909.

번성하더니 많은 세월을 지나 단군 할아버지가 개국하신 이래로 신성한 정교를 사천 여 년 동안 전하니 이는 천연한 특성의 우리 국어라.][41]

유길준과 주시경은 다른 나라 말과 본질적으로 다른 우리말의 특성을 '단군'과 '하늘'을 끌어들여 강조한다. 이는 우리말의 특성을 말함과 동시에 우리말이 우리 민족의 탄생과 함께 생겨, 떼려야 뗄 수 없는 운명적 관계를 맺고 있음을 말하는 것이다. 이 운명성은 계통론의 관점으로는 설명할 수 없는 것이다. 이처럼 유길준과 주시경은 어문민족주의적인 관점에서 국어의 의미를 생각했고, 이러한 관점에서 국어문법서의 필요성을 절감했다. 그들은 우리말이 하늘로부터 받은 언어이기에 서구 규범문법과 공통점이 있을 것이고, 이런 이유로 서구 규범문법의 틀로 우리말을 설명할 수 있을 것이라 봤다.

그런데 그들은 우리말이 이 지역에서 이 인종과 더불어 발전했기에 우리말의 특수성이 있었을 것이라는 점을 강조했고, 주시경은 우리말의 특수성을 잃어버리는 것을 우리 민족의 소멸과 동일시했다. 이때 우리말의 보편성과 특수성에 대한 이들의 생각은 앞서 살폈던 훈민정음 창제자의 생각과 겹쳐 있다. 그렇다면 다음과 같은 정인지 서문이 주시경의 어문민족주의와 겹치는 건 어찌 보면 자연스럽다.

천지天地 자연의 소리가 있으면 반드시 천지 자연의 글이 있게 되니, 옛날 사람이 소리로 인하여 글자를 만들어 만물萬物의 정情을 통하여서, 삼재三才의 도리를 기재하여 뒷세상에서 변경할 수 없게 한 까닭이다. 그러나 사방의 풍토風土가 구별되매 성기

---

41 주시경, 서序, 『국어문법』, 1910.

聲氣도 또한 따라 다르게 된다.[42]

그런데 비교언어학적 관점으로 우리말의 기원을 탐색했던 김규식에게서는 이러한 어문민족주의적 관점을 발견하기 어렵다. 그는 언어의 역사성과 관습성을 먼저 살폈고, 언어의 변화와 함께 문법이 변화해야 함을 강조했다. 따라서 그가 생각했던 규범문법은 언어를 고정시키기 위한 문법이 아니라 언어의 변화를 수용하여 정리하기 위한 문법이었다.

人類가 生호 以後에 其言語가 有호고 言語가 有호 後에 其言語에 應호야 文法을 整齊호나니 人類의 習慣과 風俗이 發達되고 變改되는듸로 其言語도 擴張되고 充分되며 其言語의 漸次變化를 隨호여 文法이 역시 改革되고 文法을 應從호기 爲호여 現行의 言語를 上古時代文法에 退縮케 홀바 아니니라. 今에 此大韓文法은 現時言語나 文章에 普通體勢를 依호여 法例를 定훈거시니라. [인류가 탄생한 이후에 그 언어가 있고 언어가 있은 후에 그 언어에 따라 문법을 정제하나니, 인류의 습관과 풍속이 발달하고 변화하여 바뀌는 대로 그 언어도 확장되고 넉넉하게 되며, 그 언어가 점차 변화함에 따라서 문법도 역시 개혁되고, 문법에 따르기 위하여 현행의 언어를 상고시대 문법으로 퇴행하게 할 바는 아니니라. 이제 이 대한문법은 현재 언어나 문장의 일반적인 사용 양상에 따라 법례를 정한 것이니라.][43]

"언어의 변화에 따라 문법이 바뀌고 문법을 따르기 위해 현행의 언어를 옛 문법으로 되돌릴 수 없다"는 언급은, 문법의 역할이 단순히 규범의 제시에 머물지 않고 언어 현상을 객관적으로 파악하여 그 규칙(여기에서는 法例라 함)을 세우는 것임을 밝힌 것이다. 또 앞서도 밝힌 것처럼 "문법 규칙은 보통체세普

42 『세종실록』(국역본), 세종 28년, 1446. 9. 29.
43 김규식, 문법개의, 『대한문법』, 1908.

通體勢를 따른다"는 언급은 문법 기술의 대상이 되는 언어가 일반적으로 사용되는 언어라는 사실을 강조한 것이다. 이를 규범의 관점에서 보면, 현행의 언어 중 표준이 되는 언어의 기준을 제시하고 이를 문법 기술의 대상으로 보았다는 점에서, 근대적 언어 규범의 특성을 밝힌 것으로 볼 수 있다. 그러나 이를 일반적인 문법관으로 확대하여 본다면, 언어 현상을 있는 그대로 기술하여 객관화고자 하는 김규식의 문법관은 기술주의적 문법관에 닿아 있다.[44]

이처럼 김규식의 문법관은 객관성을 추구한다는 점에서 우리말이 남방과 북방 언어가 합쳐지고 변화한 결과라고 본 계통 의식과도 맞물려 있다. 이는 유길준, 주시경의 문법관과 확연히 다른 점이다. 유길준의 『대한문전』 서문에는 언어의 변화를 막아야 한다는 문법가로서의 소명의식이 나타난다.

然ᄒ나, 言語는 學지 아니ᄒ야도 能ᄒ며 文字는 形象이 單純ᄒ고, 用法이 簡易ᄒ야, 學ᄒ기에 時日을 虛費치 아닌ᄒ즉, 因仍相傳ᄒ야 硏究ᄒ는 工夫를 加ᄒ지 아니ᄒ며 口調의 轉訛로 音韻의 差가 生ᄒ고 字形의 推移로 符號의 謬가 見호대, 校正ᄒ는 法을 行치 아니ᄒ야 今日에 至ᄒ야는 其用이 正鵠을 失흔 者가 多홀 뿐더러, 文典의 名義는 夢想에도 及지 못ᄒ얏도다. [그러나 언어는 배우지 아니하여도 능하며 문자는 형상이 단순하고 용법이 간이하여 배우기에 시일을 허비치 아니한즉, 이로 말미암아 서로 전하여 연구하는 공부를 더하지 아니하며, 어조가 와전되어 음운의 차이가 생기고 자형이 변하여 부호의 오류가 보이되, 교정하는 법을 행하지 아니하여 지금에 이르러서는 그 쓰임이 정곡을 잃은 것이 많을 뿐만 아니라, 문전이란 것은 꿈에도 이르지 못하였다.]

유길준은 사람들의 무관심으로 언어가 변화하고 이로 인해 글을 제대로 쓸 수 없는 지경에 이르렀음을 한탄한다. 그에게 언어의 변화는 곧 사람들

---

44 여기 사용한 '기술주의'라는 용어는 언어학사의 한 조류인 미국의 기술주의 언어학을 지칭하는 것이 아니라, 규범주의적 문법관의 대립 개념으로 사용한 것이다.

의 무관심에서 비롯된 것이다. 이는 주시경이 『국어문법』의 서문에서 정음
의 원칙과 국어의 본체를 강조한 것과 맥을 같이 한다.

然이나 至于今字典을 未修하여 <u>由來의 文字</u>와 今日의 行用함이 다 正音의 原訓과
<u>國語의 本體</u>를 未得하고 其連發의 音만 僅搆하매 此音을 彼音으로 記하고 彼語를 此
語로 書하며 二音을 一音으로 合하고 一音을 二音으로 分하며 上字의 音을 下字에 移
하고 下字의 音을 上字에 附하며 書書不同하고 人人異用하여 一個言을 數十種으로 記
하며 文字를 誤解하는 弊가 語音에 及하고 語音을 未辨하는 害가 文字에 至하여 文盲
이 不同하며 前人의 謬를 後人이 襲하고 彼人의 誤에 此人이 醉하여 苟且相因하고 混
亂相尋에 穿鑿無稽한지라 [그러나 지금에 이르기까지 자전을 고치지 못하여, 전하는
문자와 오늘날의 쓰임이 다 정음의 원칙과 국어의 본체를 나타내지 못하고, 그 발화하
는 소리만 겨우 얽어 놓으니, 이 소리를 저 소리로 적고 저 말을 이 말로 적으며 두 개의
소리를 하나의 소리로 합하고 하나의 소리를 두 개의 소리로 나누며 윗글자의 음을 아
래 글자에 옮기고 아래 글자의 음을 윗글자에 붙여 쓸 때마다 같지 않고 사람마다 달리
써서 하나의 말을 수십 종으로 쓰며, 문자를 오해하는 폐가 말소리에 미치고, 말소리를
구분하지 못하는 해가 문자에 이르러 문맹과 다름없으며, 앞사람의 잘못을 뒷사람이
잇고 저 사람의 잘못에 이 사람이 취하여, 서로 원인이 되어 말이 버젓하지 않고 서로
찾아보며 혼란함에 자세히 따져 알 수가 없다.]

위의 인용문에 나타난 유길준과 주시경의 말을 앞서 살펴본 언어관과 연
결하여 해석하면, 그들이 문법서를 발간한 목적은 국어의 본체를 나타낼 수
있는 바른 규범을 세워 언어생활의 혼란을 막고 이를 교육하여 질서 정연
한 말을 후세에 전달하는 데 있다. 이러한 계몽적 관점은 유길준과 주시경
이 언어 연구를 순수한 학술 연구로만 보지 않고 개화 운동 혹은 민족 운동
의 관점으로 본 데에서 연유했다. 이에 비해 김규식은 국어의 기원을 계통
론적 관점에서 조망하고 언어 현상을 관찰하여 일반적인 법례를 찾는다는
관점에서 국어문법을 기술했다. 김규식의 언어관에 어문민족주의적 색채가

옅은 것은 이 때문이다.

　이러한 차이는 이후 우리말 연구의 목적과 관련한 논쟁 과정에서 다시 부
각된다. 1930년대 조선어 연구의 과학화 움직임이 일어나기 시작할 때, 어
문민족주의는 국수주의 언어관으로 비판을 받기에 이른다. 김규식은 『대한
문법』을 저술한 이후 국어학자의 길을 걷지 않았기에, 그의 언어관이 조선
어 연구의 과학화 운동과 관련하여 주목받지는 않았다. 그러나 '있는 그대
로의 보통어', '변하는 그대로의 현대어'를 문법 기술의 대상으로 삼았다는
데에서, 김규식을 조선어 연구의 과학화와 관련한 논의의 물꼬를 튼 인물로
평가할 수 있을 것이다.

국어 의식의 내면화와 조선어학의 모색

(1910~1945)

일본의 언어학자 우에다 카즈토시上田萬年는 일본어를 '일본 국민의 정신적 혈액'에
비유했다. 이러한 비유에 영향을 받았을까? 지석영을 비롯한 국문연구회 설립자들은 "국민을
자국 문자로 가르쳐 인도한 후에야 그 자국 정신을 그 뇌에 주입하는 것을 바랄 수 있을
것이다"라고 했다. 이러한 어문민족주의의 논리는 일제의 조선어정책에 직면하여 더욱
강화되었다. 주시경을 비롯한 조선어학자들은 조선어사전을 편찬하면서 "우리의 정신적
혈액이 이로부터 일단의 생기를 얻을" 것이라 했고, 이러한 뜻은 조선어학회로 이어져
일제강점기 내내 우리말을 정리하고 보급하고 연구하는 일의 강령이 되었다.

그러나 1930년대 중반 철자법과 표준어 제정 등 어문정리가 마무리되는 상황에서
조선어학계에는 '정신적 혈액'으로서의 조선어가 아닌 '객관적 실체'로서의 조선어를
과학적으로 연구해야 한다는 문제의식이 싹텄다. 실천적 연구를 벗어나 조선어학의 본령을
찾는 과정에서 역사비교언어학과 구조주의언어학이 수용되었고, 민족 모순이 계급 모순임을
자각한 마르크스주의자들이 민족어 문제에 관심을 가지면서 어문운동의 논리도 다양해졌다.

제Ⅲ부에서는 일제강점기 동안 조선어학회를 중심으로 이루어진 우리말 연구의 논리와
성과를 서술할 것이지만, 이 과정에서 주목할 것은 역설적으로 조선어학회의 구심력에서
벗어나고자 했던 다양한 시도들이다. 이에 따라 서구 언어학 이론을 수용한 맥락과 논리,
다양한 언어관이 대립·공존했던 당시 조선어학계의 양상 등이 비중 있게 다루어질 것이다.

1

국어 의식의 내면화 맥락

1.1. 어문민족주의의 형성 맥락

국어학의 이념화

1907년 지석영池錫永이 설립을 주도한 '국문연구회國文研究會'의 설립 취지서에는 다음과 같은 말이 나온다.

> 國語가 無准ᄒ고 國文이 無法ᄒ니 雖欲使吾人으로 入於文明之域이나 其可得乎아 有自國之字典 辭典 然後에야 可以敎國民이오 國民을 以自國文字로 敎導之 然後에야 可望其自國精神을 注于其腦也라 [국어가 기준이 없고 국문이 법이 없으니, 우리 사람들이 문명의 영역에 들어가고자 하나 그것이 가능하겠는가? 자국의 자전과 사전이 있은 후에야 국민을 교육할 수 있고, 국민을 자국 문자로 가르쳐 인도한 후에야 그 자국 정신을 그 뇌에 주입하는 것을 바랄 수 있을 것이다.]

이는 국가와 국어의 관계를 명료하게 밝힌 최초의 언급이다. 이 말의 핵심은 "자국의 언어와 문자로 국민을 교육하여 국민들에게 국민정신을 심는다"는 것이다. 이 말이 궁극적으로 뜻하는 것은 "국민정신을 심어야 국가가 발전한다는 것"이고, 이 논리는 곧 "국어와 국문을 정리해야 국가가 발전할 수 있다는 것"으로 나아갈 수 있다.

이러한 국가주의적 국어 발전 논리는 앞서 살펴보았던 최광옥崔光玉의 『대한문전大韓文典』(1908: 2)에서도 분명하게 나타난다. 그 부분을 현대어 문장으로 바꿔 다시 인용해 보자.

우리나라의 언어는 우리나라의 국어라. 국어가 국민과 관계됨이 크니 만약 국어가 일정하지 못하면 국민의 단합심이 결핍되고 국어가 자유롭지 못하면 국민의 자유성을 잃게 되니, 중국과 러시아 등의 나라로부터 경계를 삼을지어다.

최광옥은 국어 정리를 '국민의 단합심' 및 '국민의 자유성'과 자연스럽게 관련짓는다. 국어와 국문이 정리되어야 국가가 발전한다는 논리가 국민의 자유성으로까지 발전하는 것은 주목할 필요가 있다.

위의 두 가지 언급은 이 시기를 즈음하여 어문민족주의가 국어 연구의 이념으로 대두되었음을 보여 준다. 국문연구회와 최광옥의 인식은 한국의 국어 의식이 보편적인 근대 국민어 의식에 근접했음을 보여 주는 징표라 할 수 있다.[1] 이러한 논리는 주시경周時經에 이르러 다음과 같은 극단적인 어문민족주의로 발전한다.

其國家의 盛衰도 言語의 盛衰에 在하고 國家의 存否도 言語의 存否에 在한지라. [그 나라의 성쇠도 언어의 성쇠에 있고 국가의 있고 없음도 언어의 있고 없음에 있는지라.][2]

---

1 조태린(2009)에서는 "일본에서의 근대 국민어 의식 형성은 서구에서의 그것에 비하면 특수적일 수 있으나 우리나라에서의 근대 국민어 의식 형성에 미친 영향을 고려할 때에는 보편적 모델로서 기능할 수 있다"라고 보면서, 주시경의 논리가 "일본에서의 코쿠고 의식의 근대적 형성 과정에서 발견되는 논리와 다르지 않다"고 보았다.
2 주시경, 서序, 『국어문법』, 1910.

주시경의 어문민족주의는 국어문법을 체계화하는 연구와 더불어 심화된다. 주시경은 국어문법 연구를 진행하면서, '국어의 특성에 대한 인식'을 체계화해야 함을 주장했고 국어의 특성에 대한 인식을 바탕으로 국어문법의 체계화를 시도했다. 주시경의 영향으로 국어문법 연구는 민족적 정체성을 규명하는 연구의 일환이 되었다.

이러한 맥락에서 국어 정립과 관련한 논의는 '민족과 국가', '민족과 언어', '국가와 언어' 등의 관계에 대한 철학적 사유에 기반 하여 이루어졌다고 할 수 있다. 말을 '독립의 성性'으로 규정한 아래의 언급은 앞의 인용글과 더불어 일제강점기 어문운동의 핵심 논리가 된다.

天이 命흔 性을 從흐여 其域에 其種이 居흐기 宜흐며 其種이 其言을 言흐기 適흐여 天然의 社會로 國家를 成흐여 獨立이 各定흐니 其域은 獨立의 基요 其種은 獨立의 體요 其言은 獨立의 性이라. [하늘이 명한 성을 따라 그 지역에 그 종족이 살게 되며, 그 종족이 그 언어를 말하게 되어 천연의 사회로 국가를 이루어 독립하게 되니, 그 지역은 독립의 터요 그 종족은 독립의 몸이요 그 말은 독립의 성이라.][3]

이처럼 언어가 민족 정체성을 결정한다는 언어관을 강조하는 상황에서 국문의 독창성에 대한 관심이 어문민족주의와 결합하는 것은 자연스러운 일이었다. 대한제국 시절 국문의 창제를 기념하는 노래인 '우리글 창제 기념가'가 만들어지고 이를 기념하는 행사를 계획했다는 사실[4]을 보면, 당시

---

3 주시경, 『국어문전음학國語文典音學』, 1908, 2쪽.
4 국문 창제 기념가와 관련한 기록은 이규영이 필사한 비망록인 「온갖것」(1913)에 남아 있다. 기념가를 만든 주체와 기념가 작성 시기, 그리고 기념식 거행 여부 등과 관련해서는 아무런 기록을 남기지 않아 구체적인 것에 대해서는 알 수 없다. 가사 내용으로 미루어 볼 때 기념가는 대한제국 시기에 작성된 것으로 보이고, 가사에 우리말과 우리글의 기원과 의의에 대한 주시경의 주장이 그대로 담겨 있는 것으로 보아 기념가 작사는 주시경이, 그리고 기념식 행사(기념식을 거

국어와 국문을 통해 국민정신을 함양하려는 움직임이 어떠했는지를 짐작할 수 있다. 우리글 창제를 기념하는 행사는 일제강점기에는 훈민정음 반포일을 기념하는 행사로, 해방 이후에는 한글날 기념식으로 이어진다. 대한제국 시절의 '우리글 창제 기념가'는 해방 이후 '한글날 노래'[5]로 재탄생한다.

어문민족주의의 전개 양상

주시경은 국어를 독립의 성性으로 관념화하면서, '국토와 국민과 국어'를 국가를 이루는 삼대 요소로 본다. 이에 따라 어문민족주의는 더욱 관념화되고 국어학의 이념성은 정점에 다다른다. 그렇다면 주시경은 이러한 국어 의식을 어떻게 논리화할 수 있었을까?

국어 의식의 출현 시기가 근대 국민국가 형성에 대한 관심과 의지가 나타나는 시기와 맞아떨어진다는 점에 주목하면, 주시경의 국어 의식이 서구 및 일본에서 형성된 국어 의식과 영향 관계에 있다는 가정을 해볼 수 있을 것이다.[6] 그런데 이러한 가정만으로는 근대 한국 사회에서 형성된 국어 의식의 자생성과 특수성을 간과할 수 있는 위험이 있다. 여기에서 놓치지 말아야 할 것은 주시경과 당대의 국어학자들이 언문일치적 글쓰기를 확립해야 한다는 시대적 필요성을 자각하면서 국어 연구를 시작했다는 사실이다.

'탈중화脫中華'의 시대정신이 근대적 개혁을 추진하는 동력이 된 상황에서, 언문일치는 근대적 개혁의 핵심 목표 중 하나가 되었다. 그러나 언문일

행했다면)는 국어강습원이나 국어연구학회 등에서 주도했을 것으로 짐작된다.

5 해방 이후 한글날 기념식에서 불린 한글날 노래는 당시 조선어학회 간사장이었던 이극로가 작사했고, 이극로가 월북한 후에는 최현배의 작사로 다시 만들어진다.

6 조태린(2009)에서는 거시적인 맥락에서 시대적 과제를 포착하고 이를 국어 의식의 형성 문제와 관련지어 고찰했다. 즉, 국어 의식의 출현이 근대 국민국가 형성에 대한 관심과 의지가 나타나는 시기와 맞아떨어짐에 주목하고, 서구 및 일본에서 형성된 국어 의식과의 영향 관계를 논증한 것이다.

치 개혁은 국어학적 관점에서 제기된 것이 아니라, 한국 사회가 국어학에 부여한 과제였다. 따라서 언문일치에 접근하는 국어 연구는 실용적 요구에 부응하여 시작되었다고 볼 수 있다. 그러나 위에서 살폈듯이 국어 연구가 본격화하면서 국어 연구는 '국가 발전'과 '국민정신'을 의식하며 이념성을 띠게 된다. 이때 '국어 연구의 시대적 필요성'과 '국어 연구의 이념화'는 연동되는 문제이면서도 차원이 다른 문제이기 때문에, 근대 국어학의 전개 과정에서 국어관이 이념화되는 기점, 맥락, 양상 등을 파악하는 것은 중요한 문제이다.

이런 점에서 세심하게 살펴봐야 할 것이 주시경과 유길준兪吉濬의 언어관이다. 앞서 주시경과 유길준의 언어관이 어문민족주의적 경향을 띤다는 사실을 짚어 본 바 있다. 그런데 주시경의 어문민족주의는 유길준에게서 나타나는 어문민족주의와 결을 달리한다. 유길준은 언문일치 글쓰기의 필연성을 강조하면서 우리 민족이 단군의 후예로 단일 언어를 사용해 왔다는 점을 강조했지만, 국어의 단일화가 국민정신 혹은 민족정신에 끼치는 영향 등에 대해서는 구체적으로 언급하지 않았다. 그에게 중요했던 것은 시대가 요구하고 시대 상황에 맞는 언문일치적 글쓰기를 확대하는 것이었고, 『대한문전大韓文典』(1909)에서 피력한 어문관도 언문일치의 필요성을 강조하는 논리 이상으로 나아가지는 않았다.

어문민족주의로 이념화된 언어관은 국가 주권이 위태로워지는 상황에서 '국민어 정립 논리'가 '민족어 수호 논리'와 뒤섞이면서 형성되었다. 이념화의 논리는 '보편적인 근대 국민어 의식에 근접'했지만, 제국주의 세력의 침탈이라는 시대적 특수성을 의식하면서 '민족어 수호 논리'로 굴절된 것이다. 민족어가 '독립의 성性'으로 강조된 것은 이러한 맥락에서다. 그렇다면 국어 연구의 이념성이 강화되는 기점은 언어관의 전개 과정에서 하나의 변곡점으로 주목할 필요가 있을 것이다. 특히 탈중화라는 시대 인식에 기반하여 형성된 언어관이 제국주의 세력의 침탈로 인해 국민국가 형성의 이념적 기반, 즉 '보편적인 근대 국민어 의식'으로 심화·발전하지 못한 것은 당시 국어 정립 과정의 특수성을 잘 보여 준다.

국어의 위기는 통감부가 일어 독본과 이과서를 일본어로 발간하고 나머지는 국한문으로 발행한다는 정책을 추진하면서 현실화된다.

所謂 敎科書는 自國의 人籟로 發ᄒ야 天籟로 더부러 響應ᄒ야 自國의 思想과 自國의 風俗과 自國物情에 適當ᄒ 然後에 可히 써 蒙養을 啓牖홈이어날 今에 幣原 氏는 不然ᄒ야 日文으로써 韓國 幼年의 敎課書를 編輯홀시 學部 大小官人의 同意훈 者ㅣ 一人도 無ᄒ거날 同氏가 剛愎自用ᄒ야 膠執不移ᄒ고 日文 敎課書 編輯ᄒ노라고 日人을 多數 募集ᄒ야 編輯에 從事훈다 ᄒ니 (중략) 韓國 幼年으로 日文 敎課書를 服習코즈 홈이 小兒의 腦髓를 鑿ᄒ고 彼所謂 日本魂이라 훈 거슬 注射코즈 홈이라 (중략) 本記者는 斷曰 日文 敎課之敎育이 行于韓幼年케 되면 是可謂 日本이 皆己得韓이라 ᄒ노라 [소위 교과서라 하는 것은 자국의 사람 소리로 나와 하늘 소리와 마주쳐 울려서 자국의 사상과 풍속과 물정에 맞게 한 후에야, 이것으로 아동을 교육하는 것을 계발할 수 있거늘, 지금 폐원幣原[7] 씨는 그리하지 않고 일문으로 한국 유년의 교과서를 편집하니, 학부 대소 관인이 동의한 자가 한 사람도 없거늘, 그 사람이 고집을 부려 뒤집고 자기 마음대로 하여, 변함없이 일문 교과서를 편집하기 위하여 일본 사람을 다수 모집하여 편집에 종사한다고 하니 (중략) 한국 유년에게 일문 교과서를 익히게 하는 것은 어린아이의 뇌수를 뚫고 저 소위 일본 혼이라 하는 것을 주사하고자 함이라. (중략) 본 기자는 단언컨대 일문 교과의 교육이 한국 유년에게 행하게 되면 이것은 한마디로 일본

---

7 시데하라 아키라幣原坦(1870~1953)는 조선사를 전공한 인물로, 통감부 관료를 지내면서 식민지 행정과 교육을 추진하기 위한 기반을 조성했다. 조선은 당쟁 때문에 멸망했고 일본이 통치하지 않으면 스스로의 힘으로 국가를 이끌어 갈 수 없다는 논리를 전개한 인물로 알려져 있다.

이 이미 다 한국을 얻은 것이라 하노라]⁸

일본어로 교과서를 편집한다는 통감부의 방침은 한국인의 거센 반발을
불러일으켰다. 이때 일본어로 된 교과서를 출간해선 안 된다는 논리는 밑
줄 친 부분에서 볼 수 있듯이 어문민족주의의 경향을 뚜렷이 보여 준다. 일
본어로 쓰인 교과서를 일본 혼日本 魂에 대응시키고 일본어로 쓰인 교과서
로 진행하는 교육을 일본의 한국 강탈에 대응시키는 것은 '민족어가 독립의
性'이라는 논리에 따른 것이었다. 어문민족주의의 논리는 관념적이었지만,
제국주의의 침탈이 노골화되는 상황에서 관념적 논리에 따른 현실 인식은
사태의 본질을 꿰뚫었다.

결국 이 시기 어문민족주의로 이념화된 국어관은 일제강점기라는 현실
에 봉착하여 "언어를 유지하면 그 민족이 유지될 수 있다"는 논리로 전환된
다. 이 논리는 한편으로는 독립운동의 논리로, 한편으로는 민족자치의 논리
로 변주되며 일제강점기 어문운동의 주류 논리로 자리 잡았다. 그리고 해방
직후 '국어'라는 용어를 다시 사용하게 되면서, 언어, 민족, 국민을 동일시하
는 주장이 곧바로 되살아나게 되었다. 그렇다면 한국의 근대적 언어관이 형
성된 맥락의 특수성은 국어 정립의 논리가 전환될 수밖에 없었던 시대 상
황에서 찾을 수 있다. 국어 정립의 논리는 ① 갑오개혁 이후 근대 국민어 형
성을 위한 이념적 기반이 만들어졌다가, ② 국가 주권이 위태로운 시대 상
황에서 민족어 수호 논리로 전환되기 시작했고, ③ 한일병합 이후 민족어
수호 논리로 굳어졌다가, ④ 해방 이후 국어 재건 논리로 전환되었다.

---

8 『대한매일신보』, 1906. 6. 6.

1.2. 국어의 상실과 조선어학계의 모색

국어 상실의 의미

1907년 학부에 설치된 국문연구소는 국어의 규범을 만들기 위한 기초 연구를 했고, 그 연구 성과는 국어의 규범을 정립하는 기초로서 크게 모자람이 없었다. 문제는 그 후속 작업이었다. 국문연구소의 최종 보고서인 『국문연구의정안』(1909)은 여러 연구위원의 의견을 종합한 것으로, 실질적인 국어 규범으로 쓰이기 위해서는 표기와 관련하여 제기되는 다양한 문제들이 검토되어야 했다. 그러나 국문연구소의 연구 성과는 빛을 보지 못하고 대한제국은 일본에 병합되었다.

1920년 발표된 보통학교 교사 심의린沈宜麟(1894~1951)의 글은 미완의 어문정리가 남긴 문제가 무엇인지를 말해 준다.

어느 날 한 서당을 방문하여 언문을 아는 학동들에게 '작은 개가 달린다'를 언문으로 쓰도록 명하였다. 그리고 그 성적을 보니, '저근개가달어난다', '즈근기가다러난다', '즉은개ㄱ달아난다', '자근개가드러는다', '즈군개가돌아난다'는 식이다. 대단히 재미있어서 한 문제 더 '큰 벌레가 있다'고 쓰게 했다. 이번에는 어떨까 보니. '큰버레가잇다', '크은벌어지가잇다', '커단벌네가이쌰', '컨벌네ㄱ이쌰', '큰벌거지가닛다'는 식이고, (중략) ①이런 식으로 한 자 한 자의 언문을 바르게 쓸 수 있더라도 두 자 이상 쓰게 되면 좀체 쓰지 못한다. (중략) 그래서 이른바 애초에 진정한 언문 철자법을 하고자 한다면, 상당한 연구를 하지 않으면 쓸 수 없다. 하지만 ②당국의 방침으로 경성에서 사용하는 언어를 표준으로 하여 발음식을 채용하고 한자로 이루어진 어음만을 본래의 언문을 사용하게 된 것은 대단히 편리하지만, 동일한 경성어라도 중류사회 이상에서 사용하는 것과 하류사회에서 사용하는 것과 부인 사이에 사용하는 것과 아이들 사이에 사용하는 것은 같은 말을 해도 상당히 다른 경우가 있다. 이와 같이 ③언어에도 여러 종류가 있고, 또한 언어의 발음과 언문 표기 철자 음이 다소 다른 점이 있기 때문에 여전히 곤

란함을 느끼는 바이다.⁹

    밑줄 친 ①의 말은 음절이 연속될 때 표기가 혼란스러워진다는 뜻으로, 음운현상 등을 반영하는 표기의 세밀한 규정이 부족하다는 뜻이다. 밑줄 친 ②는 1912년 조선총독부가 「보통학교용 언문철자법」을 공포한 일을 가리킨다. 조선총독부의 「보통학교용 언문철자법」은 서울말의 발음을 표기의 원칙으로 한다는 점, 한자음의 표기는 전통적인 한자자전에서의 음을 기준으로 한다¹⁰는 점 등을 제시한 바 있다. 밑줄 친 ③은 ①에서 지적한 문제를 포함한다고 할 수 있는데, 여러 종류의 조선어가 있는 현실에서 발음과 철자가 일치하지 않는 상황이 발생한다는 점을 말하고 있다. 이는 서울말에 대한 구체적인 규정이 없다 보니 서울말의 발음을 표기한다는 원칙이 유명무실해지는 현실을 지적한 것이다. '저근, 즈근, 즉은, 자근, 즈군', '버레, 벌어지, 벌네, 벌거지' 등과 같은 표기는 ③에서 지적한 현실 문제에서 비롯한 것이다.

    심의린의 문제의식은 결국 "표준어를 확정하고 이에 따라 규범문법을 제시한 후 이를 반영하여 사전을 편찬해야 한다"는 것으로 귀결된다고 할 수 있다. 이러한 문제의식은 앞서 살펴봤듯이 '국문연구소' 연구위원들의 문제의식이기도 했고, 국문연구소의 행보를 비판하며 그 발전 방향을 제시한 바 있는 『대한매일신보』 논설의 문제의식이기도 하다. "온전한 경성의 토속어로 명사와 동사와 형용사 등 부류를 구별하여 국어 자전 일부를 편성하여

---

9 심의린, 諺文綴方敎授に就いて, 『조선교육연구회잡지』 56, 1920, 24쪽. 여기에서 인용한 내용은 미쓰이 다카시(2013 : 112~114)의 것을 재인용한 것이다.
10 총독부의 음소주의 표기법은 한자어에 적용되지 않았다. 한자의 음은 현실음이 아니라 한자자전에 기록되어 있는 음을 표준으로 한 것이다. 이를 심의린은 "본래의 언문"이라 표현했다.

전국 인민으로 하여금 통일된 국어와 국문을 쓰게 하"라는 『대한매일신보』의 주장은 국문연구소 해산 이후 이루어졌어야 할 사업을 제시한 것으로 볼 수 있다.

그렇다면 국문연구소가 해산되고 11년 후 나온 심의린의 소회는 국문연구소 활동이 현실의 문제를 해결하는 데 아무런 역할을 하지 못했음을 드러낸 것이다. 이는 한일병합으로 국어의 지위를 상실한 조선어의 위상에서 비롯된 결과였다. 국어의 지위를 상실한 조선어의 위상은 한일병합 이후 조선총독부가 주도한 조선어 규범화 정책의 적용 범위가 '보통학교용 조선어 교과서의 언문철자법'으로 제한된 데에서 적나라하게 드러난다. 조선총독부의 조선어 규범화 정책에는 과거 규범화 정책의 계승과 미래 규범화 정책의 비전이라는 두 요소가 생략되어 있었다.

전면적인 언문철자법이 아니라 그 적용 범위를 '보통학교용 조선어 교과서'로 제한한 것은 1912년의 조치가 임시적인 것임을 말해 준다. 또 국문연구소의 연구 결과와는 단절적으로 기존 철자 관습을 일부 정비한 수준의 결과는 대한제국 시기에 치열하게 전개되었던 철자법 논의를 원점으로 되돌린 것이었다. 국가의 권위가 사라진 상태에서 국문연구소의 『국문연구의 정안』은 아무런 권위를 갖지 못했고, 조선총독부라는 식민지 권력에게 식민지 민족어인 조선어의 규범화는 중차대한 과제가 아니었다. 이런 상황에서 임시적 조치로 점철되었던 조선어 규범화 사업은 끊임없이 철자법 논쟁만을 불러일으켰다.

결국 국문연구소의 연구 결과를 토대로 철자법을 모색하고 조선어사전 편찬을 계획하는 일은 조선총독부의 조선어정책과 다른 차원에서 진행되어야 했다. 그런데 피지배 민족의 어문정리 사업은 그 동력을 민족정신을 고취하는 데에서 찾을 수밖에 없다는 점에서, 어문민족주의로 무장한 주시경과 그를 따르는 조선어학자들의 활약이 두드러질 수밖에 없었다. 그들은 한일병합 이전 성취한 성과를 잇겠다는 의지와 조선어의 미래를 제시하는 용기로 일제강점기 조선어정책의 중심축이 될 수 있었다.

1910년대, 국어 상실의 상황에서 조선어학계는 무엇을 모색했나

문법 연구와 연구회 활동

한일병합으로 국어를 상실했지만, 조선어로 명맥을 유지하게 된 우리말을 가르치고 배우는 일은 계속되었다. 1910년대 초반 교육 현장에서 활용한 문법서는 대한제국 시기에 편찬한 문법서를 '국어문법'에서 '조선어문법'으로 이름만 바꿔 재출판한 것이었다. 이 당시 새롭게 편찬된 문법서로 의미 있는 것은 남궁억南宮檍(1863~1939)의 『조선문법』(1913)이다. 이 문법서는 문법 설명이 순 한글로 쓰였다는 점에서 이전 문법서와 확연히 다른데, 필사본이지만 문법서의 언문일치가 실현되었다는 점에서 역사적 의미가 있다.[11]

　그런데 조선어 연구와 관련하여 두드러졌던 것은 주시경 학파의 활동이다. 이는 주시경의 열정이 빚은 결과라 할 수 있다. 주시경은 대한제국 시절연 국어강습원을 한일병합 이후에도 조선어강습원으로 이름을 바꿔 유지했고, 국어강습원과 병행하던 국어연구회 또한 조선어연구회로 이름을 바꿔 유지했다. 이곳을 통해 김두봉金枓奉(1889~1961), 권덕규權悳奎(1890~1950), 신명균申明均(1889~1940), 이규영李奎榮(1890~1920), 이병기李秉岐(1891~1968), 장지영張志暎(1887~1976), 정열모鄭烈模(1895~1967), 최현배崔鉉培(1894~1970) 등

11　설명 방식에 있어서도 이전 문법서와 차별되는 지점이 많다. 특히 '후치사後置詞'와 '명사의 체격體格'이라는 범주를 설정하여 '부터, 까지' 등과 같은 보조사와 '이/가, 을/를, 에게, 로' 등과 같은 격조사를 구분한 것은 의미적 기능을 하는 조사와 문법적 역할을 하는 조사를 구분했다는 점에서 문법사적 의미가 있다.

일제강점기 조선어 연구를 선도한 인물들을 배출할 수 있었다.

김두봉은 1914년 주시경이 작고한 후 주시경과 함께 진행하던『말모이』
편찬 사업을 책임지게 되었고, 이 사업을 완수하기 위해 문법 기술의 기준
으로 삼을『조선말본』(1916)을 저술했다. 이는 물론 스승 주시경의 문법을
이어받아 발전시킨 것으로, '음성학' 분야에 대한 기술에서 획기적인 발전
을 이루었다. 그와 더불어 주시경의 제자 중 하나인 이규영은 필사본으로
『말듬』(1913),『한글적새』(1919) 등을 남겼다.

주시경 학파의 활동이 두드러진 가운데 안확安廓(1886~1946)의『조선문
법朝鮮文法』(1917)이 한 성과로 남았다.[12] 이후 안확은 조선어 철자법 논쟁 과
정, 한자 문제 등에서 조선어학회뿐만 아니라 조선어학회와 대립적이던 박
승빈朴勝彬의 조선어학연구회와도 거리를 두면서 자신의 독자적인 주장을
펼치게 된다. 그는 철저한 민족주의를 고수하면서 전통과 관습을 중시하는
어문관을 유지했다. 이러한 성향을 이기문(1988)에서는 "국수國粹는 지켰지
만 배타排他는 편들지 않았다"라고 서술했는데, 이는 민족주의적 성향을 띠
면서도 문법 기술의 실용성을 견지했던 유길준과 비교될 수 있다. 더구나
안확의『조선문법』은 문법체계와 용어에서 유길준의『대한문전』과 유사한
점이 많다. 이런 점을 감안하면 우리말 연구의 계보에서 안확을 유길준 문
법의 계승자로 볼 수 있다.[13]

---

12 『조선문법』의 국어학사적 의의에 대한 연구로는 정승철(2012)을 들 수 있다. 안확은『조선문
　법』을 수정·증보하여 1923년『수정조선문법』을 발간한다.
13 안확을 유길준의 계보로 보는 논의는 이기문(1988), 구본관(2003), 정승철(2012) 등이 있다.

사전 편찬

이 당시 조선어학계의 가장 두드러진 활동은 조선어사전인 『말모이』의 편찬을 시도했다는 것이다. 조선광문회朝鮮光文會의 설립은 『말모이』 편찬 사업을 시작하는 계기가 되었다. 한일병합 직후인 1910년 10월 최남선崔南善을 비롯한 지식인들은 민족계몽운동을 지속적으로 추진하여 민족의 앞날을 도모해야 한다는 일념으로 조선광문회를 설립했다. 조선광문회가 추진한 민족계몽운동은 그 설립 취지에 따른 것이었는데, 조선광문회 설립자들이 내세운 것은 수사修史, 이언理言, 입학立學이었다. 특히 그들은 수사의 취지 아래 우리 고전을 수집하여 이를 간행·보급하고자 했고, 이언의 취지 아래 우리 말과 글을 연구하여 우리말사전과 문법서를 편찬하고자 했다. 『말모이』는 이언의 취지 아래 벌인 우리말사전 편찬 사업의 결과물이었던 것이다.

조선광문회의 사전 편찬 사업은 주시경과 김두봉이 주도했다. 그런데 주시경과 김두봉이 처음부터 『말모이』 편찬을 시작한 것은 아니었다. 그들은 한자사전인 『신자전新字典』을 편찬하는 일을 먼저 시작했고, 곧이어 권덕규, 이규영이 합류하면서 우리말사전인 『말모이』를 편찬하게 되었다. 우리말사전이 전무했던 당시로서는 한자자전에서 제시하는 음과 우리말 훈석訓釋은 우리말사전의 한자음 표기와 뜻풀이 작업에 직접적으로 연관될 수밖에 없었고, 이런 이유로 조선광문회에서는 『신자전』과 『말모이』 편찬 사업을 같이 진행한 것으로 보인다. 조선광문회에서는 그때까지 한자음의 규범으로 여겨지던 지석영의 『자전석요字典釋要』(1909)를 참조하여 『신자전』을 편찬하는데, 주시경과 김두봉은 특히 한자의 새김, 즉 우리말 훈석에 심혈을 기울였다.

이런 사실을 보면 조선광문회의 설립이 『말모이』 편찬의 계기가 되었다고 할 수 있지만, 사실 우리말사전의 편찬은 근대 개혁이 시작된 이후부터 지속적으로 제기된 시대적 요구였음을 상기할 필요가 있다. 당시의 시대적 요구를 감안할 때, 국문연구소의 연구위원으로 가장 활발히 활동하던 주시경이 우리말사전 편찬에 나선 것은 당연한 일이었다. 한일병합으로 일제의 식민지가 되었지만 주시경은 국문연구소 활동의 연장 선상에서 사전 편찬을 기획했고, 조선광문회에 참여하여 사전 편찬 사업을 본격적으로 진행했다.

『말모이』 편찬 사업은 1911년 시작되었고 1914년 무렵 원고 집필이 거의 마무리된 것으로 보인다. 이때 주목할 점은 『말모이』의 편찬 시기가 조선총독부의 『조선어사전朝鮮語辭典』(1920) 편찬 시기와 맞물려 있었다는 사실이다.

조선을 강점한 후 조선총독부는 식민지 지배 정책의 일환으로 옛 관습과 제도를 조사하는 구관·제도조사사업舊慣制度調査事業을 벌였는데, 이와 관련한 사업 중 하나가 『조선어사전』 편찬이었다. 그런데 『조선어사전』 편찬 사업은 조선어를 단순히 수집·조사하는 것을 넘어서 조선어 교육을 위한 표준사전을 만드는 일이기도 했다. 조선총독부의 조선어철자법(1912년 공포한 보통학교 교과서 편찬용 철자법) 논의가 『조선어사전』 편찬과 더불어 진행되었기 때문이다. 표준사전으로서의 적절성 여부를 떠나 조선총독부라는 지배 권력이 설정한 목표는 그 자체로 절대적인 영향력을 행사할 수밖에 없다. 그런 상황에서 피지배 민족의 지식인이 모여 만드는 『말모이』의 편찬이 성공적으로 마무리되기는 어려웠다. 게다가 『말모이』 편찬을 주도한 주시경은 조선총독부의 조선어철자법이 아닌 국문연구소에서 논의되었던 자신의 형태주의 철자법을 채택했다.

또 피지배 민족어인 조선어의 장래가 불투명한 상황에서 조선어를 조선어로 뜻풀이한 사전의 수요도 기대하기 어려웠다. 조선총독부가 『조선어사전』 편찬을 시작할 당시, 사전의 체제는 조선어 표제어에 대해 조선어 풀이와 일본어 풀이를 함께하는 것이었다. 사전의 체제를 이렇게 결정한 것은 식민지적 특수성에 따른 것으로 볼 수 있는데,『조선어사전』은 조선인의 일본어 교육과 일본인의 조선어 교육에 활용하는 것을 목적으로 하고 있었다. '조선인을 위한 조선어 교육'이라는 목표는 배제되었거나 부차적인 것이었다. 결국 최종 편집 단계에서 조선어 풀이는 삭제되었고 일본어 풀이만 남게 되었다. 일본어가 국어인 현실에서『조선어사전』은 지배자가 피지배자의 언어를 배우는 데 쓰는 도구일 뿐이라는 판단에 따른 결과였다. 이러한 사실에 비춰 보면 상업적으로나 정치적으로나『말모이』의 출판은 기대하기 어려웠다.

이처럼 열악한 상황에 직면했음에도『말모이』편찬자들은 사전 편찬을 멈추지 않았다.『말모이』편찬을 주도하던 주시경이 1914년 세상을 떠난 극단의 상황에서도 김두봉, 이규영, 권덕규 등은『말모이』원고를 지속적으로 수정했다. 김두봉이 지은『조선말본』(1916) 뒷면에 실린 신문관(조선광문회가 운영하던 출판사)의 조선어사전 광고는 그 당시 조선어사전 편찬 사업이 거의 마무리되었음을 말해 준다.

조선의 지금 말時語 5만의 표준을 정하고 의의意義를 설명한 것이니 조선이 말을 가진 이후에 처음 있는 대저大著라. 우리의 정신적 혈액이 이로부터 일단의 생기를 얻을지니라.

그러나 광고의 표현대로 '우리의 정신적 혈액'[14]에 생기를 불어넣을 것으

---

14 우리말을 정신적 혈액으로 비유한 것은 일본의 언어학자 우에다 카즈토시上田万年 (1867~1937)가 일본어를 '일본 국민의 정신적 혈액'으로 비유한 것과 같은데, 이는 우리말 연

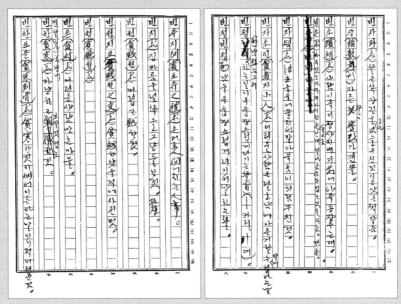

『사전辭典』 원고 조선광문회에서 편찬한 『말모이』를 개편한 국어사전의 원고본. 고려대학교 육당문고에 소장되어 있다.

로 기대했던 『사전辭典』[15]은 결국 출판되지 못했다. 주시경을 이어 사전 편찬을 주도하던 김두봉은 1919년 상해로 망명하고, 그를 돕던 이규영마저 1920년 세상을 떠났다. 이런 상황에서 사전 편찬 사업이 지속되기는 어려웠던 것이다. 『말모이』 편찬자들이 흩어진 1920년, 조선총독부는 조선어 표제어와 일본어 뜻풀이로 구성된 『조선어사전』을 출간한다. 『조선어사전』이

구와 더불어 표출된 어문민족주의의 또 다른 표현이라 할 수 있다. 제국주의적 국어 논리를 식민지 민족어의 의미를 밝히는 데 활용한 것은 아이러니하지만, 바로 이런 점으로부터 당시 어문운동의 이상을 포착할 수 있을 것이다.

15 광고에서의 표현을 보면 '말모이'라는 제목이 이후 '사전'으로 바뀌었음을 알 수 있다.

라 명명된 조일사전은 국어의 지위를 빼앗긴 조선어의 위상을 상징적으로 보여 주었다. 조선총독부의 입장에서 볼 때 조선어는 국어인 일본어로 대역對譯하면 충분한 일개 방언일 뿐이었기 때문이다.

그 후 『말모이』와 『사전』은 원고뭉치로 떠돌게 되었다. 『말모이』 원고가 다시 조명받게 된 것은 1920년대 일제의 통치 방식 전환으로 조선어 문화가 되살아나면서부터다. 이 시기 주시경의 국어연구회를 잇는 조선어연구회(조선어학회의 전신)가 결성되면서 주시경이 이루지 못한 사전 편찬 사업을 다시 계획하게 되었다. 1920년대 간헐적으로 시도되던 조선어사전 편찬 사업은 1929년 조선어사전편찬회朝鮮語辭典編纂會가 결성되면서 본격적으로 진행되었다. 조선어사전편찬회가 결성된 시점은 민족어문운동의 전성기였다. 조선어사전편찬회의 주축인 조선어학회는 사전 편찬의 기초 작업으로 『한글 마춤법 통일안』(1933)을 제정하고 이에 근거하여 1936년 표준어를 사정해 발표했으며, 문맹퇴치를 위한 한글 보급 운동을 전국적으로 진행했다.

『말모이』의 체제와 내용

『말모이』 편찬자들은 서구 사전의 체제와 내용을 참조하여 우리말사전의 체제와 내용을 어떻게 할 것인지 결정했다. 현재 남아 있는 『말모이』의 원고는 240자 원고지로 231장, 표제어는 1,400여 개에 불과하지만, 남아 있는 자료를 근거로 『말모이』의 체제와 내용을 가늠하는 일은 『말모이』의 국어사전사적 위상과 『말모이』가 현재의 우리말 문화에 끼친 영향을 확인하는 일일 것이다.

사전학에서는 표제어, 발음, 문법 정보, 뜻풀이, 용례, 기타 어휘 정보를 포함하는 사전의 형식적 구조를 통해 사전의 체제와 내용상 특징을 설명한다. 이러한 설명 방식에 따라 『말모이』의 구조를 살펴보면 『말모이』가 현대 국어사전에 끼친 영향을 확인할 수 있을 것이다.

『말모이』원고 현재 남아 있는 『말모이』원고 231장은 범례인 '알기'(2쪽), 본문 'ㄱ-갈죽'(153쪽), 색인인 '찾기'(50쪽), 한자어 자획 색인인 '자획찾기'(26쪽)로 구성되어 있다.

거시구조적 특징

『말모이』의 거시구조적 특징으로 표제어의 선정과 배열 방식을 보자. 『말모이』의 범례에 해당하는 '알기'에는 낱말의 배열을 '가나…하'의 자리대로 한다는 설명이 있는데, 이는 자모순으로 낱말을 배열했음을 뜻한다. 이때 자모순 배열이라는 점은 현대 국어사전과 동일하지만, 'ㄱ'과 'ㄲ'을 별도로 구분하는 현재의 방식과 달리 'ㄱ'과 'ㄲ'을 뒤섞어 배열하고 있다. 모음자를 어울러 쓴 'ㅘ, ㅙ, ㅝ, ㅞ'를 'ㅗ'나 'ㅜ'의 순서에 배열하지 않고 뒤에 따로 제시하는 것도 현대 사전과 차이가 나는 부분이다.

가붓, 가뿟, 가붓셩, 가붓수, 까불, 까불어지, 까붐질, 가븐…

가호, 가후, 가훈, 가화…

강국, 강굴, 강귀, 깡그리, 강긔, 강권…

또 현대 사전처럼 어깨번호를 따로 붙이지 않지만, 형태가 같고 뜻이 다른 동형이의어(동음이의어)를 별도의 자리를 두어 배열하고 있다. 단, 일부의 경우 별도의 자리를 두어 배열해야 할 것을 하나의 표제어 아래 묶어 기술하는 경우도 있는데, 이는 단어의 의미적 관련성에 대한 인식이 현재와 달랐음을 보여 준다.

감치 (밖)옷의 가를 꾀어매는 바느질. (언)무엇을 먹은 뒤 맛이 당기는 것. (ㅡ르맛).

표제어 선정과 관련해서는 '알기'에 특별한 선정 원칙을 제시하고 있지 않다. 그러나 특기할 만한 사항은 전문어를 다양하게 수집하여 수록하고 있다는 점과 표준적인 단어와 더불어 다양한 이형어異形語들을 함께 수록하고 있다는 점이다.

'알기'에 나와 있는 전문어 분류는 19분야로 '대종교, 불교, 예수교, 철학, 심리학, 윤리학, 논리학, 교육학, 경제학, 법학, 수학, 천문학, 지질학, 생리학, 동물학, 식물학, 광물학, 물리학, 화학' 등이다. 사전의 규모에 비해 전문어를 다양하게 수록하고 그 뜻풀이를 자세하게 한 것에서, 『말모이』가 당시 언어의 사용 양상을 보이는 사전辭典의 기능뿐만 아니라 지식 전반을 보여 주는 사전事典으로서의 역할을 겸하기 위해 편찬되었음을 짐작할 수 있다.

『말모이』 편찬자들이 생각하는 표준적인 단어에 대한 인식은 현재의 표준어처럼 명확하게 제시되어 있지는 않다. 그러나 '알기'에 "뜻 같은 말의 몸이 여럿이 될 때에는 그 소리대로 딴 자리를 두되 그 가운데 가장 흔히 쓰이고 소리 좋은 말 밑에 풀이를 적음"이라 하여 여러 이형어異形語 중 표준적인 단어의 선정 원칙을 밝히고 있다. '가을'에는 뜻풀이가 없이 같은 뜻의 말인 '갈'에 뜻풀이를 하거나, '가야금'에 뜻풀이가 없이 같은 뜻의 말인 '가야고'에 뜻풀이를 하는 식이다. 『말모이』 편찬자들은 '갈'과 '가야고'를 듣기 좋은 말, 곧 일종의 표준어로 판단했던 것이다.

표제어의 선정 및 배열과 같은 거시적 구조와 더불어 주목해야 할 것이 표제어의 표기, 발음, 문법 정보, 뜻풀이, 용례, 기타 어휘 정보 등과 같은 미시적 구조이다. 이 부분의 기술 내용을 통해 당대의 서사 관습상 특징이나 편찬자의 독특한 문법관을 엿볼 수 있다.

미시구조적 특징

가장 독특한 것은 표제어의 수록 형태이다. 용언 표제어의 경우 어미 '-다'를 붙인 형태가 아니라 그 어간만을 보이고 있다. 표제어로 '가다'와 '가르치다'가 아닌 '가'와 '가르치'를 보이는 것인데, 이는 어미를 독립 단어로 보는 주시경의 문법관에서 비롯된 것이다. 또 전통적인 한자음을 수용하면서 국어의 현실 음운법칙을 적용하지 않거나(가뎡지학家庭之學, 가뎨家弟), 고유어 표기에는 사용하지 않는 '아래아(ㆍ)'를 사용해 한자어 표제어(간퇵揀擇, 갈식褐色)를 기록하고 있다. 한자어 표기는 국문연구소의 철자법 논의에서부터 지속적으로 논란이 되었던 부분으로, 이러한 논란은 현실적 발음과는 별도로 한자자전의 전통적 표기를 무시할 수 없었던 상황에서 비롯되었다.[16]

표제어에 덧붙는 표시도 독특하다. 첫째, 말소리의 높고 낮음을 나타내기

---

16 한자어 표기가 고유어와 마찬가지의 현실 표기로 바뀐 것은 조선총독부가 공포한 『언문철자법 諺文綴字法』(1930)에 이르러서다.

위해 해당 음절 위에 '··(높음), ··(낮음)'을 얹었다. '옷을 갈아입다'의 '갈'에는 '··', '논을 갈다'의 '갈'에는 '··'를 얹어 높고 낮음을 표시하고, '칼을 갈다'의 '갈'에는 높지도 낮지도 않다는 뜻으로 아무런 표시를 하지 않은 것이다. 음의 길고 짧음이 아닌 음의 높낮이가 의미를 변별하는 기능이 있다는 것은 주시경이 「국문론」을 발표할 때부터 일관되게 주장한 바이지만, 이는 국어사적 사실에 비춰 보면 타당성이 떨어진다. 둘째, 표제어가 복합어인 경우, '가-잠-나롯', '가재-거름', '갈비-대' 등처럼 구성 성분 사이에 '-'를 넣어 구분하고 있다. 이는 형태 분석이 정교하다는 것을 보여 주는 것인데, 『말모이』 원고가 보완 중이었던 관계로 이러한 구분이 일관되게 지켜지지는 않았다. 셋째, 원어의 특성에 따라 표제어의 표시를 달리했는데, 한자어와 외래어 표제어 앞에 각각 '+'와 '×'를 붙여, '+강산[江山]', '×가스[gas]' 등처럼 표시했다.

『말모이』에서는 22개의 문법 범주로 품사, 어미, 접사 등을 분류하여 보여 주었다.[17] 독특하면서 복잡한 이 문법 범주는 선뜻 받아들이기 어렵지만, 엄밀한 분류를 통해 표제어의 문법적 특성을 설명하고자 한 시도는 높이 평가할 만하다. 그렇다면 『말모이』 편찬자들은 왜 일반인들이 쉽게 받아들일 수 없는 낯선 말을 만들어 사용했을까? 이는 관습보다는 엄밀성과 체계성을 중시하는 태도 때문이다. 주시경은 문법 용어를 새로 만드는 이유를 "당시 일본과 중국에서 한자로 문법 용어를 만들어 썼지만, 이 용어를 우리말을 설명하는 데 사용하기에는 부족하거나 부적합한 면이 있었다. 그래서

---

17 '제, 넛, 억, 언, 드, 안, 밧, 엇, 입, 움, 업, 심, 맷, 둠, 갈, 손, 김, 잇, 둘, 때, 높, 솔' 등이 그것이다. 이 용어와 분류체계는 그에 관한 이론적 근거를 제시했을 주시경의 것과 차이가 있지만, 주시경의 『말의 소리』(1914)에 제시된 문법 범주의 체계에서 변용된 것이라 볼 수 있다. 그러나 변용의 이유는 파악하기 어렵다. 이와 관련한 자세한 사항은 김병문(2013)을 참조할 수 있다.

아예 우리말로 새로 만들어 엄밀하게 정의하여 사용했다"[18]와 같이 밝힌 바 있는데,『말모이』에서 사용한 문법 용어의 독특함도 과학적 엄밀함을 중시했던 주시경의 문법관이 반영된 것이라 할 수 있다.

뜻풀이의 내용과 방식에서도 당시 사전 편찬의 관점이나 서사 관습을 확인할 수 있는데, 일상어보다 전문어의 풀이에 많은 지면을 할애하고 풀이 글에서는 국한 혼용을 하고 있는 점이 특기할 만하다.

> **가독상속인** [家督相續人] (제) [法] 家督을 繼承하는 人이니 被相續人의 家族된 直系卑屬에 對하아 相續人되는 것은 寸數가 다른 사이에는 가깝은 者를 하고 寸數가 같은 사이에는 男을 하고 寸數가 같은 男 又는 女 사이에는 嫡子로 하고 (하략)
>
> **강사** [講師] (제) 學術을 講義하는 스승.

사전의 뜻풀이에서는 표제어의 사용 맥락에 따른 다의적 의미를 기록할 필요가 있는데,『말모이』에서도 이러한 원칙에 따라 뜻풀이를 하고 있다.

> **깜벅** (억) ㉠ 눈을 뜨엇다가 감앗다가 하는 것. ㉡ 불이 죽으랴고 높앗다가 낮앗다가 하는 것.

또 뜻풀이와 함께 용례를 보임으로써 표제어에 대한 이해를 높인 점도 눈에 띈다. 더구나 그 용례가 단어, 구, 문장의 형식으로 다양하게 제시되어 있는 데에서『말모이』편찬자들이 체계적인 기술을 하기 위해 고민했음을 짐작할 수 있다.

---

18 주시경,『국어문법』, 1910, 35쪽.

갈 (밖) 박굼(옷을─아 입).

갈 (제) 넓이(─ 넓은 큰 칼).

깜깜 (억) ㉠빛이 없는 것(그믐밤이 ─). ㉡아주 모르는 것(글이 ─).

가락 (넛) 갈죽하게 만들어 놓은 작은 몬의 셈 이름(술 ─. 엿 ─).

이상의 내용을 통해 볼 때, 음운 변동과 관련한 발음 정보가 제시되지 않은 점, 용언의 활용 정보나 문형 정보 등이 제시되지 않은 점, 표제어의 품사에 따라 뜻풀이를 달리하지 않은 점, 관련어 정보가 명시적으로 나타나지 않은 점 등에서 초기 사전으로서 『말모이』의 미숙함을 볼 수 있다. 그러나 첫 시도였음에도 불구하고 현대 사전의 체제와 내용에 근접하는 성과를 거두며 우리말사전 기술의 틀을 제시했다는 점은 높이 평가할 수 있다.

그런데 『말모이』와 같은 시기에 편찬한 조선총독부 『조선어사전』이 애초에 조선어 주석을 갖추고 있었고 규모 면에서 방대하다는 점에 주목하여, 『조선어사전』이 우리말사전의 편찬에 실질적인 영향을 끼쳤음을 강조할 수도 있다. 그러나 『조선어사전』(원고본)에 나타난 조선어 풀이를 자연스러운 조선어라고 하기는 어렵다는 점, 극히 일부에 불과하지만 현재 남아 있는 『말모이』 원고에서 확인할 수 있는 뜻풀이의 정밀함이 『조선어사전』(원고본)에 뒤지지 않는다는 점 등을 고려한다면 이러한 평가는 주의할 필요가 있다.

『말모이』　　　가 (심) 어느 임을 다만임이 되게 하는 홀소리 밑에 쓰는 토(배─뜨).

『조선어사전』　가 『助』終聲을 不附한 名詞를 主格으로 하야 表할 時에 用하는 語. (例) "새가 난다" "비가 온다"

『말모이』　　　가락지 (제) 손가락에 끼는 노르개.

『조선어사전』　가락지 『名』婦女手指에 貫抽하는 雙環의 稱. 金銀珠玉類로 彫飾한 者. 指環

조선총독부 편 『조선어사전』(1920) 표제어만 한글로 제시하고 단어의 의미는 일본어로 풀이했다. 표제어의 배열이 어근별로 이루어져 있는 것이 특징적이다.

『말모이』 　　가르치 (밖) 모르는 것을 알게 하여 줌. 또 「가라치」

　　　　　　　가르치 (밖) ㉠ 손으로 어느 쪽을 안하아 이끌이는 일. ㉡ 무엇을 들어 말함(누구를 ―어 말이냐?).

『조선어사전』　가르치다(가르처/가르친) 『活』一 敎訓의 稱. 二 指示의 稱.

『조선어사전』(원고본)의 조선어 뜻풀이가 자연스러운 조선어 표현이 아니고 이두식 국한문에 가까운 것이라면, 『조선어사전』의 편찬이 우리말사전사에 어떤 공헌을 했는지에 대해서는 의구심이 들 수밖에 없다. 『말모이』의 경우 이두식 국한문이 가끔 나타나기는 하지만 이는 전문용어에 대한 뜻풀이에서 간헐적으로 나타나지, 고유어의 뜻풀이나 일상어의 뜻풀이에서는 거의 사용하지 않았다. 이처럼 『조선어사전』(원고본)과 『말모이』의 조선어 뜻풀이를 비교해 보면 『말모이』가 우리말로 우리말을 풀이하는 원형을 보여 주었다는 사실을 분명히 이해할 수 있다.

언어 규범화에서 『말모이』의 의의

비록 출간되지 못한 원고본이지만, 『말모이』는 우리말을 우리말로 풀이한 사전으로는 최초로 편찬된 것이기에 그 역사적 의의는 자못 크다. 또 『말모이』가 근대 사전의 체제에 맞춰 편찬되었고 그 기술 내용 또한 정교하고 체계적이라는 점도 주목할 필요가 있다. 그러나 『말모이』의 의의를 체계를 갖춘 최초의 우리말사전으로 국한할 수는 없다.

『말모이』의 편찬자였던 김두봉, 권덕규 등은 1929년 결성된 조선어사전편찬회에 직간접적으로 관여했고, 조선어사전편찬회 역시 스스로 『말모이』편찬의 유산을 이어받았음을 천명했다. 조선어사전편찬회에서 편찬한 사전이 1957년 출간된 최초의 대사전이자 현대 국어사전의 젖줄인 『큰 사전』으로 이어졌음을 감안한다면 『말모이』편찬의 경험이 현대 국어사전으로 이어졌다고 해도 과언이 아닐 것이다.

그리고 앞서도 언급했지만 『말모이』편찬을 시작한 때에 조선총독부 역시 『조선어사전』을 편찬하기 시작했다는 사실도 『말모이』의 의의를 파악하는 데 중요하다. 특히 조선총독부가 교육용 조선어사전으로 기획하여 편찬을 주관했음에도 주시경이 별도의 조선어사전을 기획했다는 점, 1912년 조선총독부가 '보통학교용 조선어철자법'이란 이름으로 공포한 철자법을 따르지 않고 국문연구소의 형태주의 철자법을 채택한 점은 의미심장하다. 결국 『말모이』에서 채택한 형태주의 철자법은 『한글 마춤법 통일안』(1933)으로 이어져 현재에 이르고 있고, 독자적 기준에 의해 대표 표제어를 선정한 『말모이』의 편찬 정신은 조선어학회에서 표준어를 사정査定하는 활동으로 이어졌다. 이는 당시 민족어 운동 세력이 조선총독부 주도의 조선어정책을 인

정하지 않았음을, 그리고 조선총독부가 아닌 민족어 운동 세력이 조선어문
정리를 주도해야 함을 천명했다는 의미가 있다.

『말모이』 편찬 사업을 주도했던 인물 중 하나인 김두봉의 다음 언급을 통
해 조선총독부 어문정리 사업에 대한 당시 민족어 운동 세력의 생각을 가
늠할 수 있다.

> 우리는 아직 말모이(사전)도 하나 되지 못하(한불자전이나 한영자전이나 조선어사
> 전 따위는 표준 잡을 만한 말모이로 볼 수 없음)여 표준말 한 마디도 잡히지 못한 이때
> 에 어느 곳에서 채찍 맞고 뛰는 셈으로 서양말을 한문으로 옮겨 온 그것을 생판 서투르
> 게 우리사람에게는 냄새도 맞지 않게 그대로 음만 따서 표준말을 정하는 것이야 어찌
> 될 일이리오.[19]

김두봉은 조선총독부 주관으로 편찬된 『조선어사전』을 표준으로 삼을 만
한 가치가 없다고 혹평하면서 이를 『한불자전韓佛字典』(1880)이나 『한영자
전韓英字典』(1897)과 같은 차원으로 보았다. 주시경을 비롯한 『말모이』 편찬
자들의 생각 또한 이와 같았을 것이다. 『말모이』와 『조선어사전』(원고본)의
내용을 비교해 보면 이러한 상황을 좀 더 분명하게 이해할 수 있다.

『말모이』　　가늘 (엇) ㉠ 가름한 것의 몸피가 작음. ㉡ 일이 작음. ㉢ 사람의 짓이 잘음.
『조선어사전』 가느다(가느러/가는) 『活』纖細한 稱.
　　　　　　　가늘다(가늘어/가는) 『活』 '가느다'와 同.

『말모이』　　가야금伽倻琴 (제) 「가야고」에 보임.
『조선어사전』 伽倻琴(가야금) 『名』樂器의 一種伽倻國 嘉賓王이 樂師 于勒을 命하야

---

19 김두봉, 표준말, 『깁더 조선말본』, 1922.

始造한 十二絃琴.

『말모이』 　　개미 (제) 땅 속에나 썩은 나무 속에 집짓고 모아 살는 버레니 …. 또 「개
　　　　　　　아미」.
　　　　　　가얌이 (제)「개미」에 보임.
『조선어사전』 **가야미** 『名』「動」 膜翅類에 屬한 昆蟲이니 ….
　　　　　　개미 『名』「動」'가야미'의 略稱.

　　조선총독부의 『조선어사전』에서는 『말모이』에서 인정하지 않는 '가느다'
를 대표 표제어로 수록했으며, 『말모이』에서 표준형으로 보는 '가야고'와
'개미' 대신 '가야금'과 '가야미'를 대표 표제어로 수록했다. 이를 통해 보면
두 사전에서 제시하는 단어의 표준형이 다르다는 사실을 알 수 있다. 김두
봉이 『조선어사전』을 표준으로 삼을 만한 사전이 아니라고 했을 때는 이러
한 사실 또한 염두에 두고 있었을 것이다.
　　그러나 김두봉은 『조선어사전』이 당시 언어 현실을 제대로 반영하지 않
았음을 비판한 적은 없었다. 사실 언어 현실이 법칙에 어긋나면 언어 현실
을 바로잡아야 한다고 생각했던 김두봉에게 어떤 것이 언어 현실에 가까운
지를 아는 것은 중요하지 않았을 것이다. 그가 진정으로 말하고 싶었던 것
은 우리 민족이 주도하여 합리적인 표준어를 정하고 이에 따라 표준이 될
만한 사전을 만들어 보자는 것이었을 것이다. 우리말이기에 우리말의 법칙
과 속사정을 잘 아는 우리가 우리말 정리를 주도하자는 것, 이것이 『말모
이』를 편찬할 당시 편찬자들의 생각이었다. 그들의 열망은 조선어학회의
탄생으로 이어진다.

2

어문민족주의의 개화, 조선어학회 활동

이 장에서는 조선어학회의 정체성 논의와 더불어 조선어사전 편찬, 맞춤법과 표준어 제정 등 조선어학회의 주도로 이루어진 근대적 어문 규범화 사업의 의미를 살펴보고자 한다. 이를 통해 조선어학회의 어문정리가 갑오개혁 이후부터 이어져 온 어문정리 사업의 연장 선상에서 진행된 것으로, 조선어사전 편찬, 철자법과 표준어 제정 등을 통해 조선어를 명실상부한 공용어로 확립하고자 하는 어문운동이었음을 지적하고자 한다.

2.1. 조선어학회의 정체성

우리 역사에서 조선어학회는 일제강점기에 활동한 저항적 문화운동 단체의 상징이다. 그런데 이러한 상징성에 억눌렸기 때문일까? 수많은 논의가 이루어졌지만 조선어학회에 대한 평가는 대체로 민족어를 수호했다는 조선어학회의 신화를 신화 그대로 되뇌는 수준을 벗어나지 못했다. 그런 점에서 "한글 운동을 수행한 주체가 최초의 한글 번역 성경을 낸 벽안의 선교사이기도 하고 식민 지배의 기구인 총독부이기도 했다는 사실은 한글 발전사에서 크게 문제될 것이 없다"(이혜령, 2005)는 생각은 저항적 어문민족주의를 벗어나 사실에 객관적으로 접근하는 듯한 인상을 준다. 그러나 일본의 식민지 언어정책이 조선어를 위축시켰다는 것이 움직일 수 없는 사실이라면, 조선총독부가 수행한 조선어 규범화 정책을 민족어 정립의 연장 선상에서 보고 조선총독부와 조선어학회의 활동을 같은 차원에서 평가하는 태도는 조선어학회의 정체성을 판단하는 데 또 다른 장애가 될 수 있다. 그렇다면 조선어학회의 정체성은 일제강점기라는 시대 상황을 직시하되 화려한 저항의 신화를 걷어 냈을 때 분명해질 것이다.

조선어학회의 연원淵源

조선어학회의 전신인 조선어연구회(이하 조선어학회로 통칭)는 신명균申明均, 이병기李秉岐 등 주시경周時經의 제자들이 주동이 되어 창립되었다. 창립 성원들이 주시경의 제자이거나 주시경과 관계된 인물이라는 사실은 조선어학회 활동의 성격을 파악하는 데 중요한 근거가 된다. 한글날 제정(1924),[1] 1920년대 중반부터 진행된 조선어강습회 활동, 조선어사전편찬회 창립(1929년) 등은 조선어학회가 주도한 사업이었으며, 철자법 확립으로 대표되는 조선어 규범화 사업은 1930년대 조선어학회가 가장 심혈을 기울인 사업이었다. 그런데 이러한 일련의 사업은 주시경이 생전에 진행한 사업을 그대

---

[1] 조선어학회에서는 1924년 2월 1일 훈민정음 8회갑 기념회를, 1926년 11월 4일 훈민정음 반포 8회갑 기념회를 열었다. 앞선 기념회는 『세종실록』 세종 25년(1443) 12월조에 나오는 "세종이 28자를 만들었고 이를 훈민정음이라 일컬었다"라는 기록에 근거한 것이고, 1926년의 기념회는 세종 28년(1446) 9월조에 나오는 "이 달에 훈민정음이 이루어지다"라는 기록에 근거한 것이다. 현재의 한글날은 1945년부터 기념했는데, 이는 1940년 발견된 『훈민정음』(해례본)에 나온 '9월 상한上澣'이란 기록에 근거한 것이다. 상한의 끝을 10일로 잡고 음력 9월 10일을 양력으로 환산한 10월 9일을 한글날로 결정한 것이다.

로 이어받은 것이다. 이러한 점 때문에 조선어학회의 연원은 주시경의 활동과 관련하여 파악할 필요가 있다.

주시경의 활동이 언어 연구와 언어정책을 아우르고 있었다는 점에서 조선어학회의 기원도 두 가지 관점에서 파악할 필요가 있다. 먼저 언어 연구 단체로서 조선어학회는 그 기원을 주시경의 국문동식회(1896)나 국어연구학회(1908)로 삼을 수 있다. 또 어문정책을 주도하는 단체로서 조선어학회는 그 기원을 국문연구소(1907)로 삼을 수 있다. 1930년 무렵부터 조선어학회가 조선어 규범화 정책을 주도했던 만큼 조선어학회의 역할은 대한제국 시기의 국문연구소의 역할에 유비될 수 있는 것이다.

이는 조선어학회의 활동이 한일병합 이전 근대 어문운동의 연장 선상에 있으며 대한제국의 어문정책을 잇고 있다는 것을 의미한다. 조선어학회의 기관지 명칭을 '한글'이라고 한 것도 '한글'이 갖는 상징적 의미[2]를 고려할 때 조선어학회가 대한제국의 어문정책을 지향하고 있음을 나타낸다. 이는 조선어학회 사건이 일어난 1942년까지 조선어학회의 어문운동과 어문정책의 원칙이 한일병합 이전의 원칙에서 조금도 벗어나지 않았다는 데에서도 확인할 수 있다. 일제 식민 정책의 틈바구니에서 합법적인 틀을 유지하면서 진행된 조선어학회의 활동은 이런 점에서 의미심장한 면이 많다.

---

2 주시경은 한일병합 이전부터 전문용어와 각종 서식의 고유어화를 꾸준히 도모했는데, '한글'이란 이름은 그 연장 선상에서 만들어진 것이다. 주시경은 『보중친목회보』(1910. 6.)에서 '國語'를 '한나라말', '國文'을 '한나라글'로 바꾸었는데, 이로부터 '한말'이란 말과 '한글'이란 말이 만들어졌다. 따라서 '한글'의 '한'은 대한제국의 '韓'과 일치한다. 이러한 사실은 조선총독부에서 편찬한 『조선어사전』(1920)에서도 확인할 수 있는데, 여기에서는 '韓'의 하위 표제어로 '韓文'을 두고 '韓文(한문)諺文에同じ'와 같이 뜻을 달았다. 주시경의 제자인 권덕규는 『라디오 텍스트 조선어 강좌ラヂオテキスト朝鮮語講座』(1933)에서 "韓文을 조선말로 그냥 읽어 '한글'이라 한 것이요 韓文이라고 음대로 정음으로 쓰면 지나글 漢文과 음이 혼동될 혐의도 있어 이것도 피한 것이다" 라고 설명하고 있다. 위의 설명과 관련한 자세한 내용은 고영근(2003)을 참조하라.

한일병합 이후 제정된 조선총독부의 어문규정(1912)을 한일병합 이전의 언어규범 원칙으로 되돌리고(1930) 조선총독부의 『조선어사전』(1920)이 발간된 이후 새로운 조선어사전을 편찬하려고 한 시도 등은, 조선어학회의 활동이 조선총독부의 권위에 기대 어문 규범을 근대화하려 한 것이라기보다 오히려 한일병합으로 단절된 과거의 어문 규범을 회복하려 했던 것임을 말해 준다. 조선총독부 주도의 어문정리 사업이 진행된 기간[3]은 조선어학회 입장에서 볼 때 전통과 단절된 시기이자 어문정리 사업이 중단된 시기일 뿐이었다.

현실 인식과 현실 대응 논리

조선어학회는 대한제국의 국어운동과 국어정책을 지향하면서도 조선총독부가 주도하는 조선어정책의 틀에서 구체적인 활동 방향을 모색해야 했다. 조선어학회는 한편으로는 식민 체제에 저항하면서 다른 한편으로는 조선총독부의 조선어정책을 대리 수행하는 이중성을 숙명처럼 지니고 있었던 것이다. 따라서 조선어학회를 평가하는 일은 이러한 이중성을 인정하는 데서부터 시작되어야 한다. 다음과 같은 말은 조선어학회의 이중성에 대한 몰이해의 한 측면을 보여 준다.

제국주의 지배 아래에서의 민족 운동이라는 것은 제국의 체제 안에서 민족 영역을 분절하고 명료화함으로써 궁극적으로는 제국의 체제를 안정시키는 것이라고 생각합니다. 어디까지나 제국의 틀 안에서 민족적 차별을 완화한다든지, 민족적 이익을 확보

---

3 '보통학교용 언문철자법'이 공포된 1912년부터 형태주의 표기법으로의 전환을 요구하는 철자 운동에 밀려 학무국에서 철자법 수정 논의를 시작한 1928년까지가 이에 해당하는 기간이라고 할 수 있다.

한다든지 하는 투쟁이 벌어지고, 문화적 차원에서의 헤게모니 투쟁도 벌어집니다. 민족과 제국은 서로 그렇게 길항하면서 협조하는 관계를 만들어나갑니다. 그것이 이른바 민족 운동의 실체라고 생각합니다. 식민지 시기 민족 저항 운동의 최고봉으로 평가받는 조선어학회의 한글 운동 같은 것이 그 전형적인 사례입니다.[4]

위와 같은 주장은 조선총독부라는 권력체의 자장 안에서 근대 어문 정리가 이루어졌다는 논리를 강화한다. 조선어학회가 목표로 하는 조선어의 정리와 보급은 근대 국민국가적 시스템을 필요로 했고, 조선총독부는 식민 지배의 일환으로 조선어의 정리와 보급을 용인했기 때문에, 둘 사이의 관계는 기본적으로 상호 협력 관계를 전제한다는 것이다. 이러한 견해는 조선어학회가 조선총독부의 언어정책에 참여하고 자신들의 표준안을 관철시키기 위해 조선총독부의 권위를 빌렸다는 사실을 설명하는 논리가 된다.

그런데 문제는 조선총독부가 한일병합 이후 추진한 언어정책의 골간이 국어(일본어) 상용화 정책이라는 데 있었다. 조선총독부가 국어 상용화를 급진적으로 추진하지는 않았지만, 정책 방향은 일관되게 국어 상용화로 나아갔다. 조선총독부는 식민 지배 초기에 조선어와 일본어를 모두 허용하는 이개언어병용二個言語倂用 정책을 채택하는데, 이는 학교에서 조선어 과목의 교수를 허용하고 일본인 관리와 경찰들에게 조선어를 장려하는 것으로 나타났다. 그런데 교육 언어를 일본어로 하는 것에 대한 조선총독부의 입장은 단호했기 때문에 조선총독부의 권위와 시스템을 통해 조선어 규범이 확립된다는 것은 실질적으로 기대하기 힘들었다. 더구나 조선어 규범과 관련한 조선총독부의 정책은 법적 강제성을 지닌 게 아닌 임시적 조치의 성격을 띠고 있

---

4 박지향 외(2006: 626)의 '대담'에 나온 김철의 말.

었다.[5] 조선총독부의 권위와 시스템이 일관되게 작동한 것은 국어 상용화 정책이었던 것이다. 따라서 조선총독부의 행정력은 학교에서 조선어 교육을 축소하고 일본어를 보급시키는 데 적극적으로 발휘되었다.

학교 현실은 조선어가 필수과목이던 1920년대 초반에도 열악했다. 이때에도 조선어 과목을 제외한 교과서는 일본어로 만들고 교수 용어 또한 일본어를 강요했기 때문에 결과적으로 이개언어병용 정책은 조선인 학생의 급격한 학력 저하를 초래했다. 따라서 교육에서 조선어의 위상을 높이지 않는 한 조선어 문화의 위축은 필연적일 수밖에 없었다. 조선어학회의 발기인 중 한 사람인 임경재任璟宰(1876~1955)의 논설에는 이에 대한 위기의식이 잘 나타나 있다.

… 그럼으로 余는 普通教育에 對하야 日本語는 國語인 一科目으로 嚴格히 學習을 獎勵하고, 一般科學에 關한 教科書는 此를 朝鮮語로 編纂함을 絶叫하야 말지 아니 하나니, 勿論 當局에서도 朝鮮民族의 永遠한 幸福을 計하며 … [… 그러므로 나는 보통교육에서 일본어는 국어 과목으로 엄격히 학습을 장려하고, 일반과학에 관한 교과서는 이를 조선어로 편찬함을 절규하야 말지 아니 하나니, 물론 당국에서도 조선민족의 영원한 행복을 생각하며…][6]

이러한 위기의식은 조선어 학습권 보장에 대한 요구로 이어졌고, 동맹휴업으로까지 치달았던 학생들의 저항은 국어 상용화 정책이 강력하게 추진되기 시작하는 1930년대 중반까지 간간이 나타난다. 그런데 여기서 주목해

---

5 미쓰이 다카시(2013)에서는 조선총독부의 시책이 일관된 원리 원칙 아래 깊이 고려된 입법 조치라든가 그것에 기초하여 세워진 일련의 작전이 아님을 강조하고 있다.
6 『동아일보』, 1921. 2. 20.

야 하는 것은 식민통치를 받는 민족의 학생들이 보인 저항의 동인動因이다.

이개언어를 병용하는 상태에서 나타나는 조선인 학생의 학력 저하 현상에 대한 문제의식은 일본어 교육의 강화 논리로 발전할 수도 있었다. 일본어가 확고부동한 권력 언어인 이상 식민지 조선인들도 일본어를 잘하는 게 무엇보다도 중요한 일임을 인식하고 있었기 때문이다. 그런데 학생들이 조선어 학습권을 요구하고 민족어 운동 진영이 조선어 문화의 활성화 사업을 대중사업으로 추진한 것은 어떻게 설명할 수 있을까? 여기에는 1920년대 식민 지배 방식의 변화를 이끌어 내면서 생긴 민족적 자신감이 크게 작용했다고 볼 수 있다. 조선어학회는 이러한 민족적 자신감을 바탕으로 대한제국 시절 형성되었던 어문민족주의를 환기함으로써 민족어 운동의 기반을 쌓았다.

이 상황에서 조선어학회의 활동은 두 가지 방향으로 진행되었다. 첫째는 이개언어병용 정책의 상황을 활용하여 한글 강습 활동과 같은 대중사업을 진행하는 것이었다. 둘째는 조선어사전 편찬, 철자법 및 표준어 제정 등 조선어 규범화 사업에 매진하는 것이었다. 이때 절대 다수의 조선인이 교육의 혜택을 받지 못하고 문맹 상태였던 현실은 조선어학회의 활동 영역을 넓혀 주었다. 1920년대 중반까지 일본어 해득자의 수가 100만을 넘지 못한 가장 큰 이유는 열악한 식민지 교육 현실 때문이었다.[7] 조선인 대다수가 교육의 혜택을 받지 못하는 상황에서 조선어학회가 주도한 한글 강습 활동은 문맹

---

[7] 김만곤(1976)에 따르면 이러한 교육 현실을 개선하기 위해 조선총독부는 일본어를 해득할 수 있는 인적 자원 양성을 위해 속성 일어 학교를 설치한다. 1934년 탄생한 간이학교 교육과정에서 주간 배당 시간이 '수신 2, 일어 12, 조선어 2, 산술 4, 직업 10'인 것을 보면, 이것이 일본어 교육과 근로 교육을 통해 농촌에 일본어를 보급하려는 시책인 것을 쉽사리 알 수 있다. 이는 대만에서 실시한 단기 교육의 본을 조선에 이식한 것으로 보인다.

자들이 문자를 해득할 수 있는 유일한 끈이었고, 이런 점에서 한글 강습의 확대는 곧 조선어 문화의 확대를 의미했다. 이처럼 열악한 식민지 교육 상황이 조선어 문화를 활성화하는 계기가 된 것은 조선어학회의 열성적 활동이 있었기 때문이다. 조선어 신문이 한글 강습 활동을 지원하고 문학인들이 조선어학회의 어문 규범 확립 사업에 절대적인 지지를 보낸 것은, 조선어학회가 조선어 문화의 활성화에 기여할 수 있는 역량을 지닌 유일한 단체로 인정받았음을 말해 준다.

이처럼 조선어학회는 식민지 정책의 기조를 최대한 활용하여 합법적 활동을 벌여 나갔지만, 국어 상용화 정책을 추진하는 조선총독부와 조선어 문화의 유지 발전을 모색하는 조선어학회의 관계는 본질적으로는 대립적일 수밖에 없었다. 이는 일본어 해득자 수의 증감 현황[8]을 통해서도 간접적으로 확인할 수 있다.

일본어 해득자 수의 증감 현황을 보면 꾸준히 증가하던 일어 해득자의 수가 1932년에 급감함을 알 수 있다. 이렇게 감소한 일어 해득자 수는 1935년

---

8 【 일본어 해득자 수의 증감 현황 】

年度 (日年號)	朝鮮人口(명)	解得者(명)	解得率(%)	增減 增加率(%)	臺灣例(%)
1920 (大正9)	16,916,078	367,365	2.20	+0.4	
1921 (〃 10)	17,059,358	541,244	3.10	+0.9	
1922 (〃 11)	17,208,139	563,029	3.30	+0.2	
중략					
1929 (昭和4)	18,784,437	1,440,623	7.70	+0.8	
1930 (〃 5)	19,685,587	1,627,136	8.30	+0.6	
1931 (〃 6)	19,710,168	1,724,209	8.80	+0.5	
1932 (〃 7)	20,037,273	1,542,443	7.70	-1.1	22.70
1933 (〃 8)	20,205,591	1,578,121	7.81	-1.0	24.50
1934 (〃 9)	20,513,804	1,690,880	8.20	-0.6	27.00
1935 (〃 10)	21,248,864	1,878,704	8.80	±0.0	29.70
1936 (〃 11)	21,373,572	1,103,962	9.90	+1.1	32.90

(김민수, 1973, 509쪽 日語解得率表 부분 재인용)

에 이르러서야 1931년의 수준으로 회복된다. 이러한 변동 현황의 특이성은 대만의 경우와 비교했을 때 더 두드러진다. 대만의 일어 해득률은 매년 2~3%의 증가율을 보였고, 강제적 상용정책이 시행된 1937년 이후에는 매년 4~5%의 증가율을 보이게 된다. 반면 조선에서는 강제적 상용정책이 실시되는 상황에서 일어 해득률이 매년 1% 남짓의 증가율을 보이고, 조선어 말살정책으로 불렸던 국어전해운동國語全解運動이 시작된 1942년 이후에야 2~3%의 증가율을 보인다.

이러한 차이는 조선과 대만이 식민 지배를 받은 시간의 차이에서 오는 것일 수도 있지만,[9] 일본어에 대한 저항성의 차이일 수도 있다. 대만총독부의 국어 상용화 정책은 공용어를 확립하는 차원에서 진행되었고, 대만인들에게 일본어는 이전 공용어였던 한어의 대체어로 인식되었다. 한인漢人들을 중심으로 한 저항이 있었음에도 불구하고 일어 해득률이 빠르게 올라간 것은 이러한 인식에 힘입은 바 크다. 물론 이러한 현상은 다종족多種族, 다언어多言語 사회였던 대만의 특성에서 비롯된 것으로 볼 수 있겠지만, 국어 상용화에 대한 저항이 상존했음을 고려한다면 저항 의식을 조직할 만한 어문운동 단체가 없었던 것도 한 원인으로 꼽을 수 있을 것이다.

그렇다면 조선에서의 일어 해득자 변동 상황은 조선어학회의 활동과 관련하여 해석할 여지가 많다. 특히 식민 정책이 실시된 후 12년 동안 일어 해득자의 수가 꾸준히 증가했다는 사실에 비추어 보면 1932년의 현상은 놀랍다. 이를 만주사변의 영향으로 판단하는 견해가 있지만,[10] 만주로의 이주가 급격히 증가한 시대 상황을 염두에 두더라도 이러한 감소 현상은 별도의

---

9 1932년 당시 대만은 38년째 일본의 식민 지배를 받고 있었다.
10 이와 관련한 설명은 김민수(1973: 509)를 참조할 수 있다.

해석이 필요할 것으로 본다. 한 가지 분명한 사실은 조선어학회가 중심이 된 대규모 한글강습이 이러한 상황에 일정한 영향을 미쳤다는 것이다. 조선총독부가 한글강습을 금지한 1935년에 일본어 해득자의 수가 이전 수준을 회복하는 것을 통해서도 한글강습과 일본어 해득률의 연관성을 짐작할 수 있다. 조선총독부가 한글강습을 금지한 것은 교육 체제를 정비하고 동화정책을 강화하는 것을 의미했는데,[11] 이는 조선어학회의 활동이 일본의 식민지 정책과 대립할 수밖에 없음을 말해 준다.

그런데 여기에서 주목할 점은 조선인들이 일본어 학습이 아니라 한글강습을 통해 문맹을 타파해 나갔다는 사실이다. 이는 조선이 다른 식민지 국가에 비해 민족어 운동이 활성화될 수 있었던 중요한 기반이었다. 그러나 19세기 말부터 진행된 근대 어문운동의 경험과 이 운동의 전통을 이어받은 조선어학회가 없었다면 민족어 운동이 이처럼 치밀하게 진행될 수는 없었을 것이다. 조선어학회의 활동은 식민지라는 한계 속에서 이루어진 것이지만, 조선총독부의 언어정책과 길항하면서 조선어 문화를 유지시켜야 한다는 동기를 끊임없이 만들었다는 점에서 그 의미를 찾을 수 있다.

1938년 제3차 교육령 이후 조선총독부의 언어정책은 강제적인 국어 상용화 정책으로 전환되었다. 그러나 조선어학회는 1940년 10월에 1933년의 철자법 통일안을 개정한 『한글 마춤법 통일안』을 발간하고, 1940년 6월 로마자표기법과 외래어표기법을 제정하고 이를 1941년 1월 『외래어표기법

---

11 조선총독부의 보통학교 현황 통계를 보면(국가통계포털 참조) 1934년 보통학교의 일본인 교원은 31%였고, 지방의 일본인 교원 비율은 이에 훨씬 미치지 못했다. 따라서 지역에 따라 일본인 교원이 없는 보통학교도 있었다. 그러나 1930년대 후반으로 가면서 일본인 교원 비율이 증가하고 산간벽지에도 일본인 교원이 파견된다. 일본인 교원의 증가는 교수 언어에 영향을 미칠 수밖에 없었고, 자연스럽게 일본어 교육의 강화로 이어졌다. 정병욱(2013: 183~214)을 통해 동화교육이 강화되면서 학교 현장에서 발생하는 갈등 양상을 구체적으로 살펴볼 수 있다.

통일안』으로 출판하게 된다. 이는 어문 규범과 관련한 모든 사업을 완결했음을 의미한다. 그리고 1940년 언어 규범화 정책의 결정체라고 할 수 있는 조선어사전의 원고를 완성하고 조판을 시작한다. 이때 중요한 사실은 이러한 사업이 1938년 이개언어병용 정책이 실질적으로 폐기되고 국어 상용화 정책이 폭력성을 띠는 시점에 진행되었다는 것이다.

이러한 맥락에서 보면, "1938년이 되면 조선어가 학교에서 수의 과목이 되고 곧이어 공적 영역에서 조선어 사용이 금지되는, 말하자면 조선어의 존립 자체가 위기에 처하는 상황이 옵니다. 그런데 이 시기에 조선어학회는 이 상황에 대한 의미 있는 어떤 행동도 보여 주지 않습니다"라는[12] 판단은 문제적이다. 1938년 이후 진행된 조선어학회의 어문정리 사업은, 강압적인 상황에서도 조선어학회가 조선어 문화의 독자적인 발전이라는 목적의식을 버리지 않고 있었음을 보여 주는 실례이기 때문이다. 위에 열거한 조선어학회의 어문정리 사업은 독립국가의 규범화 사업에 버금가는 수준이었다. 그리고 이러한 어문 규범화 사업은 근대 국가의 시스템을 필요로 하기 때문에, 이는 논리상으로도 실제상으로도 국어 상용화 정책을 추진하는 조선총독부의 시스템이 공고한 상태에서는 지속될 수 없는 사업이었다.

그렇다면 이 사업들이 국어 상용화 정책을 추진하는 조선총독부 학무국의 묵인 아래 진행된 사실을 어떻게 봐야 할까? 이는 조선총독부의 정책적 판단에 따른 것으로 봐야 하는데, 조선총독부는 조선어학회의 어문 규범화 사업을 실생활에서 쓰일 조선어를 정리하는 사업이 아닌, 박물관 언어가 될 조선어를 정리하는 사업으로 평가했을 가능성이 높다. 이러한 정책적 판단은 조선총독부가 1930년 조선어철자법 개정을 마지막으로 조선어문 정책

---

12 박지향 외(2006: 626~627)의 '대담'에 나온 김철의 말.

과 관련한 실질적인 조치를 내놓지 않은 데에서도 짐작할 수 있다. 조선어학회 최종 판결문에 나온 변호인의 상고 취지에서는 조선어 정리 사업을 묵인한 조선총독부 학무국의 상황 인식을 간파하고 있다.

> 어문운동은 어디까지나 순문학적 언어학적 교화운동 내지 언어의 순화운동이라고도 말할 수 있는 성질의 것이다. 이것을 현재 조선어에 대하여 보건대 현재 조선어문은 모든 문화면 즉 정치 경제 사회 종교 과학 등의 전문화 면에서 거의 완전히 쫓겨난 편인데 이것은 결코 조선어문이 단순히 정리가 되어 있지 않다든지 또는 통일되어 있지 않다는 것이 아니고 조선에 있어서 정치 경제 사회 종교 과학 등의 모든 문화가 급속히 진전된 결과 조선어가 훨씬 뒤떨어져 남게 된 까닭이다. 조선어문이 아무리 이 여러 문화면을 뒤따라 가려해도 도저히 불가능한 것에 속한다.[13]

조선총독부 학무국은 조선어학회 활동의 의미를 축소하여 보았으며, 조선어가 박물관 언어가 될 것이라고 본 학무국의 인식은 아이러니하게도 조선어학회 주도의 어문정리가 순조롭게 진행될 수 있는 버팀목이 되었다. 그러나 이처럼 절망적인 상황에서 조선어 규범화를 완성시킨 것은 전적으로 조선어학회의 이념인 어문민족주의의 힘이었다. 결국 이 시기 진행된 조선어학회의 어문정리 결과물은 해방이 되자마자 국어 교육을 진행할 수 있는 바탕이 되었다.

조선어학회 사건의 맥락

조선어학회 사건은 일본의 동화정책이 극심하게 진행되던 시기에 일어난 민족주의 탄압을 상징하는 사건이다. 일본은 전시 동원 체제 확립을 위한

---

13 조선어학회사건에 대한 조선총독부 고등법원의 판결문(번역문), 『동아일보』, 1982. 9. 6.

동화정책의 일환으로 1930년대 후반부터 교육 현장에서 조선어 사용을 금지시키고 전 사회에서 일본어 상용을 강요했다. 1920년대 들어 시작된 소위 문화 통치기에 민족주의 단체를 일부 허용하던 때와는 상황이 완전히 달라졌다. 수양동우회사건修養同友會事件(1937~1938), 흥업구락부사건興業俱樂部事件(1938), 조선, 동아 등 조선어신문의 폐간(1940) 등 일련의 조처들을 볼 때, 1942년에 일어난 조선어학회 사건은 사실상 예견되었다고 볼 수 있다. 더구나 위에 열거한 사건에는 최현배崔鉉培, 이윤재李允宰, 김윤경金允經(1894~1969) 등 조선어학회의 핵심 성원들이 연루되어 있었다.

이런 점에서 보면, 일본은 1937년 이후 전시 동원 체제의 강화라는 정치적 목적으로 민족운동을 탄압했고, 이 과정에서 조선어학회 사건을 일으켰다고 볼 수 있다. 이는 조선어학회 사건 연루자들의 기소 내용에 잘 드러난다. 조선어학회 사건을 처리하면서 일본 경찰은 조선어학회 관계자들에게 치안유지법을 적용하여 내란죄로 기소했고, 조선어학회를 학술단체를 가장하여 국체國體 변혁을 도모한 독립운동 단체로 규정했다.

그러나 조선어학회 활동, 특히 조선어사전 편찬 사업을 내란 선동을 목적으로 한 일로 몰고 간 것은 상식과 거리가 멀었다. 앞서 거론했듯이 조선어사전편찬회의 결성이 신간회新幹會 활동과 관련되는 민족운동의 성격을 띠고 있었음이 확실하다면, 예심 종결 결정문의 내용처럼 조선어사전 편찬은 "문화적 민족운동임과 동시에 가장 심모원려深謀遠慮를 품은 민족독립운동의 점진 형태"로 볼 수 있을 것이다.[14] 그러나 움직일 수 없는 사실은 조

---

14 정재환(2013: 408)에서는 예심 판사의 판단을 한글 운동의 본질을 간파한 것으로 보고 있다. 이는 조선어학회 사건을 일본 경찰의 조작이라고 보던 것과 다르게 어문민족주의의 실천성을 강조하는 관점으로 볼 수 있다. 박용규(2012: 150)에서는 조선어학회가 학술 연구 단체임을 표방한 것을 위장 전술의 일종으로 봤으며, 정순기·정호용(2000: 42)에서는 조선어학회가 조국광

선어사전이 1939년 조선총독부의 출판 허가까지 얻은 상태였고, 원고의 일부에 대한 조판이 진행되고 있었다는 점이다. 1939년 당시까지 조선총독부는 조선어학회가 주도하는 조선어 정리 운동을 비정치적인 활동으로 봤던 것이다. 조선어학회 또한 일관되게 학회의 성격을 순수 학술단체로 규정하고 있었다.

그러나 의식적으로 비정치적임을 강조했던 조선어학회의 활동이었지만, 국어 상용화 정책이 강화되는 상황[15]에서 조선어를 명실상부한 공용어로 자리매김하려는 조선어학회 활동은 그 자체로 체제 저항성을 띨 수밖에 없었다. 국어 상용화 정책은 조선어학회의 어문정리 사업을 위협한 실질적인 요인이었고,[16] 국어의 상용화를 위한 조선총독부의 개입은 지속적이면서도 폭력적이었기 때문이다. 특히 중일전쟁 이후 일제가 파쇼화되면서 민족주의에 대한 일말의 관용도 기대하기 어려웠다. 조선어학회 사건은 이러한 맥락에서 발생했다. 조선어사전을 편찬하는 기능적 사업이었지만, 그 자체가 민족의식을 일깨우는 활동이기 때문에 이는 전시 동원 체제 내에서 용납될 수 없는 활동이었던 것이다.

이처럼 조선어를 명실상부한 공용어로 확립하고자 했던 조선어학회의 시도는 조선어학회 사건이 일어나면서 실패로 귀결될 수밖에 없었다. 그러나 조선어의 근대적 규범화에 대한 열망이 식민지 현실에 부딪혀 굴절되고 좌절되는 와중에 어문민족주의는 더욱 공고해졌다. 해방 이후 재개된 국어

복회 비밀조직원이 있는 반일 애국투쟁 조직이라 주장했다.
15 명목만 필수과목이었던 조선어 과목이 1938년 제3차 개정교육령에서 선택과목으로 바뀌었다. 이는 실질적으로 조선어 과목은 폐지하는 것과 다름없었다.
16 조선총독부의 식민지 언어정책은 일본어의 상용화와 조선어의 방언화를 통해 조선어 정리 사업을 무력화하는 방향으로 진행되었다.

정립 활동이 어문민족주의의 영향에서 벗어나기 힘들었던 것은 민족과 민족어의 운명적 관계를 극적으로 보여 준 조선어학회 사건의 무게감 때문이었을 것이다.

2.2. 조선어학회의 어문 규범화 사업과 그 의미

조선어학회가 진행한 철자법과 표준어 제정 사업은 조선어사전 편찬을 위한 것이었다. 그리고 이러한 규범화 사업은 궁극적으로 조선어 교육의 활성화를 목표로 하고 있었다.

조선어사전의 편찬

1929년 10월 31일 조선어학회가 중심이 된 조선어사전편찬회가 결성된다.[17] 1957년 완간된 『큰 사전』의 편찬이 시작된 것이다. 그러나 식민 지배를 받던 현실에서 조선어사전 편찬 사업은 엄밀히 말해 근대 국가의 국어를 정립하기 위한 사업은 아니었다. 그러나 조선어사전편찬회의 사전 편찬 사업은 국문연구소의 규범화 사업과 주시경의 『말모이』 편찬 사업 등 미완의 과제를 의식한 것이었다는 점에서 내용상으로는 국어 정립 활동의 연장 선상에 있었다고 해야 할 것이다. 더구나 당시는 1927년 계명구락부啓明俱樂部[18]에서 조선광문회의 사전 원고를 인수하여 조선어사전 편찬을 시작한

---

17 조선어사전편찬회의 사전 편찬 과정에 대해서는 최경봉(2005)에서 상세하게 서술하고 있다.
18 1918년에 최남선, 오세창, 박승빈, 이능화, 문일평 등 33인이 발기하여 우리 민족의 문화 증진과 회원 간의 친목 도모를 목적으로 설치했다. 계명구락부에서는 언문言文, 예의, 의식주 등 일상생활의 개선 등을 위해 대중 계몽과 학술 연구 발표에 주력했다.

후 사업이 답보 상태에 머물 때였다.[19] 어문민족주의자들의 위기감이 커질 수밖에 없는 상황이었다.

조선어사전편찬회의 결성

조선어사전 편찬 사업은 '조선어사전편찬회'의 결성으로부터 시작된다. 사전 편찬과 관련한 실무를 조선어학회가 담당하는 상황에서 조선어학회가 '조선어사전편찬회'를 결성한 것은 어문 규범화의 결정체인 사전의 권위를 얻기 위한 절차라고 볼 수 있다. 특히 조선어사전편찬회의 발기인으로 지석영池錫永, 박승빈朴勝彬, 윤치호尹致昊(1865~1945), 임규林圭(1867~1948) 등 어문정리 방안에서 조선어학회와 대척점에 섰던 인물[20]까지 참여한 것은 눈여겨볼 대목이다. 이 중 박승빈은 조선어사전편찬회 결성 당시 준비위원으로 활동하기도 했다. 조선어학회는 조선어사전편찬회의 결성을 통해 어문 규범화 사업의 주도 세력으로서 그 권위를 확고히 하게 된 것이다.

조선어사전편찬회 구성[21]

조선어사전 편찬 상무위원

이윤재李允宰, 최현배崔鉉培, 이극로李克魯, 이중건李重乾, 신명균申明均

---

19 최남선은 조선어사전 편찬의 전체적인 책임을 맡았고, 정인보는 편찬원 감독의 책임을, 한징은 서무의 일을 맡았다. 사전 편찬 실무에서 최남선은 역사, 지리, 제도, 종교, 철학 등에 관한 말을, 정인보는 한자에 관한 말을, 임규는 동사와 형용사를, 양건식은 신어를, 이윤재는 고어를, 변영로는 외래어를 맡았다. 이들은 조선광문회의 원고를 기반으로 사전 편찬 작업을 시작하여 1년 동안에 10만 개의 어휘를 모아 카드 작업을 해 나갔다. 그러나 조선어사전편찬회가 결성될 당시에는 대부분의 편찬원이 이탈한 상태여서 편찬 작업을 진행하기 어려운 상황이었다.

20 이들은 계명구락부에서 활동했거나 박승빈이 창립한 조선어학연구회의 철자법 안을 지지했다. 임규는 이후 계명구락부의 사전 편찬 사업이 답보 상태에 빠진 후에도 계명구락부에 남아 사전 편찬 작업을 했고, 이후 이 사업은 박승빈의 조선어학연구회로 이월되었다.

21 한글학회 편, 『한글학회 50년사』, 한글학회, 1971.

이극로李克魯(1893~1978) 이우식李祐植을 비롯한 자본가들을 끌어들여 조선어사전편찬회를 조직하고 일제강점기 내내 조선어사전 편찬 사업에 몰두했다. 또 이극로는 실험음성학적 방법론을 국어학 연구에 선구적으로 적용(실험도해 조선어음성학實驗圖解朝鮮語音聲學, 1947)했으며, 조선어학회와 국제음성학회를 연결하는 가교 역할을 했다. 1942년 조선어학회 사건으로 최고형인 6년형을 선고받고 옥고를 치렀다. 1948년 월북하여 북한 언어 규범화 운동인 문화어운동을 주도했다.

조선어사전 편찬위원회 준비위원[22]

권덕규權悳奎, 김법린金法麟, 김병규金柄奎, 김상호金尙昊, 김윤경金允經, 김철두金轍斗, 명도석明道奭, 방정환方定煥, 백낙준白樂濬, 신명균申明均, 안재홍安在鴻, 유억겸兪億兼, 윤병호尹炳浩, 이광수李光洙, 이극로李克魯, 이만규李萬珪, 이병기李秉岐, 이상춘李常春, 이순탁李順鐸, 이시목李時穆, 이우식李祐植, 이윤재李允宰, 이중건李重乾, 이형재李瀅宰, 이희승李熙昇, 장지영張志暎, 정열모鄭烈模, 정인보鄭寅普, 조만식曹晩植, 주요한朱耀翰, 최두선崔斗善, 최현배崔鉉培

---

22 준비위원에는 이우식, 김철두, 명도석, 윤병호 등 사업가, 김법린, 김상호 등 불교계 인사, 백낙준, 조만식 등 기독교계 인사, 이광수, 주요한, 방정환 등 문학계 인사 등 각계각층의 인사들이 참여하고 있다. 2009년에 발간된 『한글학회 100년사』에서는 조선어사전편찬회 결성 당시 준비위원으로는 "박승빈, 유억겸, 최두선, 안재홍, 주요한, 이시목, 정인보, 방정환, 이광수, 로기정魯基禎, 권덕규, 최현배, 장지영, 이상춘, 이병기, 김법린, 정열모, 이중건, 신명균, 이윤재, 이극로" 등이 활동했다고 기록하고 있다. 정재환(2013)에서는 『한글학회 50년사』에 나온 위원 명단은 1931년에 증원된 위원을 포함하여 작성된 것임을 밝힌 바 있다.

조선어사전 편찬 집행위원[23]

신명균申明均, 이극로李克魯, 이윤재李允宰, 이중화李重華, 최현배崔鉉培

그러나 '조선어사전편찬회'의 결성은 사전 편찬의 관점을 벗어나 그 맥락을 이해할 필요가 있다. 여기에서 주목해야 하는 것은 조선어학회가 조선어사전의 권위를 당대의 명망 있는 민족주의자들을 통해 얻으려고 했다는 사실이다. 이는 어문정리 사업에 임하는 조선어학회의 태도를 읽을 수 있는 대목이다. 식민지라는 한계 속에서도 독자적인 어문정리 방안을 마련하고 이를 민족운동 세력의 지지를 통해 확립하려고 했던 것은 식민 지배를 받은 어떤 민족에게서도 찾아볼 수 없는 일이다. 이는 조선어학회가 주도한 민족어 운동이 민족운동 세력의 활동 영역을 넓히는 데 매개 역할을 하고 있었음을 말해 준다.

'조선어사전편찬회'를 결성하는 데 참여한 108인의 발기인에는 당시 명망 있는 좌우 민족주의자들이 대부분 망라되어 있었다. 대규모 단체를 결성하여 사전 편찬 사업을 진행한 것은 민족운동에서 어문운동의 위상을 짐작케 하며, 동시에 '조선어사전편찬회'의 사전 편찬 사업이 조선어사전 하나를 만들자는 차원에서만 진행된 것이 아니었음을 말해 준다. 특히 조선어학회 회원으로 '조선어사전편찬회' 결성을 주도했던 이극로李克魯(1893~1978), 안재홍安在鴻(1891~1965), 장지영張志暎 등과 발기인 및 준비위원으로 참여했던 홍명희洪命憙(1888~?), 홍기문洪起文(1903~1992), 이순탁李順鐸(1897~?) 등의 활동을 볼 때, '조선어사전편찬회'의 결성이 1927년 결성된 좌우합작 민족운

---

23 『한글학회 100년사』에서는 집행위원이 아닌 간사로 기록하고 있는데, 여기에는 '이중화'가 제외되어 있다.

동단체인 신간회와 연결되어 있음은 어렵지 않게 짐작할 수 있다. 이런 점에서 조선어사전 편찬 사업은 합법적 틀을 최대한 활용한 민족운동이었다.

이러한 배경이 있었기 때문에 1930년대에 진행된 조선어학회의 어문정리 사업이 민족운동 세력의 전폭적인 지지를 얻을 수 있었다. 조선어학회는 전문성과 과학성을 갖춘 단체로 인정받았지만, 조선어학회에 대한 신뢰는 조선어사전편찬회의 결성에서 확인할 수 있듯이 조선어학회의 역사성과 대중성을 바탕으로 하고 있었다.

이후 신간회의 해체와 같은 상황 변화로 조선어사전편찬회가 유명무실해지며 사전 편찬 사업은 1936년에 조선어학회로 이관된다. 실질적인 주도 세력은 바뀌지 않았지만 사전 편찬 사업의 공식적인 주체가 조선어사전편찬회에서 조선어학회로 바뀐 것은 어문 규범화 사업이 민족운동으로서의 생동감을 잃어버린 결과였다. 이는 국어 상용화 정책이 강압적으로 진행되는 시점과 맞물려 있다.

『조선어사전』(조선총독부, 1920)과의 관계 설정

> 서기 1890년에 미국 선교사 언더우드 씨의 손으로 일본 횡빈에서 출판된 『한영자전』이 그 둘이요, 1897년에 영국인 선교사 게일 씨의 손으로 역시 횡빈에서 출판된 『한영자전』이 그 셋이다. 그리고 또 1920년에 조선총독부에서 일본어로 대역한 『조선어사전』이 출판되었다. 위에서 말한 사전들은 모두 외인이 조선어를 학습하기 위하여서 편성된 사전이요, 조선인이 조선어를 학습하기 위하여서 편찬한 사전이 아닐뿐더러, <u>언어와 문자에는 아무 합리적 통일이 서지 못한 사전</u>들이다. (조선어사전편찬회 결성 취지문)

조선어사전편찬회 결성 취지문에는 자못 의미심장한 표현이 담겨 있다. 조선총독부의 『조선어사전』에 대한 비판적 평가는 조선총독부의 어문정리 사업이 별다른 성과가 없었으며, 이로 인해 조선어 규범화 수준은 외국인 선교사의 사전이 나오던 19세기 말의 수준에서 벗어나지 못했음을 지적하는 것이다. 위의 밑줄 친 부분에서 보이는 비판 의식은 "한불자뎐이나 한영자뎐이나 조선어사뎐 따위는 표준 잡을 만한 말모이로 볼 수 없음"[24]이라는 김두봉金枓奉의 비판과 같은 맥락에 있다.

그렇다면 조선어사전편찬회를 결성했던 이들의 생각은 주시경과 김두봉을 비롯한 『말모이』 편찬자들의 생각과 같다고 볼 수 있다. 앞서 거론한 바와 같이, 조선총독부에서 사전 출판을 시작했음에도 불구하고 별도의 사전인 『말모이』를 편찬하려는 시도 자체가 위와 같은 인식을 바탕에 두고 있지 않았다면 불가능했을 것이기 때문이다. 특히 현은玄櫽(1860~1934)과 어윤적魚允迪(1868~1935) 등이 조선총독부의 사전 편찬 사업에 참여했던 것[25]과 달리 『말모이』 편찬자들이 별도의 사전 편찬 사업을 기획한 것은, 조선어문의 규범화는 대한제국의 어문 규범을 기초한 자신들이 주도해야 함을 분명히 했다는 의미가 있다.

사실 『말모이』의 편찬 정신을 잇기 위한 노력은 조선어사전편찬회가 결성되기 이전에도 있었다. 조선광문회에서 『말모이』 편찬에 관여했던 최남선崔南善(1890~1957)은 미완의 원고를 바탕으로 1927년부터 조선어사전 편찬을 기획했는데, 이 사업에는 계명구락부의 정인보鄭寅普(1893~1950), 이윤재, 임규, 변영로卞榮魯(1898~1961), 양건식梁建植(1889~1944), 한징韓澄(1887~1944) 등이 참여했다. 그러나 편찬자들이 이탈하면서 사업이 지지부진해

---

24 김두봉, 『깁더 조선말본』, 1922.
25 현은과 어윤적은 조선어 주석이 있는 조선어사전 편찬 사업을 염두에 두고 이에 참여했으며, 출판되지는 않았지만 실제 이들은 이러한 형식의 조선어사전 원고를 완성했다.

최남선崔南善(1890~1957) 최남선은 조선광문회를 세워 주시경과 함께 『말모이』와 『신자전』을 편찬했다. 주시경 사후 '조선언문회'의 회장을 맡아 주시경의 유지를 이어 나갔다. 그러나 1927년 박승빈의 계명구락부에 가담하여 사전 편찬 사업을 벌이면서 주시경 학파와는 대립하게 된다.

졌고, 이러한 상황에서 주시경 학파가 주축이 되어 『말모이』를 잇는 조선어 사전 편찬 사업을 시작한 것이다.

조선광문회의 『말모이』 편찬에서 시작하여 계명구락부의 사전 편찬 사업을 거쳐 조선어사전편찬회의 사전 편찬 사업까지 이어지는 일련의 시도는, 당시 민족주의자들이 한일병합 이전부터 제기되어 온 우리말 사전 편찬의 과제를 끊임없이 의식하고 있었다는 것을 뜻한다. 이를 민족적 과제로 의식하는 한 조선총독부의 『조선어사전』 발간은 민족주의자들의 사전 편찬 계획에 변수가 될 수 없었다.

그러나 조선어사전 편찬 사업은 '조선어학회 사건'의 빌미가 되어 사전 원고가 압수당하고 조선어사전 편찬은 좌절된다. 결국 조선어사전은 해방 후 압수당한 원고를 되찾아 수정한 끝에 1947년 『큰 사전』이란 이름으로 첫째 권이 출간되고 1957년 마지막 여섯째 권이 출간되며 28년 대장정의 막을 내린다.

문세영의『조선어사전』(1938)

조선어학회의 사전 편찬 사업의 의미를 논할 때 반드시 거론해야 하는 것이 문세영文世榮(1895~1952)[26]의 사전 편찬이다. 문세영이 편찬한『조선어사전』(1938)은 일제강점기 우리말 문화에 가장 큰 영향을 미친 저술로 꼽힐 만큼 내용과 형식을 제대로 갖춘 최초의 조선어사전이기 때문이다. 그런데 문세영을 최초의 우리말사전 편찬자로 선뜻 인정하지 않는 경우가 많다. 가장 큰 이유는『조선어사전』이 조선어학회의 사전 편찬 사업이 진행되던 중간에 시작되어 조선어학회 사전에 앞서 출간되었기 때문이다. 그러나 결과적으로 문세영의『조선어사전』은 조선어학회의『큰 사전』이 완간된 1957년까지 20여 년 동안『큰 사전』의 빈자리를 채웠다는 점에서 그 의미는 부정할 수 없다.

『조선어사전』이 나온 1938년은 조선어학회가 조선어사전 편찬을 시작한 지 10년째 되던 해였다. 그러나 그때까지도 조선어사전이 언제 출판될지 장담할 수 없는 상황이었다. 사전을 완성한다는 게 그만큼 어려웠고, 일제의 침략 전쟁이 노골화되면서 시국의 변화를 예측할 수 없었던 시절이었기 때문이다. 그런데 문세영은 단독으로 10만 어휘를 수록한『조선어사전』을 세상에 내놓았다. 다음 기사를 통해 사전에 자신의 모든 것을 바친 문세영의 집념을 엿볼 수 있다.

중학시대부터 일상 조선말에 대한 관심이 컸으나 어데 하나 책으로서 밝혀 준 것이 없음에 은연히 발분하여 동양대학 시대부터 이것을 이루어보겠다는 결심을 굳게 하여 한 가지 두 가지 어휘를 모으기 시작한 것이 어느 정도로 끝나매 그것을 정리하기 위하

---

26 문세영의 생몰년은 박용규(2011)에 의거했다.

여 재직 중이던 배재고보 교편까지 버리고 재산 전부를 팔아서 은행에 넣고 감꼬치 빼어먹듯 하며 삼 년을 작정하고 들어앉아서는 하루 평균 네 시간의 수면으로써 밥도 제때에 못 먹고 오로지 일심정력을 다하여 한 것이 예정의 시일을 넘어 범 오 년이 걸리어 끝났으나 누구 하나 선뜻 나서서 출판해 줄 이가 없어 이중의 고난을 당하였었단다.[27]

문세영의 『조선어사전』은 『한글 마춤법 통일안』(1933)을 표기의 기준으로, 『사정한 조선어 표준말 모음』(1936)을 어휘 선정의 기준으로 삼았다. 『조선어사전』이 간행됨으로써 비로소 우리말 규범을 사전을 통해 확인하고 사전을 이용하여 우리말을 규범에 맞게 쓸 수 있는 길이 열리게 된 것이다. 또 『조선어사전』의 형식 체계와 기술 방식은 이후 간행된 국어사전의 모델이 되었다.

표제어에 '메어-치다'처럼 형태분석 결과(-)를 표시한 점, '-하다'가 붙어 만들어진 복합어는 어근 명사의 뜻풀이 뒤에 문법 형태(-하다)만을 표시하여 수록한 점, 철자와 발음이 다른 것은 '놓다(노타)'처럼 괄호 안에 발음을 표시한 점, 명사 표제어의 풀이말은 명사형으로, 동사 표제어의 풀이말은 동사형으로 끝을 맺는 방식으로 체계화한 점[28] 등은 문세영의 『조선어사전』에서 선보인 방식이자 현대 국어사전이 채택하고 있는 방식이다. 현대 국어사전의 틀이 문세영의 『조선어사전』에서 비롯되었고, 『조선어사전』부터 우리말사전이 체계를 갖추기 시작했다고 말할 수 있는 것이다.

그런데 특별히 주목해야 하는 것은 문세영의 『조선어사전』이 조선어학회의 『큰 사전』과 유사한 편찬 방식을 보인다는 점이다. 이는 문세영이 조

---

27 『동아일보』, 1939. 1. 1.
28 개다 '自' 비가 그치고 구름 안개가 흩어지다.
  감동感動 '名' 마음에 깊이 느끼는 것. [- 하다 '他']

선어학회의 어문정리 결과만이 아니라, 당시 편찬 중이던 『큰 사전』의 편찬 원칙을 참조했다는 것을 말해 준다. 문세영이 조선어학회의 사전 편찬 사업을 지휘하고 있었던 이윤재의 도움을 받아 사전을 편찬했다는 점에서 이는 어찌 보면 당연한 결과라 할 수 있을 것이다. 그러나 바로 이러한 점 때문에 『조선어사전』은 출판 이전에도 조선어학회의 견제를 받았고, 출판 이후에는 이윤재의 작업을 도용했다는 비난까지 받는다.

"그래 출판은 어떤 경로로 하시게 되었습니까?"

"출판입니까? 그게 또 눈물이 납니다. 처음 카드가 완성된 다음 환산 이윤재 씨게 이것을 갔다 뵈었습니다. 그리고 이것을 어떻게 출판해 달라고 부탁을 했습니다. 그 분은 조선어학회의 간부이기 때문에 조선어학회에서 어떻게 출판하여 주실 수가 없을까 한 때문이었습니다. 그러나 이윤재 씨는 간사회 결과 부결되었다고 하십니다. 그리고 그것을 조선어학회 내 조선어사전편찬회에 기부해 줄 수 없느냐는 것이었습니다. 물론 기부해도 좋았겠지만 그 방대한 사전 언제 나올지도 모르는 것이므로 위선爲先 이것을 간행하는 것도 의의 있는 것 같아 그만 파의破意가 되었습니다. 그러나 여기저기 말해야 세상에 나오기는 대단히 어렵게 되었습니다. 그러다가 박문관 주 노익형 씨와 우연히 이 말이 있게 되었는데 노 씨는 조선어학회와 같은 태도로써 사전을 편찬했으니만큼 그 회의 감수로써 하는 것이 대외적으로 나을 것이라 하여 감수를 청했습니다. 그런데 조선어학회에서는 무슨 이유인지 이를 응해 주지 않고 오직 이윤재 씨만이 친히 이것을 교정해 주시고 또 여기 간접직접으로 후원을 해 주어서 이 책이 이 세상에 나오게 되었습니다."[29]

위의 인터뷰를 보면, 문세영은 조선어학회 간사였던 이윤재를 통해 조선어학회에 사전 출판을 주선해 줄 것을 부탁했음을 알 수 있다. 그러나 조선

---

29 특파기자 취재록, 『조광』, 1938. 9.

어학회는 문세영의 원고를 조선어사전편찬회에 기부할 것을 요청했다. 또 문세영은 사전 편찬의 기본적 관점을 조선어학회의 것에서 취한 만큼 조선어학회가 『조선어사전』의 감수를 맡아 줄 것을 요청하기도 했다. 그런데 조선어학회는 이마저 거부했다. 가장 큰 이유는 조선어학회가 당시 조선어사전을 편찬하고 있었기 때문일 것이다.

조선어학회가 1940년에 조선총독부 검열 당국으로부터 조선어사전 출판을 승인받았다는 사실을 볼 때, 문세영의 『조선어사전』이 출판된 1938년은 조선어학회의 사전 편찬 사업이 막바지에 다다른 시기였다고 볼 수 있다. 그러니 조선어학회에서는 문세영에게 거족적 사업에 동참할 것을 요구할 수도 있었다. 더구나 문세영은 조선어학회 회원이었고 맞춤법과 표준어 제정 위원이었다. 그러나 사전 편찬에 인생을 건 문세영으로서는 이런 요청을 받아들일 수 없었을 것이다. 당연히 조선어학회의 반응은 싸늘했고, 일부 사람들은 문세영이 공명심에 눈이 멀었다고 비난했다. 더구나 『조선어사전』이 이윤재의 도움을 받은 사전이었다는 점은 두고두고 『조선어사전』의 의의를 폄하하는 꼬투리가 되었다.

> 환산(이윤재의 호)이 그날그날의 격무에 부닦이며, 밤이면는 집에서 사전편찬을 위한 카드를 작성하고 있었는데, 이것을 안 청람 문세영 씨가 매일 밤 환산댁을 내방하여 작업을 함께 하던 중, 일의 진척이 상당한 정도에 이르렀을 때에, 청람은 환산과 관계를 끊고 자기 단독의 명의로 『조선어사전』을 출판하였다. 그 재료나 원고(카드)의 태반은 실로 환산의 손으로 되었던 것이다. 그럼에도 불구하고 청람으로부터 하등의 인사말이나 사례를 받아 보지 못한 환산은 고약한 친구라고 분개한 일이 있었다.[30]

---

30 이희승, 인간 이윤재, 『신태양』, 1957.

이희승의 증언을 제외한다면 이윤재가 정말 문세영을 비난했는지 확인할 수 있는 길은 없다. 이윤재는 문세영과 관련한 소회를 밝힌 글을 남기지 않았다. 그러나 문세영이 『조선어사전』의 머리말에 이윤재에 대한 감사의 뜻을 특별히 밝힌 걸 보면, 문세영이 이윤재의 자료를 도용할 정도로 파렴치한 행동을 한 것 같지는 않다. 이윤재 또한 조선어학회에서 편찬하고 있는 대사전 외에도 다양한 규모와 용도의 사전이 출판되는 게 자연스럽고도 바람직한 일이라고 여겼기 때문에 문세영의 작업을 도왔을 것이다. 여러 기록을 종합하면, 이윤재와 문세영은 『조선어사전』의 체제를 결정할 때부터 원고를 완성할 때까지 상당히 오랫동안 일을 같이했다. 따라서 이윤재의 도움은 단순한 도움이 아니라 사전을 완성하는 데 결정적으로 기여했을 정도의 도움이라고 봐야 할 것이다.[31]

우여곡절 끝에 나온 사전, 그 사전 때문에 생긴 갈등과 오해와 오명. 그러나 문세영에 대한 평가가 언제나 박했던 것은 아니었다. 해방 후 조선어학회에서는 일제강점기에 출판된 우리말 관련 저술 중 3대 저술의 출판을 특별히 기념했는데, 문세영의 『조선어사전』이 최현배의 『우리말본』(1937), 김윤경의 『조선문자급어학사』(1938)와 더불어 일제강점기에 출판된 3대 저술에 뽑혔다. 그 후에도 문세영은 최현배, 김윤경, 양주동梁柱東 등과 함께 우

---

31 『조선어사전』이 문세영의 사전으로 간행된 것은 이 사전을 문세영이 기획했고 사전 편찬 기간 동안 문세영이 이윤재에게 일정한 사례를 했기 때문일 것이다. 사정이 이러한데도 문세영에 대한 오해가 사라지지 않는 것은 무슨 이유에서였을까? 이희승의 증언을 근거로 추측해 보면, 사전 출판 후 반응이 예상외로 뜨거웠지만 문세영이 이와 관련하여 이윤재에게 특별히 감사의 인사를 하거나 사례를 하지 않은 것 때문이라 할 수 있다. 더구나 『조선어사전』이 출판된 시점이 이윤재가 수양동우회 사건으로 2년의 옥고를 치르고 출옥한 때였으니 사정을 아는 주변 사람들은 문세영이 야박하다고 했을 것이다. 문세영의 사전 발간과 관련한 논쟁의 전말은 최경봉(2005), 박용규(2011)에서 다루고 있다.

리말을 빛낸 저술을 한 인물로 추앙받았다. 그만큼 문세영의 『조선어사전』
이 우리 사회에 끼친 영향이 컸고, 조선어학회 또한 이를 인정하고 있었음
을 알 수 있다.

『조선어사전』 출간 후 문세영은 계속해서 사전을 다듬었으며 수차례 개
정판을 냈다. 1957년 이전까지는 문세영의 사전을 제외하면 대중이 참고할
수 있는 사전은 이윤재의 『표준 조선말사전』(1947) 정도뿐이었다. 이를 보
면 문세영이 해방 이후 국어 정립의 시기에 했던 역할을 미루어 짐작할 수
있을 것이다.

철자법 통일

조선어학회는 1921년 조선어연구회로 출범할 당시부터 철자법 개정에 관
심을 기울였다. 조선어학회가 주력했던 조선어강습회는 철자법 개정의 필
요성을 환기하는 장이었으며, 조선어학회 창립을 주도했던 이병기, 신명균
등은 교육 현장에서 철자법 개정의 필요성을 조선어 교사들과 더불어 공유
했다. 이때 조선어학회가 의도했던 철자법 개정은 조선총독부의 철자법을
대한제국 국문연구소의 철자법 원칙으로 회귀시키는 것이었다.[32] 그 최종
적인 결과물이 1933년에 조선어학회가 발표한 『한글 마춤법 통일안』이다.

철자법 개정의 필요성을 제기하던 조선어학회가 철자법 문제에 적극적
으로 개입하기 시작한 것은 조선어사전 편찬 사업이 시작되면서부터다. 철
자법의 확립은 사전 편찬의 가장 기본적인 과제였기 때문이다. 여기서 특기

---

32 조선총독부는 애초에 음소주의 철자법(소리대로 쓰는 것을 원칙으로 하는 철자법)을 원칙으로
   삼았지만, 조선어정책에 조선어학회가 적극적으로 개입하면서 조선어사전 편찬 사업이 진행되
   는 동안 국문연구소 의정안에서 채택한 바 있는 형태주의 철자법으로 전환하게 된다.

할 일은 1920년 편찬된 조선총독부『조선어사전』에 채택된 철자법을 조선어학회가 인정하지 않았고, 이 때문에 철자법을 확립하고 사전 표제어의 형태를 결정하는 별도의 절차가 필요했다는 사실이다. 1930년 조선총독부가 조선어학회의 주장에 근접하게 개정된 신철자법을 공표하자, 조선어학회는 철자법 확정을 위해 별도의 연구회를 잇달아 개최한 끝에 1933년 조선어학회의 이름으로『한글 마춤법 통일안』을 발표한다. 이는 1930년에 이루어진 철자법 개정의 원칙이었던 형태주의를 강화한 안이었다. 1930년의 신철자법은 한일병합 이후 조선총독부에서 진행한 철자법 개정의 원칙이 근본적으로 뒤바뀐 것이라는 점에서 주목을 받았다.[33]

1912년 표음주의를 바탕으로 한 조선총독부의 보통학교용 철자법은 받침을 10개(ㄱ ㄴ ㄹ ㅁ ㅂ ㅅ ㅇ ㄺ ㄻ ㄼ)만 인정하고 있어, 형태주의 원칙에 근거한 국문연구소의 안案[34]을 부정하는 것이나 다름없었다. 이 때문에 조선어학회는 철자법 개정을 끊임없이 요구했으며, 조선어사전 편찬을 계기로 본격화된 철자법 개정 요구는 1930년 조선총독부 철자법의 개정으로 이어졌다.[35] 개정된 철자법에는 기존의 10개 받침에 새로 'ㄷ ㅌ ㅈ ㅊ ㅍ ㄲ ㄳ

---

33 조선총독부의 주도로 진행된 철자법 개정의 경과와 맥락에 대한 자세한 논증은 미쓰이 다카시 (2013)를 참조할 수 있다.

34 형태주의 철자법의 중요한 특징 중 하나는 새 받침에 있었는데, 새 받침은 소리와 관련 없이 쓰이는 받침으로 'ㄷ ㅌ ㅈ ㅊ ㅎ ㄲ ㄹ ㄲ ㄳ ㄺ ㄻ ㄽ ㅄ ㄵ ㄾ ㄳ' 등을 말한다. 국문연구소의 논의에서는 주시경의 형태주의 철자법 안에 대해 어윤적, 권보상, 윤돈구 등이 이를 수긍했고, 이능화, 송기용, 이민응 등이 비고로 두자고 했으며, 지석영이 반대했다. 주시경은 철저한 논거를 바탕으로 국문연구소 위원들을 설득했으며, 결과적으로 국문연구소의 최종 결론은 주시경의 안으로 확정된 것이나 다름없었다. 이 과정에 대한 자세한 설명은 김민수(1973), 이기문(1970)을 참조할 수 있다.

35 1921년 조선총독부는『조선어사전』출판에 맞춰 일부 철자법을 개정하는데, 이때 철자법 개정을 담당했던 철자법 조사회에 조선어학회 회원이던 최두선, 권덕규 등이 참여하여 형태주의 철자법으로 개정할 것을 요구하지만 받아들여지지 않는다. 하지만 1930년 개정안 심의 시에는 장지영, 권덕규, 정열모, 최현배, 신명균, 심의린 등 조선어학회 회원들이 심의위원으로 대거 참여한다.

ㄲ ㄲ ㅃ' 등이 추가되었다. 받침과 관련한 개정만 보더라도 이는 국문연
구소 결정안으로의 회귀를 의미한다. 그리고 조선어학회는 1930년의 개정
안을 수정하여『한글 마춤법 통일안』을 완성했다. 이때 1933년 맞춤법통일
안의 받침으로 'ㅋ ㅎ ㅆ ㄶ ㄲ ㄲ ㅁ' 등이 새로 추가되었는데, '낡'과 같은
새로운 형태를 추가한 것은 국문연구소의 형태주의 철자법을 더욱 강화하
는 의미를 띠고 있었다.

그렇다면 조선총독부는 왜 조선어학회가 주장하는 철자법을 받아들일
수밖에 없었을까? 조선총독부가 조선어학회의 요구를 들어줄 수밖에 없었
던 결정적인 이유는 조선어를 필수과목[36]으로 두고 있는 이상 조선어학회
를 지지하는 대다수 문학인과 조선어 교사들의 철자법 개정 요구를 무시할
수 없었기 때문이었을 것이다. 조선어학회는 조선어 교사들이 주축이 되어
설립되었으며 조선어 교사들에게 절대적인 영향을 미쳤다. 조선어교육 방
법론에 대한 지상토론은 대부분 조선어학회 기관지인『한글』을 통해 이루
어졌다. 1930년 철자법 논쟁이 불붙기 시작했을 때부터 조선어학회는 조선
어학연구회[37]와의 치열한 대립을 조선 문학인들과 조선어 교사들의 지지를
통해서 돌파해 나간다. 이는 조선어학회의 활동이 어떤 힘을 바탕으로 이루
어졌는지를 상징적으로 보여 주는 사건이었다.

다만 조선총독부가 1937년 이전까지 조선어 문화 활동의 확대에 강력한
제재를 하지 않았고, 조선어학회 또한 조선총독부 학무국의 권위에 기대 철

---

36 조선어가 필수과목에서 선택과목으로 전환된 것은 1938년이다. 조선어를 제외한 모든 교과목
   이 국어인 일본어로 교수되는 상황에서 선택과목으로 지정한 것은 곧 조선어 교육의 폐지를 의
   미했다.
37 윤치호와 박승빈이 주도한 조선어 연구 단체. 표음주의를 기본으로 하는 박승빈의 철자법을 관
   철하기 위해 1931년 조직되었다.

자법의 전환을 꾀한 것은, 상황에 따른 전술적 선택의 성격이 강하다.

표음주의에서 형태주의 표기법으로의 전환이 반드시 발전이라고 보기 힘들다는 점에서 조선어학회의 승리는 옛 표기 원칙의 회복이라는 차원에서 의미를 부여할 수 있다. 그러나 여기에서 주목해야 할 것은, 조선어 문화 운동을 추진할 주도 세력을 조선의 문학인들과 민족운동 세력이 직접 선택했다는 사실이다. 그리고 조선어학회가 민족주의적인 관점에서 언어 문제를 본 단체였다는 점에서 조선어학회의 승리는 단순히 옛 표기 회복의 차원을 뛰어넘는 의미가 있었다. 철자법 개정을 통해 이룬 조선어학회의 승리는 결과적으로 조선어 문화 운동을 활성화하는 중요한 계기가 되었기 때문이다.

표준어 제정

표준어 제정은 앞서 언급한 조선어사전 편찬과 밀접히 관련되는 문제였다. 조선어 주석을 갖춘 조선어사전을 편찬하는 일이나 이를 위해 표준어를 제정하는 일이 조선어학회의 주도로 이루어진 것을 보면, 조선어학회의 활동이 국어 정립이라는 과제에 근접해 있었음을 알 수 있다. 그러나 1936년 10월 28일 표준어사정안, 책 이름으로는 『사정한 조선어 표준말 모음』을 발표한 이후 조선어학회의 대중 집회가 금지되고 조선총독부의 국어 상용화 정책이 더욱 강압적으로 진행되어 표준어의 보급은 원천적으로 차단되었다. 일본어 상용화를 추진하는 조선총독부로서는 일본어 교육의 편의상 한글이 필요할 수도 있었지만,[38] 표준어는 무의미한 것이었다.

---

38 조선총독부는 속성 일어학교를 설치하여 일본어를 보급하면서도 교육과정에 약간의 조선어 시간을 배당한다. 이는 일본어 발음 표기를 한글로 하는 것과 같이 일본어 교육에 간접적으로 활

그런데 1912년 확정된 「보통학교용 언문철자법」에는 "경성어를 표준으로 함"이라는 현대 표준어 규정의 총칙이 된 기본 문구[39]가 나와 있는데, 이런 사실을 보면 조선어학회의 표준어 제정 원칙은 조선총독부의 조선어정책을 따른 것으로 볼 여지가 있다. 그러나 제Ⅱ부에서 설명했듯이 표준어 문제는 1912년 이전부터 언문일치를 위한 문법을 기술하려는 문법가들에게 중요한 문제였다. 이는 문법서가 기술할 대상 언어를 어떤 것으로 정할 것인지와 연결된 문제였기 때문이다.

한일병합 이전부터 조선인들에게 공통어는 '두루 쓰이는 서울말'이라는 인식이 있었고, 이는 근대 출판물을 통해 어느 정도 공유되고 있었다. 따라서 「보통학교용 언문철자법」에 나온 "경성어를 표준으로 함"이라는 표준어 규정이 공통어의 범위를 새롭게 확정 짓는 것은 아니었다. 「보통학교용 언문철자법」이 나오기 이전인 1911년에 최초의 국어사전인 『말모이』 편찬 작업이 시작되었고, 『말모이』에서의 뜻풀이 어휘 선정 원칙이 '듣기 좋은 말'이었음을 보면, 공통어로서 서울말에 대한 일반의 인식이 성문화된 규정과 상관없이 존재했음을 말해 준다.

오히려 조선어학회의 표준어 사정안은 '서울말'로 공통어의 범위를 정하는 것보다는 '바른 본'으로 표준을 정하는 데 방점이 찍혀 있다. 이러한 원칙은 『말모이』에서 '듣기 좋은 말'로 두루뭉술하게 표현되었지만, 김두봉에 이르러 좀 더 엄밀하게 규정된다.

용할 목적이었다.

39 1912년에 확정된 「보통학교용 언문철자법」에서 "경성어를 표준으로 함"이라는 원칙은, 일본에서 근대 어문 규범을 만들 당시 사용되었던 기준을 본으로 삼아 명문화한 것으로 볼 수 있다.

『조선말본』(1916)의 '알기'

– 이 글은 이제에 두로 쓰이는 조선말 가온대에 그 바른 본을 말한 것이니라.
– 이 글은 서울말을 마루로 잡았노라. 그러나 이 도본에 맞지 아니한 것은 좋지 아니하엿노니 이를터면 [더우니]를 아니 좋고 [덥으니]를 좋은 따위니라.

『깁더 조선말본』(1922)의 붙임 '표준말'의 일부

표준말 잡는 조건을 대강 말하고 이 다음에는 요사이 가장 흖이 쓰이는 낱말을 모아서 표준을 덩하려고 식자까지 하여 두고 부득이한 사정이 생겨서 이것을 박지 못하니 애석하고 미안한 일이라.

조선어학회 활동에 많은 영향을 미친 김두봉의 견해는 표준어 정책에 대한 조선어학회의 입장을 잘 보여 준다. 여기서 주목해야 할 사항은 첫째, 공통어(흔히 쓰이는 말)를 바른 본에 따라 정리하려 한 점, 둘째, 표준말 목록을 제시하려 한 점이다. 김두봉이 이전에 『말모이』 편찬 작업을 주도했었고 그 이후에도 사전 편찬을 준비했다는 점에서 표준어에 대한 김두봉의 관심은 사전 편찬을 염두에 둔 것이라 할 수 있다. 이는 표준어 사정 작업을 조선어 사전 편찬을 위한 사전 작업으로 진행시킨 조선어학회의 결정과 같다. 사전 편찬 작업의 일환으로 진행된 표준어 제정은 하나하나의 어휘를 대상으로 이를 평가하여 확정하는 방식으로 이루어졌다.[40]

이런 점에서 보면 공통어의 범위가 자연스럽게 결정된 상태에서 진행된 조선어학회의 표준어 사정은 서울 중심의 언어를 표준으로 확정 짓는 것보다는 바른말을 확립하는 일이라 할 수 있다. 즉 일상적인 '더우니'보다 '덥

---

40 표준어 사정안 발표회에서 이윤재는 '데익다'와 '설익다'를 구분하는 예를 들면서 표준어 사정의 어려움을 말했는데, 이는 곧 사전 뜻풀이의 어려움이기도 하다. '데익다'는 '익은 듯하되 익지 않은 것'을 뜻하지만, '설익다'는 '반쯤 익은 것'을 뜻한다는 걸 밝힘으로써 각각을 표준어로 정했다는 뜻이기 때문이다.

'으니'로 써야 한다는 김두봉의 주장은 질서 정연한 표준어를 이상으로 삼았던 이들의 생각을 단적으로 나타내는 것으로, 김두봉이 조선어학회에 끼친 영향을 고려할 때 이것이 곧 조선어학회의 이상이었음은 쉽게 추정할 수 있다.[41] 조선어학회가 철저한 형태주의 철자법을 고수한 것 역시 질서 정연한 표준어를 지향한 것과 같은 맥락에서 이해할 수 있다.

그렇다면 표준어의 정립을 위해서는 언어의 가공이 필수적일 수밖에 없는데, 언어학적 규칙의 이해를 전제로 하는 언어 가공 작업은 "어문정리가 조선어의 법칙에 능통한 조선어학자의 주도로 이루어져야 한다"는 논리가 되었다. 이 논리는 언어의 규범화를 학술적 논쟁의 대상으로 몰고 간 부정적인 측면이 있었지만, 조선총독부가 편찬한 『조선어사전』의 가치를 평가 절하하는 논리가 되었다. 조선총독부의 사전은 표준어를 제시한다기보다는 당시 많이 쓰이는 동의어들을 특별한 기준을 제시하지 않고 모두 수록하는 경향을 보였다.[42] 이극로의 다음 언급을 볼 때, 이는 표준어 정립을 포기하는 것으로 비칠 수밖에 없었다.

음운과 어감을 위하여 복표준어의 필요를 생각할 수도 있다. 그러나, 그것은 의논과 실제가 다 맞지 아니한다. 만일 음운과 어감을 위하여 복표준어를 둔다면, 그 목적을 위하여는 2개 이상 얼마든지 둘 수가 있을 것이니, 필경에는 표준어가 없다는 말 밖에

---

41 이러한 태도는 1930년대 서울말에서 진행된 움라우트 현상을 인정하지 않고 '곰팡이, 지팡이, 삭이다, 아끼다' 등을 표준어로 한 것이나, 다의적 단어를 '가르치다敎'와 '가리키다指'라는 별개의 단어로 독립시킨 것 등에서도 확인할 수 있다. 이에 대한 설명은 최전승(2001)이나 최경봉(2006ㄷ)을 참조할 수 있다.

42 『조선어사전』(1920)에는 '다리脚, 橋'가 '대리'와 동등한 자격으로 수록되어 있고, 칩다(치워, 치운), 춥다(츠워, 츠운), 추웁다(추워, 추운), 춥다(추워, 추운), 치웁다(치워, 치운) 등과 같은 다섯 개의 이형태들이 동등한 자격을 보유한 표제어로 등록되어 있을 뿐만 아니라 그 활용형까지도 함께 제시되어 있다.

남을 것이 없다. 만일 시인이 음운을 가릴 필요가 있는 때에는 자기가 쓰고저 하는 말의 유사어를 취하는 법이다.[43]

한편 국가 권력과 독립적으로 조선어의 표준을 확립하고 이를 대중 집회를 통해 전 민족에게 공포한 것에서는 조선어사전편찬회 결성에서 본 조선어학회의 대중 노선을 다시금 확인할 수 있다.[44] 그리고 이러한 활동은 일본어가 국어인 언어 환경에서 조선어의 위상 문제를 새롭게 제기했다는 점에서 그 의미를 찾을 수 있다. 즉 표준어의 제정은 현실적으로 고착화된 조선어와 일본어의 위계에 대한 문제제기이며, 조선어를 명실상부한 공용어로 만들겠다는 의지를 천명하는 것이었기 때문이다.

조선어학회와 조선어교육: 심의린과 조선어 교사

근대 초기 교사들은 새로운 시대를 설계하고 만들어 나간 지식인들이었다. 시대가 교사들에게 요구하는 바가 컸고, 시대를 의식한 교사들은 지식의 전달자에 머물 수 없었다. 교사들은 교육 현장에서 문제의식을 싹 틔우고 이를 점검하면서 지식 생산자로서의 역할을 했다. 이 시기 조선어 교사들의 활동은 특기할 만하다. 조선어 교사들은 학생들에게 우리말과 우리글을 가르쳤고, 더불어 우리말을 연구하고 정리하는 일에 앞장섰다. 우리말을 보급하고 연구하고 정리하는 일에서 교사들의 역할은 절대적이었다. 일제강점기 우리말 운동의 기지였던 조선어학회도 조선어 교사들의 요구와 참여가

---

43 이극로, 표준어와 사전, 『한글』, 1937.
44 표준어를 대중 집회를 통해 공포한 것은 조선어학회의 표준어 사정안 발표회가 유일한 것으로 보인다. 이러한 일이 가능했던 것은 대중적 지지를 통해 권위를 확보해 온 조선어학회의 독특한 활동 방식 때문이었을 것이다.

없었다면 결성되지 못했을 것이다. 그런데 조선어 교육방법론을 세우는 것 또한 교사들의 중요한 임무였다. 이런 점에서 심의린沈宜麟이란 조선어 교사는 국어교육학적 관점에서 주목할 필요가 있다.

심의린의 첫째 업적은 학습용 사전을 편찬했다는 데에서 찾을 수 있다. 조선어사전 없이 조선어교육을 한다는 건 어려운 일이었기 때문에 조선어 교사들은 일찍부터 사전의 필요성을 절감했고 일부 교사들은 개인적으로 사전 편찬을 하기도 했다. 대부분이 어휘집 수준에 머물렀고 교육 현장에서만 임시로 사용되곤 했지만, 교사들의 사전 원고는 조선어사전 편찬 사업을 촉진할 만큼 의미 있는 것이었다. 한 예로 개성고보 조선어 교사 이상춘李常春(1882~?)이 편찬한 사전 초고가 조선어사전편찬회에 기부되어 활용되었다는 건 널리 알려진 사실이다.

그런데 사전 편찬과 관련하여 심의린이 주목받는 것은, 그가 일반 조선어사전과 학습용 조선어사전의 차이를 의식했고 교육적 필요에 부응할 수 있는 학습용 사전을 편찬하고자 했다는 점 때문이다. 학습용 사전이 없던 상황에서 심의린은 스스로 학습용 사전의 체제와 형식을 고안했다. 그리고 교사 생활을 시작한 지 8년 만에 『보통학교 조선어사전普通學校朝鮮語辭典』(1925년)을 출간한다. 『보통학교 조선어사전』의 성격은 이미 그 사전의 제목에 잘 나타나 있다.

심의린이 만든 『보통학교 조선어사전』은 6,106개의 표제어가 실린 소사전이다. 이 사전에서는 『보통학교 조선어독본』에서 사용된 어휘를 기본으로 표제어를 선정했고 여기에 신문이나 잡지에서 발췌한 어휘를 일부 보충했다. 교과서에서 선정한 표제어의 경우 그 단어가 처음 나타나는 교과서의 권수와 과를 제시했는데, 제2권 제3과에 처음 나온 표제어의 경우 '二, 三'과 같이 표시했다. 조선어독본을 학습하기 위해 만든 사전임을 철저히 의식하면서 사전을 편찬한 것이다. 이처럼 학습용 사전을 목적으로 편찬했기 때문에 『보통학교 조선어사전』은 다른 사전과 여러 면에서 다르다. 보통학교 학생의 수준과 교육 현장에서의 요구를 고려하여 사전을 편찬하다 보니 기술 방식이 독특해졌던 것이다.

심의린은 이 사전에 품사나 발음 정보를 기록하지 않았다. 그리고 '먹게, 먹소, 먹어라, 먹엇나, 먹엇느냐, 먹이라고, 먹힐가' 등처럼 활용형 각각을 표제어로 올리기도 했다. 이러한 관점에서 '덥허눌녓소', '이긔지못하얏소' 등과 같은 구절을 표제어로 수록하기도 했다. 뜻풀이에서도 이 사전의 특징을 찾을 수 있는데, 교과서에서 그 단어가 쓰인 맥락을 고려하여 뜻풀이를 했다. 한 예로 '먹힐가'라는 단어의 의미를 "① 죽을가 ② 먹힘이 될가"로 풀이했는데, ①에 제시한 의미는 교과서의 특정 맥락에서 나타난 의미일 가능성이 높다.

이런 점을 부각하다 보면, 이를 『보통학교 조선어사전』의 특징이 아니라 『보통학교 조선어사전』이 일관성과 체계성이 떨어진다는 증거로 볼 수도 있을 것이다. 그러나 이 사전을 학습용 사전으로 만들었다는 취지를 염두에 두면, 이런 기술 방식이 나름대로 학습자의 수준과 교육적 요구를 반영한 것임을 이해할 수 있다. 더구나 이중어사전을 제외하고는 제대로 된 조선어 사전이 없던 시절이었음을 감안한다면, 조선어 교육을 목적으로 한 학습용 사전을 편찬한 것은 국어사전 편찬사에서 분명 의미 있는 일이었다.

심의린의 연구는 이처럼 철저하게 조선어 교육을 염두에 둔 것이었다. 조선어 교육의 일환으로 『보통학교 조선어사전』을 편찬한 심의린은 마찬가지의 목적으로 조선어문법서를 저술했다. 따라서 심의린의 문법을 평가할 때에는 항상 그가 문법교육을 목적으로 문법서를 저술했음을 고려해야 할 것이다.

심의린이 저술한 『중등학교 조선어문법中等學校朝鮮語文法』(1936)의 체제와 내용을 보면 그가 철저하게 문법교육을 염두에 두고 문법서를 저술했음을 알 수 있다. 심의린은 이 책의 서언에서 "본서는 문법상의 기초지식을 습득케 함을 목적으로 하야 법칙과 이론을 간명히 하고 구체적 실례를 주로 한 것이다"라고 밝혔다. 이 말을 통해 문법서 저술에 임하는 그의 태도를 분명히 알 수 있다. 이 책에서 고안한 여러 장치 중 문법교재로서의 특성을 잘 드러내는 부분은 '연습란練習欄'이다. 이 난은 문법에 대한 설명이 끝나고 난 뒤 학생들이 문법지식을 이해했는지 점검하기 위해 만든 것으로 보이는데, 이 연습문제가 실제 문장 혹은 텍스트를 분석하도록 한 것이란 점이 흥미롭다.

또 심의린은 조선어 교사로서 우리말 교육방법을 특별히 고민했던 인물이다. 당시 조선어과의 교육방법론에 대한 글을 쓰고 조선어과의 교과 지도안을 작성해 학술지에 게재하는 등의 활동을 가장 활발히 한 사람은 심의린이었다.

경성사범학교 부속학교에 근무하던 시절, 심의린은 이 학교 교사들이 주축이 된 조선초등교육연구회에서 활동한다. 그는 이 연구회의 기관지인 『朝鮮の敎育硏究』에 조선어과목의 교육방법과 관련한 글을 다수 게재했다. 일본어로 작성한 글이었지만, 경성사범학교의 위상을 생각할 때 전국 각지의 조선어 교사들이 이를 참조했을 가능성이 높다. 그런데 그는 교육방법과 관련한 글을 조선어학회 기관지인 『한글』에도 게재했다. 『朝鮮の敎育硏究』에 수록된 글에 비해 그 수가 적지만, 심의린이 자신의 지도안을 조선어로 발표하는 일에 신경을 썼음을 알 수 있다. 그가 『한글』에 연재한 '보통학교 조선어독본 지도례'는 수업의 진행 순서와 방식을 구체적으로 기록한 것이어서 교사들에게 직접적으로 도움이 되었을 것이다.

심의린은 교육방법론을 깊이 고민했던 교사였기에 새로운 방법론을 도입하는 데에도 관심이 많았다. 한 가지 특기할 것은 그가 조선어 교육용 음반을 제작하는 데 관여했다는 점이다. 『오케-教育레코-드朝鮮語』[45]가 그것인데, 이는 보통학교 학생들이 조선어독본을 직접 낭독한 것을 음반으로 취입한 것이다. 이 음반의 제작 과정에서 심의린은 낭독법 지도를 맡았고, 조선어학회에서 활동한 음성학자 정인섭鄭寅燮(1905~1983)은 재료 선택 및 음성 지도를 맡았다. 사실 이와 같은 교육용 음반 제작 사업은 일본어를 교육하는 데 활용하기 위해 시작되었다. 그런데 심의린과 정인섭은 이 매체를 조선어 교육에 활용했던 것이다. 조선어학회는 이처럼 교육용 음반 제작에 적극적이었는데, 이는 조선어학회가 이 매체를 조선어 교육의 효율성을 높이는 데뿐만 아니라 표준어를 보급하는 데에도 활용하고자 했기 때문이다.[46]

이처럼 심의린은 새로운 교육 방법을 개발하는 데 적극적이었으며, 교육 방법을 모색하는 과정에서 우리 문학사에도 중요한 업적을 남겼다. 그것은 전래동화집인 『조선동화대집朝鮮童話大集』의 편찬이다. 심의린이 전래동화에 관심을 갖게 된 것은 조선어독본의 자료를 모으기 위해서였다. 심의린은 1926년 우리말로 된 최초의 전래동화집인 『조선동화대집』을 직접 편찬했다. 그전까지 우리말로 된 전래동화집이 없었다는 사실을 생각해 보면, 이 작업의 의의를 충분히 짐작할 수 있을 것이다.[47]

---

45 이에 대해서는 임경화(2012)를 참조할 수 있다.

46 어문교육에서 교육용 음반의 효율성과 표준어 보급과 관련한 기대는 "정인섭, 언어교육과 축음기, 『한글』3-10, 1935"에 잘 나타나 있다.

47 『조선동화대집』에서 우리가 특히 주목해야 하는 것은 심의린이 선택한 동화의 정서이다. 『조선동화대집』에 수록된 전래동화의 상당 부분은 해학과 풍자를 담은 이야기이다. 심의린은 우리 민족의 전통적 감성이 해학과 풍자라고 생각했고 이를 담은 민담을 통해 아이들에게 민족적 감성을 심어 주고자 했던 것이다. 그래서인지 『조선동화대집』의 옛이야기는 화자가 과도하게 개

2.3. 조선어학회와 해외 한국어 연구

이 절에서 다루고자 하는 해외 한국어 연구는 해외 한국어 공동체에서 진행되었던 한국어 연구이다. 해외 한국어 공동체에서 이루어진 한국어 연구는 조선어학회로부터 직간접적으로 영향을 받으며 이루어졌는데, 이를 통해 민족공동체에서의 조선어학회의 위상과 해외 한국어 공동체의 특수성을 알 수 있을 것이다.

해외 한국어 공동체에서의 한국어 연구

근대 국어학이 시대적 과제에 따라 어문 규범화를 위한 연구로부터 시작되었다는 건 앞에서 설명한 바 있는데, 중국, 소련에서 민족공동체를 형성하고 있던 해외 동포들 역시 해당 민족공동체의 문제의식을 발판으로 우리말 연구를 했고 우리말 교육을 진행했다. 이는 모두 공동체의 유지 발전을 위해 우리말을 연구하고 교육했다는 공통점이 있다. 따라서 근대 국어학의 논리가 해외 한국어 공동체의 우리말 연구에 어떻게 투영되었는지를 파악하는 것은 의미가 있다.

소련의 민족공동체에서 이루어진 우리말 연구는 철자법 문제부터 시작하여 문법 전반에 대한 연구로 발전한다. 이때 이를 주도한 인물이 고려인인 계봉우桂奉瑀(1880~1959), 오창환吳昌煥, 류시욱柳時郁(1920~1962) 등이었다. 이들은 소수민족의 자치권이 보장되던 1920~1930년대에 연해주 일대에서 고려인들에게 우리말을 가르치기 위해 우리말을 연구했고 문법 서적

입하여 교훈을 제시하는 경우가 거의 없고, 아이들이 이야기 속에서 자연스럽게 교훈을 터득하도록 배려하고 있다.

과 우리말 교과서를 출판하는 활동을 했다.[48] 그러나 스탈린 집권기에 민족 융합 정책이 추진되면서 고려인들은 소련 정부의 이주정책에 따라 중앙아시아 일대에 분산되었고 자연히 고려인 공동체도 해체되었다. 민족공동체의 해체는 우리말 연구의 기반뿐만 아니라 우리말 연구의 목적과 의미를 근본적으로 바꿔 놓았다. 민족어 정립을 위한 연구가 외국어로서의 한국어연구로 전환된 것이다.

중국의 건국 후부터 조선족 공동체가 정치적 자치권을 획득했음을 감안한다면, 중국의 민족공동체에서 이루어진 우리말 연구의 성격은 해방 이후의 사례를 통해 판단할 필요가 있다. 해방 직후 이루어진 조선족 공동체의 조선어 연구와 교육은 안정적이고 체계적이었다. 이때 중국 조선어학의 기반을 구축한 것과 관련하여 가장 중요하게 언급해야 하는 인물이 리호원李浩源(1891~1978)이다. 연변역사연구소의『중국조선족인물전』(1992)에 따르면, 리호원은 주시경의 조선어강습원에서 고대 조선어와 현대 조선어 문법 강의를 들었으며, 만주에서 '조선혁명당'을 이끌며 항일운동을 한 것으로 기록되어 있다. 그가 조선어 연구의 결과물로 1949년에 출간한『현대조선어에 대하여』는 당시 조선어의 발전 방향을 제시한 것으로 평가된다.[49]

해방 이후 리호원은 연길에서 교육 사업을 하면서 '한문연구회韓文硏究會'를 발기하고 조직했는데, 리호원이 주임을, 김평, 오봉협, 리명순, 성기백, 박로을, 김삼룡, 김유훈 등이 부주임을 맡았다. '한문연구회'가 조선어 교육과 연구를 위한 조직이라는 점을 보면, 해방 이후 중국의 조선어학자들이 독자

---

48 옛 소련 지역 고려인들의 조선어 연구에 대한 자세한 소개는 King(1991)과 고영근(2008ㄱ)을 참조할 수 있다. 특히 당시 고려인 공동체 내에서 진행된 모어규범의 확립을 위한 연구와 치열한 논쟁에 대해서는 고영근(2008ㄱ: 429~459)에 자세히 소개되어 있다.
49 이 책은 현재 전하지 않는다.

적으로 중국 내 조선어 문제를 해결하려 시도했음을 알 수 있다. 이렇게 시작된 조선족자치주의 조선어 연구는 1949년 연변대학 조문학부가 만들어지면서 학문적 체계가 공고해졌다.

그런데 여기에서 특별히 주목해야 할 것은 중국 내 조선어학의 목표와 방향을 결정하는 데 기여한 리호원이 주시경의 조선어강습원에서 수학했다는 사실이다. 이는 이곳의 조선어 연구가 주시경에서 비롯되었다는 것을 말해 준다. 이는 곧 조선어학회의 영향력을 방증하는 것이기도 하다. 그런데 주시경과 조선어학회의 영향력은 일찍이 소련 고려인 공동체의 우리말 연구와 교육과정에서 확인된 바 있다.

계봉우의 삶을 통해 본 해외 한국어 연구의 의미

고려인 공동체의 한국어 연구 중심에는 계봉우桂奉瑀[50]가 있었다. 한일병합 이후 계봉우는 고국을 떠나 간도와 연해주 일대를 무대로 활동했다. 언론인이자 교육자로서 독립운동에 참여하면서 그가 심혈을 기울였던 것은 우리의 역사와 언어를 연구하는 일이었다. 역사와 언어를 이해하지 않는 한 민족의식도 형성될 수 없다고 여겼기 때문이다. 이국땅에서 뿌리내리고 활동했던 만큼 민족의식을 형성하고 유지하는 문제는 그에게 절박한 문제였다. 그런 그에게 우리말을 연구하고 교육하는 일은 어쩌면 숙명이었을 것이다. 1947년 발간된 그의 필사본 문법서 『조선문법朝鮮文法』의 머리말에서 우리말 연구를 숙명으로 삼은 노학자의 마음을 읽을 수 있다.

---

50 桂奉瑀는 자신의 이름을 일관되게 '계봉우'로 표기했다. 이에 따라 여기에서도 그의 이름을 계봉우로 표기한다.

나는 이십여 년의 적공으로서 조선어를 연구하였고, 조선어 교과서도 두 번이나 만들어본 경험이 있었다. 그러므로 이번 편찬[51]에도 사양할 마음이 없었으며, 비록 사양하려고 하여도 사양치 못할 것까지도 또한 스스로 인식하였다. 이러한 관계가 나로 하여금 5학년~10학년까지의 조선어 교수에 대한 설계안을 먼저 작성하고, 그것을 따라서 한 페이지, 두 페이지 점차 쓰기를 시작하였다. 그런데 웬일일까? 조선인 학교에서 조선어를 가르치던 것도 그만 정지되고, 교과서 편찬문제도 그만 정지되었다. (중략) 그렇다고 붓을 정지하려고는 아니하였다. 그 전에부터 겨를만 있으면 쓰려던 것이니까.

게봉우는 강고한 민족의식을 견지하면서 외부 상황의 변화와 관계없이 우리말 연구를 지속했으며, 연구 결과를 우리말 교육에 활용할 수 있도록 준비했다. "겨를만 있으면 쓰려" 했다는 그의 말에서 "민족이 있고 민족의식이 분명한 한 민족어는 유지될 수 있다는 믿음"과 "민족어가 유지되는 한 민족이 유지될 수 있다는 믿음"을 느낄 수 있다. 그런데 그의 강고한 민족의식은 그가 진행하던 우리말 연구의 방향을 결정하는 데 영향을 미치기도 했다. 이는 우리말의 어원을 연구하는 부분에서 도드라졌다.

이제 나는 조선말의 어원을 다른 민족의 말에서 찾으려고 아니한다. 또는 조선화된 한자어에서도 찾으려고 아니한다. 조선사람의 본말 – 한 옛날부터 지금까지 통용하는 순조선말, 한학을 숭배하던 사람들의 이른바 방언의 범위 안에서 그 대체나마 찾으려고 한다. 이것을 생각하면 나 역시 억설 및 오해라는 후세의 조롱을 받지 않을까? 그런 조롱을 받아도 좋고, 받지 않으면 더욱 좋을 것이다.[52]

---

51 카자흐스탄공화국 정부가 조선어교과서의 편찬을 허용함으로써 시작된 교과서 편찬 사업.
52 게봉우, 『조선말의 되어진 법』, 1941.

위에서 인용한 『조선말의 되어진 법』(1941)의 서론을 통해, 게봉우는 우리말을 중국의 한자어에 기대어 설명하는 경향을 강하게 비판하며, 우리말의 기원을 우리말에서 찾겠다는 의지를 피력한다. 그런데 이러한 의지는 그의 표현대로 억설을 낳기도 했다. 한 예로, 그는 '돌을 갈다'와 '밭을 갈耕다'와 '자리를 갈替다'를 들면서 이들 '갈다'가 '돌을 갈다'의 '갈다'에서 기원한 것이라고 주장했지만, 선뜻 받아들이기는 어려운 주장이었다.

게봉우는 역사비교언어학에 대해 어느 정도의 식견을 갖추고 있었던 것으로 보이고 언어유형론에도 관심이 많았다. 그렇다면 조선말의 본말을 조선말에서만 찾는다는 것이 언어학적으로 무리일 수 있음도 알았을 것이다. 그럼에도 불구하고 그는 왜 이러한 시도를 하려 했을까? 민족어의 기원을 찾아 민족 정체성을 확고히 하는 것이 무엇보다 필요했기 때문이었을 것이다. 여기에서 게봉우는 우리말의 가지에서 뿌리까지 또는 뿌리에서 가지까지 더듬어 보며 한줄기의 계통적 관계를 확인해야 한다는 점을 강조했다. 그는 어원 연구를 통해 우리말의 계통적 관계를 확인하고자 했고, 이를 통해 우리 민족의 정신적 기원을 찾고자 했는지도 모른다.

민족어 연구를 숙명으로 받아들이고 민족어 연구를 통해 민족의 정체성을 찾고자 했던 게봉우의 모습은 어문민족주의자 주시경을 연상케 한다. 언어의 규범과 관련한 그의 학설도 주시경의 연구를 모태로 이루어졌다.

우리말은 일정한 규범이 있게 되어진 말이다. 그러나 예전의 사람들은 그 규범에 대하여 생각을 조금도 두지 않았다. 그들이 적어놓은 것을 본다면 단어單語에 있어 어근語根과 조어助語의 구별이 없었고, 어구語句-基本單語에 있어 어간語幹-基本單語과 어미語尾-吐語의 구별도 또한 없었다. 그전의 사람들만 어찌 허물하랴. 지금에도 'ㄱ, ㄴ, ㄷ, ㄹ, ㅁ, ㅂ, ㅅ, ㅇ'의 받침만 쓰자는 소위 새 철자법 초안을 가지고서 종종 시끄럽게 구는 사람들이 있다. 정말이지 소리가 들리는 그대로 쓰기는 얼마큼 쉬운 일이지만,

제 법대로 똑바로 쓰기는 그리 쉽지 못한 일이었다.[53]

　게봉우는 우리말을 소리 나는 대로 표기하자는 주장을 비판하면서, 주시경의 형태주의 표기법을 조선어규범화의 방향으로 삼았다. 그는 우리말의 어원을 분명히 나타낼 수 있는 형태주의 표기법의 원칙을 강조하면서, '사람'을 '살음'으로 '바람'을 '발음'으로 '노래'를 '놀애'로 표기하자고 했다. 형태주의적 표기법이 극단적으로 적용된 예라고 할 수 있을 것이다.

　그런데 이 부분에서 주목해야 하는 것은, 일찍이 연해주 일대 고려인 공동체에서 채택한 조선어 표기법이 주시경의 형태주의 표기법으로부터 영향을 받았고 이를 규범화하는 과정에서 치열한 논쟁을 벌였다는 사실이다.

　1920년대 후반 연해주의 고려인들은 우리말 규범을 통일하고자 했고, 전문가들의 회의를 거쳐 1930년 통일 문법서라고 할 수 있는『고려문전高麗文典』(오창환 저술)을 발행하는데, 여기에서 채택한 표기법이 형태주의 표기법이다. 게봉우는『고려문전』을 통일 문법서로 확정하는 회의에 심의위원으로 참석했다. 그런데 게봉우가 생각한 우리말 규범과『고려문전』의 규범은 형태주의 철자법을 원칙으로 한다는 점에서 동일했음에도 불구하고 일부 표기 세칙에서 다른 점이 있었다. 한 예를 들면,『고려문전』에서는 ㅂ불규칙 현상을 적용하지 않은 '덥으니ᄬ'를 채택한 반면 게봉우는 불규칙 현상을 적용한 '더우니'를 주장했고,『고려문전』에서는 사이시옷을 쓰지 않은 '긔발旗'을 채택한 반면 게봉우는 '긔ㅅ발'로 써야 한다고 주장했던 것이다. 같은 형태주의이지만 게봉우에 비해 오창환이 형태주의 철자법의 원칙을 더 강조했다고 볼 수 있다.

53　게봉우,『조선말의 되어진 법』, 1941.

게봉우는 『고려문전』의 표기법에 나타나는 문제점을 지적하는 논문을 아홉 차례에 걸쳐 발표했고, 오창환은 게봉우의 비판에 대한 반박 글을 열 차례에 걸쳐 발표한다. 이러한 논쟁 과정은 국내에서의 철자법 논쟁을 연상시킨다. 그러나 국내에서의 철자법 논쟁이 조선어학회의 형태주의와 조선어학연구회의 음소주의가 대립한 것이었다면, 고려인 공동체에서의 철자법 논쟁은 형태주의 간의 대립이었다. 이는 해외 한국어 규범화에서 조선어학회의 영향력이 강력했음을 시사한다. 그런데 고려인 공동체의 연구자들이 조선어학회와 형태주의 원칙을 공유하면서도 국내에서의 철자법 논의에 크게 구애받지 않은 점은 흥미롭다. 한국어 철자법이 정립되지 않은 상황에서 그들 스스로를 더 나은 철자법을 만드는 주체로 인식했던 것이다.

이처럼 1920년대에 고려인 공동체에서는 우리말을 연구하고 교육하는 일이 활성화되었다. 공산주의 혁명을 통해 등장한 소련 정부가 민족어 장려 정책을 펴며 민족어의 연구와 교육을 지원하자, 우리말을 연구하고 교육하는 일이 체계적으로 진행될 수 있었던 것이다. 민족주의 어문학자들의 의지와 소련 정부의 민족어 장려정책이 만나면서 연해주 일대에서 진행된 우리말 연구와 교육의 열기는 뜨거웠다. 이러한 분위기에 힘입어 1930년 최초의 통일 문법서라고 할 수 있는 『고려문전』이 발행될 수 있었고, 1931년 고려사범학교가 설립될 수 있었고, 이러한 토대 위에 우리말 교과서가 발행될 수 있었다. 이 시기 게봉우는 고려사범학교 교원으로 우리말 교원을 양성하고 우리말 교과서인 『고려어 교과서』(1937)를 저술하는 일에 임했다.

그런데 1930년대 후반부터 분위기는 급변했다. 소련공산당이 좌편향적인 정책을 추진하면서 민족학교를 부르주아 민족주의자들의 근원지로 지목했고, 이에 따라 민족어 교육이 심하게 위축된 것이다. 이는 결국 1938년 공포된 "민족학교 개편에 관한 결정"으로 이어졌고, 민족어교육이 금지되면서 우리말의 생존이 위협받는 상황으로까지 치닫게 된다.

게봉우는 스탈린의 강제이주정책에 따라 1937년 중앙아시아 카자흐스탄의 크질오르다로 이주했다. 이때부터 그의 우리말 연구는 그 자체가 투쟁이었다. 밖으로는 정부의 민족어 탄압과, 안으로는 민족구성원의 민족어 경시 풍조와 맞서야 했다. 인쇄가 어려운 상황에서 나온 게봉우의 필사본 문법서 『조선말의 되어진 법』은 당시의 절박감과 위기감을 웅변하고 있다. 그는 1955년에 쓴 이 책의 후기[54]에 다음과 같이 당시의 상황을 표현했다.

　본서의 원본은 서론에 보인 바와 같이 지난 사십일 년에 쓴 것이었다. 그때의 형편은 어떠하였던가? 내지에 있어는 일본의 총독정치가 조선 사람의 말과 글을 파멸의 구렁에로 쓸어 넣으면서 일어가 아니고는 기차표도 살 수 없는, 조선 사람의 성명까지 일본화를 강압하던 그 시기, 외지에 있어서는 중앙아시아에 외주한 조선인의 교육이 로어화하여 조선 사람으로서도 자기의 말을 멸시하는 그 시기이었다. 그러나 본서를 쓰게 되었나니, 그것은 조선말의 부흥기가 장차 돌아오리라는 신념에서 나온 것이었다.[55]

이와 같은 절망의 시기에도 게봉우는 우리말의 부흥을 믿으며 우리말 연구를 지속했다. 그리고 『조선말의 되어진 법』과 『조선문법』(1947)을 저술한다. 그렇지만 게봉우의 우리말 연구는 후학들에 의해 계승 발전되지는 못했다. 그러나 그가 우리말 연구를 통해 민족 정체성을 확인하고 민족공동체를 유지 발전시키고자 했던 뜻은 고려인 공동체에 깊은 영향을 미쳤다. 연해주, 중앙아시아 등에 흩어져 사는 고려인들이 현재까지 민족의식을 유지할 수 있었던 데에는 그의 공이 크다 할 수 있다.

54　게봉우는 1941년에 필사본으로 발간한 『조선말의 되어진 법』을 1955년에 재발간하며 '후기'를 추가한다.
55　게봉우, 『조선말의 되어진 법』, 1955.

3

식민지 시대, 어문운동 논리의 다변화

이 장에서는 일제강점기에 전개된 언어관의 흐름을 살펴보는 것이 목적이다. 그런데 당시의 주류적 관점이 어문민족주의에 입각한 언어관이었던 만큼, 이에 대한 문제제기를 통해 부각된 관점들의 생성 맥락을 파악하여 당대 언어관의 흐름을 정교하게 살필 필요가 있다. 이때 특별히 주목하고자하는 것은 마르크스주의 어문학자들의 현실 인식과 이와 관련한 언어관이다. 근대 민족어 정립 활동에 마르크스주의자들이 관여한 것은 민족 모순이곧 계급 모순이었던 식민지 상황에 기인한 바 크다. 따라서 마르크스주의자들의 언어관과 어문운동 논리에 대한 논의는 우리의 국어 정립 과정에 나타난 특수성을 파악하는 데 필수적이다.

3.1. 어문민족주의에 대한 문제제기

앞 장에서 조선어학회의 활동을 서술하면서, 일제강점기의 어문정리 운동이 조선총독부라는 권력체의 자장 안에서 이루어졌다는 논리를 비판한 바있다.[1] 그리고 "조선어학회가 조선총독부와 길항 작용을 하면서 조선어 문화를 유지시켜야 한다는 동기를 끊임없이 창출했음"과 "근대적 규범화를 열망하는 근대어 이데올로기가 식민지 현실에 부딪혀 굴절되면서 어문민족주의를 더욱 공고하게 만들었음"을 지적했다. 민족국가 건설이 좌절된 상황에서 민족 정체성을 유지할 수 있는 유일한 길이 언어의 보존뿐인 상황에서, 국어(일본어) 상용화 정책에 대한 불안감이 어문운동의 저항성을 강화했음을 강조한 것이다. 특히 어문민족주의의 저변이 넓어진 1930년대에 진행된 조선어학회의 활동은 전투적이면서도 국가적 어문정리 활동에 버금갈 정도로 체계적이었다.

이처럼 1930년대는 어문운동의 황금기였지만, 어문운동의 사상적 토대였던 어문민족주의에 대한 문제제기가 본격화한 시기이기도 하다. 어문민족주의에 대한 비판 논리가 구체화되는 데는 1930년대 조선어학계에 일기 시작한 두 가지 흐름이 영향을 미쳤다. 첫째는 조선어학의 과학화를 위한 다양한 움직임이 일기 시작했다는 것이다. 구조주의, 역사비교언어학 등이 도입되면서 객관적 실체로서의 언어에 대한 과학적 분석이 진행되었다. 조선어연구가 과학성을 강조하게 된 것은 1930년대 중반 어문정리가 마무리되는 상황과 관련되는 것으로 볼 수 있다. 둘째는 언어에 대한 유물론적 인식이 이루어지면서 '세계의 반영으로서의 언어'에 대한 인식이 구체화되기 시작했다는 것이다.[2] 그런데 상호 비판적이었던 두 흐름에서 공통적으로 문제 삼은 것은 관념적인 어문민족주의에 의거한 언어 연구와 어문정리 운

---

1 최경봉(2006ㄴ)은 『해방전후사의 재인식』(2006)을 통해 제시된 김철과 이혜령의 견해가 식민 지배를 받는 시기에 행해진 민족어운동의 동인과 과정을 식민 통치자의 관점으로 재구성한 것이라는 점에서 이를 비판한 바 있다.

2 『정음』 제2호(1934. 4)에 소련 언어학자 마르H. Я. Mapp의 저술 일부가 신남철에 의해 번역되는데, 이는 당시 언어학자들이 유물론적 언어이론을 탐색하기 시작했음을 보여 주는 것이다.

동이었다. 이때 어문민족주의에 대한 비판 논리는 '언어도구론'이었다.

> 언어는 어떤 언어나 고요한 자리에 놓고 위하기만 하는 미술품은 아니다. 일용잡화와 마찬가지의 생활품으로 존재한다. 눈만 뜨면 불을 쓰듯, 물이나 비누를 쓰듯, 아니 그보다 더 절박하게 먼저 사용되는 것이 언어라 하겠다. 언어는 철두철미 생활품이다. 그러므로 잡화나 마찬가지로 생활에 필요한대로 언어는 생기고 변하고 없어지고 한다.[3]

이태준李泰俊(1904~?)이 언어도구론을 대중적인 작문 지도서에서 수차례 강조한 것은, 1930년대 당시 '언어가 정신의 반영'이라는 언어관이 언어를 신성시하는 데에까지 이르는 것에 대한 문제의식이 보편화되었음을 방증한다. 또 이태준은 같은 책에서 김두봉金枓奉의 말본을 인용해 언어 가공 문제를 비판한다. 이태준은 김두봉이 인위적으로 만든 '씀씨, 짓골억, 빛깔억' 등과 같은 용어의 문제를 지적하면서, 김두봉의 글이 상식으로는 이해할 수 없는 암호 같은 글이라고 평했다. 수학의 기호처럼 특별히 그 뜻을 정의하여 보여 주지 않는 한 그 문장의 의미를 설명할 수 없다는 것은 생활어로서의 자격을 상실한 것이라고 본 것이다.

김두봉의 말본이 주시경周時經의 말본을 기준한 것이라는 점에서, 이태준의 견해는 곧 주시경의 어문민족주의를 비판하는 것이기도 하다. 이병기李秉岐의 휘문고보 제자이고 조선어학회에 우호적이었던 이태준이 이러한 태도를 보인 것은 민족주의자들 사이에서도 극단적 어문민족주의에 대한

---

3 이태준, 『문장강화』, 창작과비평사, 1988, 26쪽. 1939년 『문장』에 연재한 것을 1948년 박문서관에서 단행본으로 간행했고, 1988년 창작과비평사에서 재간행했다.

반성이 있었음을 의미한다.[4] 이런 상황에서 임화林和(1908~1953), 홍기문洪起文 등과 같은 마르크스주의자들의 비판은 직접적이고 근본적이다.

우리의 많은 어학자들이 고조高調하는 것과 같이 "말은 문화의 어머니"라든가 "말이 없이 문화는 없다"는 類의 말은 일견 그럴 듯하게 들리면서도 그실은 인간생활의 하나의 관념적 산물인 언어를 가지고 문화와 생활 모든 것을 규정하려는 관념론의 표현인 것이다. (중략) 이러한 주장이 일견 외관상에서는 긍정될 것 같으면서도 그실 허망함은, 만일 '말'이 글자대로 문화를 가능케 하는 지반이라고 <u>언어만을 지키면 그곳의 문화, 그곳의 생활이 안전할 것이라 하겠으나, 주지하는 바와 같이 언어만 가지고는 문화와 생활은 결코 개선되지도 보장되지도 않는다.</u>[5]

위에서 제시한 임화의 비평은 밑줄 친 부분에서 드러나듯이 주시경 이래로 강화되어 온 관념론적 언어관을 비판하고 있다. 임화의 비판에는 어문운동이 민족운동의 핵심으로 부상하면서 이를 주도하는 세력의 이념인 어문민족주의가 부상하는 것에 대한 문제의식이 깔려 있다.

이에 비해 홍기문의 비판은 언어를 연구하는 태도와 방법론적 문제를 짚으며 전개되었다는 특징이 있다. 조선어학의 과학화에 대한 필요성은 어문정리에 임했던 학자들도 공감하는 바였지만, 홍기문은 조선어학의 과학화라는 문제의식을 전면에 내세우며 어문정리 운동의 경향을 비판하고 있다.

---

4 김기림은 조선어학회의 기관지에 「언어의 복잡성」(『한글』74, 1940)이란 글을 발표했는데, 이 글에서 그가 말하고 싶었던 것은 "말이 목적인 적은 오직 궤변가에서뿐이었다. 말은 언제고 수단이다. 시에 있어서도 물론 그렇다"는 것이었다. 이는 언어에 과도한 의미를 부여하는 것에 대한 비판이라 볼 수 있다.
5 임화, 언어의 마술성, 『비판』, 1936. 3.

도-데-이즘[6]으로부터 조선어를 해방시키라, 그렇지 않으면 조선어의 과학적 연구는 불가능한 사업에 속할 것이다. 그러나 먼저 언어과학에 대하야 속학적 편견을 버리고 참다운 인식을 쌓으라. 그렇지 아니하면 문화선상 귀중하고 아까운 진지를 영구히 피탈되고 마는 것이다. (중략) 조선어의 연구로 나아오라. 그래서 그 과학적 개척을 빨리 달성하라. 이렇게 말한다고 <u>내 물론 조선어연구 지상주의자는 아니다.</u> 그 점만은 미리 충분한 양해를 청해 둔다.[7]

홍기문의 문제제기는 해방 이후 이숭녕李崇寧이 "주시경학파의 관념적이고 실용적인 한국어 연구는 애국적 쇼비니즘에 기울어진 학풍"이라고 비판하면서 과학으로서의 언어학 연구를 부르짖은 것을 연상시킨다. 그러나 홍기문은 "내 물론 조선어연구 지상주의자는 아니다"라는 말을 덧붙이는데, 이는 과학적 연구의 중요성을 강조하는 것이 실천 운동에 대한 포기로 비치는 것을 경계했다는 의미이다. 여기에는 어문운동을 외면했던 실증주의 어문학자들과 거리를 두려는 홍기문의 의도가 나타나 있다. 이를 보면 홍기문은 어문운동을 부정했던 것이 아니라 어문민족주의에 기댄 어문정리 운동이 조선어학계와 현실 언어에 미칠 수 있는 부작용을 우려했다고 해야 할 것이다.

그들이 각자의 철자법에 조선어를 적응시키기 위하야는 부득이 추상적 이상적 각자의 철자법에 조선어를 안출案出하여야만 되는 까닭이다. 그들은 철자법에 있어서 비록 상이할망정 연구태도 내지 방법에 있어서 전연 일치한다. 그들은 동공이곡同工異曲의 여러 부대로서 동공同工을 인식치 못하고 이곡異曲만을 고조하는 소단蕭壇 내 알력에 종사한다.[8]

---

6 도데이즘이란 말은 알퐁스 도데Alphonse Daudet의 소설 「마지막 수업」이 어문민족주의를 강조하는 데 이용된 것에서 착안한 것으로 보인다.
7 홍기문, 조선어 연구의 본령-언어과학과 언어착오의 교정-, 『조선일보』, 1934. 10. 5.~20.
8 홍기문, 혼란 중의 철자법, 그 정리의 일안一案, 『조선일보』, 1933. 1. 30.~3. 5.

홍기문洪起文(1903~1992) 1930년대 조선어학의 과학화를 주장하며 조선어학의 방향성 논쟁을 이끌었다. 1940년 조선일보 폐간으로 기자직을 잃고 국어학 연구에 매진하여 훈민정음 및 고어 연구에서 뚜렷한 진전을 이루었다. 이 과정에서 방종현方鍾鉉과 학문적 교분을 맺었다. 해방 이후 '국어문화보급회'를 결성하여 조선어학회 주도의 어문개혁에 반대하는 활동을 하다 1948년 월북했다. 김일성대학 교수로 재직하며 고대국어 연구에 주력했다.

　　홍기문은 조선어학회와 조선어학연구회가 언어학의 제반 문제를 다룰 능력도 갖추지 못하고 철자법 문제에 매몰되어 있으면서, 철자법 문제를 마치 언어학의 특별한 논쟁거리라도 되는 것처럼 호도하는 것의 문제점을 지적하고 있다. 그는 철자법이 약속 그 이상도 이하도 아니라는 인식하에 언어의 역할을 과대평가하는 관념적 어문민족주의를 비판한 것이다.

　　비판의 결은 다르지만 홍기문과 임화가 공통적으로 강조하는 바는 근대 초기 어문민족주의에 입각한 민족어 정립 활동이 비과학적인 면이 있다는 것이며, 이러한 언어관을 바탕으로 진행되는 어문정리로는 조선어의 발전을 이룰 수 없다는 것이다. 이러한 문제의식은 첫째, 어문 규범의 완성 과정에 나타난 조선어학회의 일방적 독주를 견제하는 것, 둘째, 규범화를 통해 이룬 성과를 유지·발전시키는 데에 필요한 태도와 방안을 제시하는 것으로 나타난다.

3.2. 어문 문제에 대한 인식과 대응 논리

이 절에서는 일제강점기의 핵심적인 어문 문제였던 철자법과 표준어 문제를 중심으로 마르크스주의자들의 인식과 대응 논리를 파악해 보고자 한다. 이 절에서의 논의는 뒤에서 해방 이후 국어 정립 운동의 전개 양상과 그 이유를 설명하는 데 활용될 것인데, 이는 국어 정립 활동의 한국적 특수성을 설명하는 근거가 될 것이다.

철자법 문제에 대한 인식과 대응 논리

1930년대 당시 가장 치열한 논쟁을 불러일으킨 것은 철자법 문제였다. 논쟁은 조선어학회와 조선어학연구회에서 제안한 철자법이 달랐다는 데에서 비롯되었지만, 이 문제에 대한 마르크스주의자들의 대응은 의미심장하다. 그렇다면 마르크스주의 어문학자들이 어문정리에 임했던 자세와 그들의 현실 대응 방식은 어떠했을까?

임화,[9] 홍기문, 신남철申南澈(1903~?)[10] 등은 어문정리 문제에 적극적으로 자신의 의견을 제시한 대표적인 인물이기 때문에, 이들을 통해 마르크스주의 어문학자들의 자세와 현실 대응 방식을 살펴볼 수 있을 것이다. 이들은 민족어 문제를 부르주아 민족주의자들의 일로만 보지 않고 이 문제에 적극

---

9 임화의 언어론에 대한 논의는 김재용(2009)과 하정일(2011)을 참조할 수 있다.

10 신남철은 경성제대 철학과(제3회 입학)를 졸업한 대표적인 마르크스주의 철학자이다. 해방 후 백남운의 최측근으로 조선학술원 설립에 주도적 역할(조직, 기획)을 했다. 신남철은 1931년 조선어학연구회 창립 당시 간사로 선출되어 활동했으며, 이 연구회의 기관지인 『정음』(1934. 4)에 소련 언어학자 마르의 언어이론을 번역 소개한 「언어의 성립」을 발표한 바 있다. 국대안(국립 서울대 설립안)에 반대하여 교수직을 사퇴한 후 1947년경 월북하여 김일성대학 교수를 역임했다.

적으로 개입했다는 공통점이 있다. 그러나 이들은 어문운동을 주도하는 민족주의 어문단체와의 관계 설정 문제나 철자법 문제 등에서 입장 차를 드러내는데, 이러한 차이는 마르크스주의자들의 현실 대응 맥락을 이해하는 데 유용한 단서를 제공한다.

먼저 민족주의 어문단체와의 관계 설정 문제를 보자. 홍기문은 일제강점기 내내 조선어학회뿐만 아니라 조선어학회와 대립적이었던 조선어학연구회에도 비판적이었다. 그는 어문정리가 과학의 문제가 아닌 이상 민중적 입장에 서야 한다는 점을 분명히 했으며, 이러한 입장에서 어문정리와 관련한 민족주의 어문단체들의 학문적 논쟁을 부정적으로 보았다. 그러나 임화와 신남철은 마르크스주의자였음에도 불구하고 조선어학회와 조선어학연구회라는 민족주의 어문단체를 통해 자신들의 어문관을 실현하고자 했다. 그렇다면 임화와 신남철이 민족주의 어문단체에 관여한 사실은 어떻게 설명해야 하는가? 임화의 글에서 설명의 단서를 찾을 수 있다.

그러므로 신세대의 문학은 자기의 세계 생활이 창출하고 그것에 상응하는 새로운 언어를 발견 창조해야 하고, 일방 부르문학이 해결치 못한 언어상의 시민적 민주적인 점까지 동시에 해결해야 할 무거운 이중의 중하를 짊어지고 있는 것이다.[11]

위의 글에서 임화가 "시민적 민주적인 점까지 동시에 해결해야 할 무거운 이중의 중하를 짊어지고 있"다고 언급한 것은 곧 마르크스주의자들이 민족어 문제에 적극적으로 참여해야 함을 강조한 것이라 할 수 있다.[12] 당시 마

---

11 임화, 조선어와 위기하의 조선문학, 『조선중앙일보』, 1936. 3. 8.~24.
12 사회주의 세력이 계급적 입장 이전에 식민지 청산을 목표로 민족주의 세력과 연합전선을 구축한 것처럼, 마르크스주의 지식인들이 어문정리 운동에 적극적으로 참여하게 된 것이다. 하정일

르크스주의자들에게 민족어 문제가 심각하게 제기된 것은 식민지 조선의 상황에서 어문정리 운동이 지니는 특수성을 잘 보여 준다. 그 특수성의 핵심은 조선이 식민지라는 데 있었고, 마르크스주의자들의 어문론 또한 식민지 현실의 모순을 타개하기 위한 대응 논리의 하나였다는 점이다. 임화와 카프문학가들이 조선어학회의 철자법을 지지한 것도 민족어에 대한 위기의식에 따라 '이중의 임무론'을 적극적으로 해석한 결과라 할 수 있을 것이다.

당시 어문 규범의 제정 문제와 관련한 논의의 주도권은 민족주의자들이 쥐고 있었지만, 민족주의자들은 두 파로 나뉘어 대립하고 있었다. 이 상황에서 민족주의자들이 주도하는 어문운동에 개입하고자 하는 마르크스주의 지식인들은 기로에 서게 된다. 조선어학회와 함께할 것인가, 조선어학연구회와 함께할 것인가? 이 기로에서 임화는 조선어학회에 대해 비판적 지지를 선언했고, 신남철은 조선어학연구회의 창립과 운영에 관여했다. 이때 임화와 신남철이 대립적인 철자법을 제안한 민족주의 어문단체들을 각각 선택하여 어문운동을 진행했다는 사실은 흥미롭다. 이 사실을 통해 이들이 견지했던 언어관의 차이와 현실 대응 방안에서의 차이를 설명하는 것은 의미 있는 접근법이라 할 수 있다. 특히 신남철과 홍기문은 임화가 선택한 조선어학회의 철자법을 반민중적이라고 비판했다.

그럼 마르크스주의에 충실했던 세 사람이 민중적인 철자법의 실체를 달리 이해한 것은 어떻게 봐야 하는가? 먼저 조선어학회의 철자법을 선택한 임화의 입장은 그가 동참하여 서명한 「한글 철자법 시비에 대한 성명서」의

(2011)에서는 임화의 이러한 언급이 코민테른 제4차대회에서 제기된 '이중의 임무론'을 인식했음을 보여 주는 것이라 했다.

내용을 통해 짐작할 수 있다.

　　그 소위 반대운동의 주인공들은 일찍 학계에서 들어본 적 없는 야간총생夜間叢生
의 학자들인만큼, 그들의 그 일이 비록 미력무세微力無勢한 것임은 무론毋論이라 할
지나 혹 기약 못한 우중愚衆이 있어, 그것으로 인하여 미로에 방황케 된다 하면, 이 언
문통일에 대한 거족적 운동이 차타부진蹉跎不進[13]할 혐嫌이 있을까 그 만일을 계엄戒
嚴치 않을 수도 없는 바이다.[14]

　　위의 성명서를 볼 때, 임화는 철자법 자체보다는 언어연구와 관련한 조선
어학회의 전문성과 조직력을 중시했다고 볼 수 있다. 이를 통해 유추할 수
있는 임화의 생각[15]을 요약하자면, 첫째는 민족어 정립이 필요한 단계라면
그 과제를 가장 분명하게 책임지고 나갈 수 있는 부르주아 언어학자들이 이
과제를 맡아야 한다는 것이고, 둘째는 철자법은 약속 그 이상도 이하도 아니
기에 계급적 관점을 취할 이유가 없다는 것이다. 임화가 민족어 정립의 핵심
인 표준어 문제에서는 계급적 관점을 강조한 반면 철자법 문제에서는 전적
으로 조선어학회의 입장을 지지한 것에서 이를 짐작할 수 있을 것이다. 이와
비교해 볼 때 신남철과 홍기문의 현실 인식은 임화와 상당 부분 달랐다.
　　홍기문은 철자법은 선택의 문제이지 과학의 문제가 아님을 분명히 했다
는 점에서 임화에 근접하지만, 과학의 문제가 아니기에 민중적 입장에 서
야 한다고 생각했다는 점에서 임화와 차이를 보인다. 통일이 필요하되 반민
중적인 철자법으로의 통일은 해악일 수 있다고 본 것이다. 홍기문은 후일

---

13 실패하여 나아가지 못하다.
14 『조선일보』, 1934. 7. 10.
15 임화의 생각은 그가 언어 문제에 대해 발표한 글과 「한글 철자법 시비에 대한 성명서」 내용을
　 통해 유추한 것이다.

그 스스로 철자법의 방안을 모색하면서 쉬운 철자법이 민중적 입장에 부합하는 것임을 강조했다.[16] 이런 점을 보면 그가 1930년대 철자법 논쟁 당시 조선어학연구회의 철자법을 선호하고 있었음을 짐작할 수 있다. 더구나 홍기문이 철자법 방안을 모색하는 데 도움을 받았다고 밝힌 유응호柳應浩는 1935년 동경제국대학 언어학과를 졸업한 언어학자로 조선어학연구회에서 활동했다.[17] 이는 유응호, 홍기문, 신남철의 관계를 짐작할 수 있는 부분이다. 그렇다면 홍기문과 신남철이 생각하는 "민중적 입장에 부합하는 철자법"은 거의 일치한다고 볼 수 있다.

신남철은 1932년 『신계단』에 「조선어철자법문제의 위기에 대하야」를 발표하며 조선어학회의 관점과 태도를 비판했다. 그의 견해에는 민족주의자들을 불신하는 계급적 관점이 강하게 드러나 있다.

> 사회가 계급적 구성을 가진다고 할 것 같으면 불가피적으로 피상적으로 『민족』 일반이라는 것으로써 포섭시킬 수가 없다. 그리하야 그곳에 나타나는 문화라는 것은 계급적 성격을 가진 것이 아닐 수가 없다. 이제 이상에 말한 문화적 운동이 여하한 부층部層에서 마련되는 것인가를 볼 때 그것은 의심 없이 『민족』을 전제로 한 파씨스트적 사상에서 발출發出하는 것임을 볼 수 있다. 문맹의 아동이나, 노동자 농민에게 ㄱ ㄴ ㄷ …을 교수하는 것은 크게 환영하지 않으면 아니 된다. 그러나 그렇다고 일률로 상술한 바와 같은 민족 파씨스트에 의하야 영위되는 것을 간과할 것인가. 조직적 대중은 자

---

16 홍기문은 『경향신문』(1947. 2. 13.)에 철자법에 대한 자신의 생각을 밝히고 있는데, 그는 이 글에서 "난삽한 철자법보다는 실용상 간이 편리한 방법으로 통일하는 것이 바람직하다는 견해를 피력하며 자신의 철자법 안이 유응호의 힘을 빌려 작성된 것"임을 밝혔다. 간이 편리한 방법을 강조했다는 점, 그가 철자법 안을 작성하는 데 도움을 준 유응호가 조선어학연구회에서 활동한 인물이었다는 점 등을 볼 때 그가 음소주의 철자법을 선호했음을 짐작할 수 있다.
17 유응호의 활동과 관련한 서술은 제5장에서 진행할 것이다.

기 독자의 문화교육운동을 일으키지 않으면 아니 된다.[18]

신남철은 노동자, 농민 대중의 독자적 문화 교육 운동을 제안하고 있는데, 이는 어문운동과 국어 정립 과정에서 계급적 입장을 견지해야 함을 주장한 것이다. 이러한 주장은 이후 마르크스주의에 부합하는 새로운 언어이론을 도입해야 할 필요성을 강조하는 것[19]으로 발전하기도 한다. 그럼에도 불구하고 그가 조선어학연구회를 선택한 것은 조선어학연구회의 철자법이 계급적 입장에 부합하다고 여길 만한 점이 있었기 때문인데, 그가 주목한 것은 철자법의 간이성簡易性이었다.

신기한 철자의 강요로써 자기만족을 느껴서는 아니 된다. 이론적으로 정당한 것일지라도 그것이 역사적으로 내버려져서 민중이 사용하지 않게 되었다는 점이 극히 중대하다. (중략) 민중의 실용에 불편이 없는 한에 또 현재의 음리상 불합리가 없는 한에 그것은 정리되지 않으면 아니 된다. 그리고 아동 우又는 문맹의 학습상의 편리를 고려하야 정리되지 않으면 아니 된다. 『한글綴字法』[20]이 여하히 아동에게 고통을 주는가는 각 가정에서 넉넉히 누구나 경험하는 사실일 것이다.[21]

위의 내용을 보면, 신남철은 철자법의 편리성을 강조하고 이를 철자법 선택의 판단 기준으로 삼고 있음을 알 수 있다. 조선어학회의 철자법이 아동에게 고통을 준다고 한 말은 이러한 태도를 상징적으로 드러낸다. 신남철이

---

18 신남철, 조선어철자법문제의 위기에 대하야, 『신계단』 3, 1932. 12.
19 「언어의 성립」(『정음』 2, 1934)에서는 역자언譯者言을 통해 조선에서의 언어 연구의 후진성을 강력하게 비판하는 한편 예스페르센, 소쉬르, 포슬러 등에 의해 시작된 서구 언어이론의 한계성을 지적했다.
20 조선어학회의 철자법을 이름.
21 신남철, 조선어철자법문제의 위기에 대하야, 『신계단』 3, 1932. 12.

조선어학연구회의 철자법이 민중적 관점에 부합하는 것이라 여긴 것도, 그리고 철저한 마르크스주의자였던 그가 민족주의 어문단체인 조선어학연구회의 활동에 깊숙이 관여한 것도 이러한 맥락에서 설명할 수 있을 것이다.

표준어 문제에 대한 인식과 대응 논리

표준어는 방언의 소멸과 언어의 가공을 통해 이루어진다는 점에서 철자법과는 다른 성격을 띤다. 그런 의미에서 표준어 문제는 언어적 권리의 문제였다. 그러나 민족주의 어문학자들의 공통된 관심은 언어적 권리보다는 통일성에 있었다. 식민지로 전락한 상태였지만 민족어 수호 논리와 결합하여 표준어 정립 논리는 다음과 같이 과격하고 극단적인 경향을 띠게 되었다.

> 萬一 此方言 發達을 自由에 放任하면 一民族의 語가 決裂하야 思想交通이 不能할지라 故로 標準語를 立하고 方言을 逐하나니 이는 言語를 不自由케 함이 안이라 一國內 言語를 統一하야 思想을 團合하야써 國語를 保全하는 目的이니라. [만일 이 방언 발달을 자유에 맡기면 한 민족의 말이 결렬하야 사상 교통이 불가능할지라. 그러므로 표준어를 세우고 방언을 몰아내나니 이는 언어를 부자유하게 하는 것이 아니라. 한 나라 안의 언어를 통일하야 사상을 단합하여서 국어를 보전하는 목적이니라.][22]

이처럼 표준어 제정 논리가 무조건적인 획일화를 강조하는 경향을 보이면서, 실증주의자들과 마르크스주의자들의 비판은 민족주의자들의 관념론적 언어관에서 드러나는 비과학성을 비판하는 데로 모아졌다. 다양한 비판 세력이 표준어 문제에 다른 원칙으로 접근하게 된 것은 이 때문이라 할 수 있다. 표준어론에서는 임화와 홍기문의 논의가 정치하다.

---

22 안확, 『조선어원론朝鮮語原論』, 1922, 186쪽.

임화는 언어라는 도구에 나타나는 계급성 문제를 거론하며 민중어의 수립 문제를 거론했다. 그의 표준어론은 다음 글에 잘 나타나 있다.

한 개의 사회계급이 문화상에서 자기의 지배를 수립함에 언어적 투쟁은 최중요한 조건에 하나이었으며, 그 계급은 문화 문학상에 언어적 정련精練을 반드시 자기의 방법을 가지고 수행한 것이다. (중략) 근대 시민계급의 문화적 지배 수립에 있어도 그들의 민족국가의 확립과 한 가지 민족어의 통일—표준어의 확립, 봉건적 격리의 유물인 방언의 소멸—을 성취한 것이다.[23]

임화의 '언어도구론'에는 민중의 충실한 도구인 민중어를 만들어야 한다는 관점이 나타나 있다. "언어적 정련"이나 "새로운 언어를 발굴 창조해야"(「조선어와 위기하의 조선문학」) 등과 같은 언급은 언어 개조의 가능성과 필요성을 강조한 것이라고 해야 할 것이다. 이러한 언어관에 따라 임화는 조선어학회의 표준어 제정에 대해 비판적 입장을 견지하게 된다. 언어의 개조 작업을 '가장 일반적인 민중어'[24]를 토대로 하여 진행해야 하기 때문이다.

이런 점에서 홍기문의 언어관은 임화의 것과 차이를 보인다. 첫째, 홍기문은 새로운 도구를 만들어야 한다는 관점이 아니라 언어 자체는 현실의 반영물일 뿐이라는 관점을 취한다. 둘째, 홍기문은 현실의 반영물이 언어라면 언어를 인위적으로 통일하려는 표준어 제정은 시급한 일이 아니라는 관점을 취한다. 그렇다면 홍기문의 표준어관은 어떠한가?

---

23 임화, 언어의 마술성, 『비판』, 1936. 3.
24 임화는 문학에서 방언의 남용을 비판했는데, 백석의 시를 복고주의 혹은 지방주의라고 평한 바 있다.

우리는 각 방언의 밀접한 접촉과 호상의 혼화混化로써 각 방언의 융합을 도모하여 야 할 것이다. (중략) 우리는 각 방언의 융합과 같이 각 계급어의 융합을 도모하여야 할 것이다. (중략) 일언一言으로 요약하면 언어의 통일은 결코 오늘의 일이 아니요 내일 의 일이며 그와 같이 표준어의 제정도 시급한 일이 아니요 좀 더 시간을 요하는 일이 다. 또 설사 표준어의 제정이 곧 필요하다고 하더라도 계란주의자鷄卵主義者[25] 내지 서울지상주의자의 임무로 돌려보낸다는 것은 단연 허락할 수 없는 일이다.[26]

홍기문은 지역어와 계급어 간의 자연스러운 융합이 필요함을 역설하고 있다. 자연스러운 융합을 주장한 것은 결국 인위적 어문정리의 필요성에 의 문을 제기하는 것이라 할 수 있다. 이는 당시 소련 언어학계를 풍미했던 마 르의 언어변화 이론[27]에 근접한 것인데, "방언과 계급어의 융합을 내일의 일"로 본 것에서는 "하부구조인 생산토대의 변화에 따라 언어는 교차의 방 식으로 변화한다"는 마르의 이론을 상기할 수 있다. 홍기문이 마르의 이론 을 수용했는지는 확실하지 않지만[28] 그의 언어변화론이 역사비교언어학과 변증법적 역사관을 적용한 것은 분명하다.

결국 언어가 사회의 변화와 더불어 변화하는 실체라고 확신하는 홍기문 의 입장에서 언어의 표준화 운동은 무의미한 일이었다. 이러한 사실은 철자 법 문제에 적극적으로 개입했던 신남철이 표준어 문제에는 침묵했던 이유

---

25 중산계급 중심을 이름.
26 홍기문, 표준어 제정에 대하야, 『조선일보』, 1935. 1. 15.~2. 3.
27 마르크스주의 언어이론의 정립을 위해 소련 언어학자 마르가 주창한 언어이론이다. 언어의 계 통을 근거로 언어의 변화 과정을 설명한 역사비교언어학의 방법론을 부정하고, 사회경제적 발 전 과정에서 이루어진 언어 교차에 의해 새로운 언어가 출현하는 과정을 언어의 단계적 발전 과정으로 설명했다.
28 당시 경향을 볼 때 소련 언어학자 마르가 조선의 마르크스주의 어문학자들에게 일정한 영향을 미쳤다고 추정할 수 있고, 홍기문 자신도 마르의 존재를 분명히 인식하고 있었다. 이에 대한 설 명은 5.3에서 좀 더 자세하게 논의할 것이다.

를 설명하는 단서가 될 수 있다. 마르의 언어이론을 언어학의 대안으로 여겼던 신남철로서는 표준어 제정이라는 인위적 언어통합을 무의미한 일로 봤을 가능성이 높기 때문이다. 더구나 인위적 언어통합은 중류층 언어를 표준으로 하는 통합이었다.

그런데 홍기문과 신남철이 표준어 제정과 관련하여 취한 입장은 결과적으로 실증주의적 언어관과도 일맥상통하는 면이 있다. 실증주의자들은 식민지 현실에서 진행되는 조선어 표준화 운동에 부정적인 태도를 취했기 때문이다.[29] 이런 점을 보면, 해방 이후 국어정책과 관련하여 홍기문과 신남철이 실증주의자들과 연합전선을 구축하게 된 것은 언어의 속성에 대한 공통된 인식이 있었기에 가능했다고 볼 수 있다.

홍기문의 견해는, 민족어를 건설의 문제로 파악했던 조선어학회 및 조선어학연구회의 견해와 대립하는 것이면서 동시에 임화가 제기했던 문화어 건설의 문제와도 대립하는 것이다. 철자법 문제에 국한된 것이기는 했지만, 임화가 민족어의 위기 상황을 타개하는 방법의 하나로 조선어학회의 어문정리 활동을 쉽게 수용할 수 있었던 데에는 언어를 건설의 문제로 파악했던 그의 언어관이 작용한 결과라 할 수 있을 것이다.

홍기문과 임화는 민중어에 입각한 공통어 수립을 지지했다는 점에서는 공통적이었지만, 그러한 수립 과정이 사회경제적 변화의 결과로 이루어진다고 보는지 아니면 계획적 노력의 결과로 이루어진다고 보는지에서 차이를 보였던 것이다. 북한 정부 수립 이후 북한 국어학계에서 홍기문의 역할이 고어 연구에 제한되었던 것도 이러한 언어관에 따른 것일 가능성이 높

---

29 다만 이들 실증주의자들 간에 균열을 발견할 수 있는데, 실증주의 언어학자로 볼 수 있는 이희승은 조선어학회에서 활동하면서 맞춤법과 표준어 제정에 적극적으로 관여했다.

다. 북한은 혁명의 기지인 평양의 언어와 노동계급의 언어를 문화어의 토대로 삼는다는 원칙을 천명하며 언어 개조 운동에 돌입했기 때문이다.

3.3. 언어관의 양상과 어문학자의 계보

앞서 살펴본 바와 같이 1920~1930년대에 진행된 어문정리 활동은, 근대 국민국가와 국민어 형성에 대한 관심의 연장 선상에서 민족어수호 논리를 구축하면서 진행되었다. 이 과정에서 어문민족주의는 어문정리 활동의 이념으로 자리 잡게 되지만, 어문민족주의에 대한 문제제기가 이루어지면서 어문정리에 다양한 언어관이 개입하게 되었다. 이들은 어문정리의 원칙과 방법에 대해 다양한 문제제기를 하게 되는데, 앞 절의 논의 내용을 통해 이를 확인할 수 있었다. 이를 근거로 앞서 거론했던 어문학자의 계보를 간략하게 제시하면 다음과 같다.

【 일제강점기에 활동한 어문학자 계보 】

구분	민족주의 어문학자	마르크스주의 어문학자	실증주의 어문학자
조선어학회 관련 인물	주시경(기원) 김두봉, 최현배	임화(협력)	이희승
조선어학연구회 관련 인물	지석영(협력) 박승빈	신남철 유응호	(유응호)[30]
독자 활동	유길준, 안확	홍기문	이숭녕

---

30 유응호는 마르크스주의자였지만, 역사비교언어학을 방법론으로 취했다는 점에서 실증주의 어문학자의 계보에 넣을 수도 있을 것이다. 국어학사에서 유응호의 위상과 관련한 논의는 최경봉(2012ㄴ)을 참조할 수 있다.

위의 표는 이 책에서 거론된 인물들의 언어관과 학회 관련 활동을 근거로 작성한 것이기 때문에 향후 확장될 필요가 있을 것이다. 그러나 위에 제시한 계보를 통해서도 언어관의 양상뿐만 아니라 어문정리의 구체적인 문제에 대응하는 양상, 특히 인물들 간의 합종연횡을 설명할 수 있는 근거를 찾을 수 있을 것이다.

위에 제시한 계보를 통해 알 수 있는 것은, 마르크스주의 어문학자들과 실증주의 어문학자들이 민족주의 어문학자들이 주도하는 어문운동 단체에 관여하거나 이를 비판하면서 어문정리의 논리에 일정한 영향을 미쳤다는 점이다. 이는 당시 민족어운동의 논리를 어문민족주의에 입각한 것으로 단정 지을 수 없다는 것을 의미하는 동시에, 마르크스주의자 및 실증주의자들의 대응 논리 또한 다양하게 전개되었음을 의미한다. 따라서 다양한 언어관이 대립·공존하면서 민족어운동이 전개되었음에 주목할 필요가 있으며, 이를 반영하여 국어학사 및 어문운동사의 서술을 정교화할 필요가 있다.

이때 중요한 점은 일제강점기 민족어운동 진영에 나타났던 언어관의 대립과 공존 양상이 해방 이후 국어 재건 활동의 양상을 설명할 수 있는 근거가 된다는 사실이다.

조선어학의 실천성과 과학성

앞서 살펴본 바와 같이 갑오개혁 이후 주시경周時經의 국문동식회(1896)와 국어연구학회(1908) 설립, 지석영池錫永의 국문연구회(1907) 설립, 학부의 국문연구소(1907) 설립 등은 국어 규범 확립의 실천 동력을 얻기 위한 활동이었고, 문법가들의 문법 연구도 규범의 제정 문제와 연결된 일이었다. 그 당시 문법가들에게 '문법'은 '철자법'과 동일시될 만큼 국어 규범의 확립 문제는 절대적인 과제였다. 이때 국어 규범의 확립은 언문일치의 실현이라는 실천적 목표와 연결되어 있었다. 일제 강점이라는 역사적 격변에도 실천적 목표는 그대로 살아 우리말 연구를 지속할 수 있는 동력이 되었다. 그러나 실천적 연구가 언어 연구의 폭을 제한한다는 문제의식이 싹트면서 조선어학은 새로운 국면을 맞게 된다. 과학적 언어 연구가 시대적 과제로 떠오른 것이다.

4.1. 일제강점기 조선어학의 경향

조선어학의 지향성은 동일했는가

제I부에서 시대구분론을 전개하면서 언급했던 내용을 되짚어 보자. 시대구분과 관련해 일제강점기라는 역사적 맥락을 고려하여 연구 경향을 파악하려는 관점과 이를 특별히 고려하지 않고 연구 결과물을 중심으로 연구사를 정리하려는 관점이 공존한다는 점을 지적한 바 있다. 그리고 일제강점기라는 시대 상황 아래 우리말 연구의 목표와 방법이 달라졌다면 '일제강점기'에 국어학사적 의미를 부여할 필요가 있다는 주장을 했다. 그렇다면 일제강점기를 특징짓는 것은 무엇인가? 제I부에서 일제강점기를 구분하는 근거로 삼은 것이 "식민지적 상황에서 조선어학의 연구 지형이 '식민 지배를 위한 언어 연구'와 '피지배 민족의 민족어 연구'라는 이중 체계를 띠었다"는 점이었다.

　그러나 실제 이러한 기준이 모든 연구 경향을 깔끔하게 구분할 수 있는 것은 아니다. 일제가 국어 상용화 정책을 추진하면서 민족주의 세력을 압박하던 시기에도 조선어 연구 단체의 연구 활동은 지속되었고, 이러한 활동이 결국 1942년 조선어학회 사건을 불러왔다는 사실은, 피지배 민족의 민족어 연구의 운명과 그로 인한 저항성을 상징적으로 보여 준다. 그런데 간과하면 안 되는 것은 조선어학회 사건이 일어나기 직전 조선어학회는 총독부 학무국의 허가하에 조선어사전을 편찬했고, 조선어 연구 단체인 조선어학회와 조선어학연구회는 각각 기관지인 『한글』과 『정음』 등을 통해 조선어 연구의 결과물을 지속적으로 생산했다는 사실이다. 이러한 연구들이 조선총독부가 추진하는 조선어정책을 의식하며 이루어진 면도 있었지만, 조선어정책과 관련한 조선어 연구 단체 간의 알력이 조선총독부가 감당할 수 없을 정도였을 만큼 조선어 연구는 독자성을 띠고 있었다.

한편 저항적 학술 활동으로 거론되는 양주동梁柱東(1903~1977)의 향가 연구[1]가 대표적 어용학술지인 『청구학총青丘學叢』을 통해 소개되었으며, 조선어학회 사건이 일어난 후인 1942년 11월 조선어 탄압 상황에서 양주동의 『조선고가연구朝鮮古歌研究』가 968면의 방대한 규모로 출판되었다. 게다가 식민지 정책의 일환으로 설립된 경성제국대학 조선어문학과의 졸업생인 이숭녕李崇寧, 방종현方鍾鉉, 이희승李熙昇은 1930년대 조선어학계에 과학화의 바람을 불러일으키며 조선어 연구의 수준을 한 단계 높였다.

이러한 사실은 '식민 지배를 위한 언어 연구'라는 구분이 모호하다는 사실, 그리고 '피지배 민족의 민족어 연구'가 동일한 지향을 갖지 않았다는 사실을 말해 준다. 그러나 민족운동에 대한 탄압이 극심해지는 1940년대 들어서는, 규범 정립이나 민족어 교육 등은 중지되지만 양주동의 경우처럼 그와 직접적 관련이 없는 조선어사에 대한 연구는 계속되었고, 경성제대 조선어문학과의 오구라 신페이小倉進平와 고노 로쿠로河野六郎가 진행했던 방언 연구의 궁극적 지향이 한국어와 일본어의 계통적 공통성을 탐색하는 목표에 연결되어 있었다는 점[2]은 결과적으로 일본의 정책적 판단이 조선어 연

---

1 1935년에 발표된 「郷歌の解讀, 特に願往生歌に就いて(향가의 해독, 특히 원왕생가에 대하여)」를 이른다.

2 역사비교언어학은 정치적 목적과 연결되어 식민지에 설립한 제국대학을 중심으로 깊이 있게 연구되었다. 경성제대의 일본인 학자들은 조선어의 과거 역사를 탐구해 조선어와 일본어의 계통적 관련성을 밝히는 데 관심이 있었는데, 이는 당시 일본이 일본, 만주, 조선 간의 관련성을 밝히는 학술 활동을 지원했던 것과도 관련이 된다. 우에다 카즈토시上田萬年는 일본 제국주의의 대외 침략에 발맞추어 비교언어학의 방법론을 바탕으로 한 언어 계통론을 통해 일본어의 대외 진출을 옹호했다. 그의 영향하에 비교언어학 연구는 식민지별로 나누어 진행되었고, 조선어에 대한 연구는 가나자와 쇼자부로金澤庄三郎가 주도했다. 그의 학맥을 이은 오구라 신페이가 경성제대에 부임했고, 오구라의 뒤를 고노 로쿠로가 이었다. 고노 로쿠로는 해방 이후까지 일관되게 한국어를 일본어계에 포함시켰다.

구의 방향을 결정지었음을 보여 준다. 또 조선어 금지 정책이 강화되고 조선어학회 사건이 발생했을 때 조선어학연구회의 활동 역시 중지되었다는 점은 대립하던 조선어학계가 넓게는 공동운명체로 묶일 수밖에 없었음을 말해 준다.

그렇다면 '식민 지배를 위한 언어 연구'가 진행되는 한편, '피지배 민족의 민족어 연구'는 일제강점기라는 시대적 한계 내에서 진행되었다는 관점을 큰 틀에서 유지하되, 조선어 연구의 목표를 근거로 이 시기 조선어학의 경향성을 특별히 파악할 필요가 있을 것이다. 즉 지배자와 피지배자의 관점만으로 파악할 수 없는 연구 경향을 파악하기 위해 연구 목표를 살펴 연구의 경향성을 설명하는 시도가 필요하다는 것이다. 특히 한일병합 이후 지배자와 피지배자의 구분이 두드러졌던 실천적 연구가 지속되다가, 1930년대부터 조선어의 과학적 연구라는 과제를 의식하면서 지배자와 피지배자의 관점이 흐려지게 되었다는 사실을 주목할 필요가 있을 것이다.

조선어학계는 시대적 과제를 어떻게 인식했는가

1930년대 조선어 연구를 이끌어 간 연구 단체로 대표적인 것은 조선어학회, 조선어학연구회였고, 이처럼 주도적이지는 않았지만 진단학회震檀學會, 조선어문연구회, 조선음성학회朝鮮音聲學會 등이 있었다. 이들은 실천 지향의 연구단체와 이론 지향의 연구단체로 구분할 수 있는데, 이러한 연구 지형은 고영근의 표현처럼 "언어 연구가 실천과학의 소임을 짊어진 시기에 이론과학을 전개하기 위한 씨앗이 뿌려졌다"고 말할 수 있다. 이는 실천적 연구가 주류를 차지하는 상황에서 경성제대 출신 연구자의 역할을 강조하는 관점으로 볼 수 있다. 이희승, 이숭녕, 김형규金亨奎(1911~1996), 방종현 등 경성제대 출신 연구자들은 1931년 조선어문연구회를 조직해 순수 학술 활동을 목표로 연구 활동을 시작했다.

그러나 실천적 조선어 연구를 일제강점기의 시대 과제로 본다면, 조선어학회와 경성제대 조선어문학과 출신 연구자들을 대립적 관계로 볼 수 있다. 이런 관점에서 볼 때, 경성제대 출신 연구자들이 강조했던 실증주의와 과학주의는 제국주의 언어학을 강화하고 어문운동을 무력화하는 것으로 귀결될 수밖에 없다.[3] 즉, 비교언어학의 밑바닥에는 제국 확장의 야욕[4]이, 구조주의 언어학의 밑바닥에는 실천적 민족어 운동을 무력화하는 식민통치 전략이 자리 잡고 있으며, 경성제대 조선어문학과 출신 연구자들은 이를 위해 복무했다고 보는 것이다. 그러나 실제 연구 단체 간의 대립은 불분명했던 것으로 보인다.

규범 정립 운동을 통해 조선어의 미래를 설계했던 조선어학회의 주요 연구자들 또한 엄밀한 과학적 방법론을 확립하는 것이 조선어학이 발전할 수 있는 전제 조건이라 믿었다. 이는 조선어학회의 일부 회원들이 경성제대 조선어문학과 출신 연구자들과 함께 순수 학술 활동을 목표로 한 학회를 창립했다는 데에서, 그리고 조선어 연구 단체에서 젊은 연구자의 외국 유학을 지원한 데에서 알 수 있다. 조선음성학회[5]의 창립에 김선기金善琪, 정인섭鄭寅燮, 이희승, 최현배崔鉉培 등이 참여했고, 진단학회의 발기인으로 이희

---

3 이러한 평가로는 이준식(2002)을 들 수 있다.
4 가나자와 쇼자부로에 의해 주장된 일선동조론日鮮同祖論이 대표적이다.
5 1935년 창립된 조선음성학회는 논문 발표 등을 통한 학술 활동보다는 대외 활동에 주력했다. 1935년 국제음성학회 제2회 대회에 김선기를 파견하여 '조선어음의 만국음성부호표기'와 '실험음성학으로 본 조선어의 액센트' 등을 보고하게 했고, 1936년 세계언어학회에는 정인섭을 참석케 하여 '조선어문과 구미어문과의 비교'에 대해 발표하도록 했다. 조선어학회는 이러한 사실을 기관지 『한글』을 통해 대대적으로 선전했다.

승, 최현배, 이윤재李允宰, 김윤경金允經 등이 참여했다. 그리고 김선기[6]와 유응호柳應浩[7]는 학회의 주선 혹은 지원으로 유학을 떠나 서구 언어학 이론을 학습하고 온 대표적인 인물이다. 이러한 사실은 실천적이고 실용적인 조선어 연구를 지향한 단체와 실증적이고 과학적인 조선어 연구를 지향한 단체가 대립 관계에 있지 않았음을 말해 준다.

조선어학회는 학회의 목적을 "본회는 조선어문의 연구와 통일을 목적으로 함"이라고 하여 규범의 정립과 조선어 연구를 병행함을 명시했다. 이는 "본회는 조선어의 정확한 법리를 연구함"이라고 했던 조선어연구회(조선어학회 전신)의 목적에 '규범 정립'이라는 실천적 목표를 추가한 것이다. 그러나 조선어연구회에서 조선어학회로 전환한 일차적 목적이 '규범 정립'이란 과제의 수행을 위해서였기 때문에 이 시기 조선어학회의 활동은 실천적 연구에 집중된 측면이 있었다.

이런 점을 고려하면, 1931년 이희승이 조선어문연구회의 창립에 참여한 것, 1934년 진단학회의 창립 시 조선어학회 주요 연구자들이 다수 발기인으로 참여한 것,[8] 1935년 조선음성학회를 창립한 것 등을 조선어연구회가 조선어학회로 개편된 사실과 연관 지어 볼 수 있다. 즉 학회의 주된 임무가 실천적 활동이 되면서, 일부 회원들이 순수 학술단체의 창립에 관여하게 된 것이다.

---

6 김선기(1907~1992)는 최현배와 이극로의 주선으로 1934년 파리 소르본대학 소속의 음성학 연구소에서 연구하고, 1937년 런던대학에서 다니엘 존스의 지도로 「한국 음성학」으로 석사 학위를 받았다.
7 유응호는 박승빈의 지원으로 동경제대 언어학과에 유학했고, 귀국 후 조선어학연구회에서 활동했다.
8 발기인으로 참여했던 조선어학회 인사들은 이후 진단학회에서 활발한 활동을 하지 않았다. 여기에는 진단학회의 성격이 사학 중심의 학회라는 데 그 이유가 있었을 것이다.

그렇다면 조선어문연구회, 진단학회, 조선음성학회 등과 같은 학술단체와 조선어학회가 표면적으로는 상보적相補的인 관계에 있었다고 할 수 있다. 오히려 조선어학회는 조선어문의 연구와 보급이라는 실천적 목표를 설정했던 조선어학연구회와 구체적인 실천 방안을 놓고 극단적으로 대립했다. 이런 점에서 볼 때, 실천 중심의 연구 활동과 이론 중심의 연구 활동은 연구 단체의 정체성을 결정하는 데 있어서 중요 요인이었다고 할 수 있지만, 1930년대 조선어 연구는 연구의 과학화를 지향하고 있었음을 알 수 있다.

4.2. 실천적 조선어학의 전개

실천적 언어 연구가 규범의 확립과 관계되는 것이라면, 규범의 확립을 목표로 하는 연구의 귀착점은 하나이다. 규범은 둘일 수 없기 때문이다. 더구나 규범은 학문적 성격보다는 정책적 성격을 더 강하게 띤다. 국어의 정립이라는 과제가 지연되면서, 규범의 정립을 목표로 했던 근대 국어학의 논쟁이 국어학의 영역을 확장시키지 못한 것은 규범의 성격상 필연적인 것이었다. 그렇게 보면 주시경과 지석영의 견해 대립이 1930년대 철자법 논쟁에서 재연된 것은 자연스러운 것이었다. 그런데 이러한 대립 과정에서 여러 문법서가 저술되고 교육 현장에서 활용되면서 우리말 연구가 심화되었음은 부정할 수 없는 사실이다. 당시 연구자들은 철자법을 고안하기 위해 우리말의 음운 및 형태적 작용에 대한 이론적 탐색을 선행했고 대립이 치열했던 만큼 이론적 탐색이 정교했기 때문이다.

박승빈朴勝彬(1880~1943) 박승빈은 대한제국의 관비유학생으로 일본 중앙대학 법과를 졸업한 후 귀국하여 검사로 활동하다 변호사로 개업해 조선변호사협회 대표를 역임했고, 보성전문학교(고려대 전신)의 교장을 지내며 교육자의 길을 걸었다. 그는 지석영의 음소주의 철자법을 계승했고, 문법의 원리와 관련지어 음소주의 철자법을 정교하게 다듬었다. 1930년대 있었던 조선어학회와의 철자법 논쟁에서 패배했지만, 1953년 "한글간소화방안"이 마련될 때 그의 철자법이 재조명되었다.

실천적 조선어학의 방법론 대립

박승빈의 문제의식

그런데 현재 한글을 연구한다는 다른 분들과 같이 나도 처음에는 오로지 주시경 씨의 주장을 목표 삼고 음미하는 동시에 어느 정도까지 공명共鳴했었습니다마는 근년에는 그의 흠집만 발견될 뿐이므로 자연히 나의 신안新案 즉 나의 독단적 의견만 날로 늘어갈 따름입니다. 그러므로 동료들에게 상서롭지 않은 주목과 비평을 받고 있습니다. 여기서 나는 다만 진리는 당시에는 손가락질을 당할지언정 영구불변으로 끝까지 남을 것이라는 신임信任만 가지고 나의 연구를 힘 있게 세워나갈 작정입니다.[9]

앞서 살폈듯이 박승빈朴勝彬은 우리말의 언문일치 문체를 정립하는 데 밑거름이 되었던 인물이다. 대한제국의 법제도가 일본의 법을 근간으로 하고 있던 상황에서, 법률가이던 그는 대중들에게 근대 법률을 이해시키기 위해

---

9   박승빈 인터뷰 기사, 『동아일보』, 1928. 12. 18.

일본 법전을 우리말로 번역했다. 『헌법』(1908)과 『언문일치일본국육법전서
言文一致日本國六法全書』(1908)는 이러한 맥락에서 출간된 것이다. 이때 박승빈
은 훈독법을 따르는 국한문으로 번역했는데, 그의 훈독식 국한문에는 그가
1930년대에 체계화한 철자법이 그대로 드러나 있어 흥미롭다.[10]

그런데 박승빈의 인터뷰 기사를 통해 알 수 있는 것은 그가 주시경 문법
을 공부하면서 언어 연구의 방법론을 익혔다는 사실이다. 이 사실을 받아들
인다면, 박승빈은 일본 법전을 번역하면서 나름대로 구상한 표기로 글쓰기
를 하면서 그 표기의 원리를 생각하게 되었고, 이를 하나의 철자법으로 체
계화하기 위해 주시경의 문법을 공부했다고 볼 수 있다. 그런데 형태주의를
표방했던 주시경의 철자법이 박승빈의 훈독식 국한문과 전혀 다른 체계였
던 것을 보면, 박승빈은 주시경의 철자법을 비판하고 자신의 철자법을 체계
화하기 위해 주시경 문법을 연구했다고 해야 할 것이다. 즉, 박승빈이 조선
어학을 본격적으로 연구한 것은 주시경 문법에 기반을 둔 철자법에 맞서기
위한 것이었다.[11] 박승빈은 자신의 문법 이론을 집대성한 『조선어학朝鮮語
學』(1935)에서 문법의 이론과 철자법이 서로 분리되는 것이 아님을 강조하
고 있다.

언어에 대한 학리學理적 견해와 그 기사법記寫法의 처리와는 서로 떠나지 못 할 밀
접한 관계를 갖고 있는 것임은 물론이라. 그러나 이 둘은 각별히 고찰할 사항이고 혼합
하야 일개의 사항으로 고찰할 것은 아니라. 그러하야 학리적 견해가 명확히 된 후에 그

---

10 이에 대해서는 제II부 제1장에서 시정곤(2015)의 견해를 인용하면서 설명했다.
11 이는 물론 문장의 구조 분석이나 품사 설정 등과 관련한 방법론을 주시경 문법을 통해 접했
고 이를 계기로 품사론 및 문장론과 관련한 자신의 견해를 세웠을 가능성을 부정하는 것은 아
니다.

학리를 근거로 하야서 다시 그 처리방법을 고찰함을 요要함이라.[12]

위의 견해를 그가 문법을 연구하기 시작한 동기와 관련짓는다면, 박승빈은 자신이 문법을 연구하기 시작한 것이 학리에 맞는 철자법을 확립하기 위해서였다고 말하고 있는 것이다.

박승빈은 최남선崔南善, 오세창吳世昌 등과 함께 계명구락부를 조직하여 사회·문화 운동을 펼치며 대중적 명망을 지닌 지식인으로 활동했다. 그런 그였지만 우리말 연구를 시작하면서는 조선어학계의 방외인으로 평생을 고통과 번민 속에서 지낼 수밖에 없었다. 그가 조선어학계에서 방외인 혹은 이단아로 취급받을 수밖에 없었던 것은 이론적으로나 실천적으로나 당시 주류였던 조선어학회의 형태주의 철자법에 가장 극렬하게 반대했기 때문이다. 그는 조선어학회가 내세우던 주시경식의 형태주의 철자법을 비판할 수밖에 없었던 이유를 다음과 같이 말하는데, 이는 박승빈의 언어관을 잘 보여 주는 대목이다.

무식한 자라도 자기들이 쓰는 말이 틀렸는지 바로 맞는지는 대부분적으로 알아보고 듣게 되어야 할 것임을 스스로 먼저 깨달을 필요가 있겠습니다. 한글의 분해적 또는 조직적 활용 같은 것은 물론 전문가만 알 것이겠지만요.[13]

한글맞춤법을 조소하는 듯한 말투에는 철자법이 쉬워야 많은 사람이 이를 이해하고 쓸 수 있지 않겠느냐는 박승빈의 소신이 묻어난다. 평소에도 그는 주시경의 철자법 안을 이어받은 조선어학회의 한글맞춤법이 너무 분

12 박승빈, 『조선어학』, 1935, 5~6쪽.
13 박승빈 인터뷰 기사, 『동아일보』, 1928. 12. 18.

석적이어서 일반 대중이 이해하기 어렵다는 점을 가장 큰 문제로 지적했다. 그가 문법 연구의 결과를 음소주의 철자법과 관련지어 자신의 철자법을 완성한 것은 이 때문이었다. 게다가 음소주의 철자법은 훈민정음 창제 이후 당시까지 관습적으로 사용되던 철자법이었으니, 박승빈의 주장은 학리적으로나 역사적으로나 관습적으로나 여러모로 합리적이었다고 할 수 있다. 앞서 거론한 마르크스주의 철학자 신남철申南澈이 박승빈이 이끄는 조선어학연구회에서 활동한 데에는 철자법에 대한 박승빈의 철학이 민중성을 띠었다는 점이 영향을 미쳤을 것이다.

철자법 대립의 논점

철자법의 원리를 중심으로 할 경우 『조선어학』의 가장 중요한 특징으로 용언어미의 활용법과 관련한 것을 거론할 수 있다. 박승빈은 어간, 어근, 어미의 개념을 새롭게 규정하면서 용언 활용법을 설명한다. 즉, 용언의 활용요소를 제외한 나머지 부분만 단어(＝어근)로 보고, 단어 내에서 변하는 부분을 어미로, 변하지 않는 부분을 어간으로 규정했다. 그리고 어미를 원단原段과 변동단變動段으로 구분했다. 이를 '먹다'를 예로 하여 설명하면 다음과 같다.

활용:	머그고, 머그니, 머그면, 머그다
	머그(단어) / 고(조사)
	머(어간) / 그(어미)
원단原段	머그 원음原音
	머ㄱ 약음略音: 약음은 발음을 조급하게 하는 습관에 따라 발음된 것.
변동단變動段	머거

박승빈의 용언 활용법을 보면, 그는 용언 활용 현상을 '머그-며, 머ㄱ-고, 머거-서'와 같이 분석하고, 여기에서 단어 '머그'를 추출한 다음 이를 다시 어간 '머'와 어미 '그'로 나누고 있다.[14] 따라서 이러한 활용법을 통해 음소주의 표기법의 원리를 설명할 수 있는 것이다. 이는 주시경이 주장했던 형태주의 표기법에서 '먹-으며, 먹-고, 먹-어서'로 분석하고, 여기에서 어간 '먹'을 추출하는 것과 분명하게 대립된다. 이외에도 박승빈의 문법이 조선어학회의 철자법과 대립되는 부분을 정리하면 아래와 같다.

첫째, 박승빈은 경음 표기를 'ㅅㄱ, ㅅㄷ, ㅅㅂ, ㅅㅈ' 등으로 하자는 주장을 폈는데, 이는 역사적으로 오랫동안 썼던 관습이다. 그는 조선어학회가 경음 표기로 내세우는 'ㄲ, ㄸ, ㅃ, ㅉ' 등이 역사적으로 우리말 발음 표기를 위한 것이 아니라 한자음의 탁음을 나타내기 위한 것이었음을 주장했다. 둘째, 그는 받침에 'ㅎ'을 쓰면 윗말에는 아무런 영향을 주지 못하고 다만 뒤 음절에 섞여 격음조로 바뀌게 할 뿐이기 때문에 이를 받침으로 인정할 수 없다고 주장했다. 셋째, 그는 '앉, 넋, 값' 등처럼 겹받침을 쓸 경우 우리말의 발음법으로 발음될 수 없는 소리를 받침으로 쓰는 것이기 때문에 인정할 수 없다는 논리를 폈다. 동사 '앉'은 '안즈'를 어간으로 삼아야 하고, '넋, 값'은 '넉, 갑'으로 해야 한다는 것이다.

첫 번째 주장은 한 글자를 어떤 경우에는 제소리를 표현하는 것으로 사용하고 어떤 경우에는 된소리를 나타내는 것으로 사용하는 것이 더 혼란을 줄 수 있다는 반대에 직면한다. 박승빈은 이러한 비판을 피하기 위해 경음부호 (ㅅ)를 따로 만들게 된다. 두 번째 주장 또한 격음조로 'ㅎ'을 그대로 표기하는

---

14 최현배는 '고'를 어미로 보고 '먹고'를 한 단어로 처리하지만, 박승빈은 '고'를 조사로 보고 '머그'를 한 단어로 처리한다. 이에 따라 '머그'를 어간(머)과 어미(그)로 나누게 된다.

것이 편리하다는 반대에 직면한다. 그는 받침에 'ㅎ' 쓰기를 반대하면서 격음조 역할을 하는 격음부호(ㄱ)를 따로 만든다.[15] 셋째 주장은 '앉'이나 '값'을 기본형으로 해야 '-으면'이나 '-이'가 붙었을 때 [아느면], [가비]처럼 발음하지 않고, [안즈면], [갑시]처럼 발음할 수 있다는 반대에 직면한다.

이러한 논박 과정은 사실 국문연구소의 논의 때부터 주시경과 지석영이 대립했던 부분이기도 하다. 경음 표기를 어떻게 하고 받침 표기를 얼마만큼 허용할 것이냐는 오랜 논쟁거리였고, 어느 한쪽에 이론적 정당성을 부여할 수 있는 문제는 아니었다. 최근 국어사 관련 연구에서는 경음 표기의 경우 박승빈 견해의 타당성을 인정하는 경향이 있고, 언어학적인 측면에서 볼 때 용언의 기본형 설정도 설명적 타당성을 인정할 만한 면이 있다. 그러나 철자법 논쟁은 학리성보다는 정치성에 비중을 두고 있었고, 당시 논쟁의 승패는 정치적 맥락에서 결정되었다. 조선어학회가 역사적 정통성이 있다는 세간의 평가가 승패를 결정지은 것이다.

철자법 논쟁의 정치성을 극명하게 보여 주는 것은 박승빈과 조선어학연구회를 비전문가로 폄하하는 비판이다. 비전문가가 우리말 문제에 주제넘게 나선다는 세간의 평가는 조선어학회의 철자법 안을 지지하는 문인들의 성명서에 잘 나타나 있다. 앞서 인용한 바 있지만, 문인들의 성명서(「한글 철자법 시비에 대한 성명서」)에서는 박승빈과 박승빈이 설립한 조선어학연구회를 "일찍 학계에서 들어본 적 없는 야간총생夜間叢生의 학자들인만큼, 그들의 그 일이 비록 미력무세微力無勢한 것"으로 평가하고 있다. 이 평가의 핵심은 박승빈과 조선어학연구회가 대중들이 신뢰할 만한 전문성을 갖추지 못

---

15 박승빈은 자신이 만든 새로운 부호를 철회하면서 표기의 단순화라는 원칙을 지키기 위해 노력했다.

했다는 것이다. 조선어학회가 대중들로부터 전문가 집단으로 인정을 받은 것은 조선어학회의 성과로 주목할 일이었다. 반면에 그에 대립했던 조선어학연구회가 언어학적 지식이 없는 비전문가 집단으로 매도되었을 때 박승빈의 심정은 참담했을 것이다. 박승빈은 주시경 등 초기 문법학자들이 우리말 연구를 시작할 때부터 20여 년이 넘게 우리말 정리 문제를 고민해 온 사람이기 때문이다.

박승빈은 "문득 머리에 떠오르든가 혹은 입에서 흘러나오고 마는 것은 조선어에 관한 생각과 소리뿐입니다. 전혀 병적이라고 할 만큼 요사이 나는 그 편으로만 기웁니다"라고 고백했을 만큼 조선어 연구에 집중했다.『조선어학강의요지朝鮮語學講義要旨』(1931),『조선어학』,『간이조선어문법簡易朝鮮語文法』(1937) 등의 저서가 나올 수 있었던 것도, 조선어학회에 대립하는 조선어학연구회를 설립하고 기관지『정음』을 출간하는 데 전력을 다했던 것도 이러한 관심과 고민이 있었기 때문일 것이다. 고민이 깊었던 만큼 그의 문법론은 국어학사에서 독특한 위치를 차지한다.

박승빈과 조선어사전

박승빈은 우리말 사전을 편찬하는 일에 깊이 관여했던 인물이기도 하다. 주시경이 편찬하려다가 무산되었던 최초의 우리말 사전『말모이』는 원고로 떠돌다가 박승빈이 활동했던 계명구락부로 인계되었지만 계명구락부에서도 이를 완성시키지 못한다. 그 후 조선어학회가 주축이 되어 1929년 조선어사전편찬회를 결성하고 새로운 사전 편찬 사업을 시작하자, 박승빈은 조선어사전편찬회의 발기인으로 참여하여 조선어사전 편찬 사업을 후원한다. 박승빈이 1930년대부터 세상을 떠날 때까지 조선어학회와 대립했던 것을 생각한다면, 그가 조선어사전편찬회 발기인 중 한 사람이었다는 사실은 놀

랍기만 하다. 그만큼 박승빈은 우리말 사전의 편찬을 민족적 과업으로 생각했던 것이다. 그러나 조선어학회가 1933년 『한글 마춤법 통일안』을 완성하고 이를 조선어사전의 표기법으로 확정하자 박승빈은 별도로 사전 편찬 사업에 돌입한다. 1937년, 조선어학연구회가 계명구락부의 사전 편찬 사업을 이어받아 사전 편찬 사업을 시작한 것이다. 『정음』 제20호의 머리말은 조선어학연구회가 주도하는 사전 편찬 사업의 기원과 성격을 보여 준다.

> 금번 계명구락부에서 시일로 11년, 화貨로 수만 원을 비費하야 어휘 십수만 개가 넘은 조선어 사전을 편찬 중이던 바, 아낌없이 본회에 편찬 사업 일체를 양여讓與케 되어, 본회는 우복 책임이 중차대한지라. 민족적 역사적 대사업인 조선어사전을 완성하야 4천 년 역사를 가진 조선말을 통일시키고 오백 년 역사를 가진 언문을 바로 붙잡기 위할 뿐만 아니라, 국제적 수치와 모매侮罵를 일축一蹴하고, 명실공히 문명인과 반열하라는 의분심에 불타고 혈성에 피끓는 선배 제선생께서 주리고 목말라가면서 불분주소不分晝宵[16]하야 한 개 어휘도 빠짐없이 수취蒐取하랴고, 남으로 제주, 북으로 회령, 동으로 울릉, 서로 강화, 조선 13도 도회로부터 산간벽지에 환亘하야 한 곳 빠짐없이 답파섭렵踏破涉獵하야, 십수만의 어휘를 수취하신 그것은 실로 피와 눈물로써 분투한 결과이다.

박승빈은 사전 편찬 사업을 시작하면서 각계각층의 지원을 이끌어 내기 위해 노력한 것으로 보인다. 주요 후원자로는 영친왕 이은李垠, 민대식閔大植, 윤치호尹致昊, 송진우宋鎭禹, 최린崔麟 등이 있었다.

그러나 박승빈이 주도했던 사전 편찬 사업은 결국 무산된다. 1939년 즈음까지 지속되던 것으로 보이는 사전 편찬 사업은 이후 후원자를 더 끌어

---

16 낮과 밤을 구분하지 않는다.

모으지 못했을 뿐만 아니라 사전 편찬원의 확보에도 실패한 것으로 보인다. 이는 그가 주장했던 음소주의 철자법이 조선어학회의 한글 맞춤법에 밀려 공식 철자법으로 인정받지 못한 데에다가, 1930년대 후반부터 강화된 황국 신민화정책이 맞물린 결과로 보인다. 1939년은 조선어학회도 사전 편찬 사업을 힘겹게 이어 가던 때였다.

실천적 조선어학의 성과: 실천과 과학 사이

조선어문법과 관련한 연구 성과는 교과서로 저술되었기 때문에 저자들은 대부분 조선어 교사들이었다. 이론 문법서도 교육 현장에서 활용되는 것을 목적으로 저술되었기 때문에 실천성을 띠고 있었다. 이 중 국어문법학사에서 중요한 획을 그은 문법가로는 정열모鄭烈模, 최현배를 들 수 있다. 이들은 조선어강습원에서 주시경으로부터 문법을 배웠으며 일본 유학 과정에서 근대 일본 문법학을 받아들여 우리말 문법을 체계화했다. 이들은 우리말 문법을 이론적으로 체계화함으로써 이전 문법가와 차별되었다. 해방 후 남한의 규범문법은 최현배의 문법체계를, 북한의 규범문법은 정열모의 문법체계를 기반으로 성립되었다.

정열모

어느 남다른 조직을 갖춘 문법으로 통일된 언어를 국어이라고 하고 그 문법을 국문법이라 한다. 이를테면 일본어, 영어, 지나어는 모다 국어이요 그 문법은 모다 국문법이다. 그러나 그 『國』이라는 것은 법정상法政上의 국國이 아니므로 조선어는 역시 한 국어이지 방언어方言語이 아니요, 영인英人의 국어와 미인米人의 국어는 둘이 아니라 하나이다.[17]

---

17 정열모, 조선어문법론, 『한글』 1-3, 1927.

정열모鄭烈模(1895~1967) 정열모는 1912~1914년 조선어강습원에서 주시경으로부터 우리말 문법을 배웠다. 1921년 3월 일본 와세다早稻田대학 고등사범부 국어한문과(일본어한문과)에 입학하여 1925년 3월에 졸업했다. 귀국 후 조선어학회 활동과 교육 활동을 병행했다. 해방 후에도 그의 주된 활동 영역은 교육·문화계였는데, 한글문화보급회를 이끌며 국어 재건 운동에 참여했고, 대종교 지도자로서 홍익대학 초대 학장이 되어 민족 고등 교육의 발전에 기여했다. 1950년 한국전쟁 때 월북하여 1955년 10월 김일성대 언어학과 교수로 취임했다.

국어를 상실한 시대에 정열모가 국어와 국문법을 정의한 내용은 의미심장하다. 국가의 존립과 별개로 언어로서 조선어는 하나의 국어이지 방언이 아니라는 정의는 조선어의 규범문법을 체계화하는 것이 당위적인 것임을 웅변한다. 실제 정열모는 교육 현장에서 조선어를 가르치면서 자신의 문법론을 세운다. 이때 그가 가장 주력했던 것은 새로운 문법 이론을 적용하여 조선어 문법을 체계화하는 것이었다. 따라서 그의 연구는 언어 현상을 기술하여 그 규범을 세우는 기존의 문법 연구를 한 단계 더 발전시킨다는 의미가 있었다. 그는 문법 연구의 실천성을 지향하되, 과학적 체계화를 통해 문법의 설명력을 높이고자 했던 것이다. 이러한 목표와 태도는 다음과 같이 표명되었다.

새 시대의 모든 학술 연구는 요컨대 많은 연구 재료를 수집하여 그 재료의 역사적, 비교적 연구로 인하야 이것을 분해하고 이것을 종합하여 귀납적으로 어느 법칙을 발견한다는 과학적 방법을 밟아가지 아니하면 안 된다. (중략) 우리는 국어의 연구에는 역사적 연구와 비교적 연구와의 두 방법이 병행하는 것임을 잊어서는 안 된다. (중략) 국어학이 그 연구상에 다른 모든 과학의 보조를 받는 것과 같이 국어학도 역시 다른 모든 과학에 대하여 유력한 연구 자료를 제공하는 것은 물론이어니와 국어 교수의 실제적 방면에 대한 국어학의 공헌은 실로 다대多大한 것이다.[18]

정열모는 유학 시기에 일본의 문법학을 학습한 것으로 보이는데, 이를 계기로 스승 주시경의 문법론과 다른 독자적인 문법론을 수립할 수 있었다. 정열모가 자신의 문법론을 세상에 알린 것은 1927년부터 1928년까지 『한글』에 6회(1-3, 1-4, 1-6, 1-7, 2-1, 2-2)에 걸쳐 「조선어문법론」을 발표하면서부터다.[19] 그는 자신의 문법론을 체계화한 과정을 『신편고등국어문법新編高等國語文法』(1946)의 서문을 통해 다음과 같이 밝히고 있다.

내가 이십년 전에 서울 중동학교에 재직할 때 생도에게 국어를 가르치는 책임을 가져 한편으로는 문예독본의 재료를 모으고,[20] 한편으로는 문법교재를 조사하다가 우연히 일본 국학원대학 마쓰시다 씨의 표준일본문법이란 책을 읽어 그때까지 내가 가진 문법상 의견과 부합된 점이 있음을 발견하고 정성스러이 읽어 얻은 바가 많았으니, 이 책의 조직은 전적으로 그를 모방한 것이다.

나의 국어연구의 벽은 한힌샘 스승으로 말미암아 싹이 트고 히못 김두봉님으로 말미암아 뼈가 생기고 주산 신명균님으로 말미암아 살이 붙었다고 스스로 믿는 바인데, 내가 이 책에서와 같은 새 안을 세운 것은 선배의 지은 길에 배반함이 아니라, 선배의

---

18 정열모, 조선어연구의 정체는 무엇?(二), 『한글』 1-3, 1927.
19 정열모는 자신의 문법론을 소개하기에 앞서 1927년 한글(1-2, 1-3)에 「조선어연구의 정체는 무엇?」이란 논문을 싣고 국어학의 성격, 연구 내용, 연구 방법을 개괄적으로 소개한다.
20 국어교육과 문법 연구를 연계했던 정열모는 독본을 중요하게 여겼다. 『현대조선문예독본』(1929), 『한글문예독본』(1946), 『초등국어문법독본』(1948), 『고급국어문법독본』(1948) 등은 그러한 인식의 결과물이다.

뜻을 받아 새 길을 열고저 함이니….

위의 서문을 근거로 하면, 정열모는 1926년경에 마쓰시타 다이사부로松下
大三郎의 『標準日本文法』(1924)을 접했고 이에 따라 문법을 체계화했을 것으
로 보이는데, 이 연구 결과를 1927년부터 소논문으로 발표했던 것이다. 정
열모는 「조선어문법론」의 서두에 "(조선어문법론이) 나의 獨創的 偏見이 안이
라 內外 文法學을 參互하여 그 合致된 精神을 取한 것"이라고 밝히면서 이
러한 사실을 암시했다. 이처럼 정열모는 「조선어문법론」이라는 논문을 통
해 자신의 문법론 체계를 드러내는데, 이 문법론 체계가 이후 『신편고등국
어문법』에 이르러 내용적으로 완결된다.

이런 점에서 「조선어문법론」은 적은 분량의 논문임에도 불구하고 국어학
사적 의미가 크다. 국어학사적 의미를 세 가지로 정리하면, 첫째, 과거의 관
습에서 탈피하여 문법학의 영역을 과학적으로 규정했다는 점, 둘째, 문법학
의 전체 체계와 관련하여 문법 단위를 정의했다는 점, 셋째, 문법학의 분과
를 나누면서 문법학을 체계화했다는 점 등을 들 수 있다. 특히 정열모의 논
의에 수준 높은 언어학적 문제의식이 담겨 있다는 점은 주목할 필요가 있
는데, 이러한 점은 그가 이론문법의 체계로 규범문법을 기술하고자 했음을
말해 준다. 이러한 의미를 간단히 설명하면 다음과 같다.

첫째, 정열모는 문법학을 음성학 및 문자학과 구분되는 독자적인 영역으
로 규정하여 문법학의 목표를 분명히 제시하고 있다. 여기에는 관습적으로
음성과 문자에 대한 설명을 되풀이하던 기존의 문법 기술 방식을 혁신해야
한다는 생각이 담겨 있다. 이러한 생각은 『신편고등국어문법』에서 음성학
과 문자학을 제외하는 것으로 귀결되었다. "언어는 사상의 기호로 성음聲音
을 쓰나 음성은 언어가 아니므로 성음의 연구는 문법학에 포함되지 않지만,

불규칙활용과 같이 음이 언어에 대해 갖는 특수한 관계는 문법학의 범위에 들 것"이라는 설명, "문자의 발달 변천의 연구는 문법학의 범위에 들지 않지만, 문자가 언어를 표현할 때의 운용법칙인 자법字法, 즉 철자법은 문법학에 포함된다"는 설명은 실천성과 과학적 체계성을 관련지은 탁견이라 할 수 있다.

둘째, 정열모는 언어 단위를 체계화하는 데 집중하는데, 그는 형태소, 단일어, 복합어, 구, 문장까지를 체계적으로 정의하면서 문법학의 분과를 제시한다. 그의 문법체계에서 가장 중요한 개념은 원사原辭와 염사念詞이다. 이 둘의 관계는 "原辭는 관념의 재료를 나타내는 것이니 念詞를 만드는 재료이다"라는 정의에 잘 나타난다.

원사는 형태소와 단어 형성의 어기語基라는 두 가지 개념을 지닌다. 즉 "꽃을 보자"라는 문장에서 원사는 '꽃, 을, 보, 자'이고 '문학文學'에서 원사는 '문文, 학學'이라는 설명은 원사를 형태소로 파악한 것이며, '문학자文學者'에서 원사는 '문학文學, 자者'라는 설명은 단어 형성의 어기로서 원사 '문학'을 포착한 것이다. 그는 원사를 완사完辭와 불완사不完辭로 나누어 단어로 인정할 수 있는 원사와 단어로 인정할 수 없는 원사로 나눈다. 단어로 인정할 수 없는 원사에는 조사(어미를 포함하는 개념: 가, 를, ㄴ, ㄹ, 았, 겠), 접사(답, 스럽), 불숙사(不熟辭: 춘春, 유幽, 고高, 불不, 미未) 등이 포함된다.

염사는 단일한 관념을 나타내는 '계집, 시내, 새' 등의 단념사單念詞와, 둘 이상의 관념을 나타내는 '높은 산, 깊은 물, 얼마 없다' 등의 복념사複念詞로 구분한다. 그리고 복념사가 단념화하는 것이 언어의 특징임도 설명한다.[21]

---

21 "지금 가고 싶다"의 '지금'이 '가고 싶다'의 시간을 나타내는 경우 '가고 싶다'는 '지금'에 대하여 단념화되는 것이고, 지금 가기를 원하는 경우 '지금'은 '가고 싶다'의 시간을 나타내는 것이 아

이러한 분석을 토대로 정열모는 문법학의 분과를 '원사론'과 '염사론'으로 나눈다. 원사론은 원사 단독의 성질과 상호 관계를 논하는 것으로, 복합어의 형성과 용언의 활용 등을 설명하는 부분이다. 반면 염사론은 염사 단독의 용법과 상호 관계를 논하는 것으로, 품사론과 문장성분론 등을 설명하는 부분이다. 특히 염사론에서는 염사가 상호 관계할 때 나타나는 직능, 즉 '사람이 가다'에서 '사람이'의 직능, '뜨는 달'과 '뜬 달'에서 '뜨는, 뜬'의 직능, '달이 떴다'와 '달이 뜬다'에서 '떴다, 뜬다'의 직능 등에 주목하고 이에 따라 염사의 성격을 구분한다.

그런데 이 부분에서 특별히 주목해야 것은 정열모의 독창성이 드러나는 단어론에 대한 설명이다. 정열모는 "조선문전에서 단어라는 것은 서구 문법에서 말하는 '辭'와 달라서 토 곧 조사(어미까지 포함) 같은 염사念詞 아닌 것까지 포함하여 있으므로, 단어론은 辭의 성질론과 원사론을 혼동한 것이어서 단어론이라는 개념이 정리되지 못하였다"고 설명한다. 또 "토 곧 조사를 단어론에서는 한 말로 보면서 문장론에 가서는 한 말로 보지 않으므로 한 말의 개념이 단어론과 문장론에서 일관되지 못하다"고 지적하고 있다.

이는 조사와 어미를 단어로 보고 품사로 설정하는 문제점을 지적한 것이다. 이러한 문제의식은 『신편고등국어문법』에 반영된다. 여기에서 정열모는 주시경과 최현배의 문법과 다른 제3유형의 문법을 선보이는데, 이는 주시경 문법에 마쓰시타松下 문법을 적용한 것으로 평가받는다.[22]

니라 '감'의 시간을 나타내므로 '가고 싶다'는 지금에 대하여 복념이 된다는 설명은 문장의 논리 구조에 대해 치밀한 분석을 하고 있었음을 보여 준다.

22 김민수(1980: 296)에서는 정열모의 문법을 제3유형의 문법으로 규정하면서, 그의 문법은 주시경계周時經系로서 그 바탕 위에 색다른 마쓰시타 문법을 적용한 것이라 했다. 김민수(1980: 214)에서는 문법 유형을 다음과 같이 정리하고 있다.
제1유형(주시경): 그 / 꽃 / 이 / 퍽 / 곱 / 다. (6단어) 조사, 어미를 독립품사로

『신편고등국어문법』에서는 형태소 단위(낱뜻)와 단어 단위(감말)를 구분하면서, 단어 단위를 기준으로 품사를 분류하여 5품사(명사, 동사, 관형사, 부사, 감탄사)를 설정했다.[23] 철저하게 단어의 문법적 기능에 중점을 둔 분류가 특징적이다. 특히 조사를 품사로 설정하지 않고 명사의 격(빛)과 동사의 활용(빛)을 같은 차원으로 보았다. 이러한 관점은 이후 북한 규범문법의 확립 과정에서 토의 성격을 규정하는 데 지대한 영향을 미친다. 1950년대 북한 국어학계는 토의 성격을 규정하는 데 논의를 집중했는데,[24] 당시의 논의는 교착어인 국어의 문법적 특징을 설명하는 데 기여했다는 점에서 의의가 있다.

정열모는 이 논의에서 토를 문법적 관계를 나타내는 접사로 보는 견해를 제시했는데, 이는 그가 일관되게 주장해 온 것이었다. 북한의 토 논의는 토의 형태적 특성, 즉 교착적 성격을 중시하는 방향으로 정리되었는데, 이는 정열모의 견해가 반영된 것이라 할 수 있다. 1960년 출판된 북한의 규범문법서인 『조선어문법 1』에서는 이전의 문법서와 달리 토를 독립 품사가 아닌 문법적 접사로 분류하고 있다.

최현배

최현배는 자신이 걸어온 학문의 길을 회고하며 이러한 사실을 이야기한 바 있다.

제2유형(최현배): 그 / 꽃 / 이 / 퍽 / 곱다. (5단어) 조사를 독립품사로
제3유형(정열모): 그 / 꽃이 / 퍽 / 곱다. (4단어) 조사와 어미를 비독립품사로

23 물론 그의 문법에서는 명사(본명사/수사, 대명사), 동사(동작동사/존재사, 지정사, 형용동사), 부사(접속사) 등과 같이 품사의 소분류를 염두에 두고 있다.
24 1958년 "조선어형태론의 특성에 대한 학술토론회"와 1963년 "조선어문법구조연구에서 주체를 튼튼히 확립하기 위하여"라는 학술토론회에서의 주요 쟁점은 토의 성격 문제였다.

최현배崔鉉培(1894~1970) 주시경의 국어사상을 국어정책으로
실현한 인물. 일제강점기 이극로, 이희승, 신명균 등과 조선어학
회를 이끌었으며 연희전문을 졸업한 정인승, 정태진 등을 조선어
학회 사전 편찬 사업에 참여시켰다. 1942년 조선어학회 사건으로
징역 4년을 선고받고 해방 후 출옥하여 미군정청 문교부 편수국장
으로 재직하며 국어 재건 정책을 이끌었다.

관비 유학의 의무로서 관립 고등보통학교에 복무하기를 병 청탁으로 회피하고 (중
략) 동래군의 사립 동래고등보통학교에 취직하여 한두 해 동안을 여기서 우리말을 연
구하면서 가르쳤으니, 나의 『우리말본』의 초고가 맨 처음 여기서 비롯되었다. (중략)
내가 대학 시대에도 우리말 연구의 뜻을 버린 일은 없었다. 언어학에 관한 강의를 해마
다 들었으며, 대학원에 들어간 해의 봄에 먼저 옛날 동래에서 비롯했던 『우리말본』의
짓기를 다시 시작하여 그해 가을에 이르러 소리갈을 대강 끝내었던 것이다.[25]

최현배가 자신의 학문 이력을 회고하며 한 말은 그가 문법 연구를 시작한
계기와 그 발전의 과정을 잘 보여 준다. 그 또한 정열모처럼 우리말을 가르
치면서 문법서를 구상했으며, 유학 과정에서 일본 문법학의 체계를 수용해
주시경 이래로 전개되어 오던 조선어 문법 연구를 이론적으로 체계화하려
했다. 이러한 노력은 『우리말본』으로 결실을 맺게 된다.

---

25 최현배, 나의 걸어온 학문의 길, 『사상계』, 1955. 6.

최현배는 일본 문법학을 경험하며 새로운 조선어 문법서를 만들어야겠다고 생각했고, 일본 문법학계에서 인정받는 문법서를 모델로 삼아 우리말 문법서를 기획했다. 국어학사에서는 일반적으로『우리말본』이 야마다 요시오山田孝雄의『日本文法講義』(1922)로부터 깊은 영향을 받았다고 보고 있다. 그러나『日本文法講義』와의 영향 관계를 근거로『우리말본』의 의의를 깎아내리는 것은 온당하지 못한 면이 있다. 최현배가 정열모와 달리 자신의 문법론에 영향을 준 문법서를 분명하게 밝히지 않은 것은 문제라 할 수 있지만, 우리말을 가장 잘 설명할 수 있는 틀을 선택적으로 수용하여 우리말 문법을 체계화한 것은 그것 자체로 의미 있는 일이기 때문이다. 사실『우리말본』에서 야마다 문법을 전적으로 수용한 부분은 원론적인 설명이나 보충설명에 해당하는 부분이다.

오히려 우리가 주목해야 하는 면은, 최현배는 교육 현장에서 조선어와 조선어학을 가르치면서『우리말본』의 내용과 체제를 확정 지어 나갔으며, 따라서『우리말본』이 우리말 연구와 교육의 경험이 축적된 결과물임을 부정할 수 없다는 사실이다. 1920년 문법서를 구상한 후 '소리갈'에 해당되는 첫째 매가 1929년에 연희전문 출판부에서 출판되고, 이어서「조선어의 품사분류론朝鮮語의 品詞分類論」(1930)과[26]『조선중등말본』(1934)이 나온 후 1937년에 이르러서야 비로소『우리말본』이 완간되었으니,『우리말본』은 17년 연구의 결실이라 할 수 있다. 17년 동안 최현배는 우리말 자료를 광범위하게 수집했고 이를 귀납적으로 체계화하여 한 권의 문법서로 엮은 것이다. 자료의 풍부함과 설명의 상세함에서『우리말본』을 능가하는 문법서는 없었다.『우리말본』의 역사적·학문적 의의는 여기에서 찾을 수 있다. 1930년

---

26 이 논문은『조선어문연구朝鮮語文研究』(연희전문학교 문과연구집 제1집)에 실렸다.

대 당시 최현배가 조선어학계에 끼친 영향이 얼마나 컸는지는 경성제대를 졸업한 이숭녕의 회고를 통해 짐작할 수 있다.

> 외솔 최현배 선생은 내가 대학생 시절부터 뵙던 13년 연장의 선배이시다. 그때가 마침 연희 전문학교에 부임하신 때로, 학생 시절이라서 모두 그분의 강의 내용을 보았으면 했다. 왜냐하면 국어학이 새로 발족한 직후라서 자료 한 장이 값 있었기 때문인데, 외솔 선생이 매시간 문법 교재의 프린트가 다량으로 학생들에게 분배되었던 것이 회상된다.[27]

최현배의 문법론은 1930년 발표한 「조선어의 품사분류론」에서 그 체계가 드러났다고 볼 수 있다. 품사 분류 체계의 이론적 근거를 제시한 부분은 『우리말본』의 핵심적인 내용인데, 이는 이전 문법서가 품사 분류의 근거를 체계화하지 않았던 것과 차별되는 지점이다. 이런 점에서 최현배 역시 정열모와 같이 문법 연구의 실천성을 지향하되, 과학적 체계화를 통해 문법의 설명력을 높이고자 했음을 알 수 있다. 이를 위해 이론문법의 체계가 필요했던 것이다.

정열모의 문법론과 비교할 때 최현배 문법론의 특징으로 이론적 체계만큼 그것의 실용성을 고려했다는 점을 들 수 있다. 최현배 문법의 실용성은 그의 품사 분류론에 잘 나타난다.[28] 『우리말본』에서는 조사와 어미를 단어로 본 주시경의 문법과 달리 조사는 단어로 보되 어미는 단어에서 제외했다. 그런데 이러한 품사 분류는 앞서 정열모가 했던 비판, 즉 "토 곧 조사를

---

27 이숭녕, 내가 본 외솔 선생, 『나라사랑』 14, 1974.
28 이에 대해서는 남기심(1980)에 상세히 설명되어 있다. 최현배 문법의 실용성과 관련한 여기에서의 설명 역시 남기심(1980)의 설명을 토대로 하고 있음을 밝힌다.

단어론에서는 한 말로 보면서 문장론에 가서는 한 말로 보지 않으므로 한 말의 개념이 단어론과 문장론에서 일관되지 못하다"는 지적을 극복하지 못했을 뿐만 아니라, 조사와 어미를 이론적 근거 없이 다르게 처리하는 문제까지 보이고 있다. 이러한 처리 방식에 대한 최현배의 설명은 다음과 같다.

요컨대 씨가름은 사람의 말을 연구하는 편의상으로 하는 것이니, 아예부터 일정불변하는 일반적 표준이 있는 것이 아니라, 다만 그 나라말의 바탕(性質)의 다름을 따라 저절로 상위相違가 생기는 것은 정한 이체理體다. 다만 가장 필요한 일은 될 수 있는 대로 그 말의 본래의 바탕에 맞으며, 따라 그 말의 이해와 실용에 가장 편의한 가름(分類)을 하여야 할 것이다.

위의 설명을 최현배의 품사 분류론과 관련지어 보면, 품사는 "구실[職能]을 주장[主]으로 삼고, 그에 따르는 꼴[形式]과 뜻[意義]을 붙임[從]으로 삼아서, 이 세 가지가 서로 관계하는 상태를 대중[標準]으로 삼아 결정"하되 이해와 실용에 가장 편리한 방식으로 분류해야 하는 것이다. 이러한 분류 태도는 '토(조사)'를 독립 품사로 보는 데에서 가장 분명히 드러나는데, 최현배는 '토'를 독립 품사로 본 것이 풀어쓰기 문제, 일반 민중의 언어 의식 등을 고려한 결정임을 밝힌다. 즉, 풀어쓰기 문제는 'ㅈ ㅏ ㄴ ㅡ ㄴ'이 '자尺는', '잔盃은', '자睡는' 등의 여러 가지로 이해되어 혼란을 일으킬 수 있다는 문제를 지적한 것이고, 일반 민중의 언어 의식은 일반인들이 용언의 어간과 어미는 한 낱말로 의식하지만 체언은 조사와 독립적으로 의식한다는 사실을 지적한 것이다. 이는 각각 실용과 이해의 문제이고 이런 점을 고려하여 토를 독립 품사로 설정했다는 것이다. 풀어쓰기가 실현되지 않은 상황에서 현재 학교문법은 일반 언중言衆의 언어 의식을 고려한 분류 방식에 따라 '조사'를 독립 품사로 설정하고 있다.

이처럼 언어 의식과 실용성을 중시한 최현배였지만, 일부 문법 현상을 기술함에 있어서는 언어 현실보다는 규범적 원칙을 강조한다.[29] 이는 언어의 현실보다 언어의 보편적 체계에 따라 우리말을 설명하려 했던 근대 초기 문법학자의 태도를 연상시킨다.

> 사람과 모든 사물의 움직임은 다 시간 가운데서 생기는 것이요, 그 움직임을 말로써 나타내는 사람 그것도 또한 시간상의 존재자이다. 그러므로, 그 말(월)에는 반드시 때매김[時制]이 있을 것은 이理의 당연한 것이다. 그러나, 우리 조선말은 종래로 때매김에 관하야 비교적 확실하지 못한 감이 있다. 그러나 이는 우리말에 때가 없는 때문이 아니요 어법적으로 우리말의 때매김을 연구 정리하야 법칙을 명료하게 하며, 그 사용을 정확하게 하지 못한 때문이다. 이제 내가 여기에서 특별히 한 목을 베풀어서 움직씨의 때매김을 연구하는 것은 그 뜻이 여기에 있느니라.[30]

이러한 태도는 시제뿐만 아니라 피동법에 대한 설명에서도 동일하게 나타나는데, 이는 문법학이 언어 현상의 기술에 그치지 않고 언어를 완전한 것으로 발전시키는 역할을 해야 한다는 관점을 반영한 것이다. 다음 언급은 문법이 언어 현실을 앞서갈 수 있다는 태도를 극명하게 보여 준다.

> 우리말의 본을 풀이함에 있어서 가장 그 본이 정연하지 못한 것은 움직씨의 입음법[被動法]과 때매김법이다. 이는 곧 입음법과 때매김법이 우리말에서 아직 잘 발달되지 못한 것을 보임이다. (중략) 그 열 두 가지 때매김은 다만 어법적 논리에 의하야 정돈한 것이요, 그 각각의 말 모양이 실지로 다 쓰이는 것은 아니다. 어떤 것은 쓰이고, 어떤 것은 쓰이지 아니하야 일정한 준칙이 없다. 그러므로 다만 오늘날의 말씨로서만 그 법을

---

29 이에 대한 논의는 남기심(1980)에서 이루어진 바 있다. 여기에서의 인용 부분도 남기심(1980)의 것과 같다.
30 최현배, 『우리말본』, 588쪽.

삼는다면 그것이 넘어도 불완전 부정제하여서 족히 법이 있다 할 것이 못 된다. (중략) 그래서 일변—邊에서는 실지의 사용을 보고, 타변에서는 법적으로 실지 사용의 가능성을 참조하야, 다음과 같이 정리한 것이다.[31]

이러한 정돈 과정을 거쳐 그가 제시한 것은 시제를 열두 가지로 설정하고[32] 이에 따라 예를 제시한 것과, 피동과 사동을 구분하기 위해 피동법의 도움줄기(피동접미사에 해당)로 '-기-, -히-'만을 인정하고 '놓히다, 쌓히다, 찔히다' 등의 형태를 규범형으로 제시한 것이다.

그렇다면 이러한 문법관은 어디로부터 나온 것일까? 이는 언어를 건설한다는 관점으로, 실천적 국어학 연구의 극단적 경향이라고 할 수 있다. 주시경 또한 언어를 건설할 수 있다는 생각을 가지고 있었고, 문법 연구를 통해 우리말을 발전시킬 수 있다고 생각했다. 따라서 이러한 문법관을 이해하기 위해서는 최현배가 지향했던 실천적 학문의 성격에 주목할 필요가 있다.

최현배는 젊은 시절부터 우리말 연구에 몰두했는데, 그의 궁극적인 목표는 교육을 통한 민족 개조였다. 그가 일본 유학 시절 교육학을 전공하면서 페스탈로치의 규범적 교육학에 매료되었었다는 사실은 그의 목표가 무엇이었는지를 잘 보여 준다. 그는 교토제국대학 철학과를 졸업했지만 전공은 교육학이었고, 학위 논문의 제목은 '페스탈로치의 교육학'이었다. 그리고 1926년 교토제국대학의 대학원 과정 수업을 1년간 받으면서 쓴 것이 바로 『조선 민족 갱생의 도』였다. 그렇다면 조선의 페스탈로치를 꿈꾸었던 최현배가 귀국 후 교육 운동보다 어문운동에 주력했던 것은 무슨 이유에서였을

---

31 최현배, 『우리말본』, 619~620쪽
32 으뜸때[原時], 마침때[完了], 이음때[繼續], 이음의 마침때[繼續完了]로 나누고 이 각각을 이제[現在], 지난적[過去], 올적[未來]의 세 가지로 분류했다.

까? 「나의 걸어온 학문의 길」에는 그 이유가 이렇게 나타나 있다.

왜정의 동화 정책, 식민지 교육 방침에 굴레 씌워진 당시의 우리의 교육은 도저히 나의 교육 이상의 실현의 여지가 없음을 간파하게 나를 강요하였다. 그리하여 나의 연구심은 교육학의 원리, 방법 등에 쏠릴 수가 없었다. 만세 불멸의 교육 원리도 왜정의 횡포한 칼 앞에는 아무 실행의 여지가 없었던 것이다. (중략) 그러나 나의 연구의 노력은 나의 학교 교육에서는 부전공의 지위에 있던 우리말 우리글로 기울어지게 되었다. 조선말을 가르치고 연구하는 것이 나의 주장된 학구적 사업이었다.

최현배는 식민지 지식인의 한계와 민족어의 위기 상황을 절감하며 우리말 연구와 운동에 주력한다. 교육을 통해 민족을 개조한다는 목표가 민족어 운동을 통한 민족 개조 운동으로 구체화된 것이다. 따라서 최현배의 민족 개조 논리를 이해하는 것은 그의 어문관과 어문운동 논리를 파악하는 데에서 중요한 고리가 된다.

주시경의 민족 사상을 내면화한 최현배는 민족을 절대적 대상으로 여겼지만, 자신의 눈에 비친 민족을 있는 그대로 받아들일 수는 없었던 것이다. 왜곡된 현실을 자각하는 순간 '민족의 갱생更生'을 열망하게 된 것이다. 이는 민족 개조를 통해 그 절대적 대상의 정수精髓를 발현시켜야 한다는 생각으로 발전하게 된다. 그의 어문관과 어문운동 논리도 이와 같다. '민족의 갱생'이 '민족어의 갱생'으로, '민족의 개조'가 '민족어의 개조'로 치환되었을 뿐이다. 원리와 원칙에 충실한 어문정리는 우리말의 정수를 발현시키는 유일한 길이었고, 국어(일본어) 상용화 정책이 강화된 시기에 조선어사전을 완성하고 『한글갈』(1942)을 저술한 것은 그에게 존재론적 요구였던 것이다.

우리말은 우리 민족의 정신적 산물의 총합체이다. 메는 높고, 물은 맑고, 햇빛은 밝은, 아름다운 강산에 살아오는 우리 조선 민족의 심령에는 조선말이란 영물이 그 갖은 소리와 맑은 가락으로써 거룩한 탄강誕降의 대정신을 전하며, 아름다운 예술적 정취를 함양하여 왔으며, 하고 있으며, 또 영원히 하여 갈 것이다. 이 말이 울리는 곳에는 조선심朝鮮心이 울리며, 이 말이 펴나는 곳에는 조선혼朝鮮魂이 펴난다. 비록 그릇된 사상을 인하여 일시적 그 권위를 훼손한 일이 있었지마는, 그 본질적 미점·장처美點·長處는 조금도 그 때문에 떨어진 일이 없으며, 또 오늘날 조선 민족의 시대적 자각으로 말미암아, 장래에 그 움쳤던 날개를 떨치고, 세계적으로 웅비하려는 붕정鵬程을 바라보고 있는 중이다.[33]

4.3. 조선어학의 과학화라는 이데올로기

조선어 연구의 지향에 대한 문제제기

1921년 조선어연구회(조선어학회의 전신)가 창립되었고, 1926년 정음회正音會 (조선어학연구회의 전신)가 창립되었다. 이 단체들은 조선어문의 정립이라는 목표 아래 활동했으며, 조선어 연구는 이를 뒷받침하는 방향으로 전개되었다. 그런데 이들 단체의 연구가 조선어 연구의 주류로 인식되던 상황에서, 조선어 연구의 목표에 대한 논쟁이 본격화했다.

그 연구라고 써 내는 글발들은 언문諺文을 바로 쓰자 한문으로 된 말은 쓰지 말자 또는 문법 설명도 통례通例를 피하자 (중략) 근래 문법론자의 설명은 과학적이 아니요 감정적 또는 유교사상의 사대주의, 복고주의, 허례주의 등 구습의 뇌腦를 가시지 못한 고로 그런 의사를 가지고 있는 것인 줄 알지니 우리 신학문가는 그런 부패한 사상을 버리고 먼저 문법학 음성학 언어학 문자학 등의 기초적 지식을 닦은 후에 과학적으로 연

---

33 최현배, 『조선 민족 갱생의 도』, 1926.

구하기를 바라노라.[34]

안확安廓은 언어학의 학습과 언어에 대한 과학적 연구의 필요성을 주장한다. 이는 곧 언어학의 기본 원칙과 원리를 무시한 채 어문 개량에 몰두하는 실천 지향적 연구 태도에 대한 문제제기이다. 이러한 관점은 홍기문洪起文의 언급[35]에서 구체화된다. 여기에서 홍기문은 철자법 논쟁, 외래어 청산, 언어 개조 등에서 드러난 문제점을 비판하고, 언어학의 영역에 대한 이해의 필요성, 인접 학문에 대한 이해의 필요성, 서구 언어학 조류에 대한 이해의 필요성, 비교언어학적 연구의 필요성 등을 거론하면서 조선어 연구의 방향을 제시했다. 홍기문의 견해는 조선어학회와 조선어학연구회를 중심으로 진행되는 비과학적인 언어 개조를 중단하고 과학적 방법론을 도입하여 조선어를 연구해야 함을 주장하는 것이란 점에서, 안확의 주장과 같은 맥락에 있다.

그러나 이들은 기존의 조선어 연구의 문제점을 비판하면서도 실천 지향적 연구의 대의를 부정하지는 않는다. 안확은 실천론자들에게 언어학에 합당한 방법으로 연구할 것을 권한다는 점에서 실천적 조선어 연구의 무용론으로 나가지는 않았다. 또 홍기문은 "내 勿論 朝鮮語研究 至上主義者는 아니다"라 하며, 과학적 연구의 중요성을 강조하는 자신의 말이 실천적 운동에 대한 포기로 비치는 것을 경계했다. 여기에서 당시 시대적 과제로서의 규범 정립 운동과 독립된 학문으로서의 언어학 연구를 동시에 수행해야 했던 조선어 연구자의 고심을 읽을 수 있다.

이러한 문제제기는 서구 언어학 이론을 접하면서 구체화되었기 때문에,

---

34 안확, 조선어연구의 실제, 『동광』 8, 1926.
35 홍기문, 조선어 연구의 본령-언어과학과 언어착오의 교정-, 『조선일보』, 1934. 10. 5.~20.

실천적 연구 단체의 연구자들 또한 과학적 방법론을 도입해야 한다는 점을 부정하지는 않았다. 그러나 주류적 위치를 점했던 실천 지향적 연구는 현실의 요구와 결합한 것이었기 때문에, 조선어 연구자들에게 실천과 학문의 양립은 중요한 문제가 되었다고 볼 수 있다.

실천과 과학의 양립은 가능한가

실천적 연구 활동으로는 '규범 정립을 위한 연구 활동'과 '조선어 교육을 전제로 한 문법 연구'를 들 수 있다. 조선어학회는 음소주의 철자법에 의거한 조선총독부의 철자법(1912년)을 형태주의 철자법으로 되돌려 놓으면서 1933년 독자적인 철자법 안을 공포했을 뿐만 아니라, 1929년 조선어사전편찬회의 결성을 주도하여 조선어사전 편찬 사업을 전개했고, 이 과정에서 표준어를 정하고 로마자 표기법과 외래어 표기법을 완성했다. 이때 조선어학회와 조선어학연구회의 대립 과정에서 조선어 규범 문제는 전 사회적인 관심을 끌게 되었고, 이는 조선어 연구의 저변을 확대하는 데 기여했다. 이러한 분위기에서 신문과 잡지 등에는 어문민족주의를 고취하는 논설들이 등장했고, 이는 학생과 지식인들에게 민족의식을 심어 주었다.

이러한 일련의 활동은 내용상으로 국어 의식을 정립하는 활동과 다름없었다. 제2장에서 조선어학회 활동을 서술하며 언급했듯이, 표준어의 정립과 방언의 제거, 철자법 개정 등을 통한 조선어의 통일 사업은 국가적 규범 정립 사업과 같은 차원이었으며, 이는 조선어를 일본어와 함께 조선의 공용어로 자리매김하고자 하는 노력의 일환이었다. 조선어 연구의 저항성은 이와 같이 조선어를 국어의 반열에 올리고자 한 데에서 찾을 수 있을 것이다.

조선어에 대한 관심은 자연스럽게 조선어 문법에 대한 관심으로 이어졌다. 일제강점기에 많은 문법서가 발간될 수 있었던 것은 이 때문이었다. 당시의 문법서는 초기 연구자들의 연구를 이어받은 것이기도 하지만, 여기에서 한걸음 더 나아가 학문으로서의 문법에 대해 고민한 결과라고 할 수 있다. 앞서 살펴본 바와 같이 최현배, 정열모, 박승빈 등의 문법서는 일본 학자들의 문법 이론을 참조하면서 조선어의 특징에 대해 치밀하게 검토한 결과물로서 그 의미가 있다. 이들은 조선어 교육을 전제로 한 문법서를 기획하고 이에 대한 연구를 진행함으로써 실천적인 문제와 학문적인 문제를 연결지어 나갔고, 이는 당시 경성제대 출신 조선어학자들이 종합적인 조선어 문법서를 발간하지 않았던 것과 비교된다.

경성제대 출신 조선어학자들은 실증주의적 학문관을 바탕으로 고어와 방언 연구에 집중하거나 구조주의적 방법론을 따라 미시적인 주제를 깊이 있게 탐구하는 연구를 지향했다고 볼 수 있다. 이는 당시 경성제대에서 조선어학을 강의한 오구라 신페이와 언어학을 강의한 고바야시 히데오小林英夫의 언어관과 학문관의 영향이었다. 오구라가 방언 자료 및 고문헌를 수집·정리하고 이를 바탕으로 고어를 연구하는 데 치중했다면, 고바야시는 언어학의 일반 이론을 연구하는 데 치중했다. 특히 고바야시는 소쉬르의 *Cours de linguisique générale*(일반언어학강의)을 1928년에 일본어로 번역하여『언어학원론言語學原論』이란 제목으로 출판했는데, 이는 일본 언어학계가 구조주의 언어학을 본격적으로 수용하게 되었음을 의미한다. 또 당시 경성제대는 학생 수가 많지 않아 학생들이 학과를 넘나들며 강의를 들었기 때문에, 구조주의 언어학에 정통한 고바야시의 과학적인 분석 방법론과 오구라의 엄밀한 실증주의적 방법론은 경성제대에 재학 중인 인문학도들에게 깊은 영향을 미쳤을 것으로 보인다.[36]

36 경성제대의 학문적 분위기에 대한 구체적인 구술과 이에 대한 논의는 이충우(1980)와 이준식

그런데 경성제대의 학문적 기반 위에 과학적 언어 연구 방법론을 수용하면서 경성제대 출신 조선어학자들은 '조선어학의 저변 확대', '조선어정책에의 참여', '조선어 교육' 등을 관심 사항에서 제외시켰다. 이는 홍기문의 표현을 빌리자면 '조선어연구 지상주의자朝鮮語研究至上主義者'의 모습이었다. 이희승을 제외하고 경성제대 출신 조선어학자들이 조선어의 정리와 규범의 정립 과정에 소극적으로 임했던 것은, 일본인 조선어학자의 영향 아래 형성한 학문관과 언어관에서 비롯한 태도라고 해야 할 것이다.

경성제대 출신 조선어학자들이 학계에서 활동하게 된 1930년대는 이처럼 "한국의 언어학이 주시경 이후의 실용적 언어연구를 바탕으로 한 관념론과, 서구의 역사언어학의 영향을 받은 실증론으로 갈라질 수 있는 씨앗이 뿌려졌다고 말할 수 있"(고영근, 2001ㄴ: 37)는 상황에 접어들었다. 그러나 당시의 조선어학이 실천적 연구의 소임을 짊어질 수밖에 없었던 상황에서, 조선어의 정리와 교육 문제에 철저하게 무관심했던 실증주의자들의 연구 태도를 학문적 입장으로만 설명할 수는 없다. 그들은 해방 이후 민족 문화의 단절을 우려하며 한자폐지 정책에 적극적으로 반대했을 뿐만 아니라 학교문법 제정에도 적극적으로 참여하면서, 실용적 언어 연구에 몰두했던 어문민족주의자들과 격렬히 대립한다.

과학적 방법론의 수용과 조선어 연구 목표의 변화 맥락

맞춤법, 표준어 정립 등과 관련한 논쟁이 가닥을 잡아 가고, 이렇게 만들어진 규범을 근거로 조선어사전 편찬 사업이 이루어지고 있는 시점에서, 조선

(2002)을 참조할 수 있고, 경성제대 조선어문학과 출신 국어학자들의 학문적 경향에 대해서는 최경봉(2008)을 참조할 수 있다.

어 연구자들은 조선어학의 활로를 모색하는 차원에서 연구의 과학화를 추구했다. 이처럼 1930년대 중반부터 본격화한 조선어 연구의 경향 변화는 조선어 정리 문제가 마무리된 뒤 조선어 연구의 과학화를 목표로 한 변화였다는 점에서 조선어 연구의 발전을 의미한다고 할 수 있다.

> 조선말에 과학의 힘이 다 미치지 못한 곳이 많아서 아직 말본의 터가 다 잡히지 못한 것은 우리가 다 아는 바거니와, 이 문제를 푸는 데에는 많은 학자의 힘을 빌어야 될 것이다. 그런데 댓 해 전에 조선어학회에서 조선말본의 터를 닦고저 여러 사람이 가치 힘쓰다가, 철자 통일안을 맨들기에 바빠서 이 말본 문제는 그만 중지가 되었다. 이제 내가 쓰는 이 문제는 그때에 맨들어 두었던 것인데, 이제 조금 닦어서 내어놓는 뜻은, 한 쪽으로는 조선말을 연구하시는 여러분에게 한 참고가 될가 하는 것이며, 다른 한쪽으로는 조선말을 배우고 가르치는 데에 도움이 될까 하는 것이며…[37]

이극로李克魯의 말을 통해 보면, 조선어 규범 문제가 정리된 이후 조선어 학자들의 관심이 조선어의 과학적 규명에 있었음을 알 수 있다. 이는 조선어학회만이 아니라 전 조선어학계의 경향이었음은 앞에서 밝힌 바 있다. 그리고 경성제대 출신 조선어 연구자와 해외에서 유학한 조선어 연구자들은 이러한 변화 과정에서 자신들의 연구 역량을 발휘했고 조선어학계에서 주류적 위치를 점하게 되었다.

1930년대 후반 『한글』에는 어원 탐구나 언어학 방법론에 대한 소개 글이 이전에 비해 자주 게재되었으며, 이숭녕과 방종현 등 경성제대 출신 조선어 연구자들의 논문이 『한글』에 등장하기 시작한 것도 이때부터이다. 조선어 연구의 과학화가 과제로 되면서 조선어학회에 서구의 신이론을 학습한 인물들

---

37 이극로, 조선말 임자씨의 토(1), 『한글』 20, 1935.

이 들어오게 된 것이다. 이는 조선어학회의 외연이 확장된 것이라고 볼 수도 있고, 다른 한편으로는 연구의 주도권이 실천적 연구자에서 이론 지향적 연구자들에게 넘어가는 징후로 볼 수도 있다.[38]

그런데 조선어 연구의 경향이 변화하는 것은 조선어의 위상 변화와 맞물려 있다고 볼 수 있다. 어문정리 문제가 마무리되고 조선어의 연구 경향이 실천에서 과학으로 전환되는 시점은 조선어의 위상이 떨어지는 시점이었기 때문이다. 한편에서는 규범이 완결되어 가고 다른 한편에서는 조선어의 세력이 급격히 약화되면서 조선어 교육도 약화되어 간다. 『한글』 제61호(1938)에서부터 '조선어에 흔히 쓰이는 국어 어휘'[39]를 소개하는 난이 마련된 것은 국어 상용화 정책이 강력하게 시행되고 있음을 말해 준다. 그런데 조선어학회의 기관지가 일본어 어휘를 소개해야 하는 상황에서도 이희승의 「한글 마춤법 통일안 강의」가 20여 차례에 걸쳐서 연재되고 사전 편찬과 관련한 문제를 다룬 몇 논문이 게재되는 것으로 보아, 1940년대 들어서도 조선어 교육이나 사전 편찬과 관련한 연구가 지속되었음을 알 수 있다. 문제는 조선어 교육과 관련한 연구의 동력이 이미 떨어졌다는 데 있었다. 이러한 상황은 조선어 연구자들의 관심이 역사 문제로 급격하게 옮겨 가는 계기가 되었다.

조선어학이 새로운 단계로 도약하는 과정으로의 변화든, 조선어의 위상이 떨어지는 과정에서의 변화든, 조선어 연구에서 나타나는 변화의 핵심은

---

38 해방 이후 국어 정립 운동이 일어나면서 국어학계는 다시 실천적 연구로 급격히 전환된다. 이 과정에서 조선어학회의 주도권은 실천적 연구자들이 쥐게 된다. 이숭녕은 주시경학파의 관념적이고 실용적인 한국어 연구가 애국적 쇼비니즘에 기울어진 학풍이라고 비판을 가했고, 결국 이숭녕, 이희승, 방종현 등이 해방 이후 조선어학회와 갈라지게 되면서 학술과 실천은 대립적 관계에 놓이게 된다.

39 이는 제61, 62, 64, 66호에 4차례에 걸쳐서 게재된다. 제61호에서는 '假名 한글 對照表'를 보이고 이어서 일본어 어휘를 소개하고 있다.

동경제대 유학 시절의 김수경(왼쪽)
과 이희승(오른쪽) 동경제대 언어학
과는 실증주의 국어학자의 학문적 고
향이었다. 경성제대에서 그들을 가
르쳤던 오구라 신페이小倉進平는
1933년부터 동경제대 교수를 겸임했
고, 1943년 정년으로 퇴직했다.

과학적 연구 방법론에 대한 모색이 두드러진다는 점이었다. 그리고 조선어
연구에 과학적 연구 방법론이 적용되기 시작하면서, 1930년대 후반에는 이
전에 볼 수 없었던 정교하고 수준 높은 고어 연구가 나왔으며, 1942년에는
『고어연구』, 『한글갈』 등과 같은 기념비적인 저서가 출간되었다. 이는 1940
년대 들어 조선어 연구가 새로운 단계에 접어들었음을 말해 준다.

　방종현이 경성제대 조선어문학과 졸업 후 1936년부터 1937년까지, 이희
승이 이화여전에 재직하던 중인 1940년부터 1941년까지, 김수경金壽卿이
경성제대 철학과 졸업 후 1940년부터 1944년까지 동경제대 언어학과 대학
원에서 연구 과정을 밟았다는 사실을 보면, 이 당시 경성제대 출신 연구자
들을 중심으로 연구의 과학화를 위한 모색이 치열했음을 짐작할 수 있다.
이희승의 다음 언급은 과학적 방법론의 도입과 관련한 당시의 인식 태도를
잘 보여 준다.

어느 특수한 사실의 구명은 모든 사실 전체에 관통되는 일반적 보편적 원리 밑에서 수행되지 않으면 위태한 방법으로 그릇된 결론에 도달하기 쉽게 될 것이다. 즉 조선 어학의 연구는 일반어학의 원리와 법칙을 가지고 하지 않으면 안 된다. 부질없이 조선어 자체만 천착한다면 결국 정와소천井蛙小天의 망단妄斷에 빠지는 일이 많을 것이다.[40]

위에서 일부 인용한 이희승의 「조선 어학의 방법론 서설」은 전체적으로 볼 때 조선어 연구의 과학화가 어떻게 이루어져야 하는지에 대한 지침의 성격을 띤다. 일반언어학에 대한 정의로부터 시작하여, 음성音聲, 어의語義, 어태語態, 어법語法 등으로 나누어 서술된 방법론 설명은 음성학, 음운론, 의미론, 어원론, 형태론, 통사론 등의 방법론을 소개하는 국어학 개론서를 연상시킨다. 이를 고려할 때, 이희승이 말하는 일반언어학의 원리와 법칙은 역사비교언어학과 구조주의 언어학의 방법론이라고 해야 할 것이다.

비교와 대조의 방법론

역사비교언어학은 일본 언어학계로부터 직접적인 영향을 받으면서 조선어 학계에 자리 잡았다. 가나자와 쇼자부로金澤庄三郎(1872~1967)의 추천을 받은 오구라 신페이가 경성제대 교수로 부임하고, 그를 통해 조선어문학과의 조선어학이 체계를 갖추면서, 비교언어학적 방법론은 과학적 연구의 첫 번째 조건이 되었다. 가나자와가 일선동조론日鮮同祖論이라는 정치성을 띤 가설을 바탕으로 조선어와 일본어가 동일 계통임을 주장한 인물이고, 오구라 신페이가 그의 학통을 이어받아 경성제대에 부임했다는 점을 감안한다면, 경성제대를 중심으로 연구된 역사비교언어학은 조선어학의 과학화를 왜곡

---

40 이희승, 조선 어학의 방법론 서설, 『한글』 71, 1939.

할 소지가 있었다. 다만 가나자와에 비해 실증적 연구 태도를 중시한 오구라가 고어와 방언에 대한 실증적 연구에 치중함으로써 경성제대의 조선어학 연구는 실증주의적 학풍을 띨 수 있었다.

오구라에 의해 진행되었던 고어와 방언에 대한 연구도 궁극적으로는 계통론적 가설을 입증하기 위한 것이었다고 볼 수 있다.[41] 그러나 그는 자신의 연구가 계통론과 어떻게 연결되는지를 직접적으로 논증하지는 않았다. 가나자와의 학맥을 잇는 오구라였지만 실증적 태도를 견지하면서 조선어와 일본어의 계통적 관계에 대한 결론을 유보했고, 자신의 연구를 문헌과 방언을 통해 어원 또는 고형古形을 찾으려는 연구로 한정했다. "小倉의 언어학 수준은 구태여 서양의 그것과 비교한다면 19세기 유럽의 역사·비교 언어학의 이론에는 다가서지 못했다고 할 수 있고, 그리고 그가 (방언학의) 과학적 기초를 이루었다는 평가도 우리는 받아들일 수 없다"(이병근, 2005)라는 평가는 오구라가 견지했던 실증적 연구 태도의 한계를 지적한 것이라 할 수 있다.

경성제대에서 계통론과 방언을 연결 지어 연구한 인물로는 고노 로쿠로를 들 수 있다. 고노의 연구는 1945년에 출간한 『조선어방언시고朝鮮語方言試攷』에 집대성되는데, 이 책에 나온 「朝鮮語五大方言區劃の關係とその淵源(조선어 5대 방언구획의 관계와 그 연원)」[42]은 그의 방언 연구가 일본어와

---

41 오구라는 1912년 제주도 방언 조사를 하면서 제주도 방언이 일본어 혹은 유구어(류큐어)와 한반도 언어의 중간에 위치하여 그 연쇄를 형성하고 있다는 가정을 하는데, 이는 그의 방언 연구가 계통 연구를 전제한 것임을 말해 준다. 이와 관련한 논의로는 安田敏朗(1999)를 참조할 수 있다.

42 오구라 신페이는 경상방언, 전라방언, 함경방언, 평안방언, 경기방언, 제주도방언 등 6개 구획을 제시했지만, 고노 로쿠로는 이를 수정하여 남선南鮮방언, 북선北鮮방언, 서선西鮮방언, 중선中鮮방언, 제주도방언 등 5개 구획을 제시했다.

조선어의 계통을 밝히는 과제와 연결되어 있음을 보여 준다. 여기에서는 일본어와 한국어를 일본어계로, 부여계어는 퉁구스어계에 포함되는 것으로 갈래지은 후, 현재의 조선 방언이 어떻게 갈라져 나왔는지를 보이고 있다.[43]

이러한 배경하에서 역사비교언어학적 방법론은 조선어 연구의 과학화를 모색하던 연구자들에게 많은 영향을 미쳤다. 이는 조선어 연구의 학술적 관심이 대부분 조선어의 역사와 관련된 것이었다는 점에서 일면 자연스러운 현상이었다. 조선어 연구자들은 연구의 과학화를 이룬다는 목표 아래 역사비교언어학의 이해와 수용을 강조해 왔다. 홍기문이 남긴 말을 통해 당시 언어 연구에 관심을 가진 이들의 지향 또는 그들에게 영향을 미친 이론 등을 어느 정도 가늠할 수 있을 것이다.

> 그후 아버지의 책탁자에서 주시경 씨의 『말의 소리』와 김두봉 씨의 『조선말본』을 찾아내어 5, 6삭 동안 혼자서 보고 또 보고 읽고 또 읽고 겨우 그 대의만을 알기에 이르렀으나 어쩐지 내 마음에는 그보다 좀더 이론적이요 좀 더 근본적인 것을 찾고 싶은 것이다. 다시 아버지의 책탁자에서 保科孝―(호시나 고이치)이란 일본 학자의 『언어학강의』를 얻었건만 어쩌나 어렵고 거북하든지 서너 번을 통독한다고 한 후 그 다음부터야 한 페이지에서 겨우 그 반쯤 이해될락말락한 정도다. 그러나 이로써 나는 비로소 비교언어학을 배웠다. 그 뒤로는 일본어로 번역된 막스 뮐라의 책, 스위트의 책, 또 일본 학자로 新村出(신무라 이즈루) 같은 사람의 책 등을 애독하여 언어는 모름지기 비교언어학적으로만 연구된다고 맹신한 적도 없지 않다.[44]

---

43 특히 고노는 방언 구획을 통해 신라어와 고구려어가 서로 다른 언어임을 보이는데, 이는 김형규와 이기문을 비롯한 국어학자들에게 영향을 미쳤다. 이와 관련한 자세한 논의는 고영진 (2014)을 참고할 수 있다.

44 홍기문, 국어 연구의 고행기, 『서울신문』, 1947. 1. 14.

홍기문은 위의 글에서 18, 19세이던 시절을 회상하고 있다. 이를 보아 그가 역사비교언어학의 방법론을 접한 때는 1920년경이라고 볼 수 있다.[45] 그리고 위에 열거한 책이 그의 아버지이자 소설가인 홍명희洪命憙가 소장한 것이었다는 점에서 이 당시 역사비교언어학은 조선의 지식인들이 관심을 가지고 있었던 학문임을 알 수 있다. 이를 통해 보면, 우리말을 기술하는 데 역사비교언어학의 방법론을 어떻게 활용해야 할지에 대해서는 본격적인 연구가 진행되지는 않았지만, 이에 대한 학습은 다방면에서 이루어졌다는 것을 알 수 있다. 이런 점에서 이숭녕의 다음 언급은 과학주의를 주창했던 조선어학자들이 역사비교언어학에 대해 어떤 생각을 가지고 있었는지를 잘 보여 준다.

> 국어는 언어의 분류에 있어서 알타이 어군에 속할 것인데, 아직껏 과학적으로 연구가 되어 있지는 않다. 그러나 문법은 거의 일치되는 점이 많아 문법 연구는 알타이어의 형태론을 떠나서는 생각할 수 없는 것이다.[46]

해방 이후 나온 책에서의 언급이지만, 이 내용은 이숭녕의 초기 논문부터 지속적으로 암시된 부분이며, 이런 태도는 경성제대 조선어문학과 졸업생에게서 공통적으로 발견된다. 오구라로부터 고노로 이어지는 경성제대 조선어문학과의 학문적 계보를 고려한다면 이는 자연스러운 태도일 것이다. 그런데 조선어의 계통 문제는 실천 지향적 연구 단체인 조선어학회와 조선

---

45 홍기문은 「조선문전요령朝鮮文典要領」(1927)의 서언緒言에 애초 자신의 연구 구상을 밝혔는데, 여기에는 '조선어와 만주어의 비교'라는 주제도 포함되어 있다. 그가 「조선문전요령」을 집필하기 전에 이미 역사비교언어학에 대한 식견을 갖추고 있었음을 알 수 있는 대목이다.
46 이숭녕, 『고전문법』, 1954, 30쪽.

어학연구회의 기관지를 통해 논의되기도 했다. 특히 조선어학회에서는 이러한 논의가 제법 빈번하게 이루어졌다.

1927년 3월부터 6월까지 세 차례에 걸쳐 『한글』에 연재된 최현배의 논문 「언어학상으로 본 조선어」는 조선어의 유형론과 계통론에 대한 글이다. 치밀한 논증을 통해 유형과 계통을 입증한 글이라기보다는 언어학계의 연구 성과를 정리해 소개한 것이지만, 이는 당시 학계의 관심을 반영한다는 점에서 주목된다. 여기에서는 조선어를 우랄알타이 어족 중 '만주어족'에 분류하고 있으며, 만주어족은 퉁구스어, 만주어, 조선어, 일본어, 아이누어를 포함하는 것으로 정리했다. 김윤경의 『조선문자급어학사』(1938)에서도 계통론에 대한 내용을 언급하고 있는데, 조선어를 퉁구스어족으로 귀속하면서 퉁구스어족에 일본어와 만주어를 포함시켰다. 그러면서도 조선어와 일본어를 동계로 보아야 하는지에 대해서는 논란이 있음을 밝혔다. 또 권승욱權承昱은 신무라 이즈루新村出의 『동방언어사총고東方言語史叢考』를 일부 번역하여 『한글』 제73호(1939)에 '언어의 비교 연구에 대하여'라는 제목으로 게재했다. 게재된 부분은 비교언어학의 방법론과 중요성을 언급하면서 일본어와 아시아 제 민족어의 관련성을 논증하는 내용이다. 이외에 언어 유형론으로는 『정음』 제14호(1936)에 실린 유응호의 「언어의 형태」와 『한글』 제63호(1939)에 실린 이극로의 「언어의 형태적 분류」가 있다.

이러한 일련의 논의는 시기적으로 차이가 있고 자신의 주장이나 학설을 담은 것은 아니다. 그러나 이러한 논의를 통해 언어의 계통 및 유형에 대한 문제가 당시 조선어학계의 주요 논의 주제 중 하나였음을 확인할 수 있다. 이는 당시의 언어학적 관심이 역사비교언어학의 방법론에 집중된 데에서 비롯된 것이지만, 전체 언어와의 비교를 통해 조선어의 특징을 밝히는 일이 모든 조선어학자의 관심을 끌 만한 주제였다는 것도 계통 논의가 시작된 이유라 할 수 있다. 여기에 일본 언어학계의 관심 주제 중 하나였던 조선어와 일본어 동계론의 유입도 언어 유형론에 대한 관심을 불러일으키는 계기가 되었다.[47]

그렇지만 유념해야 할 것은 조선어와 일본어의 계통에 대한 관심이 일본 언어학계의 연구에 영향을 받아 갑작스럽게 나타난 것이 아니란 사실이다. 계통론에 대한 관심은 개화기 문법서[48]에서부터 나타났으며, 어원과 문자 기원에 대한 단평집[49]인 권덕규權悳奎의 『조선어문경위朝鮮語文經緯』(1923)에서도 몇몇 어휘의 자매어를 보이고 있음을 볼 때,[50] 계통에 대한 관심, 특히 조선어와 일본어의 관계에 대한 관심은 근대 초기부터 생겨난 것이었음을 알 수 있다.

1930년대 중반 이후의 특징은 이러한 일반적 관심이 역사비교언어학의 방법론이 도입되면서 구체화, 체계화되었다는 데 있다. 특히 이 당시 문법, 어원, 방언, 고어, 문자 등에 대한 연구를 진행하는 데 있어서 역사비교언어학의 방법론은 유용한 도구로 인식되었다. 이 대목에서 일본인 학자와 조선인 학자의 지향점이 달라짐을 볼 수 있는데, 일본인 조선어학자들이 어원, 방언, 고어 등의 연구를 기반으로 언어의 계통 논의를 심화한다는 문제의식

---

47 이런 점에서 근대 국어학 초기부터 빈번하게 거론되었던 조선어와 일본어 동계론이 해방 이후 자취를 감춘 것은 흥미롭다. 이는 정치적 목적으로 이용되는 학문의 위태로움을 상징적으로 보여 준다.

48 앞서 살펴본 바와 같이 김규식의 『대한문법』(1908)에는 한국어의 계통에 대한 설명이 나와 있다. 여기에서는 한국어를 투라니아(우랄알타이어) 언어 중 하나로 보면서, 한국어가 일본어와 유사하고 중국어와는 계통상 다르다고 밝혔다. 이는 서양 선교사와 외교관들의 연구에 영향받은 바 크다. 이들의 견해는 한일동계설(W. G. Aston), 남방설(H. B. Hulbert), 북방설(J. Edkins) 등으로 다양하게 전개되었다.

49 문자에 대한 논의가 중심이 된 권덕규의 『조선어문경위』(1923)가 저자의 단편적인 생각을 중심으로 한 것이라면, 김윤경의 『조선문자급어학사』(1938)는 이를 체계화한 연구이다.

50 이 책의 제43과 '조선어와 자매어의 비조比照'에서는 비교언어학의 연구 결과를 충실히 반영한 것은 아니지만 조선어, 만주어, 일본어, 몽고어 등을 자매어로 설정하고 있다.

에 방점을 두었다면, 조선인 학자들은 언어 계통 논의를 활용해 어원, 방언, 고어의 문제를 해결한다는 문제의식에 방점을 두고 있다.

이극로는 토의 문제를 다룰 때,[51] "우랄알타이말들-몽고, 만주, 핀랜드, 에스토니아, 딸딸이, 토이기, 흉아리말들-의 말본을 보면"이라고 하며 논의를 시작하는데, 논쟁적이던 토의 처리 문제에서 설득력을 높이기 위해 같은 계통 언어의 문법과 비교하는 방법을 취하는 것을 눈여겨볼 필요가 있다. 같은 시기 이숭녕은 방언에 나타나는 어명魚名을 탐구한 후 이를 알타이제어와 비교하면서 '고기(魚)'의 어원을 탐구했다.[52] 그가 이 논문의 말미에 남긴 "이상 몇 가지 방면으로 魚의 어휘를 중심하고 조선어의 일면을 보았다마는 이는 방언연구, 비교언어연구, 역사적 연구를 기다리어 해결될 것이다"라는 언급은 국어사 연구, 방언 연구, 비교언어학적 연구의 상관관계에 대한 인식을 잘 보여 준다.

이처럼 조선어학계가 역사비교언어학적인 연구 방법론을 지향하면서, 고어 연구에서 방언과의 비교 연구는 필수적인 절차로 정착되었다. 그런데 방언을 통해 고어의 양상을 규명하는 것은 언어의 계통 연구에서 중간 단계에 해당한다는 점에서, 이러한 방식의 연구는 오구라가 방언 연구를 시작할 때부터 염두에 두었던 것이다. 그러나 오구라는 계통의 규명이라는 목표를 직접적으로 드러내지 않았고 방언과 고어에 대한 실증적 연구에 몰두함으로써, 그의 연구는 방언과 고어를 관련지어 고어 연구를 심화한 것이라는 평가를 받게 된다.[53] 오구라로부터 방언과 고어 연구의 방법론을 배웠을 방

51 이극로, 조선말 임자씨의 토(1, 2), 『한글』 20~21, 1935.
52 이숭녕, 어명잡고魚名雜攷, 『진단학보』 2, 1935.
53 이극로는 「ㆍ」의 음가에 대하여」(『한글』 48, 1937)에서 고어의 음가를 규명하는 데에 살아 있는 제주 방언의 어음語音을 잡아 연구 대상으로 삼은 것이 방법론적으로 새로운 의미를 갖는다

종현은 「고어와 방언연구」(『한글』 제78호, 1940)에서 "조선 어학에 뜻을 둔 이는 누구나 다 방언을 조사하기에 힘쓸 것이다"라고 강조하면서 고어와 방언 연구의 의미와 연구 방향을 제시했다. 그는 여기에 제시한 연구 방법을 「방언에 나타나는 △음의 변천」(『한글』 제79호, 1940)에서 구체화해 보였다.

그런데 고어 연구를 집대성하는 기념비적인 업적은 과학주의자도 실천주의자도 아닌 한 문학인의 열정으로 탄생했다. 과학주의와 실천주의의 틈바구니에서 식민지 문학인의 민족적 자존심과 텍스트에 대한 뛰어난 분석력으로 만들어 낸 결과물은 과학주의를 표방했던 조선어학자들에게 충격이었다. 영문학자인 양주동이 고어 문법을 연구한 계기가 일본인 학자인 오구라의 향가 연구에 대항하기 위해서였다는 사실은 시대 상황과 맞물려 국어학의 연구 목표가 설정될 수 있음을 보여 준다. 그런 의미에서 양주동은 일제강점기라는 시대 상황이 낳은 독특한 국어학자이다.

조선어학의 새로운 목표: 학술적 대항으로서의 조선어학

1934년 우연히 도서관에서 오구라 신페이의 『鄕歌及び吏讀の 硏究』(1929)를 통독한 후 충격을 받아 향가 연구에 골몰하게 되었다는 양주동의 회고에 근거한다면, 그가 본격적으로 국어학을 연구하기 시작한 때는 1930년대 중반이라고 할 수 있다. 이 시기는 그의 절충주의 문학론[54]이 신간회의 해체 등 외적 상황의 영향을 받아 빛을 잃어 가던 때여서, 그로서도 새로운 돌파구가 필요했던 때였다. 양주동은 그 돌파구를 역사에서 찾았고, 그에게

고 평가했다.

[54] 양주동은 민족협동전선론을 내건 신간회의 창립 이후 『문예공론文藝公論』(1929)을 창간하면서 민족주의와 계급주의 경향을 절충한 이른바 '절충주의 문학折衷主義文學'을 제창했다.

양주동梁柱東(1903~1977) 양주동은 언어학을 체계적으로 배울 기회가 없었지만 향가 주석의 원칙을 세우는 과정에서 국어학의 제반 문제를 폭넓게 다루며 이에 대한 답을 빠르게 구했다. 이러한 연구 태도로 그는 과학성을 내세우는 실증주의자들의 비판 대상이 되는데, 1960년 이숭녕과의 격렬한 논쟁은 20년간의 갈등이 표면화된 것이다. 그는 조선어 연구 단체와 거리를 두고 활동했지만 향가 연구를 시작할 무렵에는 조선어학회의 표준어 사정위원으로 활동했다.

향가는 민족과 예술을 함께 이야기할 수 있는 구원의 텍스트가 되었다.

양주동이 향가 연구를 시작한 후 내놓은 첫 결과물인 「鄕歌의 解讀─特히 願往生歌에 就하여」는 1935년 2월 『청구학총靑丘學叢』에 일본어로 발표되었다. 그가 연구를 시작한 시점을 생각하면 채 1년이 안 되는 기간에 첫 연구 성과를 낸 것이다. 이 논문은 1936년 1월에 조선어로 번역되어 『조선일보』에 13회에 걸쳐 연재되었다. 이 연구는 저명한 일본인 학자(오구라 신페이)의 학설을 뒤집은 연구라 하여 주목받았으며, 이러한 사실 하나로 조선인들의 민족주의를 고양시켰다. 그는 이후 『정음』, 『진단학보』 등과 같은 전문 학술지에 논문을 실었으며, 『문장』, 『조광』 등과 같은 문예지와 교양지, 『동아일보』, 『조선일보』 등과 같은 일간지 등을 통해 다양한 연구물을 발표하는 한편, 향가에 대한 주석 작업을 지속했다. 1939년 전반기에 향가 연구의 의미와 앞으로의 연구 계획 등을 담은 글을 발표한 것으로 보아, 1939년에 향가 연구가 일단락되었으며 1942년에 발행한 『조선고가연구朝鮮古歌硏

究』의 내용도 이때 거의 완성되었던 것으로 보인다.

향가 해독이 일단락되자 양주동은 1939년 중반부터 고려가요의 주석을 시작하여 연구 결과를 발표하기 시작했다. 그는 「麗謠, 鄕歌의 註釋其他－나의 연구테마」(『조선일보』, 1939. 3. 7.)에서 향가를 정확하게 해독하려면 우선 여요麗謠를 완전히 해석할 필요가 있다고 말하며, 고려가요 연구의 중요성을 강조했다.[55] 그리고 향가와 고려가요에 대한 주석을 마친 후에는 이를 종적으로 정리·체계화하여 고어학, 주로 고대 어휘의 구성, 변천, 어법 발달사를 논술하겠다는 계획을 밝히기도 했다.

양주동은 고가요를 감상할 수 있는 문학적 감상력과 이를 해독할 수 있는 국어학적 치밀함을 두루 갖춤으로써 누구보다도 빠르고 정확하게 고가요에 대한 해독과 해석에 성공했다. 그가 고가요 연구를 시작한 때가 1934년경이라 할 때, 『조선고가연구』와 『여요전주麗謠箋注』라는 방대한 내용의 저서를 실질적으로 해방 이전에 완성한 것은 놀라운 일이다.

『조선고가연구』에서 양주동은 "사뇌가에 가장 관용된 기사법은 체·용언의 한 단어를 먼저 의자義字로 표시하고 다음 그 말의 말음 또는 말음절을 주로 음차자音借字로 첨기함이니 이를 의자말음첨기법義字末音添記法[56]이라 한다"고 했는데, 차자 원리에 대한 이와 같은 인식은 향가를 단순히 훈독과 음독으로 나누어 해독한 오구라의 방식과 차별되는 부분이다. 양주동은 향가의 차자표기가 고대 한국어의 음운·형태적 특성을 반영하여 고안된 것임을 차자의 원리를 규명하여 밝힌 것이다.[57] 현재의 차자표기 해독은 바로

---

55 고려가요 연구의 결과가 1947년에 간행된 『여요전주』이다.
56 향가에서 '마음'을 '心音'이라 표기하고, '밤'을 '夜音'으로 표기하는 법. 이는 뜻을 나타내는 글자 '心, 夜'에 '音'을 붙여 끝소리 'ㅁ'을 표기하는 법이다.
57 가나자와 쇼자부로가 향가의 차자법이 일본의 만요가나[萬葉假名]와 같은 방식이라는 점을 강

이 '의자말음첨기법'의 바탕 위에 이를 확대 적용한 것이다.[58]

이처럼 오구라에 대한 비판은 논의의 핵심을 찌르고 새로운 발견으로 이어졌는데, 이는 음운현상에 대한 설명에서도 빛을 발했다. 그는 음운론과 관련한 이론을 공부하지 않았지만, '해음법諧音法'이라는 술어를 사용하면서 '隱'과 '焉'이 각각 '은'과 '은'에 대응된다고 봄으로써 고대국어에 모음조화 현상이 있었음을 거론했다. 그리고 이와 더불어 모음 'ㅣ'가 중성적 성격을 가지고 있었음을 언급했다. 이러한 견해는 중성모음으로 'ㅣ, ㅡ'를 설정한 오구라의 학설을 뒤집은 것으로, 구조주의적 인식을 바탕으로 한 이숭녕의 「모음조화 수정론」(『한글』 제96호, 1946)을 앞서는 것이다.

양주동은 신라어에 'ㅸ, ㅿ'의 존재하는지에 대해서도 자신의 학설을 적극적으로 개진했는데, 그는 고대국어에도 'ㅸ, ㅿ' 등의 음이 존재한다는 것을 강력하게 주장한 학자였다. 이는 고대어의 모음 간 [*s], [*b]가 두 갈래로 발달을 했다는 가설[59]과 대립되는 것으로 이숭녕으로부터 비과학적이라는 비판을 받았다. 그러나 당시 논란 이후 고대국어에 'ㅸ, ㅿ'이 존재했다는 주장을 뒷받침하는 연구들이 많아진 것이 현실이다.[60] 언어이론에 특별히 구애되지

조하며 조선어와 일본어의 동계론同系論을 주장했다는 점을 고려하면, 양주동의 '의자말음첨기법'은 이러한 주장의 비과학성을 논박하는 성격도 띤다. 가나자와의 향가 해석에 대해서는 고운기(2008)를 참조할 수 있다.

58 김완진(1980)에서는 "이 末音添記는 鄕歌의 해독에 공헌하는 바 클 뿐만 아니라, 고대국어의 음운론과 형태론 및 통사론 연구를 위한 구체적인 자료를 제공해 준다는 점에서 그 가치는 막중한 것이라 할 수 있다"고 했다.

59 이 가설은 고대어의 '*무술[村]', '*사비[蝦]'는 '무술', '사비'로 변화했음에 대하여, '*가슴[胸]', '*고비[曲]'는 이러한 변화를 입지 않았다는 것이다.

60 유응호는 「조선어순경음에 관한 연구」(1946)에서 '더버'가 '더워'와 '더버'의 양 갈래로 변천되었음을 주장했다. 이기문은 『국어음운사연구』(1972)에서 두 갈래의 상이한 변화를 정당화시키기 위해서는 그들 변화의 상이한 조건을 밝혀야 할 것이라고 하면서, 이것이 밝혀지지 않는 한 'ㅸ, ㅿ'은 고대에도 있었던 것으로 볼 수밖에 없다고 했다.

않은 양주동의 직관적 판단이 거둔 성과는 이외에도 몇 가지 더 들 수 있다. 대표적인 것으로 형태상 유사성이 보이면 같은 기능을 부여하는 방식을 들 수 있다.

문법 부문에서 주목할 만한 견해로는 원시추상명사, 즉 의존명사 '드, 스'를 거론함으로써 의존명사를 체계적으로 정리할 수 있는 계기를 마련한 것이다. 분포나 기능상의 차이에 대한 면밀한 분석 없이 형태가 같다는 것에 기대어 의존명사 체계를 설정한 데 대한 문제점이 지적되기도 하지만, 나름대로 분포 환경을 고려해 이러한 분석을 이끌어 냈다. 그리고 현대국어에서 관형사형 어미로만 기능하는 'ㄴ, ㄹ'에 대해 명사적 기능을 부여하고, 이를 보조사 '는'과 목적격조사 롤'에 확대 적용하기도 했다. 이 또한 형태상 유사성이 보이면 같은 기능을 부여하는 입장을 취한 것이다. 그런데 이는 람스테드G. J. Ramstedt와 같은 알타이 학자들의 견해와 일치되는 점이 있어서, 한국어가 다른 알타이 제어와 같이 기원적으로 명사문이었다는 가설을 지지하는 데 이용되었다.

일본인 학자에 대한 학술적 대항으로 출발한 양주동의 연구는 돌출적이었지만, 그는 실천적 연구가 공백으로 남겨 놓은 부분을 채우고 과학주의적 연구가 발휘하지 못한 직관력을 문법 연구에 도입함으로써, 국어학의 새로운 차원을 열었다.[61] 그의 연구를 이어 1930년대 후반 유창선劉昌宣과 전몽수田蒙秀의 연구[62]가 나왔고, 해방 이후 양주동이 광범위하게 이루어 놓은

---

61 양주동의 직관적 연구 태도에 대해 이숭녕은 과학적 태도에서 벗어나는 무모한 도전이라 비판하는데, 과학주의의 위선을 지적하는 양주동의 반박이 이어지면서 치열한 논쟁으로 번졌다. 이들의 논쟁은 신문 지상[『조선일보』(1960. 2. 1.~5., 1960. 2. 8.~12., 1960. 2. 17.~22.)]과 잡지(『사상계』, 1960, 5·8·9.)를 통해 이루어졌다.

62 유창선의 연구로는 "균여의 향가해석, 『四海公論』 2-11, 1936", "계림유사 고려방언고, 『한글』 6-3, 1938", "노인헌화가老人獻花歌에 대하여, 『한글』 8-3, 1940" 등이 있다. 전몽수의 연구로

성과를 비판하거나 보완하면서 고대 국어 연구가 풍성해질 수 있었다.

양주동의 『조선고가연구』와 더불어 학술적 대항으로서의 연구로 거론되는 것이 김윤경의 『조선문자급어학사』이다. 이런 평가는 『조선문자급어학사』 이전에 오구라 신페이의 『조선어학사朝鮮語学史』(1920)가 있었다는 점, 『조선문자급어학사』가 조선어학회 회원들의 지원으로 출판되었다는 점 등과 같은 사실에서 비롯된 측면이 있다. 더구나 『조선문자급어학사』는 『조선어학사』처럼 도서 해제 위주의 서술이 아니라 조선어에 대한 연구 결과만을 서술 대상으로 삼았다는 점에서 진정한 의미의 국어학사로 평가받는다. 그러나 『조선문자급어학사』는 『조선어학사』를 적극적으로 참조했을 뿐만 아니라 국어 연구 결과물인 원전을 제시하고 이를 설명하는 데 치중하면서, 저자의 역사관에 따른 역사적 서술을 소홀히 했다는 한계를 보이고 있다. 이러한 점에서 『조선문자급어학사』는 진정한 조선어학사를 서술하기 위한 학문적 심화 과정에서 도출된 성과로 볼 수는 있어도 일본인 학자에 대한 학술적 대항의 성과물로 보기는 어렵다. 다만 문자의 출현과 관련하여 훈민정음 창제 이전의 고유 문자를 거론하며 한글의 기원을 고대 문자와 연결한 것은 식민지 시대에 민족적 자부심을 고취하는 데 기여한 면이 있다고 볼 수도 있다.[63]

는 "고어연구, 『한글』 5-8~5-9, 1937", "신라의 명의名義, 『한글』 8-3, 1940" 등이 있다.

63 그러나 김윤경은 1954년 『조선문자급어학사』 네 번째 증보판에서 『훈민정음』(해례본)의 발음 기관 상형설을 소개하며 고대 문자 기원설을 시정했다. 이는 『훈민정음』(해례본)이라는 사료의 발견에 따른 것이다.

5

서구 언어학 이론의 수용 맥락과 성과

앞 장에서는 조선어 연구 단체의 활동 경향, 조선어 연구자들의 연구관 및 연구 경향 등을 살펴보면서, 일제강점기 조선어 연구의 지향점을 실천성과 과학성이라는 관점에서 살펴보았다. 특히 실천 지향적 연구에 대한 문제의식이 심화되는 상황에서 어문정리가 일단락되자 조선어 연구의 목표에 대한 고민이 본격화되었고, 이러한 맥락에서 역사주의 언어학[1]의 방법론과 구조주의 언어학의 방법론이 폭넓게 수용되었음을 거론했다.

이 장에서는 서구 언어이론의 도입과 적용에 적극적이었던 유응호柳應浩, 이숭녕李崇寧, 김수경金壽卿 등의 연구 내용을 중심으로, 조선어학자들이 역사주의와 구조주의 언어학을 어떻게 이해했고 어떤 부분에 주목했는지를 살펴보고자 한다. 이는 1930년대 조선어학계의 문제의식을 언어이론의 수용이라는 관점에서 재조명하는 논의의 일환이다. 여기에 더해 당시 조선어학자들이 새로운 연구 방법론을 모색하는 과정에서 마르크스주의 언어이

---

1 역사주의 언어학은 곧 역사비교언어학을 가리키지만, 역사비교언어학이 언어 계통에 대한 연구로 받아들여질 수 있다는 점에서 이론적 특성을 설명하는 이 장에서는 '역사주의 언어학'이란 용어를 사용한다.

론을 주목하게 된 맥락을 살펴볼 것이다. 이는 해방 이후 북한에서 진행된 언어학 연구의 양상과 동인을 심층적으로 규명할 수 있는 토대를 마련한다는 점에서 의의가 있다.

5.1. 역사주의 언어학의 수용과 국어학적 적용

경성제대 조선어문학과 교수였던 오구라 신페이小倉進平와 그에게서 배운 경성제대 출신 조선어학자들은 역사주의 언어학에 주목했고, 자신의 연구에 역사주의 언어학의 연구 방법론을 적용했다. 그러나 역사주의 언어학의 원리를 이론적 측면에서 설명하지는 않았다. 이런 점에서 볼 때, 역사주의 언어학자 중 하나인 파울H. Paul의 관점을 조선어학계에 소개하고 이를 우리말 연구에 적용하려 한 유응호의 논의는 두드러진다.

파울의 역사주의 언어학적 관점

소장문법학파의 역사주의 언어학을 수용하여 우리말 연구에 처음으로 적용한 학자는 유응호이다.[2] 1930년대 중반 이후 규범화 논의가 일단락되면서, 조선어학계에서는 조선어에 대한 학술적 논의 수준을 끌어올려야 한다는 문제의식이 싹트기 시작했다. 이처럼 조선어학의 과학화를 주창하는 분위기에서 서구 언어이론의 도입은 조선어학계의 과제였으며, 동경제대 언어학과를 졸업한 유응호에 대한 학계의 관심과 기대도 그만큼 컸을 것이다.

---

2 현재까지 국어학사에서 유응호의 학문적 성취와 활동에 대해 이루어진 논의는 고영근(1989)과 최경봉(2012ㄴ)을 들 수 있다.

유응호柳應浩(1911~1994) 역사주의 언어이론을 국내에 소개한 인물. 조선어학연구회에서 활동했으며, 해방 후 백남운, 신남철 등과 함께 조선학술원을 설립하고 이를 거점으로 학술 운동을 했다. 서울대학교 언어학과 창립에 참여하여 초대 학과장으로 학과의 기틀을 잡았다. 한국전쟁 기간에 월북하여 활동하다 1960년대 초 숙청당했다.

　　1935년 귀국한 유응호는 박승빈朴勝彬이 이끄는 조선어학연구회에서 활동하면서,[3] 기관지『정음正音』에 서구의 언어이론을 소개했다. 그러나 단순히 이론을 소개하는 데 그치지 않았는데, 그의 주된 관심은 자신의 사상과 언어관을 반영하는 서구 언어이론을 토대로 조선어학계의 발전 방향을 모색하는 데 있었다. 이는 조선어학계에 필요하다고 판단한 언어이론을 선택적으로 소개했다는 의미이다. 그는 소장문법학파의 대표적 학자인 파울의『언어사원리』(1909) 제1장을 번역하여 소개하는데,[4] 역자 서譯者 序를 통해 언어에 대한 역사과학적 접근이 우리말 연구의 방법론이 될 수 있다는 기

3　최경봉 외(2007)에 기록된 김민수의 구술에 따르면, 유응호는 박승빈으로부터 재정적 후원을 받았으며 이 인연으로 귀국 후 조선어학연구회에서 활동했다. 그가 조선어학회와 조선어학연구회의 철자법 논쟁 등과 관련한 문제에 대해서 의견을 제시했다는 기록은 없지만, 해방 이후 활동을 통해 볼 때 조선어학회 철자법에 문제의식을 가지고 있었음은 분명하다.

4　유응호, 언어발달의 본질에 관한 개관,『정음』15, 1936.

대를 밝히고 있다. 즉, 파울의 이론이 '언어의 구성 이론'을 밝히는 것이 아니라 "언어내적 혹은 언어외적 요소가 상호 작용하여 발전하는 원리에 대한 이론"임을 강조하며, 언어 발전의 법칙성을 탐구하는 파울의 역사주의적 관점으로 언어학의 연구 방향을 설정한다는 생각을 피력한 것이다. 당시 조선어학계에 공유된 역사주의 언어학의 관점은 유응호가 소개한 파울의 관점이 유일했기 때문에, 파울의 언어관을 이해하는 것은 서구 언어이론의 수용 양상을 파악하는 데에서 중요한 의미가 있다.

> 음운법칙은 언어변화의 형적形跡을 회고하야 요약한 것이므로 다만 경험적 가치를 가질 뿐이며 하등 필연적 효과를 가진 것이 아니다. 이 점이 음운법칙이 자연과학의 법칙과 전연全然히 그 성질을 달리하는 소이이다. 따라서 이 음운론상의 법칙이라는 것은 반드시 그러해야 할 필연의 법칙도 아니며 또는 당연히 그러해야 할 당위의 법칙도 아니다. 다만 일반적 경향이 그리 되리라는 가능성을 개연적으로 규정한 가능의 법칙이다. 인간은 자유의사가 있고 또는 필요에 응하야 행동하는 것이므로 이전에 편리하게 생각하얐든 것도 후에 이르러 여러 가지 사정으로 인하여 불편하게 느낄 때에는 일부러 그리하려고 하지는 않는다.[5]

파울은 언어의 변천에서 개인의 심리적 작용을 중시하는 경향을 보였는데, 이는 파울의 역사주의가 지닌 특성을 잘 반영한다. 유응호 또한 음운법칙이 필연적 법칙이 아니라 가능의 법칙이라고 설명하면서, 곧 언어의 변화에 인간의 의지가 작용할 수밖에 없고 그 인간의 의지는 필요에 응하여 생기는 것이라는 입장을 취한다. 문법에 대한 설명도 같은 원리로 볼 수 있다.

---

5 유응호, 음운법칙에 관하야 (一), 『정음』 17, 1936.

우리 머릿속에 있는 내재적 언어內在的 言語를 문장이라는 형식으로 표현함에는 여러 가지의 약속이 있으며 그 약속이 언어에 따라 각각 다른 것을 알 수 있는데 이 약속이 즉 언어의 운용을 규정하는 문법이다. (중략) 언어는 인간의 모든 문화적 산물과 같이 시일의 변천함에 따라 시대에서 시대로 간단間斷 없이 변화하는 역사적 발전성을 가진 것이다. 따라서 이같이 역사적으로 변천을 거듭하는 언어가 그 형태에 있어서도 항상 유동流動하고 있는 것이므로 일개一個의 국어에도 시대에 따라 그 형태가 변동하야 감을 알 수 있으며 따라서 서루서루 문법을 달리 하는 세계 제언어의 형태가 착잡다양錯雜多樣하야 이것을 분명히 구분하기 어려움은 당연한 사실이다.[6]

유응호는 파울이 설명한 언어변화 원리를 바탕으로 문법을 정의하고 있다. 즉 파울은 언어변화 원리를 개인의 정신활동인 '심리적 기구'와 집단적 약속인 '언어관습'의 상호관계로 설명한 바 있는데, 위에 나온 '내재적 언어'는 '심리적 기구'에, '약속(문법)'은 '언어관습'에 대응시킬 수 있는 것이다.

그런데 우리가 염두에 두어야 할 것은 짧은 논문을 통해 간단히 언급된 언어관이기 때문에 여러 가지 해석이 있을 수 있다는 점이다. 한 예로 여기에서 언급하고 있는 '내재적 언어'를 용어 자체로만 파악한다면, "머릿속에 있는 내재적 언어"를 개인적 심리 작용의 결과물보다는 분트W. Wundt가 말하는 집단적 심리 작용의 결과인 민족정신으로 해석할 수도 있고, 바이스게르버L. Weisgerber 등 내용중심 언어학자들이 언급한 '내적 언어 형식'으로 해석할 수도 있을 것이다. 고영근(1989)의 경우에는 내재적 언어를 랑그로, 문법을 파롤로 연결 지어 설명하기도 했다. 이처럼 하나의 논문에 나타난 개념이 다르게 해석되는 이유는 해석자의 오해에서 비롯한 것이라고 할 수

---

6 유응호, 언어의 형태, 『정음』 14, 1936.

있지만, 이러한 오해가 빚어진 것은 연구자의 언어관이 다양한 언어관의 영향으로 변화하고 있기 때문이라 볼 수도 있다.

유응호가 유학할 당시 일본의 언어학계는 역사비교언어학뿐만 아니라 유럽과 미국의 다양한 언어이론들을 빠르게 받아들이고 있었다. 이러한 환경에서 유응호는 파울의 역사주의적 관점을 언어 연구의 기반으로 삼되 다른 언어이론을 습득하면서 파울의 이론을 보완할 수 있는 언어 연구의 방법론을 모색하고 있었을 가능성이 높다.[7] 이는 유응호가 내재적 언어 자체에 대한 탐구보다는 약속과 관습으로서의 문법을 탐구하며 이를 토대로 언어의 역사적 변화 양상을 설명하려 했다는 데에서 확인할 수 있다.

역사주의 언어학 관련 연구의 주요 내용과 국어학적 적용 양상

이 절에서는 유응호의 연구를 통해 역사주의 언어학이 국어 연구에 적용되는 양상을 살펴볼 것이다. 유응호는 역사주의적인 관점에서 형태론(문법론)을 설명하면서, 그 형태적 특징에 따라 언어를 유형화할 수 있고 언어의 유형을 통해 언어의 유동성을 파악할 수 있음을 강조한다.

본래 굴절어인 영어가 근대에 고립어적 경향을 띠우게 되고 또는 고립어인 지나어 支那語가 현금에 첨가어적 색채를 보이게 되는 것과 같이 한 언어가 그 독특한 형태적 성질을 가지고 있는 이외에 다른 형태의 성질도 가지게 되는 것으로 봐서 언어가 형태적으로 변화함에 있어서도 전체적으로 갑에서 을, 을에서 병으로 전환한다든지 혹은 비약하는 것이 아니라 동일 어족 또는 동일어 내에서도 그 형태적 변천이 반복되는 것

---

7 파울은 언어 변화의 기원을 개인의 심리활동에서 찾았으며, 이처럼 언어 변화의 원인을 규명하는 것을 언어 연구의 목적으로 보았다. 그러나 이러한 언어관으로 인해 파울의 언어이론은 언어의 체계와 구조에 대한 논의가 부족한 면이 있었다. 파울의 이론에 대한 개괄적인 소개와 설명은 김윤한(1989)을 참조할 수 있다.

으로 즉 각각 특유한 성질을 본질적으로 보존하면서 다만 부분적으로 그 형태가 순환적 변천을 거듭할 뿐이다.[8]

위의 견해는 '첨가, 굴절, 고립, 포합' 등과 같은 언어의 유형도 고정된 것이 아니라 유동적이라는 점을 강조한 것이다.

유응호는 내면적 언어가 외적으로 표현되어 외적 언어를 구성할 때, 이 외적 언어는 의의사意義辭, 즉 실사實辭와 형태사形態辭, 즉 허사虛辭로 구성되고, 외적 언어의 구성상 특징을 통해 언어의 유형을 판단한다고 보았다. 이 말은 곧 '내재적 언어(내면적 언어)'가 문장으로 표현될 때의 약속인 문법이 언어의 유형을 결정짓는 것이라는 뜻이다. 그렇다면 문법의 변천과 더불어 언어의 유형이 변할 수 있는 가능성은 열려 있다고 볼 수 있다. 이러한 점을 통해 "유형 분류가 자연적 분류와 달리 명확하지 않은 등의 특성을 보이는 것"이나 "언어 유형에 따라 언어의 우열을 가르는 것이 무의미한 점" 등을 자연스럽게 설명할 수 있을 것이다.

유응호는 이러한 관점에 기반을 두고 우리말이 현대어는 순수첨가어(교착어)라 할 수 있지만 중세어는 종속적 첨가어로 볼 수 있다는 견해를 제시하고 있다. 그는 중세어가 종속적 첨가어인 증거로 모음조화 현상에 주목했다. 모음조화는 의의사의 모음에 따라 형태사의 모음이 달라지는 현상인데, 그는 모음조화 규칙의 지배로 의의사에 형태사가 영향받는 것은 순수 첨가어라고 볼 수 없다는 의견을 피력했다.

「음운법칙에 관하야」(1936)란 논문에서도 언어를 유동적인 실체로 인식하는 파울의 역사주의적 관점을 수용하여 음운법칙을 설명하고 있다. 여기

---

8 유응호, 언어의 형태, 『정음』 14, 1936.

에서는 음운법칙을 두 가지로 구분했는데, 음운동화, 음운탈락처럼 모든 언어에 공통적으로 나타날 수 있는 것을 일반음운법칙으로, 일반음운법칙이 특정 언어나 방언에 따라 특색 있게 나타나는 것을 특수음운법칙으로 설명하고 있다. 이와 관련하여 그림Grimm의 법칙 등 역사비교언어학의 음운법칙 등을 소개했지만, 두드러진 것은 순경음 'ᄫ'의 변천과 같은 우리말 예를 들면서, 모음화 변천을 일반음운법칙으로, 자음화 변천을 특수음운법칙으로 설명한 점이다. 그런데 이 부분에서 주목할 점은 두 법칙에 대한 가치 부여이다.

> 문화적 개연성을 가진 음운법칙에는 절대적 필연적 의미가 아니라 인류 언어에 공통된 음운변화의 가능을 표시하는 원리 즉 일반 음운법칙이 있다. 따라서 우리는 이 같은 일반적 원리에 비추어서 개별적 음운변화의 원인을 구명하며 또는 이 같은 일반 원리를 해득하야써 제 언어현상을 설명할 수 있게 된다. (중략) 일반 음운법칙이 다만 어떠한 가능성을 줌에 불과하고 필연성을 표시하지 못함에 반하야 특수 음운법칙은 역사적 재료와 같이 구체성을 가지게 되며 이로써 비로소 언어현상의 역사적 필연성이 나타나게 되는 것이다.[9]

우리말의 특수한 음운법칙을 일반음운법칙의 원리에 비춰서 설명함으로써 개별적 음운변화의 원인을 밝힌다는 것과, 이런 점에서 특수음운규칙이 음운변화의 역사성을 설명하는 중요한 사항이라는 점을 강조한 것은, 언어학 연구의 목적과 관련하여 시사하는 바가 크다. 예외 없는 음운법칙을 연구 대상으로 하고 있는 초기 소장문법학파의 실증주의를 벗어나 음운법칙

---

9   유응호, 음운법칙에 관하야 (一), 『정음』 17, 1936.

의 개별성과 예외성을 적극적으로 설명하고자 하는 경향[10]을 반영하고 있기 때문이다. 그러나 각 시대 및 지역에서 나타나는 특수한 현상과 관련하여 특수음운법칙의 의의를 설명하는 부분에서 논문이 중단되어, 이에 대한 구체적인 사항은 파악하기 어렵다. 다만 음운법칙의 의의와 성격에 대한 역사주의적 관점을 공유할 수 있었다는 데에서 이 논문의 의의를 찾을 수 있을 것이다.

세 편의 논문에 불과하지만 이를 통해, 유응호가 대학 재학 시절 접했던 서구 언어이론 중 파울의 역사주의적 접근법에 주목했고 이를 토대로 자신의 언어이론을 정립하려고 했음을 알 수 있다. 그러나 조선어 연구와 관련한 유응호의 논문이 적은 데다 역사주의적 관점을 적용한 연구 논문이 드문 상황에서 유응호의 접근법이 그 당시 조선어사 연구의 방법론을 모색하는 데에 어떤 영향을 미쳤는지 판단하기는 어렵다. 단, 경성제대 조선어문학과를 중심으로 역사비교언어학의 방법론을 염두에 두고 방언과 고어를 연구한 상황을 감안하면, 그의 논의는 최소한 파울의 역사주의에 대한 관심을 불러일으키면서 역사주의 언어학에 대한 연구의 지평을 넓히는 데 일정한 역할을 했다고 볼 수 있다. 유응호의 우리말 연구는 해방 이후 발표한 논문에서 더 심화되는데, 이에 대해서는 제IV부에서 설명할 것이다.

---

10 파울은 다른 소장문법학파 학자들과 달리 "음운법칙은 자연법칙과 같이 일반적으로 동일한 조건하에서 언제나 반복해서 일어나는 현상이 아니고 특정의 역사적 현상 내에서 동일성을 확증하는 것"이라 했다(김윤한, 1989). 이러한 생각은 마르 비판 이후 마르크스주의 언어학의 모색 과정에서 일부 수용되는데, "언어의 내적 발달의 보편적 법칙은 존재하지 않는다. 매개 언어는 자기의 개별적인 내적 법칙을 가진다. 그러나 그들은 약간의 부분, 보통 가장 추상적인 부분은 물질적으로 구조적으로 접근된 언어군에 보급될 수 있다"(교육도서출판사, 1955: 228)에서 이러한 인식의 일단을 확인할 수 있다. 이는 특수음운법칙을 강조하는 것과 연관된 문제의식을 보여 준다.

5.2. 구조주의 언어학의 수용과 국어학적 적용

이론의 도입과 적용의 문제를 다루는 자세

구조주의 언어학은 언제 우리 국어학에 수용되었는가? 이 문제는 국어학사에서 여러 차례 논의되었지만, 이론의 수용을 판단하는 관점을 세우지 못하고 구조주의의 수용 문제에 접근함으로써 성과를 내지 못했다. 특히 구조주의 언어학을 수용한 것이 논의의 선진성을 담보하는 것으로 인식되면서, 구조주의 언어학의 개념과 유사한 부분을 부각하여 그 수용 관계를 과장하거나 유사한 부분을 오해하여 이를 잘못 설명하기도 했다. 이때 유의해야 할 점이 용어상 관련성의 판단과 연구 내용상 관련성의 판단이다.

첫째, 용어상 관련성의 판단에서 발생할 수 있는 문제 중 대표적인 것이 용어에 경도되어 영향 관계를 단정하는 것이다. 앞에서 '내재적 언어'를 소쉬르의 '랑그'에 상당한 개념으로 이해하는 것의 문제를 지적했다. 그러나 유응호가 파울의 이론에 근거하여 논의를 전개한 것으로 볼 때 이는 파울의 견해에 비추어 그 개념을 파악할 필요가 있었다. 파울의 견해에 기초한다면 개인 다수의 언어 행위에서 추출된 추상적인 것으로서의 언어 관습이 문법이라고 할 수 있는데, 이는 곧 소쉬르의 랑그 개념과 관련된다. 반면 내재적 언어는 개인 심리활동의 결과물로 사회성과 관련을 맺지 않은 상태를 가리킨다. 그렇다면 개인의 머릿속에 있는 내재적 언어를 랑그로 보고 약속으로서의 문법을 파롤로 본 것은, 유응호가 수용한 언어이론의 맥락보다 내재적 언어라는 용어에만 주목했기 때문이다. 이는 국어학사에서 이론의 도입과 적용의 문제를 다룰 때 유의해야 할 점이 무엇인지를 말해 준다.

둘째, 연구 내용상 관련성의 판단에서 발생할 수 있는 문제는 관련성의 폭을 제한하지 않는 것이다. 모든 언어학 이론이 부분적으로 관련되어 있을 수밖에 없듯이 구조주의 언어학 이론의 영향 없이 진행된 연구 또한 내용상 구조주의 언어학의 방법론과 유사점이 나타날 수 있다. 이러한 점을 정확히 진단하여 평가하지 못할 경우 이론의 수용과 관련한 논의는 무의미할 수 있다. 특히 1930, 1940년대 연구에서는 연구 방법론에 대해 명시하지 않는 경우가 대부분이었기 때문에, 연구 내용상 관련성을 판단하는 데에는 연구 내용의 방법론과 연구자가 특정 이론을 접했을 개연성 등을 종합적으로 고려해야 한다.

구조주의 이론의 경우, 구조주의 언어학자 고바야시 히데오小林英夫가 경성제대에서 언어학개론을 강의했다는 점을 고려한다면 구조주의 이론이 1930년대 경성제대에서 수학한 연구자들에게는 낯설지 않은 것이었을 가능성이 높은데, 이들의 연구 내용을 검토할 때 이를 유념할 필요가 있다. 다만 역사주의 언어학과 구조주의 언어학이 동시에 수용되던 시기여서 연구 내용에 따라 두 방법론은 선택적으로 수용되었을 것이다. 이러한 경향을 보여 주는 연구자가 이숭녕이다.

구조주의적 연구의 출발점, 이숭녕

이숭녕은 1930년대 중반 이후 가장 활발하게 활동한 조선어 연구자이다. 그는 『진단학보』와 『한글』을 중심으로 1930년대 말과 1940년대 초에 연구사적 의미가 있는 중요한 논문을 다수 발표한다. 특히 음운론 연구에 집중한 이숭녕의 논문은 구조주의 언어학의 방법론을 도입해 음운현상을 설명했다는 점에서 국어학사에서 주목을 받아 왔다. "1940년에 이르러 이숭녕의 「ㆍ」音攷는 처음으로 문자론을 떠나 순전히 음운론적 견지에서 'ㆍ' 音을 논한 것으로 현대 국어학상 하나의 전기를 긋는 중요한 논문이었다"(강신항, 1996: 196)는 평가는, 이숭녕의 연구 이후로 구조주의 방법론에

이숭녕李崇寧(1908~1994) 음운론에서 출발하여 조어론, 문법론, 의미론에 이르기까지 그의 연구는 대부분 현대 국어학의 단서端緖가 되었다. 조선어학회의 실천적 연구 경향에 가장 격렬하게 반대하면서 경성제대 조선어문학과 출신이 중심이 된 실증주의 국어학 진영을 대표하는 논객이자 연구자로 자리매김했다.

입각한 연구가 본격화되었음을 강조하는 것이다. 이숭녕의 핵심적 연구는 그의 박사학위 논문인 「모음에 관한 음운적 연구」(1956)를 구성하는 주제들에 나타난다.

　1. 모음조화연구
　2. 'ㆍ' 音韻
　3. 15세기의 모음체계와 이중모음의 kontraktion적 발달에 대하여
　4. 국어의 Hiatus와 자음발달에 대하여

위 네 가지 주제와 관련한 논문은 모두 1930년대 초반부터 1940년대 후반에 걸쳐 연구된 것으로, 일제강점기에 쓰였거나 구상된 것이다. 이들은 모두 음운현상 혹은 음가와 관련한 논의인데, 이러한 연구에서 구조주의 이론의 수용과 관련한 내용을 도출하기 위해서는 구조주의의 핵심적 용어와 개념이 어떻게 적용되었는지를 관찰해야 한다. 당시 구조주의의 핵심적 용

어가 논문에 드러나지 않고 참고문헌의 작성이 치밀하지 않은 상황에서, 이론의 수용에 대한 판단은 논문의 내용 분석에 근거할 필요가 있다.

사실 음운현상과 음가에 대한 논의는 근대 국어학이 시작된 이래로 지속적으로 연구되었고, 특히 아래아(ㆍ)의 음가는 근대 초기 국어학 연구와 철자법 논의에서 핵심 주제였을 뿐만 아니라, 방언 및 고어 연구와 관련해서도 집중적인 조명을 받았던 주제이다. 그렇다면 이숭녕의 음가 연구가 이전 연구와 어떤 점에서 차이가 나는지를 밝히는 것은 구조주의 이론의 수용 문제를 논의하는 데에서 중요하다.

이숭녕의 연구는 'ㆍ'의 음가에 대한 논의에서 시작하여 'ㆍ'의 소멸 과정을 고찰하는 것으로 귀결되었다. 'ㆍ'에 대한 초기 논의는 1935년에 발표된 것인데, 이는 음가에 대한 논의였다. 그는 'ㆍ'가 '아, 오, 어, 으, 우, 이'로 발달하는 예를 든 후, 움라우트가 가능하려면 피동화주가 동화주인 'i, j'와 거리가 멀어야 하는데, '아, 오, 어'는 물론 'ㆍ'가 움라우트의 적용(ᄆᆡ야지, 비얌)을 받는 것으로 보아 'ㆍ'는 '아, 오, 어' 근처의 음, 즉 '아'와 '오' 사이의 음이라고 결론지었다. 이는 음운체계의 관점에서 'ㆍ'를 봤다는 점에서 구조주의적 관점을 적용한 것이라 볼 수 있다.

1940년의 논의[11]에서는 'ㆍ'의 변화를 규정하면서 'ㆍ'의 음가를 추정하고 있다. 즉 'ㆍ > 아'는 자생적 변화, 'ㆍ > 오, 어'는 결합적 변화로 규정하면서 이러한 변화가 아래아의 음가 추정에 중요한 의미를 지니는 것이라 보았다. 반면 2음절 이하에서만 일어난 'ㆍ > 으'나 'ㆍ > 우, 이'는 음세가 약해 일어난 변화로 비자생적이며 큰 의미가 없는 변화로 보았다. 따라서 'ㆍ > 아, 오, 어'라는 의미 있는 변화를 통해 'ㆍ'가 '아, 오, 어' 근처에서 나는

---

11 「ㆍ」音攷『진단학보』12, 1940.

모음이라고 결론지었다.

　이처럼 이숭녕이 'ㆍ'의 위치 설정 문제를 심도 있게 연구한 것은 그가 음운체계에 대한 과학적 연구에 관심을 가지고 있었기 때문이다. 이런 점에서 'ㆍ'를 중심으로 한 모음추이의 가능성을 제기한 것은 연구의 흐름상 자연스러운 방향이라고 볼 수 있다. 그렇다면 모음조화에 대한 논의도 모음체계의 관점에서 음운현상의 변화를 논의한 것이라고 할 수 있다. 그가 음운변화의 법칙을 발견하는 관점에서 음운체계에 대한 논의를 이끌어 낸 것은 역사주의적 관점과 구조주의적 관점을 함께 수용하여 논의를 진행한 결과라 할 수 있다. 즉 음운변화를 설명하면서 음운의 변화를 원자론적으로 본 것이 아니라 음운의 변화에서 음운체계의 작용을 중시한 것이다.

　이러한 점을 종합적으로 고려한다면, "음운체계, 대립관계, 현상 간의 유기적 관계 등 현재 음운사 연구에서 상식화되어 있고 가장 중시하는 개념들은 심악의 연구에서부터 출발하는바, 그런 점에서 심악의 연구는 현대적이다"(이진호, 2004)라는 언급은 이숭녕의 연구가 지닌 의의를 연구 내용의 분석에 근거하여 평가한 것이라 할 수 있다. 이때 '현대적'이란 개념은 구조주의적 관점에서 연구가 진행되었다는 의미가 크다.

　그러나 조선어의 규칙과 체계를 탐구하려는 문제의식이 이숭녕으로부터 시작되었다고 단정할 수는 없다. 앞서 살펴보았듯이 당시 조선어학계가 전반적으로 조선어의 학문적 체계화에 깊은 관심을 갖고 있었고, 실천적 관점의 연구 또한 언어 현상을 체계적으로 설명하는 데 관심을 기울였다고 볼 수 있기 때문이다. 구조주의에 대한 인식은 앞서 살펴본 유응호의 연구에서도 찾을 수 있었다. 이숭녕의 연구 역시 구조주의적 방법론의 경향이 드러난다는 점에서 의미를 부여한 것이기 때문에, 이러한 연구는 당시의 연구 경향과 더불어 설명할 필요가 있을 것이다. 따라서 1~2년 먼저 논문을 발표한 것이 서구 언어학의 방법론을 도입하는 문제와 관련하여 연구사적으로 중대한 의미를 띠는 것은 아닐 것이다. 단 이처럼 서구 언어학의 도입이 중요한 과제가 되었을 때 이를 선취한 것은 경성제대 조선어문학과의 학문적 배경에 힘입었다고 할 것이다.

이처럼 1930년대부터 서구 언어학이 도입되었지만 1940년대까지만 해도 도입 초기였기 때문에, 이러한 방법론을 전면에 내세우면서 조선어 분석에 본격적으로 적용한 논문은 드물었다. 이런 이유로 구조주의적 방법론을 적용한 논문은 해방 이후에야 본격적으로 발표되기 시작한다. 이와 관련하여 주목해야 할 논문이 『진단학보』 제15호에 실린 김수경의 「용비어천가 삽입자음고龍飛御天歌揷入子音攷」(1947)이다. 해방 이후의 논문임에도 불구하고 이 대목에서 소개하는 것은 이 논문이 해방 이전에 구상되었을 것이라 추정할 수 있기 때문이다.[12]

최초의 구조주의자, 김수경[13]

구조주의 방법론을 적용하여 문법 현상을 규명한 연구로 주목할 것은 「용비어천가 삽입자음고」라는 논문이다. 이는 김수경이 발표한 최초의 국어학 논문이면서 동시에 그의 연구 역량을 보여 주는 대표적인 논문이다. 특히

---

12 김수경은 1940년 경성제대 철학과를 졸업한 후 동경제대 언어학과 대학원에 입학하여 1944년까지 재학한다. 해방 후 김수경은 경성대학(현재의 서울대학) 및 경성경제대학에 재직하다가 1946년 8월 월북하는데, 이런 정황에 비춰 볼 때 위의 논문은 1946년 이전에 완성된 것으로 추정할 수 있다. 또 논문의 탄탄한 구성을 볼 때 장기간의 조사와 집필 기간이 필요했을 것으로 보인다는 점에서 해방 이전에 구상된 것으로 추정된다.

13 이타가키 류타(2014)에 따르면, 김수경은 1940년 고바야시 히데오小林英夫가 번역한 소쉬르의 Cours de linguistique générale 일어본인 『언어학원론』의 개역 작업에 참여할 만큼 고바야시의 신임을 받았다. 그가 고바야시의 권유로 경성제대 철학과에 입학했고 이후 고바야시와 학문적 유대를 맺었던 점을 보면 김수경이 구조주의 이론에 정통했다고 볼 수 있을 것이다.

김수경金壽卿(1918~2000) 천재적인 외국어 능력으로 서구 언어이론을 도입해 한국어 분석에 적용하는 데 크게 기여한 인물. 경성제대 철학과를 졸업하고 동경제대 대학원 언어학과에서 수학했다. 1946년 중등교원 양성을 위해 설립된 '경성대학 예과 부설 임시 중등교원 양성소'와 '경성사범학교 부설 임시 중등교원 양성소'에서 '조선어학개론'을 강의했다. 1946년 월북하여 김일성대학 조선어문학부 조선어학 강좌장을 역임했다. 해방 이후 조선어학회에 가입했지만 실천적 경향은 이희승, 이숭녕, 홍기문 등과 궤를 같이했다.

과학적 연구 방법론을 적용하여 언어 자료를 치밀하게 분석하고 이를 바탕으로 논의를 전개하는 방식은 근대적 논문의 전형을 보여 준다고 평가할 만하다.

김수경은 이 논문에서 언어 요소의 분포 관계를 정밀하게 분석하여 언어 요소의 형태, 구조, 의미적 특성을 규명하려 했다. 이는 삽입자음의 분포 환경을 제시한 데에서 확인할 수 있다. 즉 삽입자음 'ㅅ'이 속격의 '의'와 구별되는 기능을 가지고 있음을 삽입자음의 분포 환경[14]을 통해 밝혔고, 결합하는 두 명사의 선행어先行語의 끝이 유성음(모음, 비음, 유음)일 경우에만 삽입자음이 나타나는 이유가 동화현상에 의한 유성음화有聲音化를 방지하기 위한 것임을 일반적인 음운현상에 근거하여 설명하고 있다. 이런 점에서 보

---

14 삽입자음은 속격을 나타내는 조사 '의'와 중복되어 사용되고, 결합하는 두 명사의 선행어의 끝이 유성음일 경우에만 나타난다.

면, 「용비어천가 삽입자음고」는 구조주의 연구 방법론을 국어의 형태, 구조, 의미에 대한 분석에 본격적으로 적용한 논문이라고 평가할 수 있다.

특히 김수경의 논의는 삽입자음(사이시옷)을 속격표시의 하나로 다루어 오던 관행적 연구에 문제제기를 하면서 사이시옷을 음운론적 현상으로 파악할 수 있는 근거를 처음으로 제시했다는 점에서 주제별 연구사에서도 중요한 의미가 있다. 그의 문제제기를 계기로 사이시옷 논의가 본격화되었다고 할 수 있기 때문이다.[15] 그러나 이 논문의 일차적 의의는 과학적 언어 연구의 방향을 제시한 논문이라는 점에서 찾아야 할 것이다. 이는 삽입자음이 출현할 수밖에 없는 이유를 음운, 형태, 의미론적 근거를 동원하여 원리적으로 설명하려 했다는 점 때문인데, 이러한 접근은 다음과 같은 점에서 이전의 규범적 연구와 차원을 달리한다.

첫째, 이 논문에서는 대상이 되는 언어 자료를 면밀히 분석하여 삽입자음의 분포 특성을 명쾌하게 보여 주었다. 구조주의 방법론의 특징 중 하나가 언어의 분포 특성을 파악하는 것이라는 점에서 이 논문에서 보여 준 분석 방식은 연구사적으로 중요한 의미를 띤다.

둘째, 우리말에서 유성폐쇄음이 음운이 아니라는 점에 기반 하여, 삽입자음을 통해 유성음화를 저지해야 하는 음운론적 이유를 원리적으로 설명했다. 그는 고기(koki>kogi)의 예를 제시하면서 우리말에서는 유성폐쇄음 [g]가 오직 동화작용이 있는 경우에만 나타나는 변이음이라고 규정했다. 그리고 이 규정을 근거로 단어의 첫 음절에 유성폐쇄음이 나타날 수 없는 이유를 설명했다. 즉 합성어 구성에서 뒤에 오는 어근이 단어로서의 독립성을

---

15 임홍빈(1981)에서는 사이시옷 논의가 '사이시옷을 속격표시로 보는 견해'와 '사이시옷을 음운론적 현상으로 파악하는 견해'로 나뉜다고 한 바 있다.

유지하려는 속성이 있다면 당연히 유성음화에 저항할 것이고 유성음화를 저지하기 위해 삽입자음이 개재할 수밖에 없다고 본 것이다. 이를 통해 보면 김수경은 음운론적 현상의 원인을 형태·의미론적 측면에서 찾아 그 원인을 설명하려 했다고 볼 수 있다. 이는 연구의 수준이 언어 현상을 보여 주는 것에서 현상의 원인을 설명하는 것으로 발전했음을 말해 준다는 점에서 주목을 요한다.

셋째, 이 논문에서는 삽입자음의 출현을 속격표시 현상이 아닌 음운론적 현상으로 규정하면서도 삽입자음이 포함된 구성을 속격 구성으로 설명했다. 이와 관련하여 이 논문에서는 "삽입자음이 아닌 어사語辭의 순열順列, 즉 의의부意義部의 상호 위치가 종속적 관계를 나타내는 형태부"라는 점을 밝혔다.[16] 이처럼 문법적 기능을 특정 형태소에 대응시켜 설명하지 않고 구성 요소 간의 상호 위치에 대응시켜 설명한 것은, 문법형태소의 개념을 확장했다는 점뿐만 아니라 구성 요소 간의 의미적 관계가 문법 현상으로 발현된다고 봤다는 점에서 연구사적 의의가 있다.

이처럼 수준 높은 논문이 해방 이후 바로 나온 것은 1942년 조선어학 관련 학술지가 모두 폐간된 이후에도 새 이론을 적용한 연구가 지속되고 있었음을 말해 준다.

---

16 현대 북한 국어학계에서는 분석적인 측면에서 단어를 이루는 최소단위를 형태부라 하고, 종합적인 측면에서 단어 형성에 참여하는 단위를 의미부로 구분하고 있는데, 이는 남한 국어학계에서 형태소를 구성소와 형성소로 구별해 보는 것과 같은 방식이다. 그런데 우리가 주목해야 할 점은 이러한 구분 방식이 이미 김수경이 1947년에 발표한 논문에 나타나 있다는 점이다. 단, 이 논문에서는 문법적 형태소를 가리킬 때 형태부란 용어를 사용하고, 어휘적 형태소를 가리킬 때는 의의부란 용어를 사용하고 있는 점을 유의할 필요는 있다. 1949년 김수경이 번역한 『언어학』에서도 '형태부'란 용어가 사용되고 있다. 따라서 북한 국어학계에서 사용하는 형태부란 용어의 개념은 김수경의 1946년 논문에서 비롯된 것이라고 해야 할 것이다.

5.3. 마르크스주의 언어학의 수용과 국어학적 적용

마르크스주의 언어학의 실체는 불분명하다. 그런데 불분명한 실체를 밝혀야 하는 이유는 무엇일까? 마르크스주의 언어학의 문제의식은 근대 국어학의 전개 과정에서 지속적으로 제기되었고, 남북이 이념의 대립으로 분단된 상황에서 북한 국어학이 이념적으로 마르크스주의를 표방하며 형성되었기 때문이다. 언어의 이념성이라는 것이 불분명한 만큼 언어학의 이념성 또한 불분명할 수밖에 없지만, 해방 이후 국어학의 모색 과정에서 슬로건처럼 제기된 마르크스주의 언어학이기에 이에 대한 인식이 어떻게 이루어졌는지를 살펴볼 필요가 있을 것이다. 마르크스주의 언어관에 대해서는 어문민족주의를 비판하는 대목에서 살펴본 바 있는데, 이 절에서는 마르크스주의가 국어학의 이론적 모색에 끼친 영향을 알아볼 것이다.

마르크스주의적 관점에서 언어학의 연구 방법론을 모색했던 인물로는 유응호, 신남철申南徹, 홍기문洪起文 등을 들 수 있다. 이 가운데 유응호는 공개적으로 마르크스주의 신념을 밝히지는 않았지만, 해방 이후의 행적과 한국전쟁 시기 월북 과정 등을 고려할 때 마르크스주의자였을 개연성이 높은 인물이다. 신남철과 홍기문은 일제강점기부터 마르크스주의자로 알려졌으며 해방 이후에도 이러한 이념적 경향을 그대로 유지했다. 이들의 공통점은 언어 연구에서 마르크스주의를 어떻게 적용할 것인지를 고민했다는 점이다. 그러나 이들의 논의는 문제의식을 던지는 수준에서 크게 벗어나지 않았다.

그런데 유응호의 경우는 언어 연구자들이 마르크스주의를 자신의 연구와 관련지을 때 나타날 수 있는 양상을 잘 보여 주는 예이다. 유학 시절 다양한 언어이론을 접했을 유응호는 어떤 계기로 역사주의적 관점을 조선어학의 연구 방향으로 설정하게 된 것일까? 당시 일본과 조선의 언어학 연구 경향 및 그의 사상적 경향과 관련지어 봤을 때, 이 문제는 두 가지 측면에서 생각해 볼 수 있다.

첫째, 다양한 서구 이론이 도입되었지만 일본 언어학계가 집중적으로 연구한 것은 역사비교언어학이었다. 이는 19세기 말 동경제대에 언어학과를 설치하면서부터 시작된 경향이었고, 이후 동아시아 언어의 계통론을 세우려는 계획과 맞물려 확대·강화되었다.[17] 이러한 학문적 흐름 안에서 유응호는 소장문법학파의 언어이론을 접했고, 이 중 파울의 이론에 특별한 관심을 보였을 것으로 보인다.[18]

둘째, 유응호의 이념적 경향과 관련지어 그의 학문적 경향을 설명할 수도 있을 것이다. 해방 후 마르크스주의자로서의 색채를 분명히 한 유응호의 행적과 관련지어 볼 때, 그의 연구관을 이념적 경향과 관련지어 보는 것은 의미 있는 접근법이다. 1930년대 대표적인 마르크스주의 철학자인 신남철과 조선어학연구회에서 활동한 점, 해방 이후 조선학술원을 중심으로 마르크스주의 학자들과 학술 운동을 전개한 점, 월북 이후 소련 언어학계의 연구물을 번역 소개할 정도의 러시아어 실력을 갖춘 점 등을 통해 볼 때, 일본 유학 시절 마르크스 사상을 접했음은 어렵지 않게 추론할 수 있을 것이다.

그렇다면 그의 이념적 경향성과 파울의 역사주의에 근거한 언어관을 연

---

17 동아시아 언어의 계통론에 대한 연구는 일선동조론日鮮同祖論과 같은 제국주의 언어관을 뒷받침하는 것이기도 했다.

18 이연숙(2006: 215)에서 인용하고 있는 신무라 이즈루新村出의 회고에 따르면, 신무라 이즈루가 동경제대 언어학과의 창설자라 할 수 있는 우에다 카즈토시上田万年로부터 들은 강연 중에서 가장 인상에 남은 것이 헤르만 파울의 『언어사원리』에 의한 연습이었다고 회고한 것으로 보아, 동경제대 언어학과 강의에서 소장문법학파의 이론 중 파울의 이론이 깊이 있게 다루어졌을 가능성이 높다.

결 짓는 문제는, 유응호의 학문적 정체성을 규명하는 데 있어서 핵심적인 사항이라 할 수 있다. 이는 다음과 같은 역사적 배경과 관련하여 생각해 봐야 할 것이다.

역사비교언어학은 러시아혁명 이후 소련 언어학의 방향을 모색하는 데 결정적인 영향을 미쳤다. 역사비교언어학의 방법론은 마르크스주의의 변증법적 방법론, 즉 역사 현상들을 그 역사적 운동 과정에서 다른 현상들과의 상호 관련 속에서 연구하는 방법론과 상통하는 면이 있었다. 이런 점에서 소련 언어학이 역사비교언어학에 주목한 것은 자연스러운 일이라 할 수 있다. 1920년대 이후 소련 언어학계가 '역사적 운동 과정으로서의 언어'라는 전제하에 역사비교언어학을 대체하는 '신언어이론'[19]의 구축에 몰두한 것도 역설적으로 역사비교언어학적 방법론의 영향을 방증한다. 이 당시 소련 언어학계의 논쟁은 역사성을 전제한 상태에서 '언어'의 성격을 어떻게 봐야 할 것인지에 모아졌다.

이와 관련하여 특별히 주목할 사실은, 신남철이 조선어학연구회의 기관지인 『정음』 제2호(1934. 4.)에 소련 언어학자 마르H. Я. Mapp의 언어이론을 번역 소개한 「언어言語의 성립成立」을 발표했다는 점이다. 마르의 언어이론을 계속 번역하겠다던 애초의 계획과 달리 단편적인 부분만을 소개하고 말

---

19 마르크스주의 언어이론의 정립을 위해 소련 언어학자 마르H. Я. Mapp가 주창한 언어이론이다. 언어의 계통을 근거로 언어의 변화 과정을 설명한 역사비교언어학의 방법론을 부정하고, 사회경제적 발전 과정에서 이루어진 언어 교차에 의해 새로운 언어가 출현하는 과정을 언어의 단계적 발전과정으로 설명했다. 이 이론의 등장과 함께 1930년대 소련 언어학계에서는 언어의 성격 및 언어학의 연구방향과 관련한 일대 논쟁이 벌어졌다. 이 논쟁을 거치며 소련 언어학계를 주도하게 된 마르의 이론은 이후 전 세계 마르크스주의 언어학자들에게 깊은 영향을 미쳤다. 그러나 언어의 특성을 고려하지 않고 유물변증법을 기계적으로 적용했다는 이유로 1950년 스탈린에 의해 교조주의적 언어이론이라는 비판을 받고 퇴출되었다.

마르H. Я. Mapp(1865~1934) 소련의 언어학자. 마르크스주의 언어학을 정립한 인물로 추앙받았으나 그의 언어이론은 1950년 스탈린에 의해 교조주의로 비판받고 퇴출되었다.

았지만, 예스페르센O. Jespersen, 소쉬르F. Saussure, 포슬러K. Vossler 등의 대안으로 마르의 언어이론을 검토했다는 사실은 당시 마르크스주의자들이 서구 언어이론에 문제의식을 가지고 있었고 서구 언어이론에 대한 대안으로 소련 언어학의 동향에 관심을 가지고 있었음을 보여 준다. 당시 마르의 언어이론에 대한 조선어학계의 관심은 홍기문의 회상을 통해서도 추론할 수 있다.

　그런데 나는 벌써 소쉬르의 저서를 통하여 비교언어학의 학체涸滯된 이론을 걷어 치우려 하였고, 또 한걸음 나아가서는 말 교수[20]의 새로운 학설이 무엇인가를 알아서 새로운 시대의 학문을 예비코자 하였다. 만일 나의 생활이 적이나 안정되고 또 서적이라도 마음대로 구해서 읽을 수 있었던들 언어학 그 일부문의 고실固實한 학도로 유시

20　말 교수는 유물론적 언어학을 이론화한 소련 언어학자 마르를 가리킨다.

유종有始有終하였을지도 모른다. 그러나 나는 책도 얻지 못하거니와 생활도 어렵다. 구하기 어려운 말 교수의 저서를 위해서만 정절을 지키기는 극히 무의미한 노릇이었다. 더군다나 그 당시의 조선어학계는 한편에 조선어학회가 있고 다른 한편에 조선어학연구회가 있어 무슨 받침이 어떠니 무슨 소리가 어떠니 철자 문제로 쌍방의 논전이 한참 벌어지고 있는 판이다. 이 철자 논전에 가담할 흥미는 본래 가지지 않은 것이지만 그렇다고 국어의 어느 방면을 착수하여야 좋을는지 아득하였다.[21]

홍기문의 회상에는 1930년대 초반 새로운 이론을 받아들여 우리말 연구를 과학화해야 한다는 한 조선어학자의 고심과 마르크스주의 언어학을 체계화하고자 하는 마르크스주의자의 갈망이 나타나 있다. 그러나 이러한 고심과 갈망은 철자 문제에 대한 논전에 파묻혀 갈 길을 찾지 못하고 있었다. 이러한 상황에서 신남철의 번역이 모습을 드러낸 것이다. 신남철 또한 언어학 연구의 방향에 대한 고민이 깊었다. 이는 신남철이 남긴 역자의 말을 통해 알 수 있다.

독일불란서의 언어학계는 실로 이수異數의 발달을 정물하고 있다 하리라. 그러나 그 방법론에 있어서는 근본적인 제 문제를 가지고 있다. [에스벨센]이라고 하든지 [포슬러]라고 하든지 또는 [쏘슐]이라고 하든지 다 체계적 정합整合을 가지고 있다 할는지 몰르나 과연 얼마나 현실사회에 제 언어현상을 역사사회적으로-과학적으로 이해하고 있는지는 큰 의문이다.

신남철이 예스페르센, 포슬러, 소쉬르 등을 거론하며, 서구 언어학계 특히 구조주의적 경향에 비판적 시각을 드러내는 점은 주목할 만하다. 1935년

21 홍기문, 국어연구의 고행기, 『서울신문』, 1947. 1. 14.

일본에서 귀국한 유응호가 1936년 조선어학연구회 기관지 『정음』에 역사주의 언어학에 대해 설명한 논문을 발표한 것은 이러한 문제의식과 관련하여 의미 있게 볼 필요가 있다.

그런데 유의할 점은 유응호는 신남철이 언어학의 대안으로까지 언급한 마르에 대해 전혀 언급을 하지 않았다는 사실이다. 마르의 이론을 설명한 신남철의 번역 글이 『정음』에 게재된 후 파울의 이론을 소개하는 유응호의 논문이 실렸다는 점을 고려한다면, 파울의 이론과 마르의 이론 간 관계에 대해 약간의 언급이라도 필요했을 것이다. 마르와 파울이 모두 언어의 역사성에 주목했다는 공통점이 있었을 뿐만 아니라, 유응호와 신남철은 1930년대 중반 이후 조선어학연구회를 배경으로 동지적 관계를 맺고 있었다는 점에서 그러한 기대를 할 수 있다. 그런데 유응호가 마르의 이론과 파울의 이론을 비교하는 설명을 하지 않았던 이유를 두 가지 측면에서 추론할 수 있을 것이다.

첫째, 역사비교언어학의 이론과 그 적용 방법에 대한 학습을 진행하는 수준에 있었던 유응호가 당시 사회주의 언어학계의 논쟁을 이끌고 있던 이론을 평가하기는 현실적으로 불가능했을 것이다.[22] 둘째, 1940년대 중후반에 북한 국어학계를 중심으로 마르의 이론을 소개하는 일이 빈번해진 상황에서도 그가 마르 이론에 대해 언급하지 않은 것을 볼 때, 그는 마르의 언어이론에 부정적인 태도를 취했을 가능성도 있다. 1930년대에 이미 유응호는 마르의 언어이론을 대안으로 고려하지 않았고, 마르크스주의 언어학의 방향을 파울의 역사주의를 발전시키는 데에서 찾았을 수 있다는 것이다. 특히

---

22 귀국 당시 24세에 불과했던 그가 당대의 언어이론을 비평할 만큼 이론적으로 성숙했다고 보기는 어려울 것이다.

파울의 역사주의는 언어 변화에 미치는 언어외적 영향을 고려했다는 점에서 소장문법학파의 실증주의를 극복하는 측면이 있었는데, 언어 변화의 원리를 심리적인 요소와 사회적인 요소의 관계로 설명하려 했다는 점은 젊은 마르크스주의 언어학자에게 매력적이었을 것이다.

실제 그는 「음운법칙에 관하야」에서 파울의 심리주의적 관점에 기대어 문화현상으로서의 언어의 특수성을 강조하는 언급을 한다. 이는 1930년대 소련 언어학계의 주요 논쟁이었던 언어의 성격문제와 관련하여 볼 때도 의미 있는 언급이라고 할 수 있다.

> 가치의식에 따라서 행동하는 인간이 그 자유의사를 자연력과 결합시켜 가지고 창조한 것이 즉 문화이며 이 언어도 이 같은 문화현상 중의 하나이다. 따라서 문화현상의 하나인 언어의 음운현상을 지배하는 법칙은 상술한 바와 같이 자연현상을 지배하는 법칙과는 다른 문화과학적 개연의 법칙이다. 그러므로 같은 법칙이라 할지라도 문화현상을 지배하는 법칙은 자연현상을 지배하는 필연의 법칙에 비하여 일일이 보편적으로 시행되지 않고 항상 예외가 일어나며 따라서 동요성이 있으므로 사실상은 원칙이라든지 혹은 원리라고 함이 오히려 타당할지도 모르나 그러나 복잡한 현상 중에도 비교적 보편적으로 나타나는 사실이므로 넓은 의미에서의 법칙의 하나임은 사실이다.

위에서 언어를 문화현상이라 정의한 유응호는 언어의 법칙은 자연현상을 지배하는 필연의 법칙에 비해 예외가 일어나고 동요한다고 설명한다. 그가 말하는 '문화과학적 개연의 법칙'은 파울의 역사주의에 근거한 것으로 언어 현상의 특수성을 잘 드러내는데, 이는 상부구조로서의 문화현상과 하부구조로서의 사회경제적 토대의 관계를 필연적 법칙으로 설명하는 유물론적 견해와는 차이가 있다.

파울의 역사주의는 변증법적 관점을 취하지만 인간의 '자유의사'를 언어

변화의 핵심 요인으로 강조하면서 관념론적 특성을 보인다. 그런데 인간의 '자유의사'를 법칙으로 설명할 수는 없기에, 파울은 인간의 '자유의사'를 수렴하는 '평균 담화average speech', 즉 언어적 평균이란 개념을 통해 개인 심리의 이질성과 언어의 동일성이라는 간극을 극복하고 언어 변화의 원리를 설명한다. 파울의 역사주의에서 이러한 측면을 포착한 것을 보면, 유응호의 역사주의적 언어관은 언어의 특성에 대한 치밀한 고민을 바탕으로 형성된 것임을 알 수 있다. 이러한 인식에 도달한 이상 하부구조의 혁신과 상부구조로서 언어의 변화를 직접적으로 관련지어 설명한 마르의 도식적 견해를 수용할 수는 없었을 것이다.

유응호가 간접적으로나마 마르의 이론을 거론한 것은 『언어학개요』 (1955)[23]라는 소련 언어학개론 번역서에서였다. 소련 언어학계에서 마르 이론이 퇴출된 이후 북한에서도 마르 이론을 축출해야 한다는 움직임이 일기 시작했고, 소련의 언어학 개론서를 번역해 교재로 사용하는 현실에서 마르 이론을 비판한 언어학 개론서를 새롭게 번역할 필요성이 대두되었다. 마르를 비판한 소련 언어학 개론서의 번역을 통해 유응호가 북한 언어학계에 공식적으로 등장했다는 것은 주목할 부분이다. 당시 북한 언어학계는 규범의 확립 문제에 논의를 집중하고 있었지만, 사회주의 체제를 강화하면서 언어학의 사상적 기반을 확고히 하는 과제도 제기된 상황이었다. 이때 소련의 언어학계에서는 구조주의의 정태적 관점에 대한 비판이 강화되고 있었고, '역사적 운동 과정으로서의 언어'에 대한 스탈린적 해석이 언어학의 연구 방향을 결정짓게 되었다.

---

23 1955년 교육도서출판사에서 출판된 대학용 언어학 개론서. 저자는 '에르·아·다고브'이고 유응호와 한영순이 공역했다.

유응호의 역할은 구조주의를 비판하고 언어에 대한 역사주의적 연구의 중요성을 강조하는 것과 관련되어 있었다. 이런 맥락에서 1954년부터 1955년 사이에 김수경과 유응호 등의 주도하에 대학 교재 성격의 소련 언어학 서적[24]이 출간된 것을 주목할 필요가 있다. 이때 소련 언어학 서적의 핵심 주제가 마르의 이론을 비판하고 역사비교언어학적 방법론을 마르크스주의에 맞게 수용하는 방법을 새롭게 모색하는 것이었는데, 유응호는 이러한 흐름의 연장 선상에서 자신의 언어이론을 펼칠 수 있는 기회를 얻을 수 있었을 것이다.

이런 점에서 보면, 파울의 역사주의적 관점과 이에 대한 마르크스주의적 수용은 유응호의 언어 연구 경향을 설명하는 중요한 사항이라고 할 것이다. 그렇다면 그의 연구에서 이러한 점이 어떻게 반영되었는지를 탐구하는 것은, 그의 언어 연구의 궤적을 되짚어 본다는 점뿐만 아니라 국어학사를 사상적 흐름과 관련지어 연구하는 작업의 일환이라는 점에서 의미가 있을 것이다.

---

24 과학원에서는 1954년 『쏘웨트 언어학의 제문제』(번역 론문집)를 발행했고, 교육도서출판사에서는 1955년 『이·웨·쓰딸린의 로작에 비추어 본 언어학의 제 문제』(김수경 심사)를 발행했다. 이 두 서적의 공통점은 마르의 언어이론에 대한 스탈린의 비판을 자세하게 설명하고 그것의 의의를 밝히는 내용이라는 점이다.

IV

국어의 재정립과
국어학의 전환

(1945~1965)

해방 이후 국어 재정립 활동은 '우리말 도로찾기' 운동에서 볼 수 있듯이 국어의 정체성을
확립하는 데 초점을 두고 진행되었다. 이처럼 어문민족주의의 논리가 어문정책의 논리가 되는
상황에서 국수주의적 국어관을 경계하는 흐름이 형성되었고, 한자, 외래어, 학교문법 등과
관련한 문제는 양 진영이 치열하게 충돌하는 지점이었다. 규범사전과 규범문법의 제정이라는
근대 국어학의 과제를 완결 지어야 했던 국면에서 이러한 대립은 주도권 경쟁의 성격을 띠었다.
해방 이후 대학의 설립과 함께 국어학의 학문적 토대는 대학의 국어국문학과를 중심으로
새롭게 형성되었다. 그러나 국어학을 체계적으로 교수할 수 있는 연구자가 절대적으로 부족한
현실에서, 학문으로서의 국어학을 체계화할 임무는 해방 후 대학에 입학한 이들에게
주어졌다. 자신들에게 부여된 임무를 자각한 신세대 국어학자들은 세대적 결속을 강화하며
신세대 학술 운동을 전개했고 이는 국어학계의 판도를 뒤바꾸는 계기가 되었다.
제IV부에서는 국어 규범화를 위한 실천적 연구를 진행하는 한편 이러한 근대적 과제에서
벗어나 학문으로서의 국어학을 모색하던 전환기의 양상을 서술하고자 한다. 이를 위해 『큰
사전』이 완성되고 '학교문법통일안'이 시행되는 1960년대 중반을 분기점으로 삼아 1960년대
중반 이전과 이후의 연구 경향을 대비하면서 전환기를 관통하는 국어 연구의 논리를 설명할
것이다.

1

국어회복 활동의 이념과 논리

해방 이후 이루어진 국어 정립 활동의 핵심은 국어의 재건이라 할 수 있다. '우리말 도로찾기' 운동은 당시 국어 정립 활동의 핵심적 이슈를 명확하게 보여 준다. 이렇듯 국어 정립 활동은 철자법, 표준어 등과 같이 기초적인 문제를 원점에서 재논의하는 것보다는 국어의 정체성을 확립하고 국어의 영향력을 확대하는 데 초점을 두었다. 해방 이후 조선어학회에서 추진한 한글풀어쓰기나 1953년 이승만 정권기에 추진된 한글간소화방안이 퇴행적 해프닝으로 인식되었던 것은, 어문의 규범화 문제가 언어관의 대립 지점이 될 수 없음을 역설적으로 보여 준다. 이러한 맥락에서 한자, 외래어, 학교문법 등의 문제는 다양한 언어관이 충돌하는 지점이었다. 이 장에서는 일제강점기 민족어운동 과정에서 대립·공존했던 언어관들이 국어 재건 논리로 재구축되는 과정을 살펴보면서 그 역사적 맥락을 추적하고자 한다.

1.1. 조선어학회의 목표, 우리말 도로찾기

해방 직후 국어학계의 최대 관심사는 국어의 회복이었다. 조선어학회가 재건되었고, 조선어학회를 중심으로 교과서 편찬, 교원 양성, 사전 편찬 등과 같은 대규모 사업이 진행되었고, 대중운동의 일환으로 일본어 청산을 목표로 하는 우리말 도로찾기 운동이 진행되었다. 이 모든 일을 일개 민간 학회인 조선어학회의 주도로 한다는 것은 특이했지만, 일제강점기 저항적 문화운동의 상징이 된 조선어학회는 이미 민간 학회를 넘어선 존재가 되었다. 해방 공간에서 어떤 사람도 이러한 흐름에 반박할 수 있는 상황이 아니었기 때문에 국어학계의 주류적 경향은 여전히 민족문화 운동의 차원을 벗어날 수 없었다.

이때 이러한 민족문화 운동을 진두지휘한 인물이 최현배崔鉉培이다. 최현배가 일제강점기에 형성한 어문운동 논리는 해방 이후의 시대 상황과 맞물려 더욱 빛을 발했는데, 문교부 편수국장으로 국어정책을 총괄하는 자리에 오르게 되면서 그의 어문관은 곧 국어정책의 논리가 되었다. 최현배가 기획하고 추진한 '우리말 도로찾기' 운동은 당시 국어정책의 특성과 목표를 잘 드러낸다. 특히 그의 민족개조론을 집약한 『조선민족 갱생의 도』는 해방 이후 다시 부상했고, 이는 국민 개조의 논리로 발전한다. 해방 이후 민족의 상처를 치유하고 독립 국가 국민으로서의 자존감을 높이는 것이 절실했던 시대 상황은 그의 민족개조론을 부상시키는 데 결정적인 역할을 한 것이다.

따라서 국어정책의 목표가 언어 정화와 한자 폐지에 집중된 것은 자연스러운 일이었다. 언어 정화는 일본어에 상처 입은 우리말을 되살리는 일이었고, 한자 폐지는 순수한 조선혼을 되살리는 일이었다. 이처럼 민족 감정에 호소하는 운동이었던지라, 언어 정화운동의 실제는 그리 정교하지 못했다.

1946년 6월 당시 문교부 편수국에서는 일본어를 우리말로, 일어식 한자어를 우리식 한자어로 정화할 방침을 세우고, 938개의 일본어를 일소하기 위한 정화안을 마련했다. 그리고 국어정화위원회에서 편수국 안을 심의하고 1948년 1월 12일 확정하여 사륙판 36면의 팸플릿으로 전국에 배포했는데, 이 책자가 『우리말 도로찾기』이다. 그런데 문제는 『우리말 도로찾기』에서 보여 준 국어 정화 방안이 언어에 대한 신중한 고찰을 근거로 만들어진 것이 아니라는 점이다. 단적인 예로 일본식 한자어라고 지적한 한자어 중 상당수가 중국 한자어(結婚, 曖昧 등)이거나 중국 한자어로 수용된 일본 한자어(立場, 手續 등)이었다. 더구나 이들은 일반인들에게 익숙해진 어휘였다. 그러나 대중의 언어 관습을 얼마나 인정해야 되는지의 문제는 논의 대상이 되지 못했다. 중요한 것은 일본의 잔재를 청산해야 한다는 것이었고 우리의 민족혼을 살린다는 것이었기 때문에 일본 한자어를 남겨 두는 게 문제였지 이를 과도하게 잘라 내는 것은 문제가 될 수 없었고, 좋지 못한 관습은 궁극적으로 타파해야 할 것이기 때문에 관습을 존중하는 것은 무의미한 것으로 취급되었다.

이처럼 민족개조론의 관점에서 민족적 감정에 호소하는 국어정책의 영향력이 컸던 만큼, 이러한 정책에 대한 저항도 거셌다. 특히 언어 정화와 한자 폐지 정책이 극단적 민족주의와 결합하면서 국수주의를 경계하는 지식인들의 저항이 가장 두드러졌다. 유일한 해결책은 실용 정신으로 타협하는 것이었다. 그러나 민족과 민족어와 한글을 절대적 위치에 놓는 한 다양한 생각을 정책적으로 수용할 길을 찾기는 불가능했다.

어문운동의 각 진영이 정치권력의 힘을 어문 정책의 추진 동력으로 삼으려 했던 것은 이 때문이었을 것이다. 이에 따라 어문 관련 논쟁은 퇴행적으로 흐를 수밖에 없었다. 정책을 추진하는 쪽이든 이에 저항하는 쪽이든 그 사고의 틀은 더욱 편협해졌고 논쟁은 지루한 평행선을 달리게 되었다. 어문 정책의 담론이 '비행기'와 '날틀'의 대립으로 희화화되었던 것은 당시의 상황을 잘 보여 준다. 그런데 최현배가 이러한 담론의 중심에 서면서 조선어학회의 역사와 저항 정신을 상징하는 최현배는 한 진영을 대표하는 인물로 격하될 수밖에 없었다.

그러나 논란이 많았던 우리말 도로찾기 및 한자 폐지 운동과 달리 국어교 과서 편찬, 국어교원 양성, 국어강습회 개최 등은 대중들로부터 큰 호응을 받았다. 어문민족주의적 감수성으로 대중들에게 파고들면서 교육활동을 통해 우리 말과 글을 보급하는 조선어학회의 활동은 주시경周時經 이래로 계속되어 온 일이었다. 그리고 일제강점기를 거치면서 역사적 정당성을 획득하자 조선어학회의 규범안은 절대적 권위를 얻었다. 이런 상황에서 국어 보급 사업을 흔들림 없이 수행할 수 있는 조직은 조선어학회가 유일했다. 조선어학회가 주최하는 국어강습회의 강사로 활동한 국어학자 김민수金敏洙의 회고를 통해 당시 조선어학회를 보는 사회의 시선을 확인할 수 있을 것이다.

조선어학회 간사장이던 호 고루 이극로 선생이 팔월 십칠일에 석방돼서 서울에 오셔서 이십일 서울 숙명고등여학교 운동장에서 급속으로 열렸던 강연회에 가 있었는데 참 묘허게도 어떻게 알게 돼서 거기에 참석을 했습니다. 그런데 그 강연회에 모인 사람은 청장년 겨우 십육칠 명 정도였는데 거기서 고루는 눈물을 흘리면서 그 모국어의 소중함을 호소했습니다. 그 참석자는 그 자리에서 거의 붉은 눈시울로 감격의 도가니가 되었습니다. 그래서 나는 눈물을 머금고 영원한 민족어 수호를 다짐한 각오는 우리말을 배우고 연구하겠다는 맹세 그것이었습니다. 이윽고 조선어학회가 재건돼서 구월에 국어강습회가 열렸는데 거기에두 제1회 강습회에 수강생이 됐고 그 강습회가 끝나자

국어강사 검정자격시험이라는 것을 시행해서 그 시험에 요행히 합격을 했어요. 그래서 합격을 허니까 즉시 해방 직후에 시급허고 필요헌 소위 국어회복활동에 투신하게 됐습니다. (중략) 불과 19세의 참 미숙헌 사람이 이와 같이 그러헌 활동에 직접 투신할 수 있었던 것은 순전히 조선어학회 검정시험 자격증 국어 강사 자격증 그 위력이었습니다. 그것으로 미루어보아 해방 직후에 조선어학회의 그 활동이 그 위상이 얼마큼 컸던가 뭐 짐작허고 남음이 있습니다.[1]

1.2. 국수주의에 대한 경계와 과학주의의 모색

조선학술원

해방 이후 일제강점기에 다양하게 전개되었던 민족어론이 국어론으로 전환되면서 국어 정립이라는 과제를 어떻게 수행할 것인가에 대한 논란이 시작되었다. 이는 한자 폐지 및 국어순화 문제에서 가장 격렬하게 나타났다. 이 과정에서 드러난 언어관의 대립 구도는 1930년대와 대체로 유사했지만, 마르크스주의자들과 실증주의자들의 연대가 더욱 공고해진 점은 주목할 필요가 있다. 이들 간 연대의 핵심 고리는 어문민족주의자들과의 대립이었다.

해방 이후 신국가 건설을 위한 움직임이 활발해질 때, 학계에서도 이를 위한 활동이 조직적으로 전개되었다. 이러한 활동은 1945년 8월 16일 백남운白南雲(1894~1979)[2]이 중심이 되어 국책연구기관을 지향한 조선학술원朝

---

1 최경봉 외(2007)의 구술 채록집.
2 백남운은 최초의 사회경제사적 연구라 할 수 있는 『조선사회경제사』(1933)를 발간한 대표적인 마르크스주의 경제학자이다. 1946년 조선신민당의 경성특별위원회(후에 남조선신민당) 위원장, 조국통일민주주의전선 의장을 지냈으며, 좌우의 대립이 격심해지자 여운형과 함께 근로인민당

328

鮮學術院을 창립하면서 본격화되었다. 조선학술원은 마르크스주의 경제학자인 백남운이 주도해 창립되었지만 '순전한 학술단체'로 활동한다는 입장을 표방했고, 이에 공감하는 명망 있는 각 분야의 중견학자들이 참여했다. 이 때문에 조선학술원 회원은 공산주의자, 사회민주주의자, 진보적 자유주의자, 민족주의자, 보수적 실증주의자 등을 망라하고 있었다.[3]

국어학자 중 조선학술원에 가장 깊이 관여한 인물은 유응호柳應浩이다. 그는 해방 직후 백남운과 신남철申南澈을 도와 조선학술원을 설립하는 데 적극 참여한 것으로 보인다. 그는 설립 당시에는 상임위원이나 서기국 임원에 포함되지는 않았지만 실무진으로서 언어학 분야의 학술 운동을 관장했고,[4] 이후 상임위원에 선임된다. 조선학술원이 문화정책 등과 관련한 활동을 적극적으로 전개했다는 사실을 고려할 때 당시 어문정책 논의에서 유응호의 입장은 중요한 의미를 띠었을 것으로 짐작된다.

1946년 4월 15일 전국문화단체총연맹 산하의 23개 문화단체가 함께 주최한 민족문화건설 전국회의에서 유응호는 김태준金台俊, 백남운 등과 함께 문화 일반에 대한 보고를 했다. 유응호의 발표 주제는 '민족문화와 언어'였다. 그가 어떤 내용의 발표를 했는지는 기록이 남아 있지 않지만, 1945년 12월 8일 미군정청 학무국의 조선교육심의회에서 교과서의 한자 폐지와 횡서

을 창당하여 좌우 통합을 위해 노력하다가, 1947년경 월북했다. 월북 후 교육상(1948), 과학원 원장(1952), 최고인민회의 의장(1969), 조국전선의장(1974) 등을 지냈다.

3 조선학술원의 중립성은 최현배(어학), 이병기(문학), 이병도(사학), 박종홍(철학) 등이 상임위원으로 활동했다는 데에서도 짐작할 수 있다. 이처럼 당파적 색채를 띠지 않고 중립적 학술 운동을 전개하면서 조선학술원은 당시 좌우를 대표하는 조선공산당과 한민당으로부터 동시에 배척당하게 된다. 어문학 분야의 가장 강력한 단체였던 조선어학회에서 활동한 이극로, 안재홍 등은 '신민족주의' 이념을 주창한 국민당과 긴밀히 관련되어 있었고 조선학술원과는 대립적이었다.

4 어학 분야의 상임위원이었던 최현배는 실질적으로 활동을 하지 않았고 이후 학술원을 탈퇴한 것으로 보인다.

를 결정했고 이에 대한 논쟁이 격화되었던 점을 고려한다면, 이 발표 중 상당 부분은 한자 폐지와 관련한 조선학술원의 입장을 표명하는 데 할애되었을 것이다. 이와 관련하여 주목할 것은 한자 문제에 대한 조선학술원 원장 백남운의 입장이다.

마르크스주의자와 민족주의자를 망라한 연합 학술조직이었던 조선학술원이 한자 폐지 등 미군정청에 의해 진행된 어문정책에 회의적인 태도를 보였다는 점은 특징적이다. 한자 문제를 특집으로 다룬 『자유신문』(1946. 3. 5.)에서 조선학술원 원장 백남운은 "과거 우리 민족의 문화유산이 한자로 표기되어 있다는 점, 조선과 중국의 교류 관계를 고려할 때 한자 사용은 불가피하다는 점, 한자를 섞지 않고 우리말로만 모든 사상을 표현할 수 있는 방법의 체계가 완성되어 있지 않다는 점" 등 세 가지 근거를 들어 한자 폐지의 문제점을 지적했다. 조선학술원 대표 자격으로 의견을 피력한 것을 볼 때 백남운의 견해는 조선학술원의 입장이었을 가능성이 높다.

그렇다면 조선학술원은 한글전용정책을 주도하던 조선어학회와 대립적이었다고 볼 수 있다.[5] 이와 관련하여 한글전용정책이 본격화되던 1946년에 결성된 '국어문화보급회國語文化普及會'의 성격에 주목할 필요가 있다.

국어문화보급회

'국어문화보급회'는 조선어학회가 중심이 된 '한글문화보급회'와의 대립을 노골적으로 드러냈는데, 이 단체의 성격은 아래 기사문을 통해 짐작할 수 있다.

---

5 조선어학회의 핵심 임원이었던 최현배가 조선학술원 창립 당시 어학 분야의 상임위원으로 참여했다가 학술원을 탈퇴한 것은 한자 문제에 대한 대립이 결정적인 계기가 된 것으로 추정된다.

세계의 자랑이요 우리의 생명인 국어의 연구와 보급은 현재 무엇보다도 중요 긴급한 문제임에 비추어 國語文化普及會가 새로이 탄생되었다. 동회는 訓民正音의 근본정신을 옳게 이해하여 통일된 국어의 연구 보급에 힘쓰는 동시에 옳은 민주주의 노선 위에서 크게 국어문화를 일으키어 세계문화발전에 이바지 할 터이라고 하여 장차 전선 각지에 지부, 분회를 두어 맹렬한 활동을 전개하리라고 하는 바 앞으로 활동이 자못 기대되는 바이다.[6]

위 기사문에 인용된 국어문화보급회의 취지문에서 주목할 부분은 "訓民正音의 근본정신을 옳게 이해하여 통일된 국어의 연구 보급에 힘쓰는 동시에 옳은 민주주의 노선 위에서 크게 국어문화를 일으키어 세계문화발전에 이바지 할 터"라는 대목이다. '옳다'는 단어를 반복적으로 사용한 것은 국어문화에 대한 재인식을 강조하는 것이기 때문이다. 국어문화에 대한 재인식을 강조한 것은 훈민정음의 근본정신이 한글 전용이 아님을, 그리고 민주주의의 노선이 한글 전용에 있지 않음을 주장한 것이라 할 수 있다. 국어문화보급회의 참여 인물들 또한 이 점을 잘 나타내고 있다.

국어문화보급회의 조직
부위원장: 홍기문洪起文
서무: 이갑두李甲斗 김대웅金大雄/기획부: 김태준金台俊 신남철申南澈/재무부: 김호金乎 곽지훈郭智勳/보급부: 이갑섭李甲燮 함병업咸秉業 차정순車貞順/연구부: 유응호柳應浩 이숭녕李崇寧 김수경金壽卿 김원주金源柱/출판부: 이태준李泰俊 홍기문洪起文/위원: 이희승李熙昇 김호규金昊圭 김건철金健哲 박안민朴安民 박준朴駿[7]

이 단체에 참여한 홍기문洪起文, 이숭녕李崇寧, 김수경金壽卿, 이희승李熙昇

---

6 『서울신문』, 1946. 2. 12.
7 『서울신문』, 1946. 2. 12.

등은 한글 전용에 관한 한 조선어학회와 일정한 거리를 두었으며 일관되게 비판적 민족주의를 견지했다. 마르크스주의자 중 민족주의를 포용하여 학술 운동의 방향을 설정하고자 했던 유응호, 신남철, 홍기문 등은 '비판적 조선학'을 지향했다고 볼 수 있는데, 이들은 민족주의의 과잉을 경계한 '비판적 조선학'을 매개로 이숭녕, 이희승 등과 연합했던 것이다.

국어문화보급회는 조선어학회의 하부조직이었던 한글문화보급회와 주로 한자 문제로 대립했다. 그런데 국어문화보급회에 참여한 인물들 중 일부는 조선어학회의 철자법을 비판하면서 조선어학회와 대립하기도 했다. 특히 조선어학회의 철자법에 대한 홍기문의 비판은 조윤제趙潤齊(1904~1976)의 비판과 더불어 일대 논쟁을 불러일으키기도 했다.[8] 유응호는 이 문제에 직접적으로 관여하지는 않았지만, 홍기문의 글을 통해 볼 때 철자법 문제와 관련하여 유응호가 홍기문에 끼친 영향은 상당히 컸던 것으로 짐작된다.

> 흔히 나를 전연 철자통일에 반대하는 사람처럼 곡해 오산하는 모냥이로되 나는 결코 그런 것이 아니다. 나는 오즉 난삽한 철자법보담은 실용상 간이 편리한 방법으로 통일하는 것이 어떠냐하는 그뿐이다. (중략) 그러면 너의 간이 편리한 철자의 통일은 어떤 것이냐고 반문할 사람도 없지 않은데 그것은 내가 십수 년래 많이 발표한 바요 또 나의 짤은 그 논문으로써도 짐작될 수 있는 바다. 아니 사실은 해방후 외우畏友 유응호柳應浩씨의 힘을 빌어서 한 안으로까지 작성하였었으나 아즉 공개시킬 기회를 얻지 못하고 있다.[9]

홍기문의 칼럼은 조선어학회의 형태주의 철자법에 대한 문제점을 지적

---

8 홍기문은 신문지상(『경향신문』)을 통해 신영철과 논쟁했고, 조윤제는 『국어교육의 당면한 문제』(1947. 6.)에서 한글 맞춤법은 학자의 연구용이지 일반 국민을 위한 것이 아니라고 비판했다.
9 홍기문, 철자문제에 대하야, 『경향신문』, 1947. 2. 13.

하는 것이다. 여기에서 그는 유응호의 힘을 빌려 간이 편리한 안을 만들었다고 밝히고 있는데, 이에 근거한다면 홍기문은 조선어학연구회의 음소주의 철자법과 유사한 안으로 철자법을 제안하고자 했음을 알 수 있다. 음소주의 철자법의 편리성은 1930년대부터 좌파 지식인들의 한 축이 조선어학연구회의 철자법을 지지하게 된 이유가 된다. 그렇다면 홍기문, 유응호 등 마르크스주의 언어학자들은 철자법에서는 민중적 입장을 강조했고 한자폐지 문제에 있어서는 민족주의의 과잉을 경계했다고 볼 수 있다.

그러나 국어문화보급회에서 철자법의 문제는 의견이 일치되지 않았고,[10] 한자 폐지의 경우에는 의견의 일치를 보았다. 이는 앞서 말했듯이 국어문화보급회가 비판적 조선학을 매개로 결성된 조직이었음을 명확하게 보여준다.

조선학에 대한 국어문화보급회의 비판적 태도는 미군정청과 조선어학회의 일방적 국어정책에 반감을 지닌 지식인 사회에서 호응을 얻었던 것으로 보인다. 점진적 한자폐지론자라 할 수 있는 김기림金起林(1908~미상)이 국어심의회 참석을 거부한 것은 지식인 사회의 기류를 짐작할 수 있는 사례이다.[11] 앞서 거론한 바와 같이 1946년 4월 15일 전국문화단체총연맹 산하의

---

10 맞춤법 통일안을 반대하는 것에 대해 이숭녕은 『조선교육』(1947. 5.)에서 반대하려면 해방 직후에 할 것이지 지금 와서 개혁을 주장함은 온당치 않다고 하여 불찬성의 뜻을 표명했다(김민수, 1980: 283).

11 1945년 겨울에 군정 문교부에서 부른 국어 심사위원회에 필자도 당시 문단 측 관계자의 한 사람의 자격으로 다른 몇 분과 함께 참석하였다가 주최한 편에서 다짜고짜로 교과서에서만이라도 한자를 폐지하자는 一路로 휩몰아가는 바람에 이처럼 중대한 문제가 면밀 주도한 과학적 예비 공작 없이, 더군다나 학교 문밖에서 일어나는 언론, 출판의 무통제한 현상을 그대로 둔 채 학교 교과서에서만 과감한 실험을 해가려는 것이 기정사실이 되어 있고, 국어 심의회의 토론은 결국 사후승인으로서 요구될 것밖에 아닌 것임을 알았을 때 그 이상 참석하는 것이 무의미한 것을 느끼고 다른 몇 분과 함께 물러나오고만 일이 있다. (김기림, 『문장론신강』, 민중서관, 1950, 287~288쪽)

23개 문화단체가 함께 주최한 민족문화건설 전국회의에서 문화 일반에 대한 보고 중 언어 문제에 대한 주제 발표는 유응호가 맡았다. 당시 한자 폐지 문제가 핵심 논쟁이었던 것을 생각한다면 한자 폐지 반대론자였던 그를 언어 분야의 주제 발표자로 결정한 것은 학술 및 문화 분야 지식인들의 정서를 웅변하는 것이기도 했다.

조선언어학회

조선언어학회朝鮮言語學會도 이러한 맥락에서 결성되었다고 볼 수 있다. 1946년 4월 홍기문, 유응호, 이희승, 방종현方鍾鉉, 김선기金善琪, 이숭녕, 김수경 등은 조선언어학회를 창설한다. 창립 주체들 대부분이 국어문화보급회에 참여한 인물이라는 점에서, 조선언어학회 또한 조선어학회와 대립적인 구도를 형성했다고 볼 수 있다. 우리말에 대한 과학적 연구를 주창했던 조선언어학회의 결성은 어문민족주의에 기반 한 국어학을 극복하고자 하는 당시의 문제의식이 응축된 결과라 할 수 있다.

> 조선언어학계의 유지 제씨가 중심이 되어 조선언어학회를 창설하고 조선언어학의 연구 발달과 아울러 조선언어의 과학적 지식보급을 꾀하기로 되었는데 동 회에서는 그 사업의 하나로서 제1회 학보 『言語』를 5월중에 간행 예정이다.[12]

현재 국어학사에서 이 학회를 제대로 소개하고 있지 않은 것은 이 학회가 창립 이후 제대로 된 활동을 못했기 때문으로 보인다. 신문에 소개된 학회지 『언어』는 발간되지 않았고 학회 활동 등과 관련한 자료는 남아 있지 않

---

12 『서울신문』, 1946. 4. 21.

다. 이러한 사정에 이르게 된 건 이 학회의 문제의식이 당대 국어학계의 주류적 문제의식에서 벗어났기 때문이라고 볼 수 있다. 그러나 조선언어학회가 조선어학회와 차별적인 활동 영역을 구축했다는 사실은 국어학술운동사에서 특기할 필요가 있다. 이는 근대적 학술 운동 단체로 국어 정립 운동에 관여했던 조선어학회와는 차원이 다른 현대적 의미의 학회 탄생을 예고하는 것이기 때문이다.

시대적 제약으로 좌절된 조선언어학회의 운명은, 이 학회의 창립을 주도했던 유응호의 학문 인생을 압축적으로 보여 준다. 월북 이후 유응호는 김일성대 어문학부 교수가 되었지만 북한 국어학의 성립 과정에서 별다른 역할을 하지 못한 것으로 보인다. 북한 국어학계는 이극로李克魯, 김병제金炳濟, 정열모鄭烈模, 유열柳烈 등 조선어학회 출신 학자들이 주도하고 있었고, 유응호는 이 가운데에서 자신의 위상을 확고히 하지 못했던 것이다. 1955년 마르 이론의 비판과 함께 그의 역사주의가 부각될 수 있는 기회를 맞이했지만, 1950년대 말 정치적 격변의 시기를 넘기지 못하고 좌절하고 만다. 1950년대 말 숙청된 후 10년 만에 영어과 교수로 복권되었지만, 국어학에 발을 들여놓을 여지조차 없게 되었다.

이는 해방 이후 남북 국어학계가 조선어학회를 중심으로 구축된 데 따른 결과라 할 수 있다. 남한 국어학계의 경우 조선언어학회에서 활동했던 인물들이 서울대 국어국문학과를 중심으로 뿌리를 내릴 수 있었지만, 북한 국어학계에서는 이들이 활동할 수 있는 자리가 없었다. 홍기문은 월북 이후 고어 연구로 선회하면서 자신의 길을 찾을 수 있었지만, 유응호는 정치적으로도 불운했을 뿐만 아니라 학문적으로도 자신의 길을 찾지 못하고 좌절한 것이다.

어문학자의 계보

위의 사항들을 고려해 본다면 해방 이후 활동했던 어문학자들의 계보를 아래와 같이 구성해 볼 수 있을 것이다.

【 해방 공간에서 활동한 어문학자 계보 】

구분	민족주의 어문학자	마르크스주의 어문학자	실증주의 어문학자
조선어학회 관련 인물	최현배, 이극로, 김윤경, (이병기)[13]	김두봉[14] (북한)	김선기
조선학술원 및 국어문화보급회 관련 인물	양주동(조선학술원), 이병기(조선학술원)	홍기문, 유응호, 김수경, 신남철, 김태준	이희승, 이숭녕, 방종현

위의 계보에서 주목할 점은 두 가지이다. 첫째, 학계에서 활동하는 강단 마르크스주의자들이 대부분 한자 폐지에 반대했고, 이를 계기로 마르크스주의자와 실증주의자들의 연합이 공고해졌다는 점이다. 둘째, 일제강점기에 조선어학회의 어문 규범화 사업에 우호적이었던 마르크스주의자와 실증주의자들이 침묵하거나 조선어학회에 비판적인 입장으로 돌아섰다는 점이다. 임화林和와 이희승의 경우가 대표적이다.

이처럼 마르크스주의자들과 실증주의자들의 연합에 일부 민족주의 어문

---

13 이병기는 조선어학회에서 활동한 인물이지만, 해방 이후 조선문학가동맹을 주 활동 무대로 하면서 조선어학회와의 관계가 소원해진 면이 있다. 그는 한자 문제와 관련해서도 중립적 입장을 견지했는데, 필요한 경우에는 한자를 쓸 수 있다는 것이 그의 입장이었다.

14 김두봉은 1930년대부터 일제와의 투쟁 방법을 무장투쟁으로 전환하는데, 이 과정에서 사상적 변화를 겪은 것으로 보인다. 해방 이후 북한 정권의 한 축을 이룬 점, 그리고 김수경이 김두봉 탄생 60주년을 기념한 논문(김수경, 『조선어 학자로서의 김 두봉 선생』, 『조선어연구』 1-3, 1949)에서 김두봉을 마르크스·레닌주의의 관점에 충실한 사상가로 표현하고 그의 이론을 마르의 언어이론에 부합하는 것으로 찬양하는 것 등을 종합해 보면 그를 마르크스주의 어문학자로 자리매김할 수 있을 것이다.

학자들이 가세하면서 학계에서는 어문민족주의가 힘을 잃는 상황이 되었다. 그러나 조선어학회가 어문교육을 장악한 상태였고, 당시 한자 폐지 정책이 교육 부문에 집중적으로 적용되었음을 감안할 때, 국어문화보급회의 활동은 대중과 괴리되었을 가능성이 높다.[15] 더구나 당시의 문맹률을 고려할 때 한자 폐지에 반대하는 것은 기층 민중의 입장을 고려하지 않은 선택으로 볼 수 있다는 점에서 비판의 소지도 안고 있었다.

이러한 한계 상황에서 조선학술원, 국어문화보급회, 조선언어학회 등의 활동은 남북한 모두에서 유의미한 성과를 내지 못하고 역사에서 사라지게 된다. 특히 조선학술원과 국어문화보급회에서 활동했던 홍기문, 유응호, 김태준, 김수경 등이 대거 월북하여 북한의 어문학계에 편입했지만, 조선어학회 출신의 민족주의자들이 어문정책의 주도권을 잡은 상황에서 이들의 견해가 수용될 여지는 없었다. 북한에서는 이극로를 비롯한 조선어학회 출신 민족주의자들이 김두봉金枓奉 등 민족주의 성향의 마르크스주의자와 연합하여 한자 폐지와 국어순화 정책을 강력하게 추진했던 것이다.

결국 어문민족주의에 비판적이었던 인물들은 한자 폐지 및 국어순화 등과 관련하여 문제를 제기하며 국어 정립 활동에 적극적으로 관여했지만, 일제강점기 동안 이룬 조선어학회의 성과와 권위를 우선적으로 인정하자는 사회적 분위기를 반전시키지는 못했다. 특히 독립 국가를 준비하는 과정에서 절박하게 필요로 했던 것은 민족 정체성의 확립이었는데, 이러한 시대적 요구에 적합했던 언어관은 어문민족주의였고, 남북 국어학계 또한 이러한

---

15 미군정청 학무국 사회과에서 실시한 여론조사 결과(『동아일보』, 1946. 1. 11.)를 보면 한자 폐지 찬성이 72.5%였다. 미군정청이 실시한 여론조사이고 그 방법이 엄밀하지 못한 문제는 있지만 찬성 비율이 압도적인 것에서 이 당시 여론을 짐작할 수 있다.

시대적 요구에서 자유로울 수 없었던 것이다.

그러나 남한에서는 이후 실증주의 어문학자들을 중심으로 어문민족주의에 대한 비판이 지속적으로 제기된다. 특히 실증주의 어문학자들이 학계에 뿌리를 내리면서 학교문법 문제와 관련하여 어문민족주의자와 실증주의자의 논쟁은 치열한 양상을 띠게 된다. 이런 점에서 보면, 사회주의 체제하에서 성장한 북한 국어학계가 남한보다 민족주의 성향을 강하게 띠게 된 원인은 어문민족주의자들과 길항할 수 있는 세력이 성장할 수 없었던 상황에서 찾을 수 있을 것이다.

1.3. 국어 회복의 논리와 한자의 문제

역사적으로 한자 문제는 바람직한 국어생활을 계획하는 차원에서 지속적으로 제기되었다. 근대에는 초기 언문일치의 실현을 위해서는 국한문 글쓰기를 지양해야 한다는 점에서, 해방 이후에는 국어 정체성을 회복해야 한다는 점에서 한자 문제는 지속적으로 논란의 대상이 되었던 것이다.

민중화한 용어와 한자의 관계

앞서 신명균申明均의 주장을 소개하면서, 문자의 정리문제, 즉 한글 전용, 표기법, 문자개혁 문제에 집중하던 한글운동이 말의 민중화 문제를 고민하게 된 것은 한글운동이 새로운 단계에 진입했음을 보여 주는 대목이라고 평가한 바 있다. 그런데 한자폐지론이 문체의 문제에 주목하면서 '민중화한 용어'가 무엇인지에 대한 논쟁도 함께 싹트게 되었다. 한자어의 위상 문제에 대한 논의가 깊어지게 된 것이다. 이와 관련해서 살펴봐야 하는 것이 한자어에 대한 김태준의 생각이다.

> 그들은 항상 어학을 [말갈]이라 하고 품사를 분류하면 반다시 임씨(名詞), 움씨(動詞)…라고 하고 홀소리, 닿소리, 씨끝바꿈(語尾變化)이라고 말하여 말소리(馬聲)인지 닭소리(鷄聲)인지 구별할 수 없게 맨든다. 주의注意는 [잡이]라고 하고 통지通知를 [두루알이]라고 한다. 그리하야 신숙어新熟語를 창작하여 내는 어른들이다. (중략) 우리는 명사나 동사라고 하면 금후 이중교육(일어, 영어를 배운 후에 조선어 문법을 배움)을 받는 아동 청년은 모다 명사와 동사라는 말은 무슨 개념을 표현하는 단어라는 것을 넉넉히 알 것인데 어째서 [움씨 임씨]라는 말을 맨드느냐. 그들은 말호되 명사와 동사는 조선말이 아니라고 한다. 그러면 [名詞=명사 動詞=동사]는 어느 나라 말이드냐. 중국어냐? –아니다 中語로는 [밍쓰 둥쓰]라고 할 터이다. 日語이냐? –아니다 [메이시 도–시]라고 할 것이다. 그뿐 아니라 움씨 임씨 말갈…등의 말은 발음이 군색하여 자연도태로서 금일에 이른 현용 조선어와는 거리가 멀고 인위적 부자연한 느낌을 준다.[16]

한글전용주의자에 대한 김태준의 비판은 한자어를 전환하는 문제를 향하고 있다. '명사=名詞'는 우리말이기 때문에 이를 어색한 '임씨'로 바꿀 필요가 없다는 것이다. 한자 폐지 문제가 언어 정화 문제와 연결되어 있었다는 점에서 김태준의 견해는 언어 정화 운동의 문제를 지적한 것이다. 김태준과 같은 마르크스주의자들이 한자에 대해 갖는 견해는 앞 장에서 살핀 바와 같이 다층적이라고 볼 수 있는데, 그 스펙트럼은 한글 전용, 한자 혼용 가능, 한자어의 수용과 한자 폐지 등에 걸쳐 있다.

해방 이후 국어 회복 시기에 이 문제가 어문정책의 최대 화두로 떠올랐을 때, 한자 폐지와 언어 정화는 동전의 양면과 같은 것이었고, 독립국가 수립

---

16 김태준, 한글 철자에 대한 신이론新異論 검토– 연구자적 태도에서, 『동광』 제32호, 1932.

이라는 시대적 과제에 직면하면서 민족 정체성을 강조하는 한자폐지론이 대세를 이루었다. 그러나 국수주의에 대한 우려는 한자 문제에서 한자 폐지와 언어 정화를 반대하는 경향으로 나타나기도 했다. 여기에는 국어 생활에서 한자가 여전히 효용성이 있고, "민중화한 용어가 고유어일 필요는 없다"는 문제의식이 깔려 있었다. 이러한 문제의식은 점진적 한자폐지론과 한자제한론으로 구체화되었다.

점진적 한자폐지론과 한자제한론

조선어학회의 핵심 인물이자 미군정청 문교부 편수국장이던 최현배는 한자 폐지와 한자어의 고유어화를 주장했다. 한자어의 고유어화는 주시경에서부터 끊임없이 시도된 것이었다는 점에서, 최현배의 주장은 한자 문제에 대한 조선어학회의 태도를 보여 주는 것으로 이해할 수도 있다. 이런 점에서 조선어학회 중진이었던 정태진丁泰鎭(1903~1952)의 논의에 주목할 필요가 있다. 정태진은 한자 전폐가 아닌 점진적 한자 폐지를 주장했는데, 그가 내세운 것은 한자 문제에 과학적으로 접근하자는 것이었다.

1. 한자폐지가 그르다 하는가? 그러면 그것이 어째서 그르냐?
2. 한자폐지가 옳다 하는가? 그러면 그것을 어떠한 방법으로 실행할 것이냐?
   나의 생각과 조금이라도 다른 생각을 가진 자는 무조건하고 나쁘다고 생각하는 그러한 태도는, 모든 과학의 적이요 문화의 원수이다. 우리는 모름지기 양편의 이론을 끝까지 냉정하게 듣고, 이것을 엄정하게 비판한 다음에, 그 실행을 위하여 철저하게 노력하여야 될 것이다.[17]

---

17 정태진, 『한자 안쓰기 문제』, 1946.

정태진은 한자 폐지 반대 주장의 근거와 한자 폐지 주장의 근거를 비교하면서 해결 방안을 모색하는데, 그는 두 주장에 양비론적兩非論的으로 접근하기보다는 한자의 비능률성을 전제한 상태에서 한자 폐지에 대한 현실적인 방안을 모색하는 태도를 취한다. 그는 자신의 논의를 '점진적 폐지론(임시제한론)'으로 규정하면서 일곱 가지 방안을 제시하는데, 그가 제시한 방안을 간추리면 다음과 같다.

첫째, 한자를 제한하는 데에는 시기적 제한이 필요하다. 둘째, 한자 남용을 금하면서 사용범위를 점진적으로 제한하여 나간다. 셋째, 한자어로 인하여 생겨난 이중어(예: 石橋/돌다리, 靑天/하늘, 時時/때때로, 梅花/꽃 등)를 폐지한다. 넷째, 쓸 수 있는 한자의 자수를 제한한다. 다섯째, 자획字劃이 많은 한자를 약자略字로 쓰는 것을 장려한다. 여섯째, 우리말에 동의어가 있는 한자어(예: 달팽이/蝸牛, 범/虎狼, 콩/大豆, 밀/小麥 등)의 사용을 제한한다. 일곱째, 일본식 한자어를 폐지한다.

정태진은 이 일곱 가지 방안을 제시하면서, 한자 문제의 해결이 국어 재건과 신문화 건설의 토대가 됨을 강조했다. 그러나 국어의 재건이 한자 폐지와 언어 정화에 있음을 강조하는 상황이었음을 감안할 때, 그가 제시한 방안이 조선어학회 내에서 활발하게 토론되기는 어려웠을 것으로 짐작된다. 정태진의 견해와 일정 부분 상통하는 김기림조차 한자 문제로 최현배와 대립했던 점을 보면, 정태진의 『漢字 안쓰기 問題』는 조선어학회에 파장을 불러일으켰을 가능성이 높다.[18] 더욱이 이 책이 출판된 1946년은 한자 문제

---

18 정태진은 이 책의 본문에 한자를 섞어 쓴 것을 의식했음인지 부기附記에 "이 글에 한자를 많이 쓴 데 대하여 혹 책망하실 이가 없지 아니할 줄로 생각하는 바입니다. 그러나 이 글을 읽으신 분은 다음의 세 가지 점을 양해하여 주시기를 바랍니다"라고 언급하면서, 자신이 한자의 점진적 폐지를 주장한다는 점, 이 글이 학생이나 일반 대중을 상대로 쓴 것이 아니라는 점, 한자에

로 인한 대립이 극에 달했던 시기였다.

정태진이 점진적 폐지론의 기조를 제시했다면, 김기림은 정태진과 다른 관점에서 점진적 폐지를 위한 구체적인 실현 방안을 제안했다. 김기림의 핵심적 주장은 한자어에도 여러 층이 있고, 이러한 층을 전제한 상태에서 한자 문제에 접근해야 한다는 것이다. 당시 한자 문제가 교과서 편찬과 직접적으로 관련되어 있었다는 점에서, 김기림은 초등학교 각 과 교과서에 나온 한자어를 등급화하여 제시하는데, 이는 한자 폐지의 실현 방안으로는 가장 구체화된 것이다.

> **당시 초등학교 각 과 교과서에 나온 어휘의 등급화**[19]
>
> 1급: 대중의 생활과 긴밀한 관계가 있어서 그들의 필요와 구미에 들어맞아서 아주 그들의 어휘 속에 뒤섞여서 자연스럽게 나타나는 한자어(가족, 각각, 각기, 간절히, 결단하다, 객지, 금광 등)
>
> 2급: 다소 교양을 쌓은 사람들의 대화와 연설 등에 나오기도 하나 특히 특수한 전문 방면이나 학술 관계가 아닌 일반 신문, 잡지, 출판물 등 글에 자주 나오는 한자어(가공한다, 가맹, 가정, 감흥, 개인, 개정, 경영, 결식 등)
>
> 3급: 일반 대화에서는 거의 나타나지 않는 특수한 전문어나 학술상 용어로 쓰이는 한자어(가내공업, 각도기角度器, 각추角錐, 공약수公約數, 기호記號, 북서풍, 북반구, 공업, 임야林野 등)

위에서 3급에 해당하는 한자어의 예에서 김기림이 한자를 특별히 병기한 것은 이채롭다. 이는 3급 한자어의 경우 전문어에 해당하기 때문에 한자를 병기하는 단계를 거칠 수 있다는 것이 김기림의 의견임을 말해 준다. 이처

애착이 있는 사람들에게 참고 자료로 제공한다는 점 등을 밝히고 있다.

19 김기림, 『문장론신강』, 1950.

럼 점진적 한자폐지론자였던 김기림은 전면적 한자 폐지를 주장한 최현배
와 대립했지만 한자 폐지 반대론에도 거리를 두었다.

　　일찍이 이숭녕씨도 지적하듯 가령 같은 [사기]면서도, 土氣인지 砂器인지 또는 邪
　　氣인지 史記인지 한자를 안본다면 분간해 내기 어렵다는 걱정을 한 일이 있었다.(이숭
　　녕씨가 든 예는 [소화관] 消化管 消火管 昭和館-이었다) 그렇다. 동음어는 사실 의미
　　를 해석하는 데 있어서 혼란을 가져오기 쉬운 것도 사실이나 이숭녕씨가 생각하듯 그
　　렇게 야단스러운 혼란은 아닐 것 같다. 왜 그러냐 하면 앞의 [사기]에서 보듯 砂器와 史
　　記 사이에 음만 듣고 혼란을 일으키는 것은 옆집 할머니가 아니라 뒷집 동양역사 선생
　　님이며, 그것들과 土氣 사이에 귀의 혼란이 생기는 것은 역시 보통 사람이 아니고 군대
　　관계의 인사일 것이며 邪氣하고 혼란을 일으키는 일은 엔간히 정신에 한문과 일본말
　　찌꺼기가 남아 있는 사람이 아니면 없을 일이다. 또 불행히 그 모든 지나친 지식에 멀
　　미가 날 지경인 사람일찌라도 다행히 그런 말이 어디 허망공중에 떨어지는 게 아니라
　　실상은 언제든지 일정한 문맥文脈 속에 나타나는 까닭에.[20]

김기림은 "이 혼란스러운 동음어는 도리어 한문과 한자에서 온 악한 열매
인 것이다. 그러나 그것은 매우 불행하고도 떳떳하지 못한 사생아들인 것이
다"[21]라고 동음어의 문제를 지적하면서도 이러한 동음어 중 문맥으로 해결
할 수 있는 것이 많다는 점을 지적하며 한자혼용론의 주장에 쐐기를 박는다.
　김기림에게 중요한 것은 한자어가 민중의 말에 들어와 뿌리를 박는 것이
었다. 김기림은 한자어가 민중어로 뿌리박는 과정을 사회적 측면과 언어 계
층적 측면으로 나누어 설명했다. 즉, 한자어는 사회적으로 볼 때 특권적 상
류계급으로부터 차츰 민중에게로, 즉 위로부터 아래로의 운동을 하며 전파

20　김기림, 『문장론신강』, 1950, 344~345쪽.
21　김기림, 『문장론신강』, 1950, 346쪽.

되며, 언어상의 계층으로서는 학술어나 전문어로부터 문어文語로, 문어에서 구어口語로의 길을 거쳐 차츰 국어 속에 융화되는 과정을 거쳐야 한다고 본 것이다. 이렇게 되면 학술어나 전문어 같은 제3급의 한자어와 문어로서 상층계급의 대화에 등장하는 제2급의 한자어는 차츰 제1급의 한자어, 즉 민중의 구어로 뒤바뀌게 되는 것이다. 이것을 김기림은 한자어의 하향운동, 일반화운동이라 불렀다.

그의 진단에 따르면, 한자어의 일반화운동은 한말韓末까지 완만하게 이루어지다가 일제강점기에는 억눌려 있다가 해방 이후에 자유로운 궤도에 올랐다. 이때 한자어의 자연스러운 발전은 한자어가 우리말에서 자연스럽게 쓰이는 것을 말한다. 자연스럽게 구어에 융합된 한자어에서 한자의 탈을 벗겨 준다면 한자는 자연스럽게 사라질 것으로 본 것이다.

이러한 점진적 한자폐지론은 지식인 사회에서 지지를 얻었다. 김기림의 점진적 한자폐지론은 전면적 한자폐지론뿐만 아니라 한자제한론의 문제를 극복하는 대안으로서 각광을 받았다. 한자제한론은 일본의 한자 정책이었는데, 당시 전면적 한자폐지론에 대항하는 논리로 제기된 것이었다. 그런데 한자제한론은 표면적으로만 단계론일 뿐 결국은 한자를 영원히 우리말에 고착시키는 것으로 이해될 수 있었기 때문에, 한자폐지론자와의 타협은 불가능했다. 한자제한론은 1970년대 상용한자 제정으로 이어졌지만, 일상생활에서의 한자 사용을 상용한자로 제한하는 데까지는 이르지 못했다.

한자 문제와 관련한 논쟁은 북한의 경우에도 비슷한 양상으로 전개되었다.[22] 이 중 눈에 띄는 것은 박상준이 제안한 한자제한론[23]이다. 박상준은

---

22 북한의 한자 논쟁과 관련한 논의는 고영진(2012)을 참조할 수 있다.
23 박상준, 한'자어와 한'자의 정리에 대하여, 『조선어 연구』 1-3, 1949.

한자어이지만 '한자의 해석이 필요 없는 한자어(인명, 지명, 동식물명 등)', '일상화된 한자어(문, 방, 병, 학교 등)', '조선어로 대체해야 할 한자어(處處→곳곳, 家家→집집)' 등을 구분하면서, 이러한 세 가지 유형 이외의 한자어에서는 한자를 제한적으로 쓸 것을 제안한다. 이때 한자를 제한적으로 써야 할 한자어로는 '한자가 없으면 그 뜻을 알 수 없는 말(가연물可燃物, 감전感電)', '한자를 알면 더 쉽게 이해할 수 있는 말(인심人心)', '현실 지식층의 능률을 올리기 위해 필요한 한자' 등을 들고 있다. 박상준은 자신의 한자제한론이 과도기적인 것임을 강조하지만, "과거의 현상을 모두 정당화하면서 미래를 고식적으로 개량하려는 수법"이라는 비판[24]에 직면하게 된다. 박상준의 한자제한론은 결국 한자교육과 국어교육을 불가분의 관계로 보기 때문에 북한 언어정책에 수용될 수 없었던 것이다. 한자 폐지를 반제반봉건민주주의혁명으로 설정한 이상, 이는 즉시 전폐해야 할 대상이지 제한적으로 사용할 것은 아니었다.

　그러나 한자를 써야 하는 텍스트가 일시적으로 없어진 것은 아니었기 때문에, 한자폐지론은 한자를 써야 하는 텍스트의 존재를 예외적 존재로 보고 한자제한론을 배척한 것이라고 할 수 있다. 결국 한자 폐지가 성공하기 위해서는 문체의 혁신이 뒤따라야만 했고, 이는 단시일 내에 이루어질 수 없는 문제였다. 1958년 김수경이 한자 폐지와 관련해 문체의 문제를 거론함은, 북한 당국이 정책적 단계로서 한자의 제한적 사용 단계를 가정하지 않았을 뿐이지 전면적 한자 폐지의 문제를 해결하기 위해 지속적으로 노력하고 있음을 말해 준다.

24　리익환, 학술 용어 통일 방법론, 『조선어 연구』 2-2, 1950

조선 인민은 한'자를 대신할 수 있는 고유의 글'자만 가지고 있었던 것이 아니라, 바로 이 글'자를 토대로 하는 고유의 문체까지도 이미 오래 전부터 만들고 다듬어 왔던 것이다. (중략) 동음이의어가 있을 경우 이를 피하기 위하여 고유 조선 어휘 또는 한'자 어휘로 된 동의어를 대신 사용할 수 있기 때문이다. (중략) 이리하여 공화국 북반부에서는 당의 적절한 지도와 조선어가 가지고 있는 유리한 조건으로 말미암아 1949년 3월까지에는 문맹 퇴치가 기본적으로 완료되고 동시에 신문, 잡지, 단행본 등 일체의 출판물에서(일부의 고전에 관계되는 력사적 및 과학적 연구 서적을 제외하고) 한'자를 쓰지 않고 순 조선글만 쓰게 되었다. 한'자를 폐지한다는 것은 바로 한'자 어휘를 없애 버린다는 것을 의미하지 않는다. 다만 인민적 기초를 가지지 않은 한'자 어휘, 조선어답지 않은 알기 어려운 문체들만이 배격될 것이다.[25]

김수경의 주장에서 주목할 점은 한자 폐지를 문체적 측면에서 고민할 필요가 있다는 점을 강조하고 있는 것이다. "인민적 기초를 가지지 않은 한'자 어휘, 조선어답지 않은 알기 어려운 문체"를 배격하자고 한 것은 박상준이 한자를 제한적으로 써야 할 어휘로 지적한 '가연물可燃物, 감전感電' 등을 쓰지 말자는 것으로 볼 수 있고, 한자어 동음이의어 문제를 해결하기 위해 동의어를 활용한다는 것은 어렵고 잘 쓰이지 않는 한자어는 고유어로 바꾸거나 잘 쓰이는 같은 뜻의 한자어로 바꾸자는 것이다.[26] 이를 실현하는 것은 곧 문체를 혁신하는 것이다. 그런데 문체의 혁신을 한자어를 없애는 문제와 분명하게 선을 긋고 있음은 주목할 부분이다. 김태준이 비판한 한글전용주의자들의 문제점, 즉 '학교'를 '배움터'로 '비행기'를 '날틀'로 바꾸는 것의 문제점을 김수경도 분명히 지적하면서 한자 폐지의 의미를 밝히고 있는 것이다.

---

25 김수경, 공화국 북반부에서는 어찌하여 한'자를 폐지할 수 있었는가?, 『말과글』 1, 1958.
26 앞서 박상준의 한자제한론을 비판한 리익환도 이와 같은 관점에서 한자 폐지에 따른 대안을 제시하는데, '가용물可溶物'에 대응할 말로 '용해성 물질', '녹는 물질', '녹은 물질'들을 제안한다.

결국 전면적 한자 폐지를 주장하건, 점진적 한자 폐지를 주장하건 궁극적으로 지향하는 것은 한자가 없이도 자연스럽게 소통할 수 있는 언어 환경을 조성하는 것이다. 그리고 이러한 언어 환경의 조성은 일시적인 조치로 이루어질 수 없는 것임을 알 수 있다. 그렇다면 해방 직후의 전면적 한자 폐지 정책은 실질적 효과를 거두기 위한 정책이라기보다는 일제로부터의 완전 독립 혹은 사회주의 혁명의 완성을 과시하기 위한 상징적 정책으로서의 의미가 더 컸다고 볼 수 있다. 1960년대 초반 말다듬기운동이 진행되면서 이와 관련한 실천적 모색이 본격화될 수 있었다.

해외 한국인 공동체에서의 한자 문제

사회주의 국가에 정착한 한국인들의 자치 공동체, 즉 소련의 소수민족으로 정착한 고려인, 중국의 소수민족으로 정착한 조선족 공동체에서도 한자 문제는 논란거리가 되었다. 사회주의 혁명이 무산자無產者들을 위한 국가를 수립하는 것을 명분으로 세웠기 때문에, 사회주의 국가의 문화정책 역시 무산자들을 위한 정책을 지향했다. 이는 고려인 공동체와 조선족 공동체에서도 마찬가지였다. 따라서 사회주의적 문화정책이 한자 문제를 지나칠 수는 없었다. 이는 치열한 논쟁으로 번졌는데, 논쟁은 한자의 역할에 대한 관점의 차이에서 비롯되었다.

고려인 공동체의 경우

> 그것(한문)이 우리 동양에 있어 폐지 선고를 받은지 벌서 오랏습니다. 그러나 아직까지는 어느 나라에서던지 폐지 못하엿나니, 그것은 한문 그 물건이 스사로 폐지되지 아니하는 까닭이옵니다. 그 까닭은 몇 千년 동안 긔록하여온, 그 무수한 서적, 다시 말하면, 녯 살음의 경험을 담아놓은 훌능한 동양의 역사뎍 문명을 할흐아츰에 다 없이 할 수는 없습니다.[27]

게봉우桂奉瑀가 거론하고 있는 '리괄'과 같은 한문폐지론자들은 한자를 착취 계급의 문자로 이해했고, 이를 폐지하는 것이 무산자의 사회주의 문화를 건설하는 첩경이라고 생각했다. 그런 점에서 보면 게봉우는 전통을 존중하는 태도를 보인다. 사회주의 문화 건설 역시 전통을 존중하지 않을 수 없다는 점을 밝힌 것이다. 이는 앞서 살폈던 한자제한론과 같은 관점이다.

　사회주의 국가가 자리를 잡는 과정에서 공통적으로 나타나던 좌편향적 정책은 언어 문제에서도 노골적으로 드러난다. 이때 좌편향 정책의 핵심은 무산자 중심주의와 국제주의로 요약할 수 있다. 특히 국제주의는 민족적 정체성을 부정하고 민족주의적 요소를 배척하는 것으로 드러나는데, 이를 가장 상징적으로 보여 주는 주장이 '고려글 라텐화'이다. 고려글을 라틴문자로 하자는 주장은 쉬우면서도 국제적인 문자를 사용하자는 취지였기 때문에, 한자폐지론과 일정 부분 연대할 수 있는 고리가 있었다. 이런 상황에서 게봉우의 한자제한론은 양쪽으로부터 공격을 받는 처지가 되었다. 한자는 소련 문화로의 융화를 막는 가장 큰 걸림돌이었으며, 민족주의적인 관점에서도 부정당할 소지가 있었다. 따라서 한자제한론은 살아남기 어려운 주장이었다. 그렇다면 사회주의자 게봉우는 왜 한자제한론을 주장할 수밖에 없었을까?

　게봉우는 어쩌면 빠르게 러시아어로 동화되는 우리말을 유지하는 방안 중 하나가 전통을 존중하는 분위기를 만드는 것이고, 이를 위해서는 한자 문화를 제한적으로 유지시키는 것이 유리하다는 판단을 했을 수도 있다. 게봉우가 이를 명시적으로 밝히지는 않았지만, 중국 조선족의 상황과 대비시켜 보면 그의 선택을 이해할 수 있을 것이다. 이는 한자 폐지, 한글 전용의 관점이 공동체가 처한 상황에 따라 다양하게 전개될 수밖에 없음을 말해 준다.

---

27 게봉우, 리괄 동무의 한문폐지론을 넑고서, 『선봉』, 1928. 8. 10.

조선족 공동체의 경우

중국 정부 수립 이후 조선족 자치주를 이룬 조선족 공동체에서는 독자적으로 한글전용정책을 추진하게 되었다. 조선족 공동체의 어문정책이 북한의 어문정책을 그대로 따르는 상황에서 이는 자연스러운 흐름이었다. 조선족 자치주에서는 1953년부터 모든 출판물에서 한자 혼용이 전면 폐지되어 한글 전용이 이루어졌는데, 이러한 한글전용정책이 지금까지 이어지는 것은 중국 정부가 조선족 언어문자 정책을 북한의 언어문자 정책에 맞춰 나가기로 한 정책 기조를 유지한 데 힘입은 바 크다. 그런데 1950년대 말부터 시작하여 문화혁명 기간 내내 조선족 자치주의 어문정책에서 한자 혼용과 한글의 로마자화 정책이 제기되었다. 이러한 문제제기가 좌편향적 정책이 추진되던 1960년대 초에 급격하게 제기되었다는 것은 주목할 필요가 있다.

1958~1959년 사이 일어난 정풍 운동이 지방 민족주의를 반대하는 경향을 띠면서, 이 당시 조선어의 순결화 운동과 한자 폐지 주장은 지방 민족주의로 치부되었다.[28] 지방 민족주의를 배격하는 분위기에서 언어적 동화정책에 대한 요구가 강해졌고, 1961년에 연변어문연구회 준비위원회는 사회조사 결과를 바탕으로 "한자를 회복해 쓰자는 의견이 우세"라는 결론을 내리기에 이른다.

좌편향적 언어정책의 방향이 소련의 고려인 자치공동체의 경우와 중국 조선족 자치공동체의 경우 '한자 문제'에 있어 전혀 다른 결론을 내리고 있음을 주목할 필요가 있다. 이는 러시아어나 중국어와 같은 국가의 주류 언

---

28 이에 대해서는 "김기종, 중국, 조선, 한국에서의 조선문자전용정책과 조한문자 혼용, 병용정책의 략사, 『조선어연구』 4(연변언어연구소 편), 2004"를 참조할 수 있다.

어와 조화하는 것을 중시하는 것이 좌편향적 언어정책의 기조였음을 말해 준다. 러시아어와의 조화에는 한자가 가장 큰 걸림돌이었지만, 중국어와의 조화에는 한자가 중요한 매개체였던 것이다. 그러나 좌편향 정책이 심화되고 국제주의적 기조가 부각되면서 고려인과 조선족 공동체에서는 공통적으로 한글의 로마자화에 대한 주장이 나타나게 된다.

이런 상황에서 민족주의적 성향을 지닌 사회주의자들의 선택은 두 방향으로 나뉘게 된다. 소련의 경우 러시아 문자와의 조화를 중시하며 한글 전용에 찬성하여 이에 동조하기도 하지만, 계봉우의 경우처럼 동양적 전통을 존중하고 민족문화의 전승을 강조하면서 한자제한론을 주장하는 민족주의자들이 출현한다.

중국의 경우 중국 한어와의 조화를 중시하여 제기된 한자 혼용 및 병용론은 문화혁명이 종식되면서 자연히 사라지게 된다. 현재 조선족 자치주의 어문정책은 민족 정체성을 지키는 데 중점을 두고 있고, 이에 따라 한글 전용을 통해 중국 한어와 명확히 구별시키는 것을 중시한다. 이런 점을 볼 때, 계봉우는 한자를 통해 러시아어와의 구별을 명확히 하려 했을 것이라고 추론할 수 있을 것이다. 이는 해외 공동체에서의 한자 문제가 문자 자체의 효율성보다 문화적 헤게모니를 둘러싼 문제에서 비롯한 것임을 말해 준다.

또 1980년대 후반부터 시작된 중국의 개혁 개방 정책 이후 도심 집중화가 일어나면서 중국어 학습의 필요성이 강력히 대두되자 조선족 자치주에서도 잠시 한자 혼용 문제가 부각되었다는 사실은, 해외 공동체의 어문 문제가 현실적 요구에 따라 급변할 가능성이 상존한다는 것을 보여 준다.

2

규범 정립의 논리

해방 이후부터 1950년까지는 남북이 분단된 상태에서 각각 새로운 국어학을 모색하는 시기였지만, 규범의 확립과 사전의 편찬이라는 공동의 목표를 향해 나아가는 시기이기도 했다. 이러한 목표는 이전 시기의 연구를 마무리하는 의미를 띠고 있었다. 규범문법과 규범사전의 완성은 근대 국어학의 목표였다.

2.1. 국어사전의 편찬

일제강점기에 완성 단계에 이르렀던 사전 편찬 사업은 조선어학회사건 (1942)이 일어나면서 좌절된다. 사전 편찬자들은 수감되었고 사전 원고는 압수되었다. 국어 상용화 정책의 틈바구니에서 조선어의 규범화를 완수하고자 했던 노력이 물거품이 된 것이다. 일본의 식민지 통치 방식이 중일전쟁 이후 민족주의를 용인할 수 없을 정도로 파쇼화되면서, 합법적인 틀 내에서 민족 문화운동을 이끌어 가던 조선어학회가 탄압의 대상이 된 것이다. 조선총독부는 조선어사전 출간을 허용했던 1940년의 결정을 뒤집으면서 조선어사전 편찬 사업을 중단시켰다. 어쩌면 식민지 현실에서 조선어를 국어의 반열에 올려놓으려는 시도는 이미 실패가 예견된 일이었는지도 모른다.

이 때문에 조선어사전의 출판은 해방 이후에야 가능하게 되었다.[1] 그러나 식민지 일개 민족어의 사전과 독립국가의 국어사전은 그 위상과 규모가 달라질 수밖에 없었다. 현실 언어를 인정한다는 명분으로 포함된 많은 일본계 외래어가 삭제되었고, 민족정신을 상징하는 어휘라는 이유로 검열 대상이었던 어휘가 새로 포함되었다. 그리고 국어의 위상에 걸맞게 어휘를 확충하고 뜻풀이를 정교화하는 작업이 뒤따랐다. 이러한 변화를 간단히 요약하면 다음과 같다.

원고 상태인 '조선어사전'의 철자법은 『한글 마춤법 통일안』(1933)의 수정안(1937)에 따랐지만, 『큰 사전』의 철자법은 해방 후의 개정안(1946)에 따랐다. 이 때문에 표제어의 형태와 배열 순서를 조정하게 된다. 예를 들어, '비ㅅ소리'라는 표제어는 '빗소리'로 수정되었고, 형태의 변화로 표제어 배열 순서가 조정되었다. 문법 형태 표시는 한자어에서 고유어로 바뀌어, '명사'를 나타내는 '名'이 '이름씨'를 나타내는 '이'로 교체되는 것과 같은 변화가 있었다. 한편 독립국가 공용어 사전으로서의 면모를 갖추기 위한 내용 변화도 눈에 띈다. '태극기'라는 풀이가 "한국韓國 때의 국기"에서 "우리나라의 국기"로 바뀌었으며, 원고의 뜻풀이나 용례에 포함되었던 '천황天皇'이란

---

1 『큰 사전』의 출판 과정은 그야말로 극적인 것이었다. 해방이 된 후 일제 경찰에 빼앗겼던 사전 원고를 되찾는 과정은 더욱 드라마틱했다. 이에 대한 김병제의 회고를 보자.
  "이 사전의 원고는 조선어학회 사건의 증거물로 홍원에 가져갔던 것을 이른바 피고들이 고등법원에 상고하게 되므로 증거물만이 먼저 서울로 발송되었던 것인데 작년 9월 초순에 경성역 창고에서 이를 발견하게 되었던 것이다. 이 원고를 쉽사리 찾게 될 때 20여 년의 적공積功이 헛되이 돌아가지 않음은 신명神明의 도움이라 하지 않을 수 없으매 이 원고 상자의 뚜껑을 여는 이의 손은 떨리었다. 원고를 손에 드는 이의 눈에는 눈물이 어리었다. 그리하여 그 이튿날부터 …."(김병제, 조선어사전 편찬경과, 『자유신문』, 1946. 10. 9.)

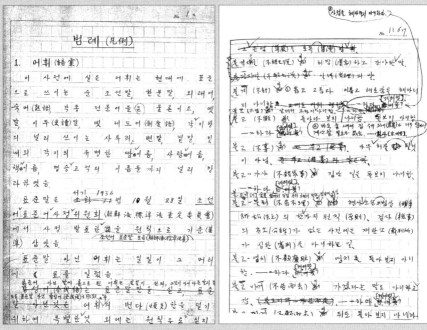

해방 이후 수정 작업이 이루어진 『큰 사전』 원고. 수정 작업은 정인승鄭寅承이 주도했고, 권승욱權承昱, 유제한柳濟漢, 이강로李江魯, 김민수金敏洙 등이 편찬원으로 참여했다.

단어는 '통치자'로 교체되었다.

그런데 사전의 내용을 보완하는 작업은 이전 사전의 원고를 수정하는 단계를 넘어 새로운 사전을 편찬하는 단계로까지 발전한 것으로 보인다. 세권으로 기획된 사전이 여섯 권으로 재기획되었고, 이는 수많은 후속 작업을 필요로 하는 일이었다. 그렇지만 국어 정립의 필요성에 대한 사회적 공감대가 형성된 데다가 해방 이후 불굴의 항일 단체로 추앙받은 조선어학회에 대한 민족적 기대가 어우러지면서, 사전 편찬 사업은 해방 공간의 어려운 상황에서도 민족의 지원과 지지에 힘입어 차근차근 진행될 수 있었다. 더구나 이념적 대립과 외세의 간섭으로 남북 분단이 고착화되려는 현실에서, 우리말 사전 편찬은 민족 통합의 당위성을 천명하는 사업이기도 했다.

해방 후 2년의 작업 끝에 1947년『조선말 큰 사전』(이하 큰 사전) 제1권이 세상에 나왔다. 어려운 시절이었지만 오로지 민족의 힘으로 사전 첫째 권을 만들어 냈다는 사실은 민족에 대한 자긍심을 한껏 높여 준 사건이었다. 그리고 민족에 대한 자긍심은 통일 민족국가 수립에 대한 자신감으로 이어졌다.『큰 사전』제1권 출간 기념식에서 전 참석자들이 재일 교포의 조선어 교육을 금지하는 일본 정부에 강력히 항의할 것을 결의한 것이나,『큰 사전』을 남북 제 정당 연석회의에 참석하는 대표단을 통해 북에 있는 동포들에게 보냄으로써 우리말 사전 출간의 기쁨을 함께하기로 결의한 것은 민족적 자긍심과 통일 민족국가 수립에 대한 자신감을 잘 보여 준다.

그러나 해방 정국의 혼란 속에서『큰 사전』제1권 출간 이후의 전개 상황은 그리 순탄하지 못했다. 전 민족의 후원에 힘입어 출간된 첫째 권과 달리 둘째 권부터는 미국 록펠러 재단의 지원으로 출간되었으며, 이것마저 전쟁과 정쟁政爭의 소용돌이에서 중단되었다가 이어지기를 몇 차례 반복했다. 그러나 무엇보다도 안타까웠던 것은,『큰 사전』둘째 권이 좌우 합작을 통한 통일 노력이 좌절된 후인 1949년에 남한 사전의 하나로 발행되었다는 사실이다.

남북한 단독정부가 수립되자 북한의 조선어문 연구 기관이었던 조선어문연구회에서 1948년 10월『조선말 사전』편찬에 착수했다. 조선어학회 대표였으며 조선어사전편찬회(1929) 결성을 주도했을 뿐만 아니라,『큰 사전』둘째 권의 편찬 과정에까지 관여했던 이극로李克魯는 1948년 월북 후 조선어문연구회의 대표로 새로운 사전 편찬 사업을 이끌게 된다. 이 사업은 전쟁으로 중단되지만, 북한은 전쟁이 끝난 직후『조선어 철자법』(1954)을 개정하고 이를 기준으로 한『조선어 소사전』(1956)을 발간한다.『큰 사전』이 완간되기 1년 전의 일이다.

해방 직후 사전 편찬에 종사했던 이극로(편찬원 겸 간사장), 김병제金炳齊(편찬원 겸 간사), 유열柳烈(편찬원) 등이 월북한 후, 남한의 사전 편찬 사업은 편찬 주무 겸 간사였던 정인승鄭寅承(1897~1986)의 주도로 진행되었고, 조선어학회를 개명한 한글학회가 그 후원을 맡았다.[2] 정인승의 주도로 1957년『큰사전』제6권이 완간되자, 북한은 5년 후인 1962년 김병제의 주도로『조선말 사전』제6권을 완간한다. 그러나 남북한의 대사전에는 서로 다른 규범이 적용됨으로써, 사전의 완성 시점은 남북 언어 이질화의 출발 시점이 되었다.『큰 사전』이 완간된 후 남한에서는 수많은 사전이 출판되었지만 이는 모두『큰 사전』을 젖줄로 하고 있었고, 북한의 사전 또한『조선말 사전』을 토대로 발전했기 때문이다.

2.2. 언어개조론의 좌절

언어정책 기관이 언어의 발전 방향을 정해 놓았다면 규범 정립을 위한 정책은 관습보다는 발전 방향을 의식할 수밖에 없다. 해방 이후 진행된 국어 정립 활동에는 한국어의 발전 방향을 의식하며 언어 개조를 도모하려는 징조가 나타났다. 그런데 그러한 언어개조론이 국어정책의 최고 책임자였던 최현배崔鉉培의 논리였다는 점에서 파장은 컸다. 그러나 현실을 거스른 언어 개조가 성공할 수는 없었다. 외래어 표기법과 풀어쓰기 정책은 언어개조

---

2 제3권부터는『조선말 큰 사전』이란 제목이『한글학회 지은 큰 사전』으로 바뀐다. 이에 따라 이 사전은『큰 사전』으로 불리게 되었다.

론의 문제를 잘 보여 주는 사례이다.

외래어 표기법

외국과 교류하며 들어온 말들을 어떻게 적을 것인가는 조선이 근대적 개혁을 시작하면서부터 고민하던 문제였다. 그 고민의 핵심은 "외래어를 원음대로 적을 것인가" 아니면 "우리의 발음습관을 고려하여 적을 것인가"였다. 이후 "외래어는 우리말화한 외국어"라는 인식에 도달하기까지 수십 년의 시간이 필요했다. "원음을 중심으로 하되 국어의 말소리와 글자 체계에 맞게 적는다"는 외래어 표기법의 원칙은 이러한 인식의 결과물이다.

> 외래어가 우리말에 들어오는 때에는 우리화를 하는 것이 옳다. 이것은 어느 민족의 말에나 외래어를 자기화自己化하는 것이 원측이 되어 있다. 예를 들면, 중국사람은 아라사라고 쓰는 것을 「아국」이라고 쓰며, 일본사람은 「로서아」라고 쓰는 것을 「로국」이라고 쓴다. 일본을 영국사람은 「째팬」이라 하고, 독일사람은 「야판」이라 한다. 중국을 영국사람은 「촤이나」라 하고, 독일사람은 「시나」라 한다. 서울을 영국사람은 「세울」이라 하고, 독일사람은 「쇠울」이라 한다. 그러니 어느 것이 자기화 아닌 것이 없다.[3]

이극로는 1935년 6월 29일 조선음성학회에서 외래어의 개념과 외래어 표기의 기본 원칙을 제시하는 역사적인 강연을 한다. 조선어학회는 1933년 『한글 마춤법 통일안』의 제6장 제60항에 외래어 표기의 원칙을 제시한 바 있지만, 이 조항이 의미하는 바를 명시적으로 설명하지는 않았다.

---

3 이극로, 외래어 표기법에 대하여, 『한글』 25, 1935.

1933년 『한글 마춤법 통일안』의 외래어 표기 조항

第六章 外來語 表記

第六〇項 外來語를 表記할적에는 다음의 條件을 原則으로 한다.

(一) 새 文字나 符號를 쓰지 아니한다.

(二) 表音主義를 取한다.

　　그런 점에서 이극로의 강연은 1933년 『한글 마춤법 통일안』 제6장 제60
항의 외래어 표기의 원칙과 관련한 조선어학회의 인식을 보여 주는 것이라
할 수 있다. 이극로가 강연을 통해 주장한 내용의 핵심은 외래어 표기의 원
칙을 세울 때는 자국어의 언어 관습을 우선적으로 고려해야 한다는 것이다.
이극로가 이 점을 강조한 것은 외래어와 외국어는 다르다는 점을 말하기
위해서였다. 문란한 외래어 표기의 통일을 위해서는 외래어와 외국어를 구
분하여 인식하는 태도가 절실했던 것이다. 이는 다음과 같은 문제제기에 대
한 답변의 성격을 띤다.

　　이윤재 선생에게 올림. 이 달에도 보내주신 "한글"은 감사히 받았습니다. 무엇보다
도 조선의 어학계를 위하여 한결같이 힘써주시는 선생님을 공경하기 마지 않습니다.
이곳에는 외국말을 한글로 고쳐쓰는 데 대하여 두어 마디 적고자 합니다. (중략) 그러
므로, 나의 생각으로는 특히 외국말(자연을 묘사하는 음)을 한글로 고쳐씀에 있어서는
그의 홀소리와 닿소리와 또는 첫소리와 나중소리를 맞추는 법을 문법으로 정하지 말
고 자유로 내버려 두었으면 좋을 것으로 믿습니다. (중략) 구라파 말들에 있어 F자(또
는 독일말의 V자)는 직접 한글에서 맞는 자를 찾을 수가 없습니다. 그러나, F의 음은 P
와 H를 합친 PH의 음과 같은 바에는 F를 "ㅍㅎ"로 나타내면 될 것입니다. 또 "R"과 "L"
을 구별하기 위하여 "R"을 "ㄹ"로 나타내고 "L"을 "ㄹㄹ"로 나타내면 좋겠지요.[4]

4　김영건, 안남 하노이 통신, 『한글』 44, 1937.

1937년 베트남 원동학원의 도서관 사서로 일하던 김영건金永鍵(1910~?)은 조선의 어문정리에 많은 관심을 가진 사람이었다. 그는 당시 조선어사전 편찬을 주도하던 이윤재李允宰에게 편지를 써 외래어 표기법에 대한 자신의 생각을 주장한다. 그의 문제의식은 외래어는 본래의 음을 잘 드러내 적어야 하고 그러기 위해서는 우리말의 음운체계에 얽매이지 말고 한글의 운용법을 고민해야 한다는 것이다

앞에서도 살펴보았듯이, 근대 초기 외국어를 정확히 배울 목적으로 발음을 전사轉寫하는 것과 외래어 표기를 동일시하는 경우가 많았다. 이러한 인식은 이봉운李鳳雲으로부터 시작하여 주시경周時經, 이능화李能和, 지석영池錫永으로 이어진다. 이는 완전한 언문일치를 향한 열망과도 관련된다. 그런데 유길준兪吉濬은 『서유견문』(1895)에서 외국의 인명과 지명의 표기 방안을 다음과 같이 제시한다.

"地名及人名의 繙譯은 中國及 日本의 繹字가 固有ᄒ나 我의 聞見에 及ᄒᄂ 者ᄂ 雖 我音에 不合ᄒ야도 採用ᄒ니 英吉利及 墺地利의 種類며 見聞의 不及ᄒᄂ 者ᄂ 漢字로 我音에 務近ᄒ게 繹出ᄒ니 喜時遜及 秋時伊의 種類라."[지명과 인명의 번역은 중국과 일본의 번역자가 고유하나 우리의 견문에 미치는 것은 비록 우리 음과 일치하지 않아도 채용하니 영길리(영국)와 오지리(오스트리아)의 종류며, 견문에 미치지 못하는 것은 한자로 우리 음에 가깝게 번역하니 희시오와 추시이 같은 종류이다.]

유길준의 표기 방안은 다음 세 가지로 정리할 수 있다. 첫째, 서구의 지명과 인명 표기는 한자로 표기한다. 둘째, 이를 쓸 때는 중국과 일본의 표기를 우선적으로 참조한다. 셋째, 중국과 일본에서 발견할 수 없는 지명 및 인명 표기는 우리 음에 가까운 한자로 표기하는 방안을 마련한다. 그러나 유길준의 표기는 완전한 언문일치가 실현되지 않았던 한계 상황에서 나타난 것이

었다. 결국 언문일치의 실현은 외래어 표기에서도 완전한 국문 표기를 실현하는 것이었다.

군국기무처에서 관청이나 개인의 문서에 씌어 있는 구라파 문자를 국문으로 번역하는 것 등의 의안을 올리다. "일체 국내외 공적인 문서와 사적인 문서에 외국의 국명, 지명, 인명이 구라파 글로 쓰여 있으면 모두 국문으로 번역해서 시행한다."[5]

이러한 인식에 따라 1897년 학부 편집국에서 번역한 『태서신사람요泰西新史攬要』의 '인지제명표人地諸名表'에서는 f를 'ㅇㅍ', v를 'ㅇㅂ', z를 'ㅇㅅ', th를 'ㅇㄷ', l을 'ㄹㄹ' 등으로 표기했다. 새로운 문자를 만들어 철저하게 원음을 밝혀야 한다는 태도를 보인 것이다.

조선어학회에서는 『한글 마춤법 통일안』을 통해 이러한 인식의 문제점을 지적했으며, 국어 현실을 바탕으로 외래어 표기를 통일하고자 했다. 그 결과물이 1941년에 출간된 『외래어표기법 통일안』이다.

1941년 『외래어표기법 통일안』의 대원칙
외래어를 한글로 표기함에는 원어의 철자나 어법적 형태의 어떠함을 묻지 아니하고 모두 표음주의로 하되, 현재 사용하는 한글의 자모와 자형만으로써 적는다.

그러나 원음에 맞게 써야 한다는 주장은 『외래어표기법 통일안』이 발표된 이후에도 계속 제기되었다. 이는 정밀한 음성 표기가 소리문자 한글의 본질을 살리는 길이라는 믿음에서 비롯된 것이다. 이는 1948년 문교부의 '외래어표기법'으로 실현된다.

---

5 『조선왕조실록』, 고종 31년, 1894. 7. 8.

여기에서는 현행 한글자모에 맞춰 읽고 쓴다는 제한 조건을 극복해야 할 한계로 인식하면서, 새로운 한글자모를 별도로 만드는 표기 원칙이 만들어졌다. 소리대로 쓰자는 표음주의를 극단적으로 해석함으로써, 한글 자모 이외의 글자나 부호를 사용하여 우리말에 없는 음을 표기한 것이다. 「f」를 '퓽(ᅋ)'으로, 「v」와 「ß」를 '붕(ᅄ)'으로, 「z」와 「ʒ」를 'ᅀ'으로, 「l」을 'ᄙ'로 표기하고 장모음을 표기에 반영한 것은 1941년 제정한 『외래어표기법 통일안』의 대원칙을 전면적으로 부정했다는 점에서 문제적이다.

그리고 『외래어표기법 통일안』 제3절 제17항의 "본안의 규정은 한자음이나 국어음에 대하여는 적용하지 아니한다"라는 제한 조건을 극복해야 할 한계로 인식하면서, 한자로 표기된 중국어와 일본어 외래어를 원음대로 읽고 쓰는 표기안이 마련되었다. 한자문화권이라는 특성을 특별히 고려하지 않고 보편적 표기 원칙을 일괄적으로 적용하게 된 것이다. 이러한 표기 방식은 1952년 제정한 『들온말 적는 법』으로 이어진다. 당시의 표기 방식은 다음과 같다.

1. New York 뉴우욕
2. girl 「gəːl」 거얼
3. film 앨름
4. stove 스또우앺

그러나 이러한 시도는 결국 현실에 뿌리 내리지 못한다. 1과 2는 우리말 표기에 나타나지 않는 장음을 외래어 표기에 사용함으로써 문제가 되었으며, 3과 4는 한글 자모에 없는 표기를 만들어 특정 음을 표기하려 함으로써 문제가 된 것이다. 이러한 결과는 외래어라 하더라도 국어의 음운체계에 맞게, 그리고 언중들의 언어 감각에 맞게 표기되어야 한다는 사실을 말해 준다.

풀어쓰기

조선어학회는 풀어쓰기로의 전환을 염두에 두고 표기법을 고안했는데, 『사정한 조선어 표준말 모음』(1936)의 어휘 색인에 풀어쓰기로 표기한 단어를 병기한 것에서 풀어쓰기에 대한 조선어학회의 의지를 확인할 수 있다. 또 앞서 보았듯이 최현배는 품사분류론을 전개하면서까지 풀어쓰기를 염두에 두는데, 조사를 독립 품사로 봐야 한다는 근거로 풀어쓰기 시 혼란 상황을 가정했다. 풀어쓴 'ㅈ ㅏ ㄴ ㅡ ㄴ'이 '자尺는', '잔盃은', '자睡는' 등의 여러 가지로 이해되어 혼란을 일으킬 수 있기 때문에 조사를 떼어서 'ㅈ ㅏ ㄴ ㅡ ㄴ'으로 표기해야 하고, 이런 점에서 조사를 별도의 단어로 봐야 한다는 것이 최현배의 논리였다.

그렇다면 최현배를 비롯한 조선어학회 사람들은 왜 풀어쓰기를 어문개혁의 궁극적인 목표로 설정했을까? 풀어쓰기는 영문 알파벳의 표기 방식으로 국문연구소 시절부터 주시경이 이상적 표기법으로 주장했던 것이기 때문이다. 그러나 당시 국문연구소 연구위원들은 주시경이 제안한 풀어쓰기가 전통과의 단절을 가져올 수 있다고 보고 이에 찬동하지 않았다.

원칙주의자였던 주시경은 표기법을 비롯한 모든 문제에 원리적인 차원에서 접근했다. 음소문자로 창제된 한글을 음절단위로 모아쓰는 것도 한글 운용 원리를 위배한 것이라고 생각했다. 창제원리에 비추어 봤을 때 한글은 영어처럼 풀어써야 할 문자였던 것이다.

조선어학회의 핵심 구성원들 또한 스승의 주장을 그대로 이어받았다. 김두봉金枓奉과 최현배는 이를 실현하고자 노력한 제자들이었고, 이들은 해방 이후 남과 북에서 이러한 정책을 실현시킬 만한 위치에 올랐다. 김두봉은 북한 정권의 주축 세력 중 하나였던 연안파를 이끌었으며 해방 이후 북한의 국어정책은 그의 지도하에 진행되었다. 최현배는 미군정기 문교부 편수국장을 역임했으며 교과서 정책의 책임자였다. 그 또한 국어정책을 추진하는 핵심이었고 당시 조선어학회는 최현배를 정점으로 일사불란하게 움직이며 국어정책을 좌지우지했다.

이들은 풀어쓰기로의 개혁을 궁극적인 목표로 삼고 철자개혁을 주장했고, 이는 정책적으로 뒷받침되었다. 특히 북한의 경우 『조선어 신철자법朝鮮語新綴字法』(1950)에서 형태주의 원칙을 강조하면서 문자 개혁(풀어쓰기)을 위한 개정임을 분명히 했다. 새로운 자모 6자를 제정해 불규칙용언의 어간을 고정한 것은 가장 두드러진 조치였다.

그러나 남북 양쪽에서 풀어쓰기로의 개혁은 완벽하게 실패했다. 국어정책기관을 장악하고 이를 기반으로 개혁을 추진하려 했지만, 현실에 뿌리를 내리지 못한 정책이 성공할 수는 없었다. 풀어쓰기를 실험한 몇 가지 안만 있었지, 여러 인쇄 매체를 새로운 표기법으로 어떻게 전환시켜 나갈 것인지, 그리고 풀어쓰기 이전의 인쇄물과 풀어쓰기 이후의 인쇄물을 어떻게 관리해 나갈 것인지에 대한 계획은 막연하기만 했다. 풀어쓰기로의 개혁은 조선어학회 일부 구성원들의 관심 사항이었을 뿐이었다. 대중들이 이에 역사적 정당성을 부여하지 않은 것은 당연한 일이었다.

3

해방 이후 국어학의 지향과 성과

해방 이후 국어학 연구는 대학의 국어국문학과를 중심으로 전개되었다. 급격하게 늘어난 대학의 수만큼 국어국문학과의 수도 증가했으며, 교수의 수요를 충당하는 과정에서 국어학 전공자의 수도 늘어났다. 따라서 해방 이후 국어학의 지향과 성과를 판단하는 데에는 각 국어국문학과의 학문적 지향점을 검토하는 것이 중요하다. 이러한 접근을 위해 국어학 분야의 전임 교수진이 갖춰졌다고 볼 수 있는 서울대학교 국어국문학과와 언어학과, 연세대학교 국어국문학과의 동향을 중심으로 당시 국어학의 지향을 살펴볼 것이다.[1] 이와 더불어 김일성대학교 조선어문학과와 연변대학교 조선어문학부의 학문적 지향을 살펴볼 것인데, 두 대학은 경성제국대학 조선어문학과와 조선어학회를 학문적 뿌리로 한다는 점에서 당시 국어학의 지향점을 검토하는 데에서 비중 있게 다룰 필요가 있다.

---

1 해방 후 서울대학과 연세대학은 각각 경성대학과 연희대학으로 불렸다. 이 책에서는 시기에 따라 대학의 명칭을 구분하지는 않고 서울대학교와 연세대학교로 통칭할 것이다.

3.1. 과학적 역사주의의 공고화

대학의 설립과 국어국문학과의 창설로 국어학 연구에 대한 사회적 요구는 민족문화운동의 차원을 뛰어넘어 실질적으로 학술적인 체계화를 이루어야 한다는 것으로 바뀌었다. 김민수金敏洙(1980: 277)에서는 이러한 상황을 다음과 같이 설명하고 있다.

　　해방 후의 국어학은 이처럼 민족회복에 역점이 있었으므로, 그것은 이전의 이념적인 민족운동의 계속이었다. 따라서, 과도적이나마 배타적이고 독선적인 태도는 벗어날 수 없었으며, 오히려 종전의 민족운동을 완성시키려는 뜻에서 더 강조된 경향이었다. 그러나, 새로 늘어나는 대학에서 나날이 연구가 심화되어가고, 이에 따라 비판적인 기풍이 조성되기 시작하였다. 국어학의 발전은 장차 대학을 중심으로 새로운 연구에 기대를 걸면서 다음 시기를 주시하게 되었다.

서울대학교 국어국문학과는 대학을 향한 사회적 요구에 가장 민감하게 반응했다. 국어학을 학문적으로 체계화할 필요성은 1930년대에도 이미 강력하게 제기된 바 있었지만, 이러한 요구를 뒷받침할 대학이 부족한 상황에서 당시의 문제의식이 광범위하게 확산될 수는 없었다. 1930년대 경성제대 조선어문학과는 이러한 요구를 뒷받침할 수 있는 유일한 대학이었지만, 일제 식민 정책의 산물인 경성제대가 그러한 역할을 제대로 할 수는 없었다. 경성제대 조선어문학과 출신 국어학자들이 주창한 국어학의 과학화가 경성제대 조선어문학과의 학문적 목표와 일치할 수 없었던 것이다.

해방 이후 서울대학교 국어국문학과의 설립은 국어학의 과학화를 실현할 수 있는 물적 기반을 갖추게 되었다는 의미가 있다. 대학의 물적인 기반은 결국 연구자가 지속적으로 후속 연구자를 배출하는 시스템이다. 서울대학교 국어국문학과는 경성제대의 물적 기반을 그대로 계승하고 경성제대 졸업생을 교수진으로 흡수하면서 교육 및 연구 체계를 갖추었다. 이러한 기반하에 국어학 전공자로 학계에 남는 졸업생의 수가 시간이 흐를수록 증가하게 된다. 1946년 서울대학교 국어국문학과의 조교를 역임한 바 있는 국어학자 김민수의 회고[2]를 보자.

해방 후 제2세대의 국어국문학 전공은 해방 후 시점에 따라 제한된 교수진과 급조된 강의안에 의하여 힘겹게 촉진되었다고 생각헙니다. 20년 역사를 가진 경성제국대학을 계승해서 1946년 8월에 개편된 국립 서울대학교 그 속에 단과대학으로서 문과대학 국어국문학과는 가장 먼저 이듬해부터 졸업생을 내기 시작했습니다. 신설된 다른 대학에서는 빨라야 1950년에 첫 졸업생을 내기 시작했기 때문에 그 전공자 수도, 또 전공을 살리는 예는 더욱 많지 않았습니다. 그러면 이들 제2세대에 속한 인원을 우선 일별해 보기로 하면 서울대학교 문리과대학 국어국문학과 초기 졸업생은 47년에 제1회로서 일 년 하나, 48년 8월 2회가 다섯, 49년 10월 3회가 넷, 50년 5월 4회가 넷, 51년 9월 5회가 다섯, 52년 3월 6회가 2명, 53년 3월 2명, 54년 8월 아니 3월 8회가 3명, 55년 3월 9회가 5명, 56년 3월 10회가 5명. 이것은 그 전공을 허고 평생 계속 전공을 발전시키며 종사헌 사람의 수입니다.

해방 후 서울대학교 국어국문학과는 경성제대 조선어문학과를 졸업한 국어국문학 연구자로 교수진을 구성했다. 제1회 졸업생 조윤제趙潤齊를 국문학 담당 교수로, 제2회 졸업생 이희승李熙昇을 국어학 담당 교수로 배치하는 것을 시작으로 교수진을 구성하게 되는데, 국어학은 경성제대 졸업생인 이숭녕李崇寧, 방종현方鍾鉉을 포함하여 세 명의 교수진을 갖추게 되었다.

---

2 최경봉 외(2007)의 구술 채록 자료집.

그들이 서울대학교 국어국문학과에서 맡았던 과목과 강의의 특징은 김민수의 회고[3]를 통해 구체적으로 파악할 수 있다.

국어학개론에 이희승, 국문학개론에 이병기. 또 언어학개론에 유응호, 국어학연습에 방종현, 국어사에 이숭녕, 음운론에 이숭녕, 시조론에 이병기, 국어계통론에 이희승. 또 특이한 거는 47년 2학기에 가서 소설에 이무영 강사, 또 현대문리학 문학이라 해서 시론에 정지용 강사, 49년에 국어문법론에 이희승, 방언학에 방종현, 월인석보 연습에도 방종현, 고전과 서지 이병기, 이러한 과목을 수강을 했는데 특히 이병기 교수의 고전과 서지는 아주 특색 있는 강의였습니다. 이게 일종의 우리 국어문학과의 서지예학인데. 아마 오랫동안 문헌을 모으고 그것두 손수 가꾸고, 손질하고, 거기서 우러난 강원데 참으로 뜻있게 수강허면서 생각을 했습니다. 그리구 이제 50년 사변이 일어나던 핸데, 그 때에 국어학 특수강의 방종현, 국문학 특수강의 이희승. 이러한 그 과목을 수강을 했고, 졸업 논문을 그 때는 꼭 써야 되니까 그리고 또 학점이 매겨지니까, 졸업 논문에. 그래서 이조 초기 조사의 연구. 그 6학점을 인정을 받아서 졸업을 했는데 요것은 그 사변 전에 그 ㅎ조사 연구라는 연구간담회에서 발표헌 초고를 기본으로 해서 그 15세기 국어의 조사에 관한 연구를 썼습니다.

당시 서울대학교 국어학의 위상은 이들 교수진의 학문적 위상을 통해 가늠할 수 있을 것이다. 이희승이 국어학 연구에서 거둔 두드러진 업적은 『국어학개설』(1955)을 통해 국어의 개념과 국어학 연구의 언어학적 위상 문제를 밝히면서 음운론, 어휘론, 문법론의 연구 방법론을 소개하고 그와 관련한 기존 연구를 비판적으로 정리·소개한 것이다. 이러한 기술 방식은 이후 출간된 국어학 개론서의 모델이 되었고, 이런 점에서 이희승은 국어학의 후속세대에게 하나의 이정표를 만들어 준 국어학자로 평가된다.

---

3 최경봉 외(2007)의 구술 채록 자료집.

이희승李熙昇(1896~1989) 1930년 경성제대 조선어문학과를
졸업하고 조선어학회 간사로 활동하면서 조선어사전 편찬에 참여
했다. 해방 후 조선어학회 이사로 국어 재건 활동에 앞장서지만 한
자 문제 등으로 조선어학회와 대립하며 국어문화보급회, 조선언어
학회 등 별도의 학술단체를 조직하여 활동했다. 서울대학교 국어
국문학과 교수로 취임하여 학과 체제를 확립하는 데 기여했다.

    당시 문법서들이『우리말본』을 모델로 우리말의 구성에 대한 설명에 주력
했다는 점에서, 이와 다른 서술 방식으로 국어학의 연구 방법론에 대한 설명
을 체계화한 것은 이희승의 공헌이라 해야 할 것이다. 서울대학교의 국어학
연구 경향은『국어학개설』에 제시된 실증주의적 연구 방법론의 토대 위에서
형성되었다고 할 수 있다. 이처럼 이희승은 과학적 방법론을 수용하여 우리
말을 연구하는 것의 중요성을 강조했고, 이러한 문제의식을 기반으로 국어
학 개론서를 내놓았던 것이다. 그런데 이희승의『국어학개설』을 평가하기 이
전에 반드시 거론해야 할 것이 김형규金亨奎의『국어학개론』(1949)이다.

    경성제대 조선어문학과를 졸업한 후 전주사범학교 교유로 재직하던 김
형규는 해방 이후 고려대학교 국어국문학과 교수로 부임하여 국어학을 강
의했다. 따라서 이 책은 고려대학교에서의 강의안을 바탕으로 했을 것으로
추정할 수 있다. 김형규의 관심 영역은 국어학사와 국어사를 중심으로 확장
되었기 때문에 그 폭이 넓었는데, 이러한 특성이 이 책의 내용체계에 반영

김형규金亨奎(1911~1996) 경성제대 조선어문학과를 졸업하고 해방 후 고려대학교 국어국문학과 설립 시 교수로 부임했다. 1952년부터 서울대학교 국어교육과 교수를 겸임하다가 1954년 고려대학교 교수직을 사임한다. 따라서 그의 학문적 계보는 서울대학교 국어교육과에서 형성된다고 할 수 있다.

되어 있다. 즉, 이 책에서는 음성론音聲論, 문자론, 표준어와 방언, 어형론語形論, 계통론, 고어론, 국어교육과 국어정책 등 국어학과 관련된 전 영역을 폭넓게 다루고 있다.[4]

그런데 이 책에서 특별히 주목해야 할 것은 '국어교육과 국어정책'을 국어학 개론서에 포함한 점이다. 이는 국어학 연구에서 역사적 과학주의를 추구했던 경향과는 차별화된 지점이다. 역사적 과학주의의 한계를 고려한다면, '국어교육과 국어정책'을 개론서의 내용체계에 포함하는 선택을 "응용과학으로서의 국어 교육과 정책의 중요성을 갈파한 선견"(이광정, 2011)으로 평가할 수 있을 것이다. 그러나 김형규는 최종 개정판(1981)에서 '의미론'을 추가하고 '국어교육과 국어정책'을 삭제한다. 이는 해방 직후의 국어학에서 차지하는 실천적 국어학의 비중과 현대 국어학에서 실천적 국어학의 비중

4 1차 개정판에서는 음성론을 음운론으로 바꾸고 어휘론을 추가했다.

이 다른 점을 고려한 선택으로 볼 수 있다.[5]

이희승의 행보에서도 실천적 국어학의 의의를 인정한 것을 확인할 수 있다. 이희승은 국어학의 본질적 영역에서 실천적 주제를 제외했지만, 그는 실천적 활동의 의의를 가장 무겁게 인식한 실증주의자라고 할 수 있다. 역사적 과학주의를 지향하면서도 언어 현실을 외면하지 않은 운동가라는 점에서 이희승은 국어학사에서 독특한 위치를 차지한다. 그가 1930년 경성제대 조선어문학과를 졸업하자마자 조선어학회에 가입하여 어문정리 운동에 뛰어든 것도, 조선어학의 과학화를 위한 활동을 조선어학회의 어문정리 사업이 마무리되는 시점에 본격화한 것도 이 때문일 것이다. 이희승이 우리말과 글의 현실에 문제의식을 품고 우리말 연구에 관심을 보였다는 점을 조선어학회의 다른 국어학자와 비교하면 그리 두드러진 특징이라 할 수 없지만, 경성제대 조선어문학과 졸업생이 조선어학회에 가입하여 어문운동에 투신한 사례가 이희승 이전에도 이후에도 없었다는 사실은 그의 선택이 지닌 의의를 다시 생각하게 한다. 그가 편찬한 『국어대사전』(1962)은 이러한 인식의 결정판이었다.

방종현이 개척한 연구로는 국어사 자료 연구를 통한 국어학사 연구, 방언 연구 및 어원 연구 등을 들 수 있다. 위의 김민수의 회고를 통해 볼 때 그가 서울대학교 국어국문학과에서 맡았던 강좌는 그의 전공 영역과 부합하는 것이었음을 알 수 있다. 그는 이희승처럼 실천적 연구에 직접 뛰어들지도 않았고, 이숭녕처럼 실천적 연구의 국수주의적 경향과 치열하게 대립하지도 않았다. 그러나 국어사 자료 연구, 방언 연구, 어원 연구가 서울대학교

---

5 1980년대에 국어교육과 국어정책은 국어학의 영역을 벗어나 독립적인 영역으로 체계화되는 과정에 있었다. 이에 대한 논의는 4.3에서 이루어질 것이다.

국어학 연구자들을 통해 확대되고 심화되었음을 고려하면 그가 서울대학교 국어학의 정체성을 형성하는 데 끼친 영향은 크다고 할 수 있다.

이숭녕의 학문적 정체성은 경성제대 재학 시절 형성되었다고 볼 수 있다. 그는 경성제대 시절 언어학개론을 강의한 고바야시 히데오小林英夫와의 만남을 통해 국어 연구의 목표와 방법에 대한 생각을 다져 나갔다. 국어 연구의 목표와 방법에 대한 그의 생각은 "국어학은 개별언어학이다. 그 국어학이 개별언어학으로 존재하는 동시에 일반언어학일 수 있다"라는 말에 잘 나타나 있는데, 이는 일반언어학에 대한 이론적 모색이 국어학 연구의 기초가 되어야 한다는 신념을 표현한 것이라고 봐야 할 것이다.

이숭녕은 일관되게 유럽 언어학 이론을 도입하여 국어의 과학적 연구를 수행하는 것을 국어학의 지상 과제로 인식했고, 역사적 연구를 바탕으로 현대 국어를 연구해야 한다는 태도를 견지했다. 또 일제강점기부터 지속된 조선어학회 중심의 실천적 우리말 연구의 일부를 민족 감정에 입각한 '광신적 애국주의(chauvinisme)'라고 비판했는데, 이는 학문은 객관적이고 실증적이어야 한다는 신념에서 나온 것이다.

이숭녕은 위에서 밝힌 바와 같은 학문적 신념에 따라 세 가지 측면에서 과학적 조선어연구의 방향을 제시하게 된다. 첫째는 음운론, 조어론, 문법론 등에서 엄밀한 방법론을 적용하는 것이다.[6] 특히 그는 이러한 방법론을 국어사적 고찰과 관련짓고 있다. 둘째는 국어학사를 통해 국수주의의 문제를 지적하는 것이다. 그의 국어학사[7]가 세종에 대한 객관적 평가와 한글에

---

6 이숭녕의 첫 저서가 1949년에 발행한 『고어의 음운과 문법』(문화당)이라는 점을 보면 국어사에 대한 그의 관심을 알 수 있다. 참고서 성격의 이 책은 이후 그의 저서의 바탕이 된다.

7 이숭녕, 『혁신국어학사』, 1976.

대한 객관적 평가를 중심으로 이루어진 것은 이 때문일 것이다. 셋째는 학교문법서의 저술을 통해 과학적 국어연구의 방법론을 확산하려 한 것이다.

이숭녕의 학문적 태도는 학교문법서의 저술에서도 그대로 드러난다. 그가 저술한 문법서의 서두에는 대부분 이러한 태도가 명료하게 나타나 있다. 이는 대체로 전통 문법에 기반을 두고 이루어진 그 당시의 일반적인 학교문법서들과는 달리, 알타이 어학과 관련짓는 비교언어학, 국어의 역사를 고려하는 역사언어학, 유럽 구조주의언어학과 미국의 기술언어학 등 새로이 도입되는 외래 언어이론에 기반을 둔 문법서를 저술해야 한다는 것으로 요약할 수 있다.

해방 이후 서울대학교 국어국문학과에서 국어학 분과를 성립시켰다고 할 수 있는 이희승, 방종현, 이숭녕은 국어 연구 방법에서 역사주의와 과학주의를 표방했다는 공통점이 있다. 이러한 점은 서울대학교 국어학의 학문적 정체성을 형성하는 데 결정적인 영향을 미쳤다고 볼 수 있다.

3.2. 언어학과 국어학의 융합

해방 이후 국어학은 서구 언어학이론을 폭넓게 받아들이며 새로운 도약을 준비했다. 특히 1950년대 이후 서구 언어학이론을 수용하는 폭과 깊이는 이전과 비교할 수 없을 정도였다. 이와 관련하여 주목할 연구 중 하나는 1949년 유응호柳應浩가 발표한 「현대언어학의 발달」이다. 이 논문에서는 역사비교언어학으로부터 내용중심문법이론과 구조주의 언어이론에 이르기까지의 이론 전개 과정을 논의했다. 그는 이 논문의 마지막에 소쉬르F. Saussure의 언어이론을 소개하며, 소쉬르의 구조주의가 현대언어학의 주류

이론이 되었음을 천명하고 있다.

그러나 여기에서 주목할 점은 유응호가 '파울-분트-바이스게르버-소쉬르'로 이어지는 언어학의 흐름을 언어 연구 영역의 심화확대 과정이라고 파악하고 있다는 점이다. 그는 파울의 심리주의와 분트의 민족심리주의가 대립되다가 바이스게르버에 의해 절충되었고 소쉬르에 의해서는 사회적 심리가 체계적으로 해명되었다고 보았다. 또 역사주의적 탐구와 언어구성 체계에 대한 탐구를 종합함으로써 언어를 온전하게 설명할 수 있다고 보는 관점에서, 소쉬르의 공헌이 공시언어학의 원리를 제시한 데 있다고 보았다. 이러한 인식은 이후 국어학의 방향을 보여 주는 것이기도 하다.

또 서구 언어이론에 대한 인식 태도는 서울대학교 언어학과 주임교수로서 유응호가 강의한 '언어학개론' 강의록[8]에도 잘 나타나는데, 강의 총론에서는 파울의 사적 언어이론과 소쉬르의 구조주의이론을 비중 있게 소개하면서 언어학의 대상, 과제, 연구방법 등을 제시했다. 그리고 각론에서는 음운론과 계통론을 다루고 있는데, 음운론 부분에서는 공시적 음운론과 통시적 음운론의 방법과 실제를 설명했고, 계통론 부분에서는 어족 구분의 방법론에서 시작하여 계통의 실제를 자세하게 보이고 있다.[9]

'언어학개론' 강의록 목차
제1장 총론
　　제1절 언어학의 대상과 과제
　　제2절 언어학의 부문과 연구방법

8　유응호로부터 언어학개론을 수강한 김민수의 노트.
9　김민수(2003)에서는 유응호가 고대 인도어를 설명하면서 파니니문법의 규범문법적 특징을 소개했음을 강조하고 있다.

제2장 음운론

제1절 Phonology의 Begriff[10]와 대상

제2절 음의 분류

제3절 음절

제4절 음운변화

제3장 언어의 계통

제1절 인구어족

제2절 Hamito-Semitisch

제3절 Uralisch

제4절 Altaisch

제5절 Dravidisch

제6절 Indo-Chinese(Sino-Tibetan)

제7절 Austro-Asiatic

제8절 Austro-Nesian

제9절 Africa 제어

제10절 America 제어

강의록의 체계를 보면 음운론에 치중해 있어 언어학의 전모를 다 보여 주지 못했다고 할 수 있지만, 언어학의 부문과 연구방법을 통해 언어학의 체계를 보여 주고 자신의 전공 영역인 음운론을 중심으로 강의를 진행했음을 알 수 있다. 이 강의록을 통해 유응호가 역사비교언어학을 근간으로 하여 다양한 언어이론을 교육하는 학과 체제를 구상했음을 짐작할 수 있다. 그러나 그는 한국전쟁 직전 남로당 통첩南勞黨 通諜 사건[11]에 연루되면서 서울대

---

10 '개념, 관념' 등을 뜻하는 독일어 단어. 강의록을 보면 유응호가 강의 중에 여러 외국어를 사용한 것으로 보인다. 참고로 유응호는 1949년 『기초독일문전』이라는 독일어 문법서를 출간하기도 했다.

11 1950년 5월 27일에 발표된 공안 사건으로, 국회의원 입후보자 아홉 명을 "정부 전복을 위해 국

학교 언어학과의 구성을 주도할 기회를 놓치게 되었고, 한국전쟁 중 월북[12]하면서 서울대학교 언어학과를 이탈하게 되었다. 그러나 유응호와 더불어 조선언어학회를 창립하는 데 관여했던 음성학 전공자 김선기金善琪가 유응호의 뒤를 이어 학과장으로 부임하고, 유응호로부터 직접 역사비교언어학을 배운 김방한金芳漢(1925~2001)이 한국전쟁 이후 서울대학교 언어학과에서 교편을 잡으면서, 유응호가 의도했던 언어학과의 학문적 정체성이 형성되기 시작했다.

그런데 서울대학교 언어학과의 학문적 정체성과 관련하여 주목해야 할 점은, 유응호가 서구이론을 도입하는 데 열중했을 뿐만 아니라 이를 한국어의 설명에 적용하기 위해 노력했다는 사실이다. 그의 연구가 역사주의 언어이론을 바탕으로 이루어졌기 때문에 그의 한국어 연구도 자연스럽게 국어사에 집중되었다. 유응호가 해방 이후 발표한 순경음脣輕音에 대한 논문[13]은 음운학자로서의 역량을 내보인 논문으로 볼 수 있다. 그는 역사주의적 관점에서 음운법칙을 "개연적으로 규정한 가능의 법칙"이자, "인간의 필요에 의해 변할 수 있는 법칙"으로 봤으며, 이러한 관점을 언어 자료에 근거하여 정치하게 보여 주었다. 특히 성운학과 현대음운론 지식을 바탕으로 하여 음가를 추정하고 음운 변천의 다양한 조건을 보여 주면서 순경음 변화를 특수법칙으로 파악한 것이 주목된다. 이 논문의 위상을 검토하는 것은 유응호의

회 진출을 기도했다"는 혐의로 체포한 사건이다. 이때 충남 공주에 출마했던 유응호가 간첩 혐의로 체포되었다.

12 인공 치하에서 유응호는 서울대학교 자치위원회 위원장이 되었고 서울 수복 이전 월북했다. 그의 월북은 정치적 굴곡에 따른 불가피한 선택이었을 가능성이 높다. 그는 정치적 동반자인 백남운, 신남철 등이 월북한 이후에도 서울대학교 언어학과의 초석을 놓기 위해 노력했던 인물이다.

13 유응호, 조선어순경음에 관한 연구: 특히 순경음 「ᄫ」의 음가급변천에 관하야, 『民族文化』(민족문화연구소) 2, 1946.

국어학사적 위상뿐만 아니라 서울대학교 언어학과의 학문적 정체성을 규명하는 문제와도 일정 부분 관련된다.

이 논문에서 유응호는 중국의 운서와 독일어, 프랑스어 등에서 나타난 음과의 비교를 통해 순경음 'ㅸ'을 유성의 양순마찰음 [W]와 유사한 음가를 가진 것으로 보았으며, 이 음이 이후 '모음화'와 '자음화'의 변천을 겪는다는 점을 밝혔다. 순경음이 '자음화의 변천'을 겪는다는 예외성은 한국어에서 특수 법칙의 존재를 증명할 수 있는 근거가 되었지만, 그 예외성의 음운론적 근거를 밝히는 것은 쉽지 않은 일이었다. 이는 고대어의 모음 간 [*b]가 두 갈래의 발달을 했다는 가설[14]과 대립하고, 고대국어에 'ㅸ', 'ㅿ'이 존재했다는 주장과도 일치하지는 않는다.[15] 그러나 문헌 자료에서 이러한 특수 변화를 가정할 수 있는 근거를 찾아[16] 순경음 'ㅸ' 변천을 특수 법칙의 한 예로 자리매김하고자 했다는 점은 의미 있는 시도로 평가할 수 있다.

여기서 주목할 부분은 순경음 'ㅸ'의 음가를 규명하면서 중국의 운서뿐만 아니라 독일어, 프랑스어 등에서 나타난 음과 비교했다는 점과 역사적 문헌 자료와 방언 자료를 광범위하게 검토했다는 점이다. 이러한 연구 방식에 의미를 부여한다면, 유응호는 언어학과 국어학이 공생 발전할 수 있는 기틀을

---

14 '*ᄆᆞᅀᆞᆯ[村]', '*사비[蝦]'는 'ᄆᆞᅀᆞᆯ', '사비'로 변화하고, '*가슴[胸]', '*고비[曲]'는 변화를 입지 않았다는 가설이다.

15 이기문(1972)에서는 두 갈래의 상이한 변화를 정당화시키기 위해서는 그들 변화의 상이한 조건을 밝혀야 할 것이라고 하면서, 이것이 밝혀지지 않는 한, 'ㅸ, ㅿ'은 고대에도 있었던 것으로 볼 수밖에 없다고 했지만, 이러한 음이 동남 방언에서 [b], [s]로 대응되는 현상에 대해서는 설명을 유보하고 있다. 이에 비해 유응호는 방언을 예로 하여 '더버'가 '더워'와 '더버'의 양 갈래로 변천되었음을 주장했다.

16 유응호는 "ᄆᆞ를 ᄇᆞᆯ 바도 아니 ᄢᅥ디며(月印)"와 "陰흔 ᄃᆞᆯ ᄇᆞᆯ 와 ᄃᆞᆫ 뇨매(杜詩)" 등의 예를 들어 'ᄇᆞᆯ바>ᄇᆞᆯ와'의 변천을 증명하고, 이것의 현재형인 '밟아[발바]'를 근거로 'ᄇᆞᆯ와>ᄇᆞᆯ버'의 변천 과정을 증명했다. 그러나 그는 'ᄇᆞᆯ와>ᄇᆞᆯ버' 변천의 음운론적 근거를 분명하게 밝히지는 않았다.

마련한 언어학자로 평가될 수 있을 것이다. 따라서 국어사와 일반언어학 연구에서 드러나는 유응호의 독특한 위상은 결과적으로 서울대학교 언어학과의 정체성에서 중요한 요소가 되었는데, 이러한 정체성은 이후 허웅許雄(1918~2004)에 의해 계승된다고 볼 수 있다.

1930년대 조선어학의 과학화를 주도했고, 역사비교언어학의 과학적 방법론을 적용하며 국어 음운론과 국어사 연구에서 의미 있는 업적을 남겼고, 조선어학연구회와 조선학술원 등의 활동을 통해 실천적 연구의 모습을 보여 주었던 유응호의 학문적 정체성은 김선기, 김방한, 허웅 등을 통해 구현되면서 서울대학교 언어학과의 정체성을 형성했다. 그러나 실천적 활동에 적극적으로 관여했던 김선기와 허웅이 유응호가 몸담고 활동했던 조선어학연구회와 대립한 조선어학회를 실천 활동의 근거로 삼았다는 점은 아이러니한 일이다.

3.3. 실천적 국어학의 과학화

해방 이후 서울대학교 국어국문학과의 국어학 담당 교수는 이희승, 이숭녕, 방종현 등이었는데, 이들은 모두 경성제대 조선어문학과 졸업생이었다. 이는 연세대학교 교수진과 비교할 때 학문적 배경에서 확연하게 대비된다.

연세대학교 국어국문학과에서 국어학 분과의 초석을 세운 교수진은 최현배崔鉉培, 김윤경金允經, 장지영張志暎 등으로, 이들은 모두 조선어학회에서 활동한 인물들이다. 대학 재학 시절 언어학을 전공으로 하지는 않았지만,[17]

---

17 최현배는 교육학(철학), 김윤경은 역사학을 전공했고, 장지영은 한성외국어학교에서 수학했다.

이들은 오랜 시간 우리말 정리와 연구에 헌신하면서 쌓아 온 지식을 바탕으로 자신의 전공 분야를 개척하여 체계화한 인물이라는 공통점이 있다. 특히 이들은 주시경周時經의 조선어강습원을 졸업했는데, 평생 학문적으로나 실천적으로나 주시경의 뜻을 발전시키기 위해 노력했다. 이들이 모두 일제강점기 조선어학회 사건에 연루되어 옥고를 치른 동지적 관계를 맺고 있었다는 점도 연세대학교 국어학의 정체성을 형성하는 데 결정적인 역할을 한다.

게다가 조선어학회의 국어사전 편찬 사업에서 중추적인 역할을 담당했던 정인승鄭寅承과 정태진丁泰鎭, 해방 후 국어교육 정책에서 중추적인 역할을 담당했던 박창해朴昌海, 비교언어학과 음성학 분야의 이론가로 조선어학회 학술 운동을 이끌었던 김선기, 최현배 이후 한글학회를 이끌며 어문민족주의적 어문운동을 전개한 허웅[18] 등이 연세대학교의 전신인 연희전문을 졸업하고 연세대학교와 직간접적 관련을 맺으며 학술 활동을 한 점을 보면 연세대학교 국어국문학과의 정체성은 실천적 국어학과 분리하여 생각하기 어렵다.

조선어학회에서 활동했던 인물들은 해방 직후 주로 국학대학(현 홍익대학교)과 연세대학교에서 강좌를 맡았다. 그런데 국학대학을 담당했던 대종교 인사인 이극로李克魯, 정열모鄭烈模 등이 월북하면서 연세대학교가 조선어학회의 배경 대학으로 자리를 잡게 된다. 1949년 이후 조선어학회가 한글학회로 개명하고 최현배가 한글학회 이사장으로 국어정책을 주도하면서 연

---

18 허웅은 연세대학교 국어국문학과 교수를 지내다가 서울대학교 언어학과 교수이던 김선기의 권유로 서울대학교 언어학과로 자리를 옮겼다. 서울대학교로 자리를 옮기기 전 김선기는 연세대학교 영문과에서 재직했다.

세대학교 국어국문학과는 실천적 국어학 연구의 산실이 되었다.

이와 같은 이유로 연세대학교 국어학은 실천성과 과학성을 겸비하는 방
향으로 발전을 도모하며 학문적 정체성을 형성했다. 대학은 실천 조직이 아
니었기 때문에 학문적 토대를 구축할 필요가 있었던 것이다. 이는 사실 연
세대학교 국어학의 숙제이기도 했다. 문법 분야의 최현배, 국어학사 분야의
김윤경, 국어사 분야의 장지영은 당대 명망 있는 학자였지만, 국어정책에
투신했던 최현배는 한국전쟁 이후에야 대학에 복귀할 수 있었고, 장지영은
해방 정국에서 문교부 편수국에서 활동한 후 1948년에야 대학에 부임했다.
따라서 해방 이후 국어학 교수로 학과의 기틀을 잡은 이는 김윤경이었다.

김윤경은 『조선문자급어학사朝鮮文字及語學史』(1938)를 저술한 연구자로
널리 알려졌지만, 『조선말본』(1932)과 이를 발전시킨 『고급용 나라말본』
(1948) 등을 저술한 문법가이기도 하다. 김윤경의 문법은 주시경과 김두봉金
枓奉의 견해를 잇는 것으로 특성을 지닌다. 그가 해방 후 대학 강의안의 뼈

대를 중심으로 중학교 상급 학년의 수준에 맞게 고쳐 쓴 것이 『고급용 나라말본』이라는 점, 해방 이후 『조선문자급어학사』를 개정하면서 『훈민정음』(해례본)을 비롯한 국어사 자료의 분석을 심화한 점을 감안한다면, 김윤경이 해방 직후 연세대학교 국어학 강좌를 전반적으로 책임졌음을 알 수 있다.

이런 점에서 보면, 1952년 박창해가, 1954년 유창돈劉昌惇(1918~1966)이 교수로 부임하게 되면서 연세대학교 국어학의 학문적 틀이 완성되었다고 할 수 있다. 박창해와 유창돈은 1950년대 신세대 국어학자들과 더불어 국어학의 과학화를 위한 학술 운동에 참여했다는 공통점이 있다. 유창돈은 김민수, 남광우南廣祐(1920~1997)와 함께 국어학회 창립을 발기한 발기인이었으며, 박창해는 이들 신세대 국어학자들이 국어학회의 이사장으로 추대한 인물이다. 1950년대 후반 어문민족주의와의 단절을 모토로 창립한 국어학회의 발기인과 이사장으로 활동할 이들이 어문민족주의의 이론적 진지라 할 수 있는 연세대학교의 교수로 임용되었다는 사실은 연세대학교 국어학의 변화를 예고하는 것이기도 했다.

박창해[19]는 최현배의 연희전문 제자로 최현배가 문교부 편수국장을 하던 시절 편수사로 활동했으며, 최현배의 『우리말본』을 요약하여 『쉬운 조선말본』(1946)을 편찬할 만큼 최현배의 문법을 잇고자 했다. 박창해가 편수사 시절 편찬한 초등학교 국어교과서 『바둑이와 철수』(1학년 1학기, 1948)는 조선어학회가 해방 직후 편찬한 『한글 첫 걸음』을 대체한 것으로, 문자 교육이 아닌 언어 교육, 즉 의사소통 중심의 국어교육을 시도한 것이라는 점에서 그 의의를 인정받고 있다. 또 그가 기획한 것으로 알려진 우리말 사용빈도 조사

---

19 박창해에 대한 최근 연구로는 오새내·김양진(2014)을 들 수 있다. 여기에서 제시한 박창해의 활동 내역 등은 이를 기준으로 한 것이다.

의 결과물인 『우리말 말수 사용의 잦기조사-어휘 사용 빈도 조사-』(1956)
는 국어교육 및 국어학의 연구 기반을 조성한 것으로 평가받는다. 한편 박
창해는 1955년 컬럼비아대학교 언어학과에서 수학한 후 귀국하여 1959년
연세대학교 한국어학당을 만드는 데 결정적으로 기여했다. 이런 의미에서
보면 박창해는 실천적 국어학의 전통을 새로운 차원에서 이은 인물로 평가
할 수 있을 것이다.

　유창돈은 장지영의 뒤를 이어 국어사를 전공했는데, 『이조국어사연구
李朝國語史硏究』(1964), 『이조어사전李朝語辭典』(1964) 등의 기념비적인 저서
를 저술했다. 특히 그가 남긴 『이조어사전』은 장지영의 유고인 『이두사전』
(1976)[20]과 더불어 연세대학교 국어학의 국어사적 전통을 잘 보여 준다. 유
창돈은 15세기부터 19세기까지의 문헌을 조사하여 어휘를 수집했고 이를
분석하여 뜻풀이를 한 결과물을 내놓았다. 한편 장지영은 문헌뿐만 아니라 토
지매매 문서 등 사문서까지 광범위하게 채록하여 당시로서는 최대 규모의 이
두 자료집을 내놓았다. 장지영의 경우 이두 어휘를 글자 수나 획수로 분류하
는 방식을 지양하고 일반 사전의 배열 방식을 채택하여 가나다순으로 정리한
것은 특기할 만한 점인데, 이와 같은 배열 방식은 그가 이두를 우리말에 포함
하여 사고했음을 보여 주는 대목이다. 이런 점에서 보면 유창돈과 장지영의
고어사전은 국어사의 연구를 실천적 국어학의 전통과 연결 지은 성과라 할
수 있다.

---

20 장지영의 『이두사전』은 아들 장세경에 의해 보완되어 오늘에 이르고 있다.

3.4. 이론과 이념의 조화

김수경金壽卿은 1960년대 말까지 문법론, 언어정책론, 문체론 등을 주제로 여러 논문과 단행본을 발표했는데, 그의 연구는 당시 주요 논쟁의 중심에 있거나 새로운 영역을 개척하는 것이었다. 이때 주목할 점은 그의 연구가 구조주의적 분석 방법론에 의거했을 뿐만 아니라, 당시 소련 언어학의 연구 동향에 민감하게 반응했다는 사실이다. 따라서 김수경의 활동을 중심으로 김일성대학교 조선어문학부의 연구 경향을 설명하는 것은 북한 국어학계의 지향점을 살펴보는 의미도 있다.

　김수경이 활동한 시기에 사회주의권 국가의 언어학자들은 구조주의 분석 방법론과 마르크스주의 세계관을 조화하는 문제에 고심할 수밖에 없었다. 당시 상황에서 언어 분석 방법론은 기본적으로 구조주의의 방법론을 수용할 수밖에 없었지만, 언어의 역사성과 사회성을 배제한 상태에서 언어 체계의 구축에 관심을 기울인 구조주의는 이념적으로 역사성과 사회성을 근간으로 하는 마르크스주의와 배치되었기 때문이다. 그러나 이러한 압박은 언어학의 방향과 관련하여 새로운 모색을 하는 계기가 되기도 했다. 김수경의 연구는 이념의 시대를 살아야 했던 구조주의자가 이념을 의식하며 모색한 연구의 양상을 잘 보여 준다. 그는 구조주의 연구 방법론과 유물론적 언어관의 조화, 이론적 국어학과 실천적 국어학의 조화를 고민했는데, 이는 김일성대학교 조선어문학부의 고민이기도 했을 것이다.

구조주의 연구 방법론과 유물론적 언어관의 조화

김수경은 소련의 언어학 서적과 논문을 번역하면서 이를 자신의 논의에 적용하는데, 이와 관련한 연구는 유물론적 언어학을 지향했던 북한 국어학계가 이론적 토대를 구축하는 데 기여했다. 이때 김수경의 연구 경향과 관련하여 특별히 주목해야 할 것이 그가 1949년에 번역한 『언어학』이다.[21] 남북한 국어학계에 언어학 개론서가 번역되지 않았던 현실과 당시 소련 언어학의 높은 수준[22] 등을 고려할 때, 이 책의 번역은 과학적 언어연구 방법론의 수용과 확산이라는 측면에서 새롭게 평가할 필요가 있다.

『언어학』의 구성 및 내용상 특징은 두 가지 측면에서 정리할 수 있다. 첫째, 이 책은 언어 구성단위와 분석 방법에 대한 설명을 기본으로 하되 각 설명에 역사주의적 관점을 덧붙이고 있다.[23] 이는 언어의 본질을 역사성과 역동성에서 찾으면서도, 문장 및 단어의 구조 분석과 언어 단위에 대한 개념 정립 과정에서는 구조주의적 성과를 충실히 반영하는 데에서도 확인할 수 있다.

김수경이 번역한 『언어학』에서의 개념 설명 사례

음운: 음운이란 형태부 및 어의 구별에 소용되는, 언어의 성음 구조의 단위로써, 그로부터 언어의 의미적 단위(형태부, 어, 문장)가 구성되는 최소의 요소이다.(124쪽)

음운체계: 음운이 의미적 역할을 하게 되는 것은 대립의 덕택이다. 단지 한 개의 표식에 의하여 구별되는 대립을 상관대립 또는 상관이라 부른다.(126쪽)

---

21 원저는 1947년 발행된 레폴마트스키A. A. Реформатский의 *Введение в языковедение*(언어학 개론)이다. 이 책은 1967년까지 지속적으로 개정판이 나왔을 만큼 소련 언어학계에 지대한 영향을 미쳤다. 김수경이 이 책을 대학의 교재용으로 번역한 것을 볼 때, 이 책의 기술 내용과 번역된 문법 용어는 북한의 국어학이 체계화되는 과정에서 주요하게 참조되었을 것이다.

22 프라그학파로부터 구조주의가 본격적으로 발전하기 시작했는데, 프라그학파의 주축은 러시아 형식주의자들이었다. 이들은 1920년대 후반 마르크스주의자들로부터 비판을 받고 소련 학계에서 퇴출되었지만, 이들에 의해 발전한 구조분석 방법론마저 부정된 것은 아니었다.

23 한 예로 품사에 대한 설명을 한 후 다음과 같은 부가 설명을 덧붙인 경우를 들 수 있다. "주의하여야 할 것은 품사는 결코 시간과 공간을 초월한 영구적 범주가 아니다. 이와 반대로 언어와 시대에 의하여 제약되는 력사적 현상이라는 사실이다."(172쪽)

변이음: 변이는 언제나 한 개의 음운에 속하며 그 뉴앙스로 나타난다.(128쪽)

형태소: 형태부는 어사에 있어 의미를 가진 최소의 단위다.(141쪽)

둘째, 이 책의 구성을 보면 음운론과 문법론에 앞서 어휘론 영역을 가장 먼저 제시하고 있다. 특히 이 책에서의 어휘론이 구조주의적 의미관계뿐만 아니라 '다의성, 은유, 환유, 문맥(맥락)' 등을 중요하게 다룬다는 점은 주목할 필요가 있다. 어휘론을 강조한 것은 '단어, 어음, 문법적 범주' 등을 분석할 때 그것의 문체론적 의의를 더불어 고려해야 한다는 관점을 반영한 것이다. 이처럼 언어의 역사성과 언어 사용의 구체적인 맥락을 중시한 것은 역사주의와 문맥주의에 기반을 두었던 유물론적 언어관에 따른 것이라 할 수 있다.

이상 『언어학』의 구성과 내용을 통해 본 소련 언어학의 경향성은 북한 국어학계의 연구 경향, 특히 김수경의 연구 경향을 이해하는 데 시사하는 바가 큰데, 이는 두 가지로 정리할 수 있다.

첫째, 북한 국어학에서 정립하고자 했던 유물론적 관점은 곧 역사적이고 역동적인 관점의 언어 연구였지만, 그것이 구조주의 연구 방법론과의 단절을 의미하는 것은 아니었다는 사실이다.[24] 역사주의 언어학과 구조주의 언어학이 단절적이라기보다는 일면 상호 보완적인 특성을 지니고 있었다는 점[25]을 고려하면 이런 견해를 쉽게 수긍할 수 있을 것이다.

---

24 김수경이 번역한 『언어학』은 마르 이론에 대한 비판이 본격화되면서 1953년 출판이 중단되고, 1955년 유응호에 의해 새로운 언어학 개론서인 『언어학개요』가 번역·출간된다. 이는 당시 소련 언어학 개론서 번역의 정치성을 잘 보여 주는 사례이다. 마르의 견해에 대한 평가를 제외한다면 두 책에 제시된 언어학 연구의 목표와 방법은 큰 차이가 없다.

25 구조주의 언어학은 역사주의 언어학에 대한 반동이었지만, 역사주의 관점을 부정하기보다는 이를 전제한 상태에서 언어의 공시적 체계에 주목했다고 할 수 있다.

이와 관련하여 주목할 것이 유응호의 연구[26]인데, 그는 언어학이 "언어학의 각 부분들, 즉 어음론, 어휘론, 문법 등의 내적 연계를 중요시하고, 음운의 변화 발전에 주목하는 것"을 지향해야 한다고 하면서, 소쉬르를 비롯한 구조주의학자들의 관념론적 이론은 음운의 일면적 성질과 기능만을 과대시하는 문제를 보인다고 비판한다. 이러한 구조주의 비판은 북한 언어학이 유물론적 이론 체계를 세우는 과정에서 발생한 것이라 할 수도 있지만, 유응호의 이론적 모색의 귀결점이라고 해도 과언이 아닐 것이다. 유응호가 유물론적 관점에서 언어학을 연구했다면, 파울이 강조하는 언어의 역사성과 바이스게르버와 소쉬르가 강조하는 언어의 체계성을 조화하는 언어이론을 모색했을 가능성이 높기 때문이다. 유응호가 어음론을 "언어의 어음 체계 및 변화의 법칙을 연구하는 과학으로서, 즉 언어를 구성하는 자료의 방면으로부터 이를 연구하는 언어학의 한 분과"라고 정의한 것은 공시적 체계와 통시적 변화라는 두 가지 측면을 설명하는 것이 언어학의 목표가 되어야 한다는 점을 피력한 것이라 할 수 있다.

둘째, 김수경의 연구가 문법론 연구에서 문체론 연구로 확장되고 북한의 국어학계가 문체론 연구를 중시하는 경향성을 띠는 것이 소련 언어학계의 흐름과 연관된다는 것이다.

그렇다면 그간 초기 북한 국어학의 전개 과정을 "소련 언어학 이론의 도입과 구조주의 문법과의 단절"로 단순화하는 태도가 일반화되었던 것은 무슨 이유에서일까? 이를 알기 위해서는 먼저 1950년대 전후 유물론적 언어학에 대한 북한 국어학자들의 인식 태도를 점검해 볼 필요가 있고, 그다음에 유물론적 언어학에 대한 현재 남한 국어학자들의 인식 태도를 점검할 필요가 있다.

---

26 유응호, 조선어 어음론 강의(1)~(4), 『조선어문』 제2, 4, 5, 6호, 1956.

북한 정부 수립 이후 북한 국어학자들은 마르크스주의를 국어학 연구에 적용하려고 했다. 북한 국어학자들이 소련 언어학에 주목한 것은 이 때문이었다. 김수경의 학문적 이력을 보면 그 또한 마르크스주의 언어학자로서 소련 언어학의 새로운 동향에 관심을 가졌음을 알 수 있다. 그는 당시 '신언어이론新言語理論'이라 불렸던 소련 언어학자 마르H. Я. Mapp의 언어이론을 번역하여 소개했을 뿐만 아니라, 기존의 조선어학계에서도 마르 이론의 모델을 찾으려 했다. 이러한 사실을 잘 보여 주는 글이 「조선어 학자로서의 김두봉 선생」[27]이다. 이 글은 60회 생일을 맞는 김두봉의 학문적 업적을 찬양하는 글이었는데, 당시 소련 언어학의 이념적 기반이 된 마르의 언어이론을 김두봉의 언어이론과 대비시켜 설명했다는 점에서 주목할 필요가 있다. 김수경은 사회의 발전 과정에 따라 언어의 모습과 언어학의 역할이 결정된다는 관점에서, 언어 개혁을 지향하는 김두봉의 견해를 마르의 언어이론에 대응시켜 그 의의를 강조했던 것이다. 그러나 마르 이론에 대한 비판으로 촉발된 소련 언어학계의 이념 논쟁이 마무리된 1950년대 중반부터 김수경은 적극적으로 마르 이론 비판에 나섰다.[28] 이러한 김수경의 행보는 소련 언어학계의 이념 논쟁이 북한 국어학의 방향성 정립에 일정한 영향을 미쳤음을 보여 주는 예라 할 수 있다.

---

27 이 논문은 1949년 6월에 『조선어연구』 1-3에 게재되었다.
28 『쏘웨트 언어학의 제 문제』(번역 론문집 / 과학아카데미 학술회의 자료집에 발표된 것들을 번역 편집한 것)와 『이·웨·쓰딸린의 로작에 비추어 본 언어학의 제 문제』(각 대학 어문 학부용 / 1952년 모스크바대학에서 간행한 것을 번역)는 각각 1954년과 1955년에 잇달아 출간되었는데, 이 서적 출판의 주요 목적은 마르 이론을 비판하고 스탈린의 언어이론을 강조하는 것이었다. 김수경은 후자의 서적에서는 심사자로 이름을 올렸고 전자의 서적에서는 「언어학의 문제들에 관한 이웨 쓰딸린의 로작이 사회 과학의 발전에 대하여 가지는 의의」, 「언어학에 있어서의 비교 력사적 방법에 관한 문제에 대하여」, 「언어학에 관한 이웨 쓰딸린의 로작에 비추어 본 중국과 일본에 있어서의 민족어에 관하여」 등 3편을 번역했다.

그러나 앞서 지적했듯이 『언어학』(1949)과 『언어학개요』(1955) 등처럼 마르 이론의 추종기와 비판기에 나온 연구물을 보면 언어분석 방법론은 크게 변하지 않았음을 알 수 있다. 언어학의 이념 논쟁이 언어분석 방법론이나 언어 개념을 정립하는 데에는 실질적인 영향을 미치지 않았던 것이다. 이는 마르크스주의 언어학자들 간에 진행된 언어학의 이념 논쟁을 언어분석 방법론의 수용이라는 문제와는 거리를 두고 이해할 필요가 있음을 말해 준다.[29]

소련 언어학계와 북한 국어학계가 마르의 언어이론에 주목했던 것은 전방위적으로 유물론적 세계관을 구축해야 했던 시대적 요구에 마르 이론이 부응했기 때문이며, 마르 이론을 둘러싼 언어학의 이념 논쟁도 마르 이론에서 강조했던 언어의 발전 법칙과 이에 따른 언어적 실천의 적절성에 대한 논쟁이었다. 이러한 맥락에서 본다면, 구조주의가 비판의 대상이 되었던 것은 바로 언어의 발전 법칙과 언어적 실천을 고려하지 않는 구조주의 언어학의 원리 때문이라고 할 수 있다. 따라서 구조주의 비판을 곧바로 구체적인 문법 현상의 분석에서 구조주의 분석 방법론을 배척한 것으로 연결 짓는 태도는 북한 국어학계의 흐름을 사실적으로 파악하는 데 장애가 될 수 있다.

이론적 국어학과 실천적 국어학의 조화

김수경의 국어 연구는 1947년의 경향을 그대로 유지하는데, 1949년부터

---

29 고영근 외(2004: 21)에서는 "옛 동독에서 나온 언어학 서적을 보면 항상 바닥에는 유물론을 깔고 있으면서 언어의 구조를 탐색하는 방향의 서술법을 취하고 있다. 이런 점을 보면 유물론과 같은 이데올로기는 본질과는 거리가 먼 껍데기일 가능성이 많다"라고 지적하고 있다. 고영근 외(2004)에서는 이러한 경향이 1960년대 이후 사회주의권에서 구조주의 언어학을 받아들이면서 나타난 결과로 보고 있는데, 이는 실제와 차이가 있는 부분이다.

1956년 사이에 발표한 대부분의 논문은 단어의 형태와 기능에 대한 철저한 분석이 돋보이는 것이었다. 단 이 당시 논의에서는 언어 연구의 실천적 적용을 모색하는 태도, 실천적 적용 양상에서 이론적 근거를 확인하는 태도가 두드러진다는 점을 주목할 필요가 있다.

첫째, 김수경은 이론적 연구와 어문 규범 문제를 관련지어 논의하는 태도를 보였다. 「용비어천가에 보이는 삽입자모의 본질」이란 1949년의 논문은 월북 이전에 발표한 「용비어천가 삽입자음고」와 내용이 유사하지만, 철자법 문제의 해결을 모색하기 위한 논의임을 밝혔다는 점, 최현배의 논의[30]를 비판하고 있다는 점, 소련 언어학 논의 내용을 참조하고 있다는 점 등에서 차이를 보이고 있다. 이 중 철자법 문제를 해결하려는 목적이 가장 두드러졌던 것은 당시 형태주의 철자법을 확립하는 데 사이시옷 문제가 논쟁거리였기 때문이다. 김수경은 1947년 『로동신문』에 3회에 걸쳐 철자법과 관련한 논문을 연재하는데,[31] 그는 이 논문에서도 두음頭音 ㄴ, ㄹ의 표기와 관련하여 나타나는 『한글 맞춤법 통일안』의 표음주의적 편향을 비판[32]하고 형태주의 표기의 합리성을 주장했다.

둘째, 김수경은 언어이론적 논의를 사전 편찬, 문자개혁 등과 관련지어 논의했다. '토'의 성격 규정 논의가 본격화되던 시기에 발표한 1956년의 논

---

30 김수경과 최현배의 논의는 사이시옷을 '의'와 같은 기능을 하는 것으로 보지 않은 데에서는 공통적이나 최현배의 『우리말본』에서 사이시옷을 문법적인 접사로 설명하고 있다는 점에서 김수경의 논의와 차이를 보인다.

31 이 논문은 「조선어학회 〈한글맞춤법통일안〉 중에서 개정할 몇가지 기일其─한자음표기에 있어서 頭音 ㄴ 及 ㄹ에 대하여」(『로동신문』, 1947. 6. 6.~8.)에 수록되었고, 『〈겨레말큰사전〉 북남공동편찬위원회 제7차회의 자료』에 재수록되었다.

32 한글 맞춤법 통일안과 외래어 표기법의 근본 원칙에 근거한 비판, 각 언어의 양상을 실례로 한 비판, 한글 학습의 관습을 근거로 한 비판 등이 그것이다.

문 「조선어 형태론의 몇가지 기본적 문제에 관하여(상, 하)」에서, 김수경은
토의 성격을 규명하는 문제를 소련 언어학계의 논의, 사전 편찬 관습, 띄어
쓰기 및 문자개혁 문제 등과 연관 지어 논의했다. 굴절어에서는 어미 부분
을 따로 사전에 올리는 일이 없지만 조선어사전 편찬에서는 토를 다른 어
휘들과 마찬가지 자격으로 싣고 있다는 점을 지적하며 토의 단어적 성격을
강조하거나, 토를 단어로 봐야만 토를 띄어 쓸 수 있고 토와 어간을 띄어 쓰
는 것이 풀어쓰기로의 문자개혁에 기여할 수 있다고 주장했다.

셋째, 이론과 실천을 조화하려는 김수경의 문제의식은 문체 연구로 확장
된다. 구조주의 문체론을 기본으로 언어학적 문체론[33]을 체계화하면서 표
현의 효과를 제고하기 위한 방안을 이론 체계에 포함하려 한 점도 이론과
실천을 조화하려 했던 사례로 거론할 수 있을 것이다. 문체는 문풍의 확립
이라는 과제와 더불어 북한 국어학계의 중요한 실천 과제로 제기된다. 이러
한 점은 언어의 맥락적 의미를 중요하게 생각하는 유물론적 언어학의 특징
을 보여 준다고 할 수 있다.

언어는 인간 활동의 모든 분야에서 교제의 수단으로 리용되는 만큼 그 교제의 분야,
교제의 조건, 교제의 목적, 진술의 내용, 대상의 특성 등등 매개의 구체적 정황에 따라
그에 적합한 언어 수단들을 선택 사용하지 않으면 안 된다. (중략) 그러면 우리의 언어
실천에서 매개의 구체적 정황이란 어떠한 것인가? 그것은 우선 우리의 언어 교제가 진
행되는 장면, 조건에 따라 언어 행위의 구체적 발현 형태가 달라진다는 것이다.[34]

---

33 김수경은 1964년에 『조선어문체론』을 출간한 것으로 알려져 있다. 김영황·권승모 편(1996:
   212)에서는 "이 책은 언어실천과학으로서의 문체론의 연구대상과 연구몫을 명백히 밝힌 것으
   로 하여 조선어문체론의 성립을 인정받을 수 있게 하였다"라고 『조선어문체론』을 평가했다.
34 김수경, 문풍에 대한 리해를 더욱 심화하기 위하여, 『조선어학』 3, 1963.

토의 탐구를 통한 국어 연구의 심화

1950년대 북한 국어학계는 토의 성격을 규정하는 데 논의를 집중했는데,[35] 이때의 논의는 교착어인 국어의 문법적 특징을 설명하는 데 기여했다는 점에서 의의가 있다. 김수경의 연구[36]와 정열모의 연구는 당시 진행된 토 논의에서 주요한 축을 이루었다.

김수경은 단어의 구조를 어근, 접두사, 단어조성의 접미사, 형태조성의 접미사(상, 시칭, 존경을 나타내는 것), 토(격, 법, 계칭을 나타내는 것)로 분석했고, 토를 형태조성의 접미사와 구분하여 단어의 문장론적 위치를 나타내는 '위치적 형태부'로 보았다. 그리고 토를 단어적 성격과 접사적 성격을 겸한 이중적 존재로 규정하면서 독립적인 품사로 설정했다. 이러한 견해는 기존의 품사 분류 유형과 비교할 때 다음과 같은 특성이 있다.

첫째, 김수경의 견해는 토를 품사에 포함시킨 최현배의 견해와 유사하지만, 토의 범위를 조사만이 아니라 어미까지 포괄한다고 봤다는 점에서 최현배의 견해와 대조된다. 둘째, 김수경의 견해는 조사와 어미를 따로 구분하지 않았다는 점에서 정열모와 유사한 점이 있지만, 정열모가 토를 단어가 아닌 문법적 관계를 나타내는 접사로 봤다는 점에서 그와 대조된다. 셋째, 김수경의 견해는 조사와 어미를 단어로 인정한다는 점에서 주시경과 유사하지만, 주시경이 조사와 어미를 기능에 따라 '겻(-는, -ㄴ, 이, 가, 을 등), 잇(-고, 와 등), 끗(-다, -어라 등)'으로 분류했다는 점에서 차이가 있다. 이를 종합하면 김수경의 형태관은 주시경의 형태관을 잇고 있지만, 품사 분류에서 주

---

35 1958년 "조선어형태론의 특성에 대한 학술토론회"와 1963년 "조선어문법구조연구에서 주체를 튼튼히 확립하기 위하여"라는 학술토론회에서의 주요 쟁점은 토의 성격 문제였다.

36 김수경, 조선어 형태론의 몇가지 기본적 문제에 관하여(상, 하), 『조선어문』(1, 2), 1956.

시경과 차이가 있음을 알 수 있다.

이러한 김수경의 견해는 이후 북한의 형태론 연구에 깊은 영향을 미치지만, 북한의 토 논의가 토의 교착적 성격을 중시하는 방향으로 정리되었다는 점을 유의할 필요가 있다. 즉 『조선어문법 1』(1960)[37]에서는 이전의 문법서와 달리 토를 독립 품사가 아닌 문법적 접사로 분류함으로써, 토의 범주에 관한 한 김수경의 견해를 부정하고 정열모의 견해를 채택했다. 그러나 『조선어문법 1』에서 문법적 교착 요소들을 모두 문법적 접사로 분류하면서도 이를 다시 토와 형태조성접미사로 구분하는 것을 볼 때, 두 범주의 기능적 차이에 주목했던 김수경의 견해가 여전히 유효함을 확인할 수 있다. 『조선어문법』(1964)에서는 문법적 교착 요소들을 모두 토로 보고 있지만, 토를 '위치토'와 '비위치토'로 구분함으로써 이 역시 토와 형태조성접미사를 기능적 특성에 따라 위치적 형태부와 비위치적 형태부로 구분한 김수경의 견해를 일정 부분 수용하고 있다.

결국 1964년의 문법서를 통해 조정된 견해는 토를 '자리토'와 '끼움토'로 구분하는 현 문법체계로 이어진다. 따라서 현재 북한 표준문법에 나타난 형태 분석의 입장은 "위치적인것과 비위치적인것을 이질적인것으로 가르는 것이 아니라 모두 토의 범주 속에 넣고 위치토와 비위치토로 구별하"(김영황, 2004)는 것이라 할 수 있다. 그렇다면 토의 범주를 어떻게 설정하느냐를 떠나 문법적 교착 요소들 간의 기능적 차이에 주목한 김수경과 정열모의 견해가 형태 분석 논의를 심화하는 계기가 되었음은 분명한 사실이다.

---

37 김수경은 『조선어문법 1』(1960)의 형태론 부분을 리근영과 함께 집필했다(김영황·권승모 편, 1996: 348 참조).

3.5. 소수민족어로서의 조선어 연구

중국의 조선족은 한반도에서 건너간 민족이지만, 점차 정치적으로나 문화적으로 중국의 소수민족으로 자리 잡게 되었다. 다민족 국가인 중국에서 조선족이 소수민족으로 규정되었다는 것은, 조선족 공동체가 중국을 구성하는 한 구성체가 되었다는 의미이다. 정판룡(1993)의 언급은 중국 조선족 문화의 위상에 대한 자기규정이라고 볼 수 있다.

> 오늘의 중국조선족 문화는 말 그대로 중국조선족문화(어떤 사람은 중국특성이 있는 조선족문화라고 한다)이지 결코 재중조선인문화라거나 이민문화라고는 할 수 없다. 그것은 우리 문화의 내용만 놓고 보더라도 주요하게는 중국의 정치, 경제, 사회생활을 반영하고 있으며 또 중국조선족문화로서의 특성들을 가지고 있기 때문이다.

위의 언급에 기초해 본다면 중국의 조선어는 중국의 정치, 경제, 사회 생활을 반영하는 것이며, 조선족에 의해 이루어지는 우리말 연구는 중국 내 조선족 공동체의 유지와 발전을 위한 것이라고 해야 한다. 이는 중국의 조선족이 한민족의 기본 특징을 가지고 있는 한편 중국의 사회·문화 환경에서 형성된 다른 특징도 가지고 있다는 점을 강조한 것이다. 중국 정부가 수립되면서 이러한 점은 더욱 강조되었다. 1949년 중국 수립과 함께 연변대학 조문학부가 설립되고 연변 지역 조선어학자들이 '한문연구회韓文硏究會'를 조직한 데 이어 1957년에 '조선어학 준비위원회'를 조직한 것은 이런 인식에 따른 것이다. 따라서 중국 조선어의 연구 경향을 파악할 때는 한반도 내 국어학으로부터의 영향과 중국 조선족 문화 환경에서 형성된 특징을 함께 고려할 필요가 있다.

1950년대 연변대학 조문학부의 학문적 경향은 전적으로 김일성대학교의 영향을 받았으며, 당시 중국 조선어 규범화 또한 북의 언어 규범을 적용하는 것이었다. 그런데 한중 수교 이후 중국 조선어학은 한국의 영향을 더 많이 받고 있다. 이런 점을 볼 때 중국 조선족에 의해 연구되는 조선어학은 남과 북의 국어학을 참조하며 발전 방향을 모색해 왔다고 할 수 있다. 이는 중국 내 조선어학이 남과 북의 국어학을 객체客體로 관찰하는 것이 아니라는 의미이기도 하다. 이 때문에 중국의 조선어와 조선어학을 정확히 이해하기 위해서는 이를 남북의 국어 및 국어학과 관련지어 고찰할 필요가 있다.

한편, 중국의 조선어학은 중국의 소수민족언어학의 한 분야로서 한반도의 국어학 연구와는 다른 차원의 연구를 진행하기도 한다. 이로 인해 중국의 조선어학에 나타나는 특징으로는 중국 전통의 반영, 중국 내 소수민족의 현실 반영, 독자적인 언어 규범의 수립 등 세 가지를 들 수 있다. 그런데 대약진운동(1958~1966)과 문화대혁명(1966~1976) 기간의 좌편향적 민족정책으로 중국의 조선어 연구는 거의 단절되었기 때문에, 이러한 특징은 1958년 이전이나 1976년 이후의 연구에서 찾을 수 있다. 중국 조선어학의 전환기를 별도로 설정해야 하는 건 이 때문이다.

첫째, 조선어학 및 조선어정책에 중국 전통, 즉 중국 사상과 중국 가치관이 작용한다는 것이다. 이러한 예로 1950년 오봉협이 발표한 「한글하도河圖기원론」을 들 수 있다.[38] 이는 훈민정음 창제와 역학易學을 관련짓는 연구의 일종이지만, 근대 훈민정음 연구에서 이러한 기원설이 중국 조선족학자 오

---

38 오봉협은 연변대학 조문학부 창립 성원으로 역사와 조선어학을 교수했다. 역사학 분야에서는 발해사 연구에 기여했으며, 조선어학 분야에서는 훈민정음 창제와 관련한 새 학설을 제기했다. 「한글하도기원론」은 1950년 『교육통신』에 제2기부터 제6기까지 총 5회에 걸쳐 연재된 것이다. 오봉협은 최현배의 『한글갈』(1942), 홍기문·전몽수의 『훈민정음역해』(1949) 등을 참조했고, 전몽수와는 의견을 교환했음을 밝히고 있다. 「한글하도기원론」에 대한 내용 요약과 평가는 리득춘(1989)을 참조할 수 있다.

봉협에 의해 최초로 제기될 수 있었던 점을 주목할 필요가 있을 것이다. 또 중국 조선족 자치주의 조선어정책은 '한글 전용, 고유어 살려 쓰기, 우리말 한자음 표기의 고수' 등에서 나타나듯 조선족의 고유성을 강조하는 방향으로 진행되지만, 중국적 가치관이 부각되는 문제에서는 중국적 가치를 반영하게 된다. 한 예로 '한약과 한의'가 조선어 어휘의 규범화 과정에서 '중약中藥과 중의中醫'로 전환되었다.

둘째, 중국에 거주하는 소수민족의 현실을 반영하여 조선어학의 연구 방향을 설정한다는 것이다. 소수민족의 언어 현실에 대한 문제의식은 사회언어학에 대한 관심으로 이어진다. 이러한 맥락에서 중국 내 조선어학에서 폭넓게 연구되는 주제는 대조언어학, 이중언어 교육, 그리고 이중언어 문제에 대한 연구인데, 이러한 연구 경향은 한족漢族이 다수민족인 다민족국가에 살고 있는 조선족의 현실을 반영하는 것이다.

사회언어학적 연구는 중국 소수민족 언어학계에서 공통된 연구 주제이기 때문에, 조선족 언어 상황에 대한 사회언어학적 연구는 소수민족어의 사용 현황을 조사하는 연구와 함께 광범위하게 이루어졌다. 대체로 언어사용자의 교육 및 문화 수준, 대화 상황, 주거지역의 특징[39] 등의 측면에서 사용 양상의 특징을 밝히는 연구가 많이 진행되었는데, 특히 민족어와 한어의 사용 비율을 비교하고 이중언어 사용 현황을 파악하는 것 등이 집중적으로 이루어졌다.

대조언어학은 한어와 조선어의 차이를 밝히는 것을 목적으로 하는데, 이러한 연구는 궁극적으로 번역 및 이중언어 교육에 기여하게 된다. 복합국어

---

39 인구수에서 한족이 우위를 점하는 지역에 주거하는지 아니면 조선족이 우위를 점하는 지역에 거주하는지에 따라 주거지역의 유형을 나눈다.

정책[40]을 추진하는 중국의 현실에서는 번역과 이중언어 교육을 강조할 수밖에 없으며, 이는 대조언어학 연구를 활성화하는 요인이다. 대조언어학과 함께 중국의 소수민족 언어학계에서 가장 활발하게 연구되는 것이 이중언어학인데,[41] 이러한 연구 경향 또한 소수민족어의 사용 능력을 유지하면서 전국적으로 통용되는 공통어인 한어漢語를 습득해야 하는 상황에서 비롯된 것이다. 소수민족 자치정부가 공통어와 민족어에 모두 숙달된 인재의 양성을 중요한 교육 목표로 설정하고 이중언어 교육을 독려하는 현실을 볼 때, 응용언어학으로서 이중언어학은 앞으로 중국 내 조선어학의 가장 중요한 연구 주제가 될 것으로 보인다.

셋째, 중국 조선족의 현실에 맞는 독자적인 조선어 규범을 제정한다는 것이다. 중국 조선족 자체의 언어 규범을 만들고 이를 실천하고자 했다는 것은, 조선족의 존재를 중국의 소수민족으로 규정하고 있다는 것을 의미한다. 따라서 자체의 언어 규범이 성립된 시점은 중국의 조선족 문화사에서 중요한 의미를 띤다. 이러한 정책의 추진은 조선어문사업을 위한 행정기구가 만들어진 것과 긴밀하게 연관된다. 중국 조선족 공동체에서는 1977년 7월 동북3성 조선어문사업협의 소조를 설립하며 독자적인 조선어문정책을 추진할 토대를 마련했으며, 1986년에는 중국 조선어 규범에 대해 논의하는 중국 조선어 사정위원회가 설립되었다. 이는 중국 조선족 사회의 언어 상황을 반영하여 조선어 규범을 현실화할 수 있게 되었다는 점에 일차적인 의미가 있다. 이와 더불어 소수민족 어문정책 기관의 존재의미로 빠트릴 수 없는

---

40 공통어와 소수민족어를 공용어로 인정하는 국어정책을 말한다. 이에 대해서는 김민수(1973)를 참조할 수 있다.

41 中國少數民族雙語敎學硏究會는 소수민족의 언어 문제와 이중언어 교육 방법을 연구하는 학회로 1979년 창립되었다.

것은 조선어문사업협의 소조와 같은 기구가 대학입시에서 조선어의 위상,[42] 학교 교육언어로서 조선어의 위상 등과 관련한 문제를 제기하면서 중국의 소수민족 언어정책을 유지·발전시키는 데 일정한 역할을 한다는 점이다.

어문정책에서 두드러진 성과는 중국 조선어 규범사전이 편찬되었다는 점이다. 1989년 이전에는 북의『조선어소사전』(1954)과『조선말사전』(1960~1962)을 표준으로 중국 조선어의 어휘 규범화를 진행했지만, 연변역사언어 연구소에서『조선말소사전』(1989)을 편찬함으로써 중국 조선족의 현실을 반영한 어휘 규범화가 첫 결실을 맺게 된다. 이 사전은 단순하게 남북에서 편찬된 사전을 참조하여 만든 학습용 사전이 아니라 중국 조선어의 상황을 반영한 사전이라는 점에서 의미가 있다. 이 사전은 중국 조선어에서 나타난 새말과 새 뜻을 반영했을 뿐만 아니라, 중국 조선어의 방언을 규범화하는 등의 특색을 보이고 있다.『조선말소사전』에는 남북사전과는 달리 중국 조선어에서만 쓰이는 어휘도 표제어로 등재되어 있는 것으로 알려져 있다.[43]

---

42 대학입시에서 민족어 우대 정책은 소수민족어 정책의 핵심이라고 할 수 있다.
43 김기종(1993)에서는 이 사전에 중국 조선어에서만 쓰이는 어휘가 백여 개 등재되었다고 밝힌 바 있다.

4

국어학의 전환과 전환 논리

국어학계에서 1950년대는 모색의 시대이다. '우리말 도로찾기'로 상징되는 국어 재정립 운동이 잦아들었고, 대학의 국어국문학과를 중심으로 학문으로서의 국어학을 체계화하려는 움직임이 본격화되었다. 그런데 1950년대는 근대 국어 연구의 성과를 수렴하는 시기이기도 했다. 근대적 개혁과 더불어 진행되었던 국어의 규범화 연구의 성과를 표준화하여 국어사전과 통일문법을 완성하는 것이 이 시대의 과제였던 것이다. 그런 점에서 학문으로서의 국어학을 체계화하려는 움직임과 국어 규범화를 완성하려는 움직임이 맞물리는 1950년대는 국어학의 전환기였다. 이 시기를 거치며 분출되는 전환 논리는 국어 규범화가 완성되는 1960년대 중반 이후 국어 연구의 목표와 방향을 결정지었다. 그렇다면 전환의 움직임은 언제부터 시작되었는가? 전환의 움직임은 조선어학회의 균열로부터 시작되었다.

4.1. 조선어학회의 균열

어문민족주의에 기반 하여 학술 연구 및 어문운동 활동을 전개하던 조선어학회는 1950년대 들어 커다란 도전에 직면한다. 내부 균열에 따른 도전과 신세대 국어학자들에 의한 도전이 그것이다. 특히 신세대 국어학자들의 도전은 1930년대 조선어학의 과학화를 주창하던 흐름을 이어받은 것으로, 국어학의 혁신 논쟁을 불러일으켰다.

  조선어학회 내부의 균열은 외적 요인에 따른 것이라 볼 수 있는데, 그 일차적 원인은 남북 분단이었다. 남북이 분단된 상황에서 조선어학회를 이끌던 이극로李克魯, 김병제金炳濟 등이 월북하면서 조선어학회의 정체성 문제가 대두된 것이다. 정체성 문제를 상징적으로 보여 주는 것이 명칭 변경이었는데, 조선어학회는 1949년 9월 25일 총회를 계기로 학회의 명칭이 한글학회로 바뀐다. 이처럼 조선어학회의 이름이 변경된 데에는 남북에 각각 단독정부가 수립되면서 북한의 공식 국호가 '조선민주주의인민공화국'으로 결정된 점과 조선어학회 구성원 일부가 월북했다는 점이 크게 작용한 것으로 보인다. 그러나 한글학회로 학회의 명칭을 변경한 시기가 조선어학회의 주도권 경쟁이 본격화한 시기와 겹친다는 점에서, 학회 명칭의 변경은 이름 바꾸기의 차원을 넘어선 것이라 할 수 있다. 최현배崔鉉培는 1949년 9월 25일 이사장과 경리부 이사를 겸하게 된 이후 1970년 세상을 떠나기 전까지 이사장직을 수행했다. 이는 간사(이사) 간의 호선에 의해 간사장(이사장)을 뽑던 조선어학회의 관례를 뒤집는 것이었다.

  주도권 경쟁과 관련한 내부적 갈등은 한글 전용 및 한자 폐지 정책과 관련한 입장 차이에서 비롯되었다. 특히 한자 폐지 정책은 해방 직후 미군정청과 조선어학회가 결합하여 강력하게 추진한 것이었다. 이러한 정책이 문교부 편수국장이던 최현배를 중심으로 추진되면서, 이희승李熙昇을 위시한 조선어학회 일부 회원들이 거세게 반발하게 되었다. 한자 폐지 정책에 반대하던 이들은 최현배가 편수국장 시절 의욕적으로 추진한 '우리말 도로찾기' 운동에도 부정적이었다. 인위적인 언어 정화 방식은 언어의 본질에 맞지 않는다고 본 것이다. 그러나 외래의 말에 오염되지 않은 우리말을 한글만으로 쓰는 것을 주시경周時經과 그의 제자들이 궁극의 목표로 삼았음을 생각한다면, 이 당시의 대립은 언어관 및 국어학의 목표에 대한 인식의 차이가 한자 폐지 및 언어 정화 정책을 계기로 표면화한 것이라 볼 수 있다.[1] 앞서 살폈듯이 이희승과 이숭녕李崇寧 등은 1930년대부터 민족의식을 앞세운 언어 연구를 경계하며 과학적 언어 연구를 주창했다.

조선어학회의 중견이었던 이희승이 조선어학회 산하 '한글문화보급회'가 아닌 '국어문화보급회'를 결성하여 활동한 것은 이러한 맥락에서 이해할 수 있다. 그런데 여기서 주목해야 할 사실은 이희승은 국어문화보급회에서 활동하면서도, 한글문화보급회가 개최한 한글강습회(1945. 9. 26.)의 강사로 적극 참여했을 뿐만 아니라,[2] 조선어학회의 교양부 이사로서 한글강습회를 조직하는 역할까지 담당했다는 것이다. 이숭녕 역시 조선어학회 회원이면서 국어문화보급회의 집행부로 활동했다. 이러한 사실은 당시 조선어학회에서 국어정책의 방향을 둘러싼 주도권 경쟁이 치열했음을 말해 준다. 국어정책에 관한 한 최현배의 견해가 어문민족주의자들의 절대적 지지 아래 조

---

1 정재환(2013: 242~250)에서는 한글 전용 논의가 1937년 이후 진행되지 않은 이유로 일제의 국어상용정책이 강화된 상황, 조선어문의 통일이라는 실현 가능한 과제들을 우선할 수밖에 없는 상황 등을 들었다. 그리고 한글 전용 논의는 해방과 함께 한글이 자유를 되찾으면서 본격화될 수 있었다고 보았다.

2 한글강습회와 관련한 내용은 정재환(2013: 138~162)에서 상세하게 정리했다. 한글문화보급회의 구체적인 활동에 대해서는 이를 참조할 수 있다.

선어학회의 주류적 견해로 자리 잡았지만, 이희승은 조선어학회(한글학회)의 이사로서의 역할을 수행하면서 자신의 견해를 적극적으로 표명했던 것이다.

그런데 주도권 경쟁 양상에서 보이는 특이한 점은 이희승이 학회 내의 정책적 대립을 국어문화보급회를 결성하여 학회 외부로 확대했다는 것이다. 즉 이희승은 한자 폐지 및 언어 정화에 반대하는 인사들과의 연합을 통해 조선어학회의 주류적 견해에 맞섰던 것이다. 이는 점진적 한자폐지론 및 현실적 언어정화론에 힘을 실어 주는 계기가 되었다고 볼 수 있다. 이런 점에서 연희전문 문과를 졸업했고 최현배에 의해 조선어학회 사전편찬실 편찬원으로 발탁된 정태진丁泰鎭이 점진적 한자폐지론을 주장했던 사실은 주목할 필요가 있다.[3] 정태진의 점진적 한자폐지론은 냉정하고 엄정한 비판적 견해로 인정되었는데, 그 견해가 객관적이었던 만큼 전면적인 한자 폐지 정책을 강력히 추진하던 최현배에게는 뼈아팠을 것이다.

이처럼 조선어학회 내부의 균열이 심각했음에도 학회가 유지될 수 있었던 것은 일제강점기의 탄압을 극복한 동지적 관계를 무엇보다 우선했기 때문일 것이다.[4] 그러나 한글학회로 학회 명칭을 개명한 시점부터 언어정책과 관련한 조선어학회의 갈등은 더욱 깊어졌다. 김민수金敏洙의 증언[5]을 통해 당시 조선어학회의 갈등이 어느 정도였는지를 가늠할 수 있다.

3　이희승이 1930년대부터 한자제한론을 피력(『한글』 3, 1932. 7.)했다는 점에서 정태진의 견해는 이희승의 것과 일정 부분 겹친다. 정태진의 견해에 대해서는 제IV부 1.3에서 살펴보았다.
4　이극로가 월북한 이후, 남북 대립이 격화되는 와중에도 조선어학회는 1948년 9월 12일 총회를 통해 이극로를 명예이사로 추대했다. 이는 조선어학회 회원들이 조선어학회 사건을 함께 겪은 동지애를 얼마나 중요시했는지를 잘 보여 주는 사례이다.
5　최경봉 외(2007)에 수록된 김민수의 구술.

그래서 인제 그렇게 학회 이름을 한글 총회에서 한글학회로 이름을 고치고 이러면서 인제 한글학회의 명의로 한글 전용을 거기서 논의를 해요. 그런데 일석 이희승, 심악 이숭녕, 이 분들은 제대로 전공자고. 전공자 입장에서 한글 전용은 무슨 아까 얘기헌 것처럼 뭔가 문제 해결을 안 허구서 한글 전용을 허는 것은 혼란과 어려움을 주는 것뿐이다 그래서 반대를 해요. 그러니까 놀래지 말아요. 외솔이 한글학회에서 회원을 제명을 시킵니다. 두 사람을.

그런데 최현배가 이희승과 이숭녕을 한글학회에서 제명했다는 김민수의 증언을 뒷받침할 만한 증언과 기록은 찾을 수 없다. 더구나 이희승은 한글학회로의 개명이 이루어지는 총회에서뿐만 아니라 1955년에도 교양부 이사로 선임되었고, 1960년까지 이희승과 이숭녕은 한글학회 학회지인 『한글』에 논문을 게재했다. 그렇다면 위 증언의 사실성을 좀 더 꼼꼼하게 점검할 필요가 있다.[6] 그러나 1970년대 한글 전용 논쟁이 격화될 때 한글학회 이사장 허웅許雄이 대척점에 섰던 남광우南廣祐를 제명하는 일이 있었다는 기록[7]을 볼 때, 이와 관련한 갈등이 언제든지 학회의 정체성 문제로 비화될 수 있을 정도로 심각했던 것임은 짐작할 수 있다.

따라서 최현배가 1949년 총회를 거쳐 이사장에 오른 후 조선어학회 간사장의 선출 방식을 바꿔 종신 이사장 체제를 구축한 것은 학회 정체성을 유지하려는 시도로 볼 여지가 있다. 조선어학회의 내부 균열이 심각한 상황에서 간사장(이사장)의 교체는 학회 정체성을 뒤흔드는 결과를 초래할 수도 있기 때문이다. 결국 한글학회로의 개명 이후 한글 전용 및 언어 정화 문제에 관한 한 이견이 공존할 수 없었을 정도로 한글학회의 정책 방향은 최현

---

6 제명을 했었다면 그 이후 복권 조치가 있었는지 등도 확인해 볼 문제이다.
7 名對決 화제의 論爭·갈채의 勝負 뒤안길, 『동아일보』, 1982. 1. 5.

배의 견해를 벗어나지 않는다. 이런 상황에서 이희승은 1950년대 이후 한글학회의 운영과 관련하여 실질적인 활동을 하지 않았던 것으로 보인다. 그렇다면 이희승과 이숭녕의 제명 여부를 확인하는 것은 그리 중요한 문제가 아닐 것이다.

이희승과 이숭녕이 한글학회와 결별하게 된 것은 1930년대 그들이 국어 연구의 과학화를 주장할 때부터 예고된 것이라고 봐야 할 것이다. 한자 폐지와 언어 정화에 대한 비판은 결국 어문민족주의적 관점의 국어 연구를 비판하는 것으로 귀결되기 때문이다. 경성제대 출신인 이희승과 이숭녕이 서울대학교 국어국문학과에 자리를 잡으며 서울대학교 국어국문학과는 어문민족주의적 국어 연구와의 차별성을 분명히 했다. 그러나 한글 전용 및 언어 정화 문제로 인한 대립이 후속세대의 학문적 경향의 차이를 심화했다고 단정하기는 어렵다. 해방 이후 서울대학교 국어국문학과를 졸업한 국어학자들이 그들의 스승으로부터 취했던 것은 '과학적 국어 연구'였고, 한글 전용과 언어 정화에 대한 관점은 부차적이었기 때문이다. 따라서 해방 이후 서울대학교 출신 국어학자들은 앞세대 국어학자들의 대립 양상과 다른 차원에서 국어 연구의 혁신을 주장했는데, 이들이 내세운 것은 세대론이었다. 이들은 세대론을 앞세움으로써 국어학의 혁신을 열망하는 신세대 국어학자들과 결합할 수 있었고, 이들과 더불어 학풍學風의 혁신을 이끌어 내는 계기를 만들 수 있었다.[8]

---

8 1948년 5월 29일에 발족한 '전 서울대학 조선어문학 연구간담회全서울大學朝鮮語文學硏究懇談會'는 서울대 문리대 조선어문연구회의 명의로 발기했고, 서울대 사범대, 연희대학(연세대학), 고려대학, 동국대학, 중앙대학, 국학대학(홍익대학), 이화여대, 숙명여대 등이 참여하여 결성되었다. 각 대학이 연구하는 방법과 내용을 교류하여 유대를 갖는다는 취지의 연구간담회는 각 대학을 순회하며 6회에 걸쳐 진행되다가 한국전쟁으로 중단되었다. 이는 이후 국어국문학회를 출범시키는 기반이 된 것으로 볼 수 있다.

4.2. 신세대의 출현과 학풍의 혁신

해방 직후 전개된 국어 정립 활동은 한국전쟁으로 인해 유보되었고, 1953
년 이후에야 남북한 국어학계는 사전 편찬과 표준문법의 정립을 위한 논의
를 재개할 수 있었다. 남한에서는 1957년 『큰 사전』이 완간되었고, 1963년
학교문법통일안이 마련된다. 북한의 경우에도 1960년 사전 편찬이 종결되
고 1964년 표준문법이 정립되었다고 볼 수 있다.[9] 이는 국어 규범화가 일단
락되었음을 의미하며, 동시에 한국어의 범위와 특성을 객관적으로 보일 수
있는 토대가 마련되었음을 의미한다.

이런 점에 주목하여 제I부에서는 1965년을 국어학사에서 근대와 현대를
구분할 수 있는 분기점으로 삼은 바 있다. 국어 정립을 위한 연구가 마무리
되는 시점은 곧 국어학에서 새로운 방향 전환이 이루어질 수 있는 토대가
마련된 시점이기 때문이다. 그렇다면 국어학의 방향 전환이 이루어질 수 있
는 토대는 어떻게 구축되었는가?

신세대 학회의 성립과 학풍의 혁신

과학적이고 객관적인 방법론에 의한 국어국문학 연구를 주창하던 신세대
국어국문학자들은 1952년 피난지 부산에서 '국어국문학회國語國文學會'를
창립하게 된다. 학회의 창립은 전공에 관한 어떤 구상을 발표하고 논의할
방법이 전무하던 상황에서 절박하게 이루어진 일이었다. 신세대 국어국문

---

9 현재의 북한 국어문법은 과학원 언어문학연구소가 1960년에 발행한 『조선어문법 1』과 1964년
   김수경, 렴종률, 김백련, 송서룡, 김영황 등이 집필한 『조선어문법』(고등교육도서출판사) 등에
   기초한 것이다. 이는 1950년대 '토'의 성격 논의를 중심으로 진행된 북한 국어학계의 문법 논의
   를 반영한 것이다.

학자들은 국어국문학 전문 학술지인 『국어국문학』을 창간하면서 자신들이 구상한 논문을 발표할 수 있었고, 이를 통해 상호 비평이 이루어지면서 학문적 발전을 도모할 수 있었다. 국어국문학회 창립 세대에게 '연구의 과학화'를 통한 학풍의 혁신은 가장 중요한 목표였다. 국어국문학회 창립의 주역인 국어학자 김민수는 창립 5주년 학술대회에서 '학풍의 혁신'이 어문민족주의와의 단절과 과학적 연구 방법론의 도입에 의해 이루어질 수 있는 것임을 천명한다.

국어국문학의 과학적 연구에 대한 열망은 『국어국문학』에 수록된 논문의 경향을 통해서도 짐작할 수 있다. 제1권에 실린 김민수의 「ㅎ조사 연구」는 1949년 5월 제8회 연구간담회에서 구상을 발표했던 것으로,[10] 양주동梁柱東의 『조선고가연구朝鮮古歌研究』(1942)의 내용을 반박하는 성격을 띤 것이다. 이는 'ㅎ조사를 취하는 특수명사'라는 양주동의 주장을 정면으로 반박하고 'ㅎ말음 명사'를 주장한 논문으로, 신세대 국어학자가 1세대 국어학자를 정면으로 비판하여 자신의 주장을 학계에 관철시킨 것으로 화제가 되었다. 허웅의 「동방학지 제1집을 읽고 이숭녕선생님께 사룀」(제12권, 1954)은 『동방학지』에 수록된 이숭녕의 「15세기의 모음체계와 이중모음의 kontraktion적 발달에 대하여」에 대한 공개 질의였다.[11]

---

10 본인의 회고에 따른 것임.

11 신세대 국어학자들의 도전적 문제제기는 격렬한 논쟁을 불러일으키며 국어학계의 쟁점을 부각하는 계기가 되었다. 대표적인 논쟁은 이숭녕의 『중세국어문법中世國語文法』(1961)에 대한 유창돈의 서평(『중세국어문법』에 대한 이견異見, 『사상계』, 1962. 1.)과 이에 대한 이숭녕의 반박이다. 4회에 걸친 논박은 비평의 윤리 문제가 제기될 만큼 격렬했다. 또 허웅의 논문(삽입모음고, 『서울대학교논문집』 7, 1958)에 대한 이숭녕의 반론(어간형성과 활용어미에서의 '-(오/우)-'의 개재介在에 대하여, 『서울대학교논문집』 8, 1959)으로 촉발된 '-오/우-' 논쟁은 1965년까지 7년간 9차례의 공방으로 이어졌다.

또 신세대 국어학자들 간의 논쟁도『국어국문학』을 통해 이루어졌다. 김민수의 「각자병서 음가론 一」(제2권, 1952)과 「각자병서 음가론 二」(제4권, 1953)에 대해 허웅은 「병서의 음가에 대한 반성」(제7권, 1953)이란 논문으로, 강길운姜吉云은 「초성병서고」(제13권, 1955)란 논문으로 이를 반박했다. 이는 각자병서를 유성음으로 보는 설(김민수의 주장)과 경음으로 보는 설(허웅, 강길운의 주장)이 대립한 것으로 중세국어 연구를 심화하는 데 많은 기여를 했다.

『국어국문학』을 통해 이루어진 국어학 연구가 대체로 중세 국어 연구에 집중되었던 것은 국어국문학회 창립의 정신과도 연관되는 것이었다. 이러한 논문 경향에는 저항기의 이념적 운동보다 객관적이고 실증적으로 학문적 사실을 규명하려는 신세대 국어학자들의 지향이 잘 드러나 있다. 이러한 흐름에 1세대 국어학자들도 동조하는데, 이는 1930년대 조선어학의 과학화를 이끌었던 이숭녕이『국어국문학』에 논문을 게재한 데에서 확인할 수 있다.[12]

신세대 국어학자들에 의해 혁신의 대상으로 지목된 한글학회의 원로 국어학자들도 국어국문학회의 활동을 예의 주시하고 있었다. 이는 국어국문학회 창간 1주년 기념호 권두에 실린 김윤경金允經의『국어국문학』비평을 통해서도 확인할 수 있다. 김윤경의 1953년 국어국문학 비평은 일곱 가지 내용으로 이루어져 있다. 그의 표현대로 이를 요약하면 다음과 같다.

첫째, 여러 소장 학자님들을 많이 지상으로 대면하게 됨을 무한히 기쁘게 여깁니다. 둘째, 진지한 연구의 태도와 열성에 감사합니다. 셋째, 활자가 없어서 부득이 빼거나 잘

---

12 이숭녕은『국어국문학』제4호에 「격格의 독립품사獨立品詞 시비是非」라는 논문을 게재한다.

못 박힘을 흔히 보게 되어 딱하게 느껴집니다. 넷째, 국어학 방면에 연구 제목이 전체의 3분의 1도 못 되는 것 같아 보이며 국문학 방면에 지지않을 만치 연구하시는 분이 더 많아지시기를 희망합니다. 다섯째, 국어국문학도 한글전용법 시행을 지도하여야 옳겠다고 생각합니다. 여섯째, 김민수 님의 ㅎ조사 연구는 흥미 있게 읽었습니다. 또 각자병서 음가론도 흥미 있게 읽었습니다. 일곱째, 연구 자료 같은 매호 부록은 지면을 아끼는 점과 참고의 편의를 위하여 단행본으로 내어 펌이 낫지 않을까 합니다.[13]

주시경으로부터 배우고 일제강점기 내내 최현배와 함께 조선어학회를 이끌었던 국어학계의 거두 김윤경의 비평에는 국어국문학회에 대한 기대와 격려가 대부분을 차지한다. 김윤경이 실증적 관점에서 문자사와 한글 연구사를 서술한 『조선문자급어학사朝鮮文字及語學史』(1938)의 저자임을 생각한다면, 과학적 국어 연구를 내세운 후배들을 격려하는 것은 자연스럽다. 특히 김민수의 연구를 평가한 대목에서는 구세대 연구와 신세대 연구의 지향점을 명쾌하게 대비하고 있다.

각자 병서 음가론各自並書 音價論도 흥미 있게 읽었습니다. 이 문제는 일찍이 돌아간 박승빈朴勝彬님으로부터 이즈음 정경해鄭璟海님의 쌍서 탁음론雙書 濁音論에 공통점을 발견하게 된 것입니다. 다만 정경해님과 이 논문의 다른 점은 전자는 쌍서음은 원래 된소리가 아니니 현행 맞춤법을 고치어야 한다고 주장함에 대하여 이 논문은 쌍서음이 원래 된소리가 아니나 영조英祖 연간으로부터 된소리로 자각하게 되었다는 역사적 변천을 서술함에 그치고 원음을 찾자고 주장하지 아니함에 있습니다.[14]

김민수가 역사적 변천을 실증적으로 서술하여 보이는 데 목적을 두고 연

---

13 김윤경, 학술잡지 '국어국문학'을 읽고서, 『국어국문학』 8, 1953. 내용 요약은 저자.
14 김윤경, 학술잡지 '국어국문학'을 읽고서, 『국어국문학』 8, 1953.

구하는 태도를 보일 뿐 원음을 찾자고 주장하는 등의 태도를 보이지 않는 다고 지적한 부분은, 김윤경이 과학적 국어 연구의 지향점을 분명하게 이해 하고 있음을 보여 준다. 더구나 김윤경은 『훈민정음』 종성해[15]를 근거로 "전 탁全濁에 배치된 각자병서의 음가가 유성음"이라는 김민수의 견해를 반박 하고 있다. 신진 국어학자의 견해를 비평하는 그의 태도에서 과학적이고 실 증적인 분석을 중시하는 국어학자의 모습을 발견할 수 있는 것이다.

그러나 위의 글에서 '한글 전용법 시행'을 강조한 밑줄 친 부분에는 과학 적 국어 연구를 내세우는 신세대 국어학자들에 대한 경계 심리가 드러나 있다. 김윤경에게는 과학적 국어 연구만큼 중요한 것이 "사회를 지도하는 목표"였고, '한글 전용법'은 사회를 지도하는 목표의 하나였던 것이다.

이에 비해 이숭녕은 신세대 국어학자들을 통해 미래의 국어학을 그릴 만 큼 그 기대를 숨기지 않았다.

현재 국내에서 널리 사용되고 있는 문법은 저자에 따라 통일이 되지 않고 거의 책마 다 다른 형편입니다. 그러나 이것은 반드시 통일이 되고 개정이 되어야 할 것인데, 어 찌 개정될 것이냐에 있어서 근자 학계에는 새로운 연구를 하는 학자들이 늘어가고 있 어, 끝에 가서는 이 새 학자들의 의견이 승리할 것입니다. 그러므로 이 문법은 가장 새 로운 방법을 뜻하여 나간 것이라고 믿습니다.[16]

위의 글에서 밑줄 친 부분 중 "새 학자들의 의견이 승리할 것"이라는 표 현은 곧 "어문민족주의적 관점의 국어학 연구는 패배할 것"임을 함의하는 것으로 볼 수 있다. 이숭녕은 신세대 국어학자의 출현을 어문민족주의적 학

---

15 "전청全淸, 차청次淸, 전탁全濁 등은 다 그 소리가 빠르므로 입성의 종성이 되기에 알맞다"는 것이 종성해의 설명이다.
16 이숭녕, 『중등국어문법』, 1956, 3쪽.

김민수金敏洙(1926~) 1950년대 학풍의 혁신을 주도한 대표적인 신세대 국어학자. 해방 직후 조선어학회 국어강습원 파견 강사로 활동했으며, 1947년 서울대학교 국어국문학과에 입학하여 국문과 연합 연구회인 '전 서울대학 조선어문학 연구간담회全서울大學朝鮮語文學硏究懇談會'를 조직하여 활동했다. 1950년대 국어국문학회와 국어학회의 창립을 주도하며 신세대 학술 운동의 중심에 섰다.

풍이 종식되는 계기로 봤을 가능성이 높기 때문이다. 그런데 이숭녕이 현실적으로 주목했던 부분 중 하나는 품사체계에서 '토씨' 설정의 비과학성을 지적하는 신세대 국어학자들이 하나의 세력을 형성하고 있다는 점이었다.

학계의 오십 이하의 대가와 특히 국어국문학회의 일부 단결학團決學의 중견학자들의 주장이 토씨 부인론否認論에 한하여 필자의 주장과 일치하여 그 세력은 날로 커가며 이 모든 여러 분의 고견과 아울러 이러한 체계가 완전 승리한 것은 머지않은 것입니다. 우선 현 상태로 토씨 부인에서 동지로 볼 분을 추려도 오십 이하의 대가와 신진기예新進氣銳의 중견학자 층에서 많을 것이라 보는데 몇 분만 추려도 다음과 같이 머리에 떠오릅니다. 이 정도의 세력이란 참으로 무서운 것임을 여러 선생님은 알아주시기 바랍니다.[17]

---

17 이숭녕, 『새 문법체계의 태도론』, 1956, 1쪽.

이숭녕이 거명한 오십 이하의 대가와 신진기예의 중견학자는 "김민수金敏洙, 이인모李仁模, 지헌영池憲英, 강길운姜吉云, 이기문李基文, 김용경金龍卿, 정연찬鄭然粲, 강신항姜信沆, 장하일張河一, 이강로李康魯, 양염규梁濂奎, 이승화, 김완진金完鎭, 남광우南廣祐, 이승욱李承旭" 등이었다. '토씨 부인론'에 한정하여 형성된 동지적 관계임을 분명히 했지만, 한글학회 소속 국어학자인 이강로와 이승화의 이름을 올린 것은 신세대 국어학자들이 무엇을 구심력으로 세력을 형성했는지를 잘 보여 준다. 신세대 국어학자들에게 중요한 것은 학문으로서의 국어학이었던 것이다.

김윤경과 이숭녕이 신세대 국어학자들의 출현을 국어학의 연구 판도를 바꿀 현상으로 봤음은 분명하다. 다만 김윤경과 이숭녕은 이들이 이루어 갈 혁신의 방향을 나름의 관점으로 제시하고자 했음을 알 수 있다. 이는 신세대 국어학자들의 활동에 구세대적 대립 의식이 투영될 수밖에 없음을 암시하는 것이기도 하다.

이숭녕이 언급한 "새로운 연구를 하는 새 학자"들은 국어학 연구의 전환을 위한 모색을 지속하는데, 이러한 모색의 가장 중요한 분기점은 '국어학회國語學會'의 창립이다. 1959년 과학적 방법론에 의한 국어학 연구를 목표로 국어학 전문 학회인 '국어학회'가 창립되고 1962년 학회지 『국어학』을 발간한 것은 국어학의 시대적 전환이 시작되었음을 의미한다. 이를 주도한 세력은 해방 이후 대학에 들어왔거나 해방 이후부터 본격적으로 국어학을 연구하기 시작한 국어국문학회 설립의 주축인 신세대 국어학자들이었다.

국어학회 창립 회원[18]

발기인: 김민수金敏洙, 남광우南廣祐, 유창돈劉昌惇

상임회원(1961.4.7.): 강길운姜吉云, 강복수姜馥樹, 강신항姜信沆, 강윤호康允浩, 김민수金敏洙, 김석득金錫得, 김완진金完鎭, 남광우南廣祐, 박병채朴炳采, 서병국徐炳國, 유창균兪昌均, 유창돈劉昌惇, 이기문李基文, 이기백李基白, 이동림李東林, 이승욱李承旭, 장하일張河一, 전재호全在昊, 정연찬鄭然粲, 천시권千時權, 최학근崔鶴根, 홍순탁洪淳鐸

신세대 국어학자들은 1950년대 중반부터 대학 강단에 들어오기 시작했으며, 구세대의 연구 성향을 강하게 비판하면서 1960년대 국어학계의 논의를 주도하는 세력으로 성장했다. 이 세대의 시대적 의미는 제I부에서 논한 바 있다. 앞서 말했듯이 그들의 활동에는 구세대의 대립 의식이 투영될 여지가 많았지만, 그들은 구세대의 대립 의식에서 벗어나 학문으로서의 국어학을 지향한다는 점을 분명히 하고자 노력했다. 이는 '한글 전용'에 대한 접근에서 다음과 같은 원칙을 세운 것에서도 확인할 수 있다.

> 한글전용을 원칙적으로 동의·지지한다. 다만 그 시행방법 및 그에 따르는 여러 가지 문제에 대하여는 연구기관인 "국어 연구소"를 설치하여 합리적으로 완수하게 되기를 건의한다. 이 "국어 연구소"의 조직 및 운영에 관한 사항은 추후 구체적인 방안을 건의할 수 있다.[19]

한글 전용에 원칙적으로 동의한다는 선언은 구세대의 대립 의식을 벗어나겠다는 의지를 표명한 것이고, 이러한 문제를 이후 학회가 아닌 '국어연구소'라는 별도의 기관을 통해 논의해야 한다는 건의는 학회의 본분이 학문

---

18 『국어학회 사십년지國語學會 四十年誌』 참조.
19 1959년 10월 31일 논의된 국어학회 창립취지문. 『국어학』 1(1962)의 휘보.

적 연구에 있음을 분명히 한 것이다.

과학적 국어 연구의 갈림길: 문법교육의 향방

국어학 연구의 혁신을 강조한 이들의 논의는 자연스럽게 문법교육의 혁신
논의로 이어졌다. 해방 이후 국어교육이 확대되면서 국어교육용 문법서 집
필이 폭발적으로 늘어났지만, 대부분의 문법서가 일제강점기에 만들어진
문법서의 연장 선상에 있었고, 문법교육과 관련한 문제의식도 크게 달라지
지 않았다. 이러한 상황에서 문자와 음운에 대한 설명을 과도하게 강조하는
것에 대한 문제의식, 품사 분류에서 한국어의 특수성을 과도하게 강조하는
것에 대한 문제의식 등이 나타나기 시작했다.

　이러한 문제의식은 학교에서의 문법교육을 통일해야 한다는 공감대가
형성되면서 격렬한 논쟁을 불러일으켰다. 앞서 이숭녕의 글을 통해 언급했
듯이 첨예한 대립 지점은 '토씨'의 설정 문제였는데, '토씨'를 부정하는 견해
는 당시 가장 두드러진 문법서였던 『우리말본』의 문법체계에 도전하는 것
이었다.

　　문법의 통일에서 가장 첫 문제가 되는 "토씨"를 부인하는 태도라고 봅니다. 언어학
　　으로나, 국어의 역사적 연구로나, "토씨"를 독립 품사라고 볼 수는 없습니다. 이것은 머
　　지않아 모두 개정될 운명에 놓여 있습니다. "네(ne)"라는 어형語形에 두 품사가 있다고
　　함은 언어학에서는 허용되지 않는 것입니다. 세계에서 어떠한 언어이든, 어떠한 학자
　　이든, "토씨"를 독립 품사로 다룬 것은 없고, 있다면 오직 한국의 문법뿐입니다.[20]

20　이숭녕, 『중등국어문법』, 1956, 3쪽.

'토씨' 설정의 문제점을 지적하고 있는 이숭녕의 글은 『우리말본』, 즉 최현배의 품사체계를 비판하는 것이다. 그런데 여기에서 주목할 점은 이숭녕이 일반 언어학적 관점에서 '토씨' 설정의 문제점을 지적하고 있다는 것이다.[21] 그가 또한 『고등국어문법』(1956)의 머리말에서 "이 책은 언어과학에 맞는 문법을 엮고자 한 것임은 물론이지만 새 시대의 학문하는 태도를 널리 깔고자 엮은 것이오니 여러 선생님께서도 문법에 대한 같은 동지가 되셔서 문법학의 발전에 힘이 되어 주시기를 간절히 바랍니다"라고 하면서, 이 책의 총론을 '문법학'에 대한 개설적 논의로 대신한 것은 의미심장하다. 학교문법 문제는 궁극적으로 국어 연구 방법론을 혁신하자는 움직임과도 연관되었던 것이다.

　　이 태도는 전통과 본질을 극히 중요시함으로써 민족애에 호소하고, 사계의 뜻있는 이의 공명을 일으킬 수 있다. 국어가 훌륭하다는 견지에서 서구 문법이나 일반 언어학에 대하여 배타적인 태도로 확립할 수 있다고 보는 태도다. 이 경향은 세계 문화와 교류할 수 없는 처지에 놓이기 쉬운 것이 한 폐단이라 하겠다. (중략) 우리가 가장 눈여겨 보아야 할 올바른 태도는 반드시 양자를 지양하는 데에 있는 것도 아니다. 일반 언어학—般言語學과 교류되며, 특정 언어학特定言語學의 한 분과로서 가질 바를 취하는 데에 있다고 본다. 이는 일반 문법과 제휴하자는 가장 비판적인 태도이니, 일반 문법적 태도라고 할 만하다.[22]

위의 1962년 문교부의 문법 지도 지침은 어문민족주의와 실증주의의 대립이 학교문법에서의 헤게모니 경쟁으로 분출되고 있음을 보여 주는 예이

---

21 '토씨'를 독립 품사로 보지 않는 것은 정열모의 입장과 같다.
22 문교부, 『중·고등 학교 국어 문법 지도 지침』, 1962, 6~7쪽.

다. 그런데 여기에서 주목할 점은 문교부의 문법 지도 지침이 이미 실증주의자들의 손을 들어 주고 있다는 사실이다. 이는 신세대 국어학자들이 문교부의 문법 지도 지침을 작성하는 데 참여했기에 가능한 일이었다.[23] 그런데 신세대 국어학자들의 영향력이 커진 것은 그들이 학교문법에 기울인 노력의 결과라 할 수 있다.

신세대 국어학자들은 일반 언어학적 관점을 지향하되 자신들의 문제의식이 응축된 국어교육용 문법서의 체계를 고민함으로써 문법교육에서도 새로운 혁신을 이루었다. 1960년에 발간된 『새 중학 문법』과 『새 고교 문법』은 국어국문학회와 국어학회 창립의 주도자였던 4인(김민수, 남광우, 유창돈劉昌惇, 허웅)이 출간한 학교문법서로, 품사론 중심의 학교문법을 탈피하고 문장론 중심의 학교문법을 수립하자는 목표를 제시했다.[24] 저자 중 김민수와 남광우가 서울대학교에서 이희승과 이숭녕으로부터 국어학을 배웠고, 유창돈과 허웅이 연세대학교(연희전문)에서 최현배와 김윤경으로부터 국어학을 배웠다는 사실은 신세대 국어학자들의 지향점이 일정 부분 구세대와 단절된 것이었음을 상징적으로 보여 준다.

이와 관련하여 주목할 것은 이 문법서의 내용체계인데, 여기에서는 음운과 품사에 대한 설명을 최소화하고 "문장의 기본형과 성분, 토와 어미의 활용, 성분의 배열, 구문의 도해" 등을 중심으로 국어문법을 설명했다. 이러한 내용체계는 기존 문법서가 관심을 기울였던 문자와 음운의 체계, 품사의 분류체계 등을 벗어나 문법의 실용성을 강화한다는 지향을 반영한 것이다. 이

---

23 위의 『중·고등 학교 국어 문법 지도 지침』은 신세대 국어학자의 대표적 인물인 김민수가 작성한 것이다.
24 이들 네 명의 필자 중 김민수와 허웅은 1966년 개별적으로 문법 교과서를 편찬하는데, 이들은 문장론 중심의 문법 교과서를 출간하며 문제의식을 이어 간다.

처럼 신세대 국어학자들은 구세대의 문제의식을 뛰어넘는다는 목적하에 단일한 세력을 형성할 수 있었다. 문법교육을 혁신하는 문제에 관심을 갖게 된 것은 국어 연구의 흐름상 자연스러운 것이었을 뿐만 아니라, 신세대 국어학자들은 이를 통해 현대 국어학의 주도 세력으로 성장할 수 있었다.

1960년대에 진행된 학교문법 통일 과정에서 국어국문학회는 말본파에 반대하는 문법파가 주축이 되어 학교문법 통일을 주도하면서, 국어학 연구자들의 관심을 학교문법에 집중시켰다.[25] 문법교육 논의가 국어학의 방향 전환을 위한 모색으로 이어지면서, 국어학회도 학교문법 통일 논의에서 자유로울 수 없었다. 그러나 신세대들의 학회가 순수 학술 연구 단체를 표방했던 만큼 '학교문법 통일'과 같은 국어정책 문제에 관여하는 것은 학회를 균열시킬 소지가 있었다.

더욱이 학교문법 통일 논의가 문법 용어 채택 문제로 흘러가면서 신세대 국어학자들의 문제의식도 결과적으로 문법 용어의 틀에 갇혀 버리게 되었다. 1962년 3월 학교문법 통일 준비위원회가 구성되고부터 가장 논란이 된 부분은 문법 용어의 표준화 논쟁이었다. 이는 문법 용어를 '명사名詞'식으로 할 것인지 '이름씨'식으로 할 것인지와 관련한 논쟁이었고, 신세대 국어학자들도 이러한 틀을 벗어나지 못했다.[26] 학교문법을 매개로 어문민족주의와 실증주의가 격렬히 맞서며 국어순화와 관련한 대립만 남게 된 것이다.

---

25 1958년 11월에 개최된 제1회 전국국어국문학연구발표대회의 주제는 '학교문법 체계 문제'였고, 1962년 10월에 개최된 제5회 대회의 주제는 '한글전용안문제·학교문법통일문제'였다.

26 문법 용어 채택은 문법체계의 채택과 관련된다는 점에서 학교문법 통일을 위한 논쟁은 '문법파동'으로 불렸지만, 실질적으로 논쟁의 초점은 한자어 품사 용어를 채택할 것인지 고유어 품사 용어를 채택할 것인지의 문제였다.

최현배씨는 '이름씨 안옹근이름씨 갈말 바탕그림씨 월갈'이어야 민족정신이 앙양되고 민족문화가 발전한다고 '애국심'에 호소하려고 한다. 이런 이론은 낡고 케케묵은 쇼비니즘의 속임수이며 20세기 후반기에 한국에서만 보는 18세기 이론이다. '날틀' 식 복고주의의 고어풀이 같은 조작으로 어떻게 국민이 애국심을 자극받을 것인지.[27]

위의 글에서 이숭녕은 어문민족주의에 대한 적대감을 그대로 드러내고 있다. 1963년 5월 10일 '학교문법 통일 준비위원회' 제11차 회의에서 8:7로 한자어 품사 용어를 채택하자 한글학회는 거세게 반발했고 이숭녕은 위의 글을 써서 한글학회를 비난했다.

학문적 지향점을 벗어난 논쟁의 결과는 국어학회의 균열이었다. 구세대 국어학자로부터 국어학을 배웠지만 구세대의 문제의식을 뛰어넘는다는 목적으로 국어학회를 결성할 수 있었던 신세대 국어학자들이 구세대적 논쟁의 틀에 다시 갇힘으로써, 단일한 세력으로서의 구심력은 급격히 약화될 수밖에 없었다. 이러한 상황에서 최현배의 문하였던 박창해朴昌海 등의 이탈은 예고된 것이었다.

1964년부터 1965년 봄까지 우리나라 학계는 학교문법통일 전문위원회안을 받아들이어서 문교부장관이 1963년 7월 25일에 공고한 '학교문법에 관한 국어교육과정 심의위원회 통일안'에 대한 지지 여부 문제를 가지고 큰 소용돌이를 치고 있었고, 1964년 10월 30일에 국어국문학회, 한국국어교육연구회, 한국국어교육학회, 진단학회는 이미 지지 건의서를 발표하고 있었다. 그래서 ① 순수한 학술단체를 지향하고 있는 국어학회가 이러한 문제에 개입한다는 것은 온당치 않다고 주장해 온 이사장(박창해)과 부이사장(이동림)이 1964년 12월 7일 사퇴하였다. 이에 국어학회의 정상적인 활동을 계속하기 위하여 몇 달 간의 냉각기를 둔 다음 ② 국어학회 회원들은 임시총회를 열어서

---

27 이숭녕, 허위조작의 일방적인 은폐 - 최현배씨의 문법시비를 비판함, 『새교육』, 1965.

다음과 같이 국어학계의 원로를 임원으로 모시는 임원개선을 실행하였다.[28]

위 인용문의 밑줄 ①을 통해서는 '학문의 과학화'라는 기치와 '시대 현실'의 괴리를 읽을 수 있다. 이는 신세대 국어학자들이 근대적 과제를 마무리 짓고 현대적 과제를 새롭게 던지는 이중의 역할을 담당할 수밖에 없는 운명적 세대임을 말해 준다. 그러나 학교문법 통일 방안과 관련하여 말본파와 문법파의 대립이 격화되는 상황에서 이 논의에 뛰어든 신세대 국어학자들이 그 역할을 균형 있게 수행하는 건 불가능한 일이었다.

특히 학교문법 통일 과정에서의 갈등으로 박창해가 국어학회를 이탈한 것은 학문적 목표를 매개로 결성된 국어학회의 창립 취지가 훼손되었음을 말해 준다. 이때 박창해가 순수 학술단체로서의 정체성을 강조하며 국어학회가 학교문법통일안을 결정하는 데 개입하는 것을 반대했다는 것은 주목할 필요가 있다.

밑줄 ②를 통해서는 신세대 국어학자들만의 학회를 포기함으로써 이전 세대와의 단절을 부르짖던 세대적 정체성이 희석되었음을 알 수 있다. 결국 박창해의 뒤를 이어 이숭녕이 이사장으로 취임하게 되면서 논란은 일단락되었다. 그러나 국어학회가 이숭녕을 추대하면서 신구세대의 통합과 저변 확대를 명분으로 삼고[29] 국어학의 과학화를 재차 강조했음에도, 그들이 내세웠던 학풍의 혁신은 이미 퇴색했다.

퇴색한 학풍 혁신의 정신을 되살리기 위해서는 새로운 전환이 필요했다. 국어 연구의 전환을 도모할 만한 내적 동기가 약화된 상황에서, 신세대 국어

---

28 『국어학회 사십년지國語學會 四十年誌』, 15쪽.
29 국어학회 창립의 주역이었던 김민수의 구술(최경봉 외, 2007)에 의하면, 이숭녕을 이사장으로 추대한 데에는 신구세대를 결속하여 국어학회의 저변을 확대하려는 의도도 있었음을 알 수 있다.

학자들은 외국의 선진 이론에 눈을 돌리게 된다. 국어학의 과학화라는 대의가 남아 있는 상황에서 기존의 언어 연구 방법론을 뛰어넘는 혁신적 방법론의 도입은 학풍 혁신 정신을 살리는 계기가 될 수 있었기 때문이다.

4.3. 1965년 이후

1950년대 후반부터 국어 정립을 위한 과제가 하나씩 결실을 맺으면서 국어학은 전환기를 맞이했다. 이때 국어학의 전환은 국어 정립을 위한 실천적 국어 연구에서 국어 자체에 대한 과학적 연구로의 전환을 의미했는데, 이러한 전환 과정에서 국어교육, 국어사전 편찬, 국어정책 등과 같은 실천 영역을 독립적인 학문 영역으로 체계화하는 움직임이 일어났다. 학교문법통일안의 시행, 국어사전의 발간 등 국어 정립 과제가 완결된 1965년은 이러한 움직임이 본격화되는 분기점이었다.

과학적 국어 연구의 의미

문법파동을 거치면서 도드라졌던 관념론과 실증론의 대립은 학교문법통일안이 발표된 후 수면 아래로 가라앉았다. 이는 세력의 균형이 깨지면서 일어난 현상이었는데, 1960년대 중반 이후 국어학계는 어문민족주의를 이념으로 하는 관념론적 경향이 쇠퇴하는 양상을 띠었다. 사전의 편찬과 통일문법안의 수립 등 근대적 국어 정립 과제가 거의 마무리되면서 근대적 문제의식 내에서 이루어졌던 관념론적 경향의 활동이 축소된 것이다. 이러한 상황은 국어학 연구가 실증론 중심으로 재편되는 계기가 되었고, 국어학계는 실천적 언어 연구와 멀어지면서 어문운동과 국어연구의 영역 구분이 분명

해졌다. 즉 국어학계는 실증주의자들이 주도하고, 대중을 상대하는 어문운
동은 어문민족주의자들이 주도하는 상황이 된 것이다.

1950년대 학풍의 혁신을 이끌었던 신세대 국어학자들 대부분이 대학 강
단에 자리 잡으면서 국어학 연구는 더욱 심화되었다. 이는 석박사 학위 과
정에 진입하는 후속세대 국어학자들이 나타난 데에서 확인할 수 있다. 남기
심南基心의 「국어의 시제연구」(1961년 연세대), 류구상柳龜相의 「현대국어의
격형배열연구」(1965년 고려대), 고영근高永根의 「현대국어의 서법체계에 대
한 연구」(1965년 서울대), 이승명李勝明의 「동음어 연구」(1966년 경북대) 등과
같은 석사논문은, 신세대 국어학자를 뒷받침하여 국어학 연구의 경향 변화
를 이끌어 나갈 후속세대가 출현했음을 알린 신호탄이었다. 이들을 필두로
각 대학 국어국문학과의 대학원에 1960년대 학번이 진입하면서 국어학 전
성시대가 열린다. 1960년대 학번은 구조주의 언어이론을 체계적으로 공부
했으며, 1960년대 중반부터 소개된 변형생성이론을 받아들이면서 국어 연
구의 새로운 방법론을 모색하기 시작했다. 특히 변형생성이론에 관심이 집
중되면서 국어 연구의 경향은 이전 시기와 질적인 차이를 보이게 된다.

신세대의 국어 연구를 주도했던 김민수는 1960년대 중반 변형생성이론
을 국어학계에 소개하고 이를 국어 연구에 적용하는 시도를 하면서 새로
운 변화를 이끌었다. 따라서 자연스럽게 국어국문학회와 국어학회가 변형
생성이론을 발표하고 토론하는 장이 되었다. 변형생성이론의 도입과 토론
과정은 『국어국문학』에 발표한 김민수의 글[30]을 통해 개략적으로 파악할 수
있다.

---

30 김민수, 글리이슨의 변형론變形論, 『국어국문학』 39·40, 1968.

1957년 이후 새로이 개발된 변형이론(transformational theory)이 국어연구에 얼마큼 적용될 수 있느냐 하는 문제는 오늘날 우리 학계의 큰 관심사로 되어 있다. 본학회 주최 1965년 제8회 전국대회에서 그 개요가 소개된 이후, 동년 11월 20일의 국어학 연구발표회가 이 문제의 탐구로 충당될 만큼 관심의 초점이 되었었다. 또한, 일반언어이론을 발판으로 하고 있다는 공통점에서, 특히 본 학계와 영어학계는 공동의 광장이 마련되기를 기대했었다. 그러던 중, 서울대학교 어학연구소는 1967년 11월 4~5일에 제1회 어학연구회를 개최하여, 구조주의(structuralism)와 변형주의(transformationalism)를 세미나르의 제목으로 다룬 바도 있었다.

그 사이, 서울대학교 어학연구소 기관지 『어학연구』에는 주로 영어학자에 의한 이 방면의 연구가 전개되었던 것이다. 특히 상기 세미나르의 보고서가 출간되어, 양 학계의 유대 및 장차의 연구·발전에 기여하게 되었다. 필자는 1964~65년 미국 하아버드대학교에 체류하는 동안, 이 문제에 관심을 가졌었고, 귀국 후 1965년 9월 4일 국어학회 제13회 연구발표회에서 "구미의 한국학계의 최근 동향", 10월 31일 상기한 전국대회에서 "Noam Chomsky의 transformation에 대하여", 1967년 4월 15일 국어학회 제25회 연구발표회에서 "국어의 변형구조", 동년 9월 16일 국어국문학회 제70회 연구발표회에서 "한국어의 변형문법에 대하여"란 제목으로 그 소견의 일단을 발표한 바 있다.

신세대 국어학자인 김민수는 1965년 선구적으로 변형생성이론을 국어학계에 발표했고, 미국 언어학계의 동향에 민감했던 국어학자들이 이 이론에 관심을 기울이면서, 변형생성이론은 짧은 시간 안에 국어학계에 확산될 수 있었다. 당시 변형생성이론을 대하는 국어학계의 모습은 소장학자 서정수徐正洙(1933~2007)의 글을 통해 짐작할 수 있을 것이다.

사실상 이 이론은 이미 여러 나라 말이 적용한 예가 있으며 우리말의 경우에도 적용의 예가 늘어나고 있다. 앞으로도 계속 이 이론이 확장 발전됨과 아울러 모든 언어의 과학적 기술에 크게 이바지하리라고 믿어진다. (중략) 다만 현 실정으로는, 이 변형생성이론이 다소의 추상성과 수식의 활용에 따른 외견상 난해점을 보이고 있어서 아직 우리학계에 좀 더 활발한 도입발전이 지연되고 있는 것으로 보아진다. 그러나 일부에서 이 이론의 면밀한 연구와 검토도 없이 일시 언어학의 유행 조류처럼 관망한다든지, 심지어는 국어 기술상의 적부를 부질없이 예단하는 일이 있음은 매우 유감스럽다고 생각된다.[31]

국어학계의 경향에 대한 서정수의 비평은 1960년대 후반까지 국어학계에서의 변형생성이론의 수용 수준이 높지 않았음을 보여 준다. 서정수의 논의 역시 변형생성문법의 범주규칙을 제시하고 국어 현상에서 가능한 변형규칙을 간략하게 제시하는 것에 머물렀다. 당시 변형생성이론에 대한 관심이 높았고, 1960년대 후반부터 '국어국문학회'와 '한글학회' 기관지를 통해 변형생성문법의 적용 문제를 다루었지만, 변형생성문법의 여러 측면이 소개되거나 국어 현상에의 적용 가능성이 언급되는 수준이었다. 그러나 변형생성이론이 세계 언어학계에서 주목을 받고 한국 학계의 미국 의존도가 커지는 상황에서, 국어 연구에 변형생성이론을 적용해야 한다는 국어학자들의 열망도 커졌다. 국어 연구에 변형생성이론의 적용 가능성을 모색하는 일은 국어 연구의 새로운 전환을 모색하는 일에 비견되는 것이었다.

김민수의 글에서 볼 수 있듯이 변형생성이론을 이해하기 위한 열망이 커지면서 영어학자와의 공동연구가 모색되기도 했다. 서울대학교 어학연구소와 한국언어학회 등을 중심으로 변형생성이론을 한국어에 적용하는 연구가 활발해지면서 국어학자와 영어학자의 교류도 활발해졌다. 그런데 당시 영어학자에 의해 이루어진 연구도 추상적인 이론 체계를 소개하거나 단편적인 언어 현상을 설명하는 데 머무르는 경우가 많아 국어학계의 문제의식

---

31 서정수, 변형 생성 문법의 이론과 국어 ―V류어의 하위 분류, 『한글』 141, 1968.

을 담아내는 데에는 역부족이었다. 그럼에도 불구하고 이론의 수용이 국어학의 내적인 필요에 따라 이루어지지 않고 이론을 수용해야 한다는 강박으로 변질됨으로써, 국어 연구의 문제의식이 흐려지는 부작용을 낳게 되었다. 여기에 더해 변형생성문법에 대한 이론적 개신이 계속되자, 국어학 연구는 변주되는 변형생성이론을 이해하고 수용하는 문제에 갇혀 버렸다. 국어학자, 특히 현대국어 연구자들의 문제의식이 협소해지면서 그들의 관심 영역 또한 확장되지 못했다. 그렇다면 국어학자들의 문제의식이 협소해졌다는 건 무슨 의미일까?

변형생성이론이 소장 국어학자들에게 익숙해지는 1970년대부터 변형생성이론의 관점으로 국어 현상을 재검토하는 연구가 활성화되었다. 특히 피사동, 부정문, 이중주어문 등이 새로운 관점에서 관찰되었다. 그러나 이러한 연구들은 변형생성이론의 적용 가능성을 살펴보는 수준에 머물렀다. 즉, 지금까지 밝혀진 국어 현상을 새로운 이론의 방법론으로 조망했을 뿐, 이 이론을 통해 국어 현상의 원인을 깊게 분석하여 설명하는 데까지는 이르지 못한 것이다. 이숭녕은 이러한 상황을 염두에 두면서 이론의 수용에 앞서 국어의 특수성에 대한 면밀한 고찰이 우선되어야 한다는 점을 분명히 하고 있다.

근자近者 구미의 언어학의 도입에서 새로운 방법론이 형태론과 통사론을 개편하려고 하는데, 아직 지금은 대체로 소화단계로서 국어학의 발전을 위해서는 좋은 현상이라고 하겠다. 그러나 염려되는 것은 국어의 특이성에서 외래학설을 성찰할 여유를 가지지 않고 국어에의 공식적 적용이 보이기 시작하는데, 이것 또한 우리의 반성할 바라고 하겠다. 적어도 국어가 지닌 언어적 사실을 직시하고서, 그것이 일본문법학의 태도이든, 또는 최근 구미의 언어학의 학설이든 우리가 취할 바는 취하되, 국어의 언어적 사실에 비추어 완전소화를 통한 적용이기를 바라는 바이다. 따라서 본고는 국어의 주

격 '-이'가 지닌 유다른 문장구조상에서의 특이성을 밝히려 한다.[32]

서구 언어이론의 도입과 이를 국어 연구에 적용하는 문제에 가장 적극적이면서 국어학의 과학화를 주창했던 이숭녕의 지적은 과학적 국어 연구의 취지를 다시금 생각하게 한다. 그가 염려했던 것은 이론의 도입이 아니라 이론 중심의 접근을 통해 국어가 지닌 언어적 특수성이 단순화되는 것이었다. 이숭녕의 우려는 변형생성이론의 접근법에 대한 우려일 수 있다. 구조주의나 역사비교주의의 관점이 구체적 언어 사실을 통해 법칙을 발견하는 접근법을 취하는 데 반해, 변형생성이론은 이론 내적인 원리를 우선하는 접근법을 취하기 때문이다.

그런데 심층구조와 표면구조의 개념, 그리고 보편문법의 설정 등과 같은 변형생성이론의 개념은 새로운 방법론을 모색하던 국어학자들에게 매력적인 것이었으며, 이러한 개념은 국어 현상에 대한 이해를 명료하게 하는 데 기여한 측면이 있다. 앞선 논문에서 이숭녕은 국어의 특수성을 보여 주는 예로 이중주어문을 거론했는데, 변형생성이론을 적용하는 관점에서 볼 때는 이중주어문의 문장 구조를 분석하는 데에 심층구조와 표면구조의 개념을 적용한다면 이를 국어의 특수성으로 보는 것에서 머물지 않고 보편문법의 틀로 이중주어문을 설명할 수 있는 것이다. 그렇다면 이중주어문과 동일한 의미를 지닌 문장 유형들의 문법적 관련성을 체계화하는 계기를 마련한 것은 국어학 논의를 심화하는 데 기여한 예로 볼 수 있다.[33]

---

32 이숭녕, 주격중출의 문장구조에 대하여, 『어문학』 20, 1969.
33 서정수의 「국어의 이중주어 문제-변형생성문법적 분석-」(『국어국문학』 52, 1971)을 이러한 예로 볼 수 있을 것이다. 이중주어문의 특성에 대해서는 1970년대에 본격적으로 논의되면서 다양한 유형의 논의로 발전했다.

위의 논문에서 이숭녕이 우려했던 것은, 과학적 국어 연구가 보편문법의 틀에 따라 한국어의 현상을 보여 주는 것으로 간주되면서 한국어의 특수성을 보편문법의 틀로 단순화하는 것이었을 것이다. 촘스키N. Chomsky의 *Syntactic Structure*(1957)에 근거한 피동 논의의 경우, 한국어 피동문이 영어에 비해 복잡한 제약 조건을 지니고 있다는 점이 충분히 검토되지 못하고 능동문과 피동문을 연결 짓는 변형 규칙만이 부각된 것과 같은 것은 한국어를 보편문법의 틀로 단순화해 설명한 대표적인 예라 할 수 있다. 이러한 연구 태도가 일반화되면서 국어 현상을 설명할 수 있는 기초 연구가 소홀히 취급되는 부작용을 낳았다. 국어의 문법형태소의 의미와 기능, 단어의 의미적 특성 등에 대한 연구가 면밀히 이루어지지 못한 것이다.

이러한 한계를 뛰어넘어 한국어의 현상을 면밀히 검토하고 이를 체계화하는 연구를 과학적 국어 연구의 주요 과제로 설정한 것은 1990년대에 들어서면서부터이다.[34] 이 시기는 한국어 코퍼스corpus(말뭉치)를 활용한 새로운 형식의 국어사전 편찬이 기획되는 시기와 맞물려 있다. 대대적인 국어사전 편찬 사업은 국어학이 한국어를 이론의 검증을 위한 자료로 보는 이론 중심의 편향성에서 벗어나는 계기가 되었다.

실천적 국어 연구의 의미

실천적 국어 연구의 영역에는 국어교육, 국어사전 편찬, 국어정책 등이 포함될 수 있다. 실천적 국어 연구는 근대 국어학의 주요 목표였지만, 과학적

---

34 이는 국어학의 경향성 변화를 말하는 것이다. 국어사 논의는 대부분 변형생성이론과 거리를 두고 진행되어 왔기 때문에 국어사 관련 연구는 위에서 서술한 경향성 변화를 판단하는 데 고려하지 않았다.

국어 연구가 국어학의 주요 목표가 되면서 국어학의 본령에서 멀어지게 된다. 그런데 실천적 국어 연구가 국어학의 본령에서 멀어진 것은 실천적 국어 연구가 독자적 체계를 갖춘 영역으로 발전하는 데에서 비롯된 양상이라고 볼 수 있다. 이러한 전환기적 양상에서 주목할 부분은 실천적 국어 연구에 과학적 방법론을 도입하여 이와 관련한 논의를 심화하려는 움직임이다. 가장 두드러진 활동은 국어교육 분야에서 시작된다. 신세대 국어학자들에 의해 과학적 국어 연구가 강조되는 시점에 국어교육계에서는 '국어교육 연구회'(1955)와 '한국 국어교육 학회'(1963)를 창립하면서 국어학과 독립적인 실천적 국어 연구의 방법론을 모색하기 시작한다.

국어교육에 대한 과학적 접근

국어학적 관점에서 볼 때, 국어교육과 관련한 과학적 접근의 첫 결과물이라 할 수 있는 것은 문교부에서 발간한 『우리말 말수 사용의 잦기 조사-어휘 사용 빈도 조사-』(1956)[35]이다. 이 조사는 박창해라는 신세대 국어학자의 문제의식에서 비롯된 것으로 보인다.

> 그래서 그 다음에 내가 기본어 어휘 조사 카드 양식을 만들었습니다. 이거 두 권 만한 크기로 해가지고 줄을 대강… 책 한 권을 이제… 다듬어서 찍어서 #표 하면서 몇 번 사용했다는 거를… 이런 거를 가지고선 문교부가 기본 어휘 조사를 시작해서 해보니까 한두 달을 하니까 백오십일만 개…빈도수가 나오더라구. 거기서 제일 많은 단어를

---

35 1955년 6월에 『우리말에서 쓰인 글자의 잦기조사』가 간행되고, 1956년 12월에 『우리말 말수 사용의 잦기조사[語彙使用頻度調査]』가 간행되었다. 이 조사는 1951년 3월에 계획을 세워 그해 4월 13일부터 조사에 착수했는데, 촉탁 7명과 임시직원 128명이 종사한 것으로 알려져 있다. 『우리말 말수 사용의 잦기조사』의 '빈도순위표'는 5,648어 221만 8,727 빈도의 낱말을 빈도가 높은 차례로 정리한 결과표다.

골라가지고 교과서 만드는 데 이용하니까 좋더라구요. 그래서 그… 기본어 조사 연구를 부산 내려가서도 했습니다. 그 책이 문교부에서 나왔는데 아… 조선말 말수 조사[36]

위의 구술을 보면 어휘 사용 빈도 조사는 박창해가 문교부 편수사로서 국어교과서 편찬에 관여하던 1948년 이전부터 시도된 것으로 추정된다. 그는 1948년 문자 교육의 방식에서 언어 교육의 방식으로 발상을 전환하여 1학년 국어교과서[37]를 편찬했는데, 이 과정에서 기본 어휘를 중심으로 1학년 국어교과서를 편찬하려는 계획을 세웠던 것이다. 기본 어휘의 선정이 어휘 사용 빈도의 조사를 필요로 한다는 점에서, 교과서 편찬 시 시도했던 어휘 빈도 조사는 1956년에 발간한 『우리말 말수 사용의 잦기 조사—어휘 사용 빈도 조사—』의 토대가 된 것으로 볼 수 있다. 박창해는 『바둑이와 철수』의 편찬 과정과 관련한 회고의 글[38]에서 "이 책들을 내가 직접 지었다는 것을 본 사람은 편수사는 물론 필경생筆耕生들과 기본 어휘 조사원들까지 다 증인이 될 만한 사실이다. 편수국에 적을 두거나 드나들던 분은 거의 다 안다" 라고 하여 이 책의 편찬 과정에서 '기본 어휘 조사원'들이 활동했음을 밝히고 있다. 이는 『바둑이와 철수』가 어떤 형식으로든 어휘 사용 빈도 조사의 결과를 참조하여 집필되었음을 말해 준다.

어휘 사용 빈도 조사 결과를 바탕으로 교과서를 편찬한다는 방침은 국어교육의 과학화라는 관점에서 볼 때 혁신적인 것이었다. 어휘의 사용 빈도는 학년급에 따라 단계적인 교재를 만드는 데 활용할 수 있는 것이었고, 한자

---

36 오새내·김양진에 의해 채록된 박창해의 구술 내용 중 일부. 위의 구술에 나오는 '조선말 말수 조사'가 『우리말 말수 사용의 잦기조사 — 어휘 사용 빈도 조사 — 』이다.
37 『바둑이와 철수』를 말함. 이는 서구의 국어교육의 방법론을 적용한 것으로, 해방 직후 조선어학회에서 편찬한 문자 교육 방식의 『한글 첫 걸음』과는 체제가 달랐다.
38 박창해, 나의 '국어 편수사' 시절, 『편수의 뒤안길』 8, 2007.

의 사용 빈도를 조사한 것은 일반적으로 쓰이는 한자, 즉 상용한자를 별도로 선정할 수 있는 근거를 마련하는 데 활용할 수 있는 것이었기 때문이다. 이러한 의의에도 불구하고 이후 어휘 사용 빈도 조사는 실시되지 않았으며, 국가 차원의 어휘 사용 빈도 조사가 재개된 것은 2002년이다.[39] 50여 년의 단절은 당시 국어교육계의 문제의식이 선구적이었음을 말해 주는 한편, 1960년대 이후 국어학이 과학적 연구를 내세우면서 실천적 연구와 거리를 둔 결과가 무엇인지를 말해 준다.

이처럼 국어 연구의 과학화를 내세우는 연구가 주류적 위치를 차지하면서 국어학의 실천성은 약화될 수밖에 없는 상황이었다. 국어의 규범화가 실질적으로 완결되면서 국어학과 국어정책의 연계가 느슨해진 상황에서, 국어교육 방법론에 대한 논의도 국어학 연구와 별개로 진행되었다. 이러한 상황은 변형생성이론이 국어학계의 주류 이론으로 자리를 잡기 시작하면서 더 심화되었다. 이런 점에서 문법교육과 변형생성이론을 연결 짓고자 한 이익섭李翊燮의 논문은 구체적 방안을 제시하지는 않았지만, 이론을 수용하는 것과 관련한 문제의식을 보여 줬다는 점에서 주목할 만하다.

변형문법 이론은 언어학 이론 중 가장 훌륭한 이론이며, 그것은 또 어떤 언어의 교육에나 훌륭히 적용된다고 적어도 변형문법가는 말한다. 우선 이 말을 믿기로 하자. 이제 우리는 이 이론에 의하여 독본과(또는 작문과) 동떨어진, 그리고 그 독본보다 훨씬 보잘것없는 존재로서의 문법이 아닌, 국어교육의 핵심체로서의 문법교육의 건설에 총력

---

39 2002년 국립국어연구원 보고서인 「현대 국어 사용 빈도 조사」는 외국어로서의 한국어 교육에 필요한 단계별 어휘 목록을 선정하기 위한 조사로, 150만 어절의 문헌을 대상으로 했다. 이후 국어교육과 사전 편찬 등에 활용할 수 있는 어휘 목록을 선정하기 위해 300만 어절의 문헌을 대상으로 한 빈도 조사를 실시하는데, 2005년 국립국어원 보고서 「현대 국어 사용 빈도 조사 2」 가 그 결과이다.

을 기울여야 할 것이다. 그리하여 문법교육은 학생들로 하여금 문의 이해 및 구사 능력
을 향상시켜 준다는 그 본래의 목적에 충실할 수 있게 하여야 한다.[40]

그러나 이론에 대한 절대적인 믿음을 앞세우면서 변형생성이론에 기대어
문법교육에 접근하는 것은 구체성이 떨어질 수밖에 없었다. 변형생성이론
을 바탕으로 문법교육의 방법론을 혁신하는 시도가 뚜렷한 성과를 낼 수 없
었던 것은 이 때문이었다. 당시 문법교육에 대한 일반적 인식은 이전 세대의
문법 논쟁의 영향권을 벗어나지 못했고, 이런 상황에서 문법교육의 국어교
육적 의미에 대한 이론적인 고민이 문법 교과서에 구현되기는 어려웠다.

당시 문법교과서는 1963년에 국어과 교육과정 심의위원회에서 공포한
학교문법통일안에 근거하여 집필되었지만, 세부 내용, 즉 지정사나 격조사
설정 등에 대한 문제에서는 문법학자들 간의 이견이 정리되지 않은 채로
교과서가 집필되었다. 이러한 차이에서 오는 불편함으로 결국 1982년에 문
법 교과서가 검인정에서 국정으로 전환되었다. 이러한 일련의 과정은 1980
년대까지도 문법 교과서의 편찬에서 중요했던 문제가 문법 요소에 대한 설
명에서 나타나는 문법학자들 간의 이견을 조정하는 것이었음을 말해 준다.
결국 "문법교육은 학생들로 하여금 문의 이해 및 구사 능력을 향상시켜 준
다는 그 본래의 목적"이라는 이익섭의 문제의식은 변형생성이론의 이론적
가능성에 기대어 제기되었지만, 문법교과서 편찬의 문제의식으로는 승화
되지 못했던 것이다. 문법교육의 교과과정에서 "의사 전달의 한 체계로서의
글의 구조를 분석한다"는 목표를 제시한 것은 1988년 고시된 제5차 교육
과정에서였다.[41]

---

40 이익섭, 변형생성문법과 문법교육, 『국어국문학』 34·35, 1967.
41 문법교육 연구사는 이관규(2005)를, 문법교육 변천사는 왕문용(2005)을 참조할 수 있다.

국어사전 편찬 방법론의 혁신

국어사전은 국어 규범화의 결정체라는 점에서 국어사전 편찬은 근대 국어학 연구의 귀결점으로 볼 수 있다. 따라서 1957년『큰 사전』의 완간은 근대 국어학 연구에서 하나의 이정표가 된다.

『큰 사전』완간 이후 이를 젖줄로 하는 크고 작은 사전들이 출간되었다. 『큰 사전』완간 이후 20여 년은 그야말로 사전 편찬의 전성기라고 할 만큼 많은 사전이 출판되었다. 작은 규모의 사전 중『큰 사전』과 체제를 달리하여 학습사전으로서의 효율성을 도모한 것으로는 홍웅선·김민수의『새사전』(1959)[42]이 두드러지고, 큰 규모의 사전 중『큰 사전』을 뛰어넘어 양적 확장을 시도한 사전으로는 이희승의『국어대사전』(1961)이 두드러진다. 그리고 그 이후 출간된 사전들은 뜻풀이와 용례 선정 등에서 차별성을 도모했는데, 이러한 점에서 두드러진 것이 신기철·신용철의『새 우리말 큰사전』(1974)이다.

명망 있는 국어학자라면 사전 하나는 편찬했을 만큼 국어사전이 많이 발간되었지만,『큰 사전』을 혁신적으로 보완할 수 있는 사전을 기획한 경우는 없었다. 또 국어학자들이 사전 편찬에 참여한 경우는 많았지만, 국어학적 연구 성과가 사전 편찬 방법론에 어떻게 연결될 수 있는지에 대한 고민은 이루어지지 않았다. 이런 이유로 사전편찬학 혹은 사전학이 독립적인 영역을 구축하기는 어려웠다. 사전에 대한 학문적 탐구가 시작된 시점은『큰 사전』과 다른 체제의 새로운 사전을 기획하면서부터였다. 국어사전의 혁신과

---

42 『새사전』에서는 아주 쉬운 어휘나 거의 쓰이지 않는 어휘를 올림말에서 제외했다. 따라서 일반적인 사전 편찬 관례에서 벗어난 것이라 할 수 있지만, 사전 이용자의 실제적인 요구를 의식하여 사전의 거시구조를 결정했다는 점에서 그 의미가 있다.

맞물려 사전편찬학 혹은 사전학의 학문적 체계화가 이루어지기 시작한 것이다.

새로운 사전은 언어 데이터베이스의 일종인 코퍼스를 기반으로 한 것이었는데, 이를 이용한 최초의 사전이 북한 사회과학원 언어학연구소에서 편찬한 『조선말대사전』(1992)이다. 104만 어절에 불과한 소규모 코퍼스였지만 이를 활용하여 표제어에 빈도수를 표시한 것은 이 사전이 최초이다. 그러나 이는 '표제어와 용례 선정 방식의 혁신', '뜻풀이 방식의 혁신'을 도모할 정도에는 이르지 못해 국어사전의 혁신 사례로 보기는 어려웠다.

코퍼스를 활용한 사전 편찬 방법론을 모색하면서 이를 사전 편찬의 혁신으로 이끈 것은 연세대학교 언어정보연구원이라고 볼 수 있다. 연세대학교 언어정보연구원은 1986년부터 대규모 코퍼스에 기반 한 국어사전 편찬을 기획했는데, 이 과정에서 사전편찬학에 대한 이론적 연구가 본격화될 수 있었다. 『큰 사전』 완간 후 30년 만에 이루어진 일이다. 이후 고려대학교 언어정보연구소에서도 1992년 코퍼스에 기반 한 국어사전을 기획하는데, 이는 같은 대학 민족문화연구원으로 이관되어 17년 만인 2009년 『한국어대사전』으로 출간된다.

국어정책 수행의 의미

국어 연구가 이론 탐색에 경도된 상황에서 어문운동이 국어학과 괴리되었지만, 1959년 설립된 국어학회의 창립 취지문에도 나타나듯 신세대 국어학자들은 국어운동에 대한 문제의식을 유지하고 있었다. 다만 이들의 문제의식은 학회가 국어정책에 개입하는 것이 아니라 국어정책을 위한 중립적 연구기관을 만들어 국어정책의 기반을 조성하는 것이란 점에서 이전 세대의 문제의식과 달랐다.

국어정책을 위한 연구기관을 만든다는 것은 학문적 연구와 다른 차원에서 국어정책을 연구하자는 것으로 볼 수 있다. 중립적 연구기관인 국어연구소를 만들자는 것은 국어국문학회와 국어학회가 주장한 것이기도 하지만, 최초의 제안은 두 학회의 창립 발기인인 김민수에 의해 이루어진 것으로 보인다.

첫째는 국어문제자료의 수집 및 간행이다. 이미 발표된 논설을 모아서 거두는 동시에 현존한 여러 연구가의 제안도 수록해야 한다. 이는 (1) 한자제한 (2) 한글전용 (3) 국어정서법 (4) 한글개혁 (5) 표준어 (6) 외래어 등의 편으로 나뉘어야 하겠다. 이 사업은 요컨대 과거에서 현재에 이르기까지의 모든 국어국자國語國字문제에 대한 구체적인 방안을 종합하는 것으로 된다. 이러한 말하자면 연구사를 일별하고 귀납적으로 내려지는 결론은 방법부터가 과학적일뿐더러 은연히 보편타당성 있는 소론所論으로 귀일하게 하는 길이 될 것이기 때문이다. (중략) 둘째로는 여러 국어사업의 조사보고다. 이는 어떠한 논단論斷에 실증적 자료가 될 것은 물론 국어의 생태를 시시각각으로 파악할 수 있게 할 것이다. 실정이 밝은 데서 올바른 정책이 설 수 있다면, 이 사업이야말로 또한 없지 못할 것이 아닌가? 자세한 말은 피하겠거니와, 가령 한자폐지가 불가하다면 이 방향으로 되도록 여러 모의 조사 · 통계를 제시할 것이요, 또는 한글전용이 불가하다면 이런 길로 역시 조사 · 통계하여 그 불가 혹은 가능성을 찾아보는 것이다.[43]

국어정책과 관련한 김민수의 입장은, 과학적이고 실증적인 접근을 통해 국어정책을 객관적으로 수립해야 하고 특정 이념을 앞세워 주장하는 방식의 정책은 지양해야 한다는 것이다. 객관적 국어정책의 구체적인 내용은 국어연구소의 설립취지와 임무에 대한 주장으로 나타나는데, 이는 "국어국자國語國字의 여러 문제에 관한 과거와 현재의 논설과 현대의 제 국어 현실을

---

43 『동아일보』, 1958. 10. 1.

조사·통계하여 합리적인 국어정책을 수립한다"로 요약된다. 이러한 과제는 상설 국어정책 기관을 통해서만 수행할 수 있는 일이라는 것이 김민수의 주장이다.

> 어떤 이는 관계 학회가 엄연히 존재하는데 연구소 같은 기관이 필요하겠느냐 하고 반문할지도 모른다. 그러나, 일개 민간학회가 그 거대한 업무를 다 담당할 수가 없는 것이며, 실은 일부 학회의 주창만을 그대로 받아들여서 무조건 시행에 옮긴다는 것은 어디까지나 타당성을 인정하기가 어렵다고 본다. 또한, 현재 국어심의위원회가 있으니, 이것으로 만족할 수가 있지 않느냐고 보는지도 모른다. 그러나, 이는 한 자문기관에 불과하며, 상설도 아니기 때문에 그 임무를 다할 수 있다고 볼 수가 없다.[44]

이처럼 국어연구소의 설립 요청은 국어정책이 국어학과 독립적인 영역을 구축하여 이루어져야 한다는 관점을 반영한 것이었다. 국어연구소의 설립 요청이 순수 학술단체임을 강조하던 국어국문학회와 국어학회를 중심으로 전개되었던 것은 이러한 관점에 따른 것이라 할 수 있다. 국어연구소 설립 요구는 1960년대 중반까지 지속되었지만, 학교문법 파동을 거치면서 국어연구소 설립과 관련한 주장은 사그라졌다. 이는 학교문법 파동기에 국어국문학회와 국어학회가 어문정책의 대립 구도에 휩쓸린 결과였다.

국어연구소 설립 운동이 무위로 끝나면서 국어정책이 독자적인 영역을 구축할 수 있는 계기도 사라졌다. 이러한 상황에서 국어학의 경향이 이론적 연구로 더욱 기울게 되었고, 국어 연구와 국어정책의 괴리는 심해졌다. 국어정책과 관련한 제안은 어문민족주의를 기반으로 한 국어운동단체를 중심으로 이루어졌고, 이는 학술 연구와 국어운동 모두에 부정적 결과를 낳았

---

44 『서울신문』, 1958. 10. 11.

다. 1960년대 후반부터 시작되는 파행적인 한글전용정책과 국어순화운동
은, 이론에서 괴리된 어문운동의 귀결점을 보여 주는 동시에 과학주의에서
이탈한 국어 연구의 귀결점을 보여 준다. 1960년대 중반부터 1970년대 말
까지의 상황을 보자.

이 시기에는 산업화 시대의 정치적 필요에 의해 국민정신 또는 민족주체
성이 강조되었다. 따라서 국어정책은 규제적이었을 뿐만 아니라 국가주의
에 경도되어 지극히 선동적이었다. 대통령 박정희가 1968년 10월 25일 '한
글전용촉진 7개 사항'을 지시하면서 한글전용정책이 급진적으로 진행되었
고, 이와 더불어 국어순화정책이 실시되었다. 따라서 표준어 정책의 화두는
현대 서울말을 중심으로 한 표준어의 정립이 아니라, 국어순화를 통해 새로
운 국어를 건설한다는 것이었다. 국어순화를 통해 표준어를 건설한다는 목
표로 진행된 국어정책은 국민정신을 통일적인 표준어에 연결 지으면서 획
일화되었고, 민족주체성을 순화醇化한 표준어를 통해 강화하려 함으로써
국민의 의사소통 능력을 향상시키는 문제를 실질적으로 방기하는 결과를
낳았다.

어문민족주의를 기본 이념으로 했던 한글학회는 이처럼 국가주의에 경
도된 국어정책에 적극 참여했고 이와 관련한 논리를 제공했다. 박정희 정권
의 한글전용정책과 국어순화 논리만을 봤을 때, 이는 민족어의 주체성을 강
조하는 한글학회의 목적에 부합하는 것이었기 때문이다. 국민의 의사소통
능력을 향상시키는 문제에 대한 치밀한 고민 없이 선동적으로 진행된 국어
정책에 개입함으로써, 일제강점기에 빛을 발했던 어문민족주의는 그 한계
를 드러내게 되었다. 이처럼 이론에서 괴리된 어문운동의 귀결점을 한글학
회가 보여 줬다면, 과학주의에서 이탈한 국어 연구의 귀결점은 국어국문학
회와 국어학회가 보여 줬다.

1968년 대통령의 지시로 한글전용정책이 진행되자 남광우는 이희승, 이숭녕 등과 함께 국한문혼용을 주장하는 한국어문교육연구회를 창립하여 맞섰다. 남광우는 국어학회의 창립을 주도한 신세대 국어학자의 대표적 인물이지만, 신세대 학회가 어문정책의 대립 구도에 휩쓸린 상황에서 국한문혼용 운동을 선도하는 역할을 맡게 된다. 1971년 한국어문교육연구회, 국어국문학회, 국어학회, 한국국어교육연구회가 공동으로 낸 '어문교육시정촉구건의서語文教育是正促求建議書'가 수용되어 이듬해 '한문교육용 기초한자'를 발표하고 중학교 한문교육을 부활시키는 성과를 거두었지만, 이 과정에서 한자와 한글의 대립 프레임이 강화되면서 신세대 국어학자들이 내세웠던 과학주의도 빛이 바랠 수밖에 없었다.

1976년 당시 대통령이었던 박정희가 국어순화를 지시하자, 국어국문학회, 국어학회, 백산학회, 진단학회, 한국사학회, 한국어문학회 등 9개 학회 대표들이 공동 명의로 1976년 4월 25일 박정희가 지시한 국어순화운동을 지지한다는 성명서를 냈고, 외래어 순화와 관련한 크고 작은 행사가 대학마다 학회마다 유행처럼 열렸다. 어문민족주의를 강력히 비판하며 성장한 학회들이 역사상 가장 파행적이었던 국어순화운동을 지지한 것은 역사의 아이러니였지만, 이는 과학주의에서 이탈하고 시대정신에 둔감했던 국어학계의 취약성을 상징적으로 보여 주는 사건이었다.

국어정책 분야를 독립적인 영역으로 체계화할 수 있는 발판은 1984년 5월 10일 학술원 산하에 국어연구소를 개소하면서 마련되었다. 1950년대 후반 국어연구소 설립 문제가 제기된 이후 간헐적으로 등장하던 국어연구소 설립 요구는 1980년 제5공화국이 등장하면서부터 빈번해지기 시작했다. 이는 제5공화국의 문화정책 경향에 힘입은 것이다. '민족주체성의 확립'을 내세웠다는 점에서 제5공화국의 문화정책 목표는 유신정권의 문화정책 기조에서 벗어나지 않았다. 그러나 유신정권이 민족주체성의 확립을 규제와 통제를 통해 구현하고자 했다면, 제5공화국은 반정부적인 문화운동에 대한 통제를 제외하고는 기본적으로 국가 통제를 표면화하지 않았다. 이러한 문화정책 기조에 힘입어 국어순화 이데올로기에서 벗어난 중립적인 국어정책을 요구하는 움직임이 본격화되었던 것이다.

이러한 요구는 한국어문교육연구회, 국어국문학회, 국어학회, 한국국어교육연구회 등을 중심으로 제기되는데, 이는 곧 국어순화 및 한글 전용에 대한 문제제기와 연동된 것이었다. 이처럼 국어연구소 설립 요구가 한자와 한글의 대립 프레임 안으로 들어오면서, 국어정책 논의는 표피적인 문제에서 벗어나지 못했다. 제5공화국에 대한 기대를 밝힌 이숭녕의 논설에는 한자와 한글의 대립 프레임 안에서 정치권력의 힘을 국어정책의 동력으로 삼으려는 태도가 드러난다.

> 이제 제5공화국이 탄생했고, 국회가 또한 새 의원으로 활동을 전개시킬 것인데, 어문교육에서 새것이 있는 것으로 보아 우리의 기대됨이 또한 큰 바 있다. 그런데 개정된 새 헌법의 본문에서나 국민의 계도를 위한 선전문에서나 또는 슬라이드의 설명문에서도 한자가 사용된 것에 우리는 크게 고무된 것이며, 우리가 고대했던 길보吉報가 눈 앞에 서리는 것만 같다. 학계에서는 국어조사연구원의 설치를 요망하고 있으며, 여지껏의 일방적인 주장을 중용적인 태도로 선진외국의 태도를 참고하라고들 한다.[45]

이처럼 한자와 한글의 대립 프레임은 여전히 작동하고 있었지만, 국어정책을 체계적으로 기획하고 연구할 수 있는 국가 기관의 설립은 필요했기 때문에, 국어연구소 설립 요구는 국어학계의 지지를 얻었다. 그리고 국어순

---

45 이숭녕, 제5공화국에 기대한다, 『어문연구』 29, 1981.

화의 이념에서 자유로웠던 문화정책 기조에 따라 1984년 연구 중심의 국어
정책 기관인 국어연구소가 설립되었다.[46] 국어연구소의 지향은 초대 소장
으로 학술원 원로회원인 김형규金亨奎가 임명되고 국어연구소 설립을 최초
로 제안했던 김민수가 운영위원으로 참여한 데에서 짐작할 수 있다. 김형규
는 당시 국어학계의 원로로 실증적 국어연구와 실천적 국어연구를 병행한
인물이었으며, 국어 규범화 및 어문문제 등과 관련한 그의 의견은 현실론에
근거한 것이었다.[47]

국어연구소는 국어연구 및 국어정책을 위해 언어 자료를 수집하고 정리
하는 것을 주요 사업으로 설정했다. 이에 따라 국어연구소는 설립 초기부터
교과서 어휘 사용 조사, 한자와 한자어 사용 실태 조사, 외래어 사용 실태
조사 등을 시작했다. 이러한 조사 사업은 어문 규범 개정안 검토 연구와 병
행되었는데, 국어연구소는 1980년대 언어 현실을 반영하여 표준어, 맞춤법
등의 개정안을 만들었고, 문교부는 이 개정안에 근거하여 1988년 1월 19일
한글 맞춤법과 표준어 규정의 개정을 고시하게 된다.

---

46 초기 국어연구소는 14명의 운영위원과 10여 명의 연구원, 조사원으로 구성된 소규모 연구소였
   으며, 공식 국가 연구기관이 아닌 학술원 산하 부설연구소였다.
47 김형규는 '-오, -요'를 현실 발음대로 표기할 것과 자모의 명칭을 '기윽, 니은, 디귿…'으로 할
   것을 주장했을 만큼 현실언어의 변화 양상에 주목했다. 이에 대해서는 이광정(2011)을 참조할
   수 있다.

참고문헌

姜馥樹(1959), 國語 文法 研究의 史的 動向,『국어국문학』20.

姜信沆(1979),『國語學史』, 普成文化社. (增補改訂版 1996)

姜信沆(2000),『諺文志』에 나타난 柳僖의 音韻研究,『語文研究』108.

姜信沆·金錫得(1985), 공동토론: 國語學史의 諸問題-國語學史의 記述方法(姜信沆), 국 어학사를 보는 시각(金錫得),『國語學』14.

강진호·허재영 외(2011),『조선어독본과 국어문화』, 제이앤씨.

高永根(1985),『國語學研究史-흐름과 動向』, 學研社.

고영근(1989), 1930년대의 유럽언어학의 수용양상,『이혜숙교수정년퇴임기념논문집』, 한신문화사. 재수록: 고영근, (2001ㄴ),『한국의 언어연구』, 역락.

高永根(1990),『國語文法研究 그 어제와 오늘』, 탑출판사.

고영근(1995),『최현배의 학문과 사상』, 집문당.

고영근(2001ㄱ),『역대한국문법의 통합적 연구』, 서울대학교 출판부.

고영근(2001ㄴ),『한국의 언어연구』, 역락.

고영근(2003), 양주동의 국어학 연구,『국어국문학』133.

고영근(2008ㄱ),『민족어의 수호와 발전』, 제이엔씨.

고영근(2008ㄴ),『북한의 문법 연구와 문법지식의 응용화』, 한국문화사.

고영근 외(2004),『북한의 문법 연구와 문법 교육』, 박이정.

고영진(2012), 해방 직후 북한에서의 한자 폐지에 대하여,『식민지 시기 전후의 언어 문 제』, 소명출판.

고영진(2014), 김수경의 조선어 연구와 일본-김수경(1989)에서 읽는 한국 역사비교언 어학의 한 모습-,『社會科學』44-1, 同志社大學人文科學研究所.

고운기(2008), 鄕歌의 근대·1,『韓國詩歌研究』25.

고지훈(2005), 『현대사 인물들의 재구성』, 앨피.

과학원(1954), 『쏘웨트 언어학의 제문제』(번역 론문집), 평양: 과학원.

교육도서출판사(1955), 『이·웨·쓰딸린의 로작에 비추어 본 언어학의 제 문제』, 평양: 교육도서출판사.

구본관(2003), 安自山의 언어관과 국어 연구, 『어문연구』 31-1.

국어국문학회(2002), 『국어국문학회50년』, 태학사.

국어학회(1999), 『국어학회 사십년지』, 태학사.

김기종(1993), 중국조선어규범사전편찬에서 견지해야 할 몇가지 원칙, 『중국조선족문화연구』, 연변: 연변대학출판사.

김기종(2004), 중국, 조선, 한국에서의 조선문자전용정책과 조한문자 혼용, 병용정책의 략사, 『조선어연구』(연변언어연구소) 4.

金滿坤(1976), 日帝의 屬領地에 對한 言語敎育政策 比較考, 『전주교대논문집』 12.

金敏洙 編(1991), 『북한의 조선어 연구사』 1-4권, 녹진.

金敏洙(1961), 늣씨'와 'Morpheme' -주시경周時經 및 Bloomfield의 문법적文法的 최소단위最小單位에 대對하여- , 『국어국문학』 24.

金敏洙(1973), 『國語政策論』, 고려대학교 출판부.

金敏洙(1977), 『周時經研究』, 塔出版社.

金敏洙(1980), 『新國語學史』 全訂版, 一潮閣. (초판, 1964)

金敏洙(1981), 姜瑋의 『東文字母分解』에 대하여, 『國語學』 10.

金敏洙(1987), 『國語學史의 基本理解』, 集文堂.

金敏洙(1990ㄱ), 言語와 民族의 問題, 『二重言語學』 6.

金敏洙(1990ㄴ), 朝鮮語學會의 創立과 그 沿革, 『周時經學報』 5.

金敏洙(1995), 金允經, 〈朝鮮文字及語學史〉(1938)의 역사적 가치와 평가, 『語文研究』 88.

金敏洙(2000), 柳僖 先生의 生涯와 학문, 『柳僖의 生涯와 國語學 資料集』, 韓國語文敎育研究會.

金敏洙(2003), 우리말의 규범생성문법에 대하여, 『한국어학』 19.

金敏洙·河東鎬·高永根(1979), 『歷代韓國文法大系』, 塔出版社.

金芳漢(1988), 『歷史·比較言語學』, 民音社.

김병문(2013),『언어적 근대의 기획 - 주시경과 그의 시대』, 소명출판.

김병제(1984),『조선어학사』, 한국문화사.

김석득(1983),『우리말연구사』, 정음문화사.

김석득(2006), 우리말의 '역사 연구'와 '연구 역사'의 한 시각,『국어사 연구 어디까지 와 있는가』, 태학사, 17~44.

김선철(2008), 표준어에 대한 새로운 이해를 위하여,『한국어의 규범성과 다양성 - 표준어 넘어서기-』, 태학사.

김세중(2004), 표준어 정책에 대하여,『새국어생활』 14-1.

金時泰(1978), 无涯 梁柱東 研究 -民族主義 文學論을 中心으로-,『東岳語文論集』 11.

김양진(2008), 훈곡薰谷 홍희준洪義俊의 「언서훈의설諺書訓義說」에 대하여,『어문논집』 58.

김양진(2009), 18世紀 後半의 國語學과 鄭東愈의『晝永編』,『대동문화연구』 68.

김영민(2012),『문학제도 및 민족어의 형성과 한국 근대문학(1890~1945)』, 소명출판.

金英培(1995), 梁柱東論,『東岳語文論集』 30.

김영황(2004), 조선어토의 문법적처리와 문법교육의 효률성 문제,『이중언어학』 24.

김영황·권승모 편(1996),『주체의 조선어연구 50년사』, 평양: 김일성종합대학 조선어문학부.

金完鎭(1980),『鄕歌解讀法 研究』, 서울대학교 출판부.

金完鎭(1985), 梁柱東,『국어 연구의 발자취(I)』, 서울대학교 출판부.

김완진·정광·장소원(1997),『국어학사』, 한국방송통신대 출판부.

金允經(1938),『朝鮮文字及語學史』, 朝鮮記念圖書出版館.

김윤경(1963),『새로 지은 국어학사』, 을유문화사.

김윤한(1989), H. Paul의 언어 연구방법,『언어학』 11.

김재용(2009), 프로문학 시절의 임화와 문학어로서의 민족어,『임화문학연구』, 소명출판.

김지홍(2013), '언문지'의 텍스트 분석,『진단학보』 118.

김철(2005), 갱생更生의 도道 혹은 미로迷路: 최현배의『조선민족갱생의 도道』를 중심으로,『민족문학사연구』 28.

김하수(1993), 한글마춤법통일안의 사회언어학적 의미해석,『周時經學報』 12.

김하수(1994), 언어와 사회의 문제에 관한 최 현배의 인식,『나라사랑』 89.

김하수(2001), 국어정책,『2001년 국어학 연감』, 국립국어원.

김하수(2008ㄱ),『문제로서의 언어 1−사회와 언어』, 커뮤니케이션북스.

김하수(2008ㄴ), 시대 전환기에 대한 최현배와 페스탈로치의 대응: 동양과 서양의 지적
인 교류에 대한 서론적 고찰,『동방학지』 143.

김혜정(2005), 국어 교육 자료 변천사,『국어교육론 1』, 한국문화사.

남경완(2010), 주시경 문법에서 '드'의 개념과 범위,『國語學』 59.

남경완 외(2003),『쉽게 풀이한 대한문전』, 月印.

南基心(1977), 國語學이 걸어온 길,『言語科學이란 무엇인가』, 文學과 知性社.

남기심(1980), 국어문법연구사에서 본「우리말본」,『동방학지』 25.

남기심(1982), 문법이론과 국어문법의 연구,『국어국문학』 88.

류준필(2003), 구어의 재현과 언문일치,『문화과학』 33.

리득춘(1989), 훈민정음기원의 이설 하도기원론,『중국조선어문』 5.

리득춘(2005), 한국학의 흥기와 전망,『중국조선어문』 2.

마주르 유.엔.(1991), 러시아와 소련에서의 한국어학과 한국어교육,『二重言語學』 8.

명월봉(1991), 이중언어와 재소한인의 모국어교육 문제,『二重言語學』 8.

문혜윤(2008),『문학어의 근대』, 소명출판.

미쓰이 다카시(2013),『식민지 조선의 언어 지배 구조』(임경화, 고영진 옮김), 소명출판.

민현식(2010), 국어문화의 정체성과 다양성 문제,『세계한국어문학』 3.

박갑수 편저(1994),『국어 문체론』, 대한교과서.

박건식(2013), 방송 언어의 심의 양상과 인식에 대한 연구, 고려대학교 박사논문.

박용규(2011), 문세영『조선어사전』의 편찬 과정과 국어사전사적 의미,『東方學志』 154.

박용규(2012),『조선어학회 항일투쟁사』, 한글학회.

박지향 외(2006),『해방전후사의 재인식』, 책세상.

박태권(1976),『국어학사 논고』, 샘문화사.

박형익(2004),『한국의 사전과 사전학』, 월인.

박형익(2009), 한국어 사전 편찬 작업의 회고와 반성−연세대학교 한국어 사전 편찬 작
업을 중심으로,『한국어사전학』 13.

방기중(1993),『한국근현대사상사연구』, 역사비평사.

方鍾鉉(1948),『訓民正音通史』, 一成堂書店.

徐炳國(1973),『新講 國語學史』, 螢雪出版社.

宋建鎬·姜萬吉(1995),『韓國民族主義論 1』, 創作과批評社.

孫世一(1978),『韓國論爭史 II』, 靑藍文化社.

송철의 외(2007),『일제 식민지 시기의 어휘, 어휘를 통해 본 문물의 수용 양상』, 서울대
   학교 출판부.

시정곤(2015),『훈민정음을 사랑한 변호사 박승빈』, 박이정.

申昌淳(2007),『國語 近代表記法의 展開』, 太學社.

안해룡(1994), 4·24 한신교육투쟁과 재일동포민족학급,『우리교육』53.

연규동(1996), 近代國語 語彙集 研究, 서울대학교 박사논문.

연변대학사십년편집위원회(1989),『연변대학사십년』, 민족출판사.

연변역사연구소(1992),『중국조선족인물전』, 연변: 연변인민출판사.

오새내·김양진(2014), 해방 후, 최초의 국정교과서『바둑이와 철수』(박창해 저, 1948)
   편찬의 국어학사적 맥락 연구-고故 박창해 구술 자료를 중심으로-,『우리어문연구』
   49.

왕문용(2005), 문법 교육 변천사,『국어교육론 2』, 한국문화사.

원윤수(2000),『언어와 근대정신: 16, 17세기 프랑스의 경우』, 서울대학교 출판부.

俞昌均(1959),『國語學史』, 英文社. (改稿版 1969, 螢雪出版社)

이관규(2005), 문법 교육 연구사,『국어교육론 2』, 한국문화사.

이광정(2003ㄱ),『국어문법연구 1』, 역락.

이광정(2003ㄴ),『국어문법연구 2』, 역락.

이광정(2008),『국어문법연구 3』, 역락.

이광정(2011), 해암 김형규 선생의 학문세계,『해암 김형규 선생 탄신 100돌 기념 학술
   대회』(자료집).

李基文(1970),『開化期의 國文研究』, 一潮閣.

이기문(1972),『國語音韻史研究』, 탑출판사.

李基文(1976), 周時經의 學問에 대한 새로운 理解,『韓國學報』2-4.

李基文(1981), 한힌샘의 言語 및 文字 理論,『語學研究』17-2.

李基文(1988), 安自山의 國語研究,『周時經學報』2.

李基文(1998),『國語史概說』, 塔出版社.

이병근(1979), 주시경의 언어이론과 '늣씨', 『國語學』 8.

이병근(2000), 『한국어사전의 역사와 방향』, 태학사.

李秉根(2003), 近代國語學의 形成에 관련된 國語觀: 大韓帝國 時期를 중심으로, 『韓國文化』 32.

李秉根(2005), 1910-20년대 일본인에 의한 한국어 연구의 과제와 방향-小倉進平의 方言硏究를 중심으로-, 『방언학』 2.

이상혁(2000). 애국계몽기의 국어의식-당대 연구자들의 국어관을 중심으로, 『어문논집』 41.

이상혁(2002), 국어학사의 관점에서 바라본 유희의 언어관: 언문지를 중심으로, 『한국학논집』 36.

이상혁(2007ㄱ), 국어학사를 다시 생각함-정의, 방법, 범위의 문제를 중심으로-, 『한성어문학』 26.

이상혁(2007ㄴ), 해방 후 초기 북쪽 국어학 연구의 경향-1945~1950년 초기 국어학 연구자를 중심으로, 『어문논집』 56.

李崇寧(1956), 國語學史, 『思想界』 5-12.

李崇寧(1965), 天主敎神父의 韓國語 硏究에 대하여, 『亞細亞硏究』 8-2.

이연숙(2006), 『국어라는 사상 -근대 일본의 언어 인식』(고영진, 임경화 옮김), 소명.

이연숙(2009), 『말이라는 환영, 근대 일본의 언어 이데올로기』, 심산.

이응호(1974), 『미 군정기의 한글 운동사』, 성청사.

이응호(1975ㄱ), 『개화기의 한글 운동사』, 성청사.

이응호(1975ㄴ), 한불ᄌᆞ뎐에 대하여, 『한글』 179.

李仁模(1960), 『文體論』, 東華文化. (社宣明文化社, 1974)

이준식(1994), 외솔과 조선어학회의 한글 운동, 『현상과인식』 62.

이준식(2002), 일제 강점기의 대학 제도와 학문 체계 - 경성제대의 조선어문학과를 중심으로, 『사회와역사』 61.

이지영(2004), 근현대 한국어 교재의 사적 고찰, 『국어교육연구』 13.

이지영(2005), 1930년대 구소련 원동지역 한인 초등학교 문법 교재 내용 분석, 『한국어교육』 16-1.

이지영(2010), 사전 편찬사의 관점에서 본 『韓佛字典』의 특징-근대국어의 유해류 및 19

세기의『國漢會語』,『韓英字典』과의 비교를 중심으로-,『한국문화』48.

李珍昊(2004), 心岳 李崇寧 선생의 學問세계,『語文研究』32-1.

이진호(2008), 일제시대의 국어 음운론 연구,『한국어학』40.

李忠雨(1980),『京城帝國大學』, 多樂園.

이타가키 류타(2014), 김수경의 조선어 연구와 일본-식민지, 해방, 월북-,『社會科學』
    (同志社大學人文科學研究所) 44-1.

이혜령(2005), 한글운동과 근대어 이데올로기,『역사비평』71.

인하대학교 한국학연구소(2013),『러시아의 한국학과 북우 계봉우』, 소명출판.

임경화(2012), 노래로 익히는 '국어'-식민지기 조선에서의 창가와 언어교육,『식민지 시
    기 전후의 언어 문제』, 소명출판.

임상석(2008),『20세기 국한문체의 형성과정』, 지식산업사.

임용기·홍윤표 편(2006),『국어사 연구 어디까지 와 있는가』, 태학사.

任洪彬(1981), 사이시옷 問題의 解決을 위하여,『國語學』10.

임홍빈(1997),『북한의 문법연구』, 한국문화사.

전학석(2006), 중국에서의 조선어교육 및 조선어사용 상황,『조선어연구』(연변언어연구
    소) 5.

정경일(2001), 조선후기 국어 연구의 실학적 경향,『한국어학』14.

정광(2006),『훈민정음의 사람들』, 제이엔씨.

정광·양오진(2011),『노박집람역주』, 태학사.

정병욱(2013),『식민지 불온열전』, 역사비평사.

정순기·정호용(2000),『조선어학회와 그 활동』, 평양: 사회과학원.

정승철(2003ㄱ),『국어문법』(주시경)과 English Lessons,『국어국문학』134.

정승철(2003ㄴ), 주시경과 언문일치,『한국학연구』12.

정승철(2005), 근대국어학과 주시경,『한국근대초기의 언어와 문학』, 서울대학교 출판부.

정승철(2006), 경성제국대학과 국어학,『이병근선생퇴임기념국어학논총』, 태학사.

정승철(2012), 安廓의『朝鮮文法』(1917)에 대하여,『한국문화』58.

정재환(2013),『한글의 시대를 열다-해방 후 한글학회 활동 연구-』, 경인문화사.

정판룡(1993), 중국조선족 문화의 성격문제,『중국조선족문화연구』, 연변: 연변대학출
    판사.

조남호(1991), 이극로의 학문 세계,『周時經學報』7.

조성산(2009ㄱ), 18세기 후반~19세기 전반 조선 지식인의 어문 인식 경향,『한국문화』47.

조성산(2009ㄴ), 조선 후기 소론계의 동음 인식과 훈민정음 연구,『한국사 학보』36.

조원형(2010), 20세기 초중반 한국어학의 사상적 면모: 주시경과 게봉우를 중심으로, 『한국학연구』23.

조태린(1998), 일제시대 언어정책과 언어운동에 관한 연구-언어관 및 이데올로기와의 관계를 중심으로, 연세대학교 석사논문.

조태린(2006), 국어라는 용어의 비판적 고찰,『國語學』48.

조태린(2009), 근대 국어 의식 형성의 보편성과 특수성,『한국언어문화』39.

陳榴(2001),『〈馬氏文通〉과 〈大韓文典〉의 比較研究』, 중문출판사.

진종화(2004), 수사학과 문체론의 관계를 Charles Bally의 문체,『수사학』1.

최경봉(2004), 김규식『대한문법』의 국어학사적 의의,『우리어문연구』22.

최경봉(2005),『우리말의 탄생』, 책과 함께.

최경봉(2006ㄱ), 문법 교과서의 내용체계상 문제점과 개선방안,『국어국문학』142.

최경봉(2006ㄴ), 일제강점기 조선어학회 활동의 역사적 의미-해방 전후사의 재인식에 나타난 인식 태도를 비판하며-,『민족문학사연구』3.

최경봉(2006ㄷ), 표준어 정책과 교육의 현재적 의미,『한국어학』31.

최경봉(2008), 일제 강점기 조선어 연구의 지향,『한국어학』40.

최경봉(2009), 金壽卿의 국어학 연구와 그 의의,『한국어학』45.

최경봉(2010ㄱ), 국어학사의 서술방법론에 대한 비판적 고찰,『國語學』59.

최경봉(2010ㄴ), 중국 내 조선·한국학의 특성과 위상: 우리말 연구의 역사와 경향을 중심으로,『국어국문학』155.

최경봉(2011ㄱ), 2011년 동숭학술재단이 선정한 언어학자, 鄭烈模,『동숭학술재단자료집』.

최경봉(2011ㄴ), 가람 이병기와 조선어학회 운동,『가람이병기 탄생 120주년 기념학술대회 발표논문집』.

최경봉(2012ㄱ),『한글민주주의』, 책과함께.

최경봉(2012ㄴ), 국어학사에서 柳應浩의 위상과 계보,『한국어학』54.

최경봉(2012ㄷ), 근대적 언어관의 전개와 국어정립이라는 과제의 인식 양상: 한국의 특수성을 중심으로, 『동방학지』 158.

최경봉(2012ㄹ), 조선어학회의 수난과 현대 한국어의 발전, 『조선어학회 수난 70돌 기념행사 발표 자료집』(국립국어원).

최경봉(2014), 국어학사의 관점에서 본 김수경, 『社會科學』(同志社大學人文科學研究所) 44-1.

최경봉 외(2007), 『해방 이후 국어 정립을 위한 학술적·정책적 활동 양상』(국사편찬위원회 구술 채록 자료집).[1]

최규수(2005), 『주시경 문법론과 그 뒤의 연구들』, 도서출판 박이정.

최규수(2008), 정 열모 문법론의 특징, 『한글』 281.

최기호(1989), 주시경의 초기문법의식 – 〈가뎡잡지〉「국문」을 중심으로, 『외국어로서의 한국어교육』 14.

최낙복(1998), 주시경 말본의 형태론 연구, 동아대학교 박사논문.

최낙복(2001), 주시경 문법의 통어론 연구, 『한글』 254.

최낙복(2002), 유길준 말본의 통어론 연구, 『한힌샘 주시경 연구』 14·15.

최낙복(2003), 김규식 문법의 통어론 연구, 『한글』 260.

최낙복(2005), 김희상 문법의 통어론 연구, 『二重言語學』 28.

최성옥(2001), 조선어연구 (1910-1945) –소창진평小倉進平의 음운연구를 중심으로서–, 『日本學報』 47.

최성옥·이태환(2010), 오구라신삐小倉進平의 『조선어학사朝鮮語学史』 재평가–金允經의 『朝鮮文字及語学史』와 비교를 중심으로, 『日本文化研究』 36.

최윤갑(1996), 중국에서의 조선어규범화와 조선어사용의 현황, 『중국조선어문』 2.

최전승(2001), 1930년대 표준어의 선정과 수용 과정에 대한 몇 가지 고찰, 『국어문학』 36.

최현배(1942), 『한글갈』, 정음사.

최형용(2012), 분류 기준에서 본 주시경 품사 체계의 변천에 대하여, 『국어학』 63.

최호철(1989), 주시경과 19세기의 영어문법, 『周時經學報』 4.

최호철(2002), 자료 발굴과 소개: 1950년대 말 조선 민주주의 인민공화국에서의 조선

---

1 이 자료집에는 김민수金敏洙, 유목상柳穆相, 이강로李康魯, 이응백李應百, 정재도 등 국어학계 원로 5인의 구술이 녹화되어 있다.

언어학 역사,『한국어학』17.

태평무(1998),『사회언어학연구』, 평양: 과학백과사전종합출판사.

태평무(2006), 세계화시대의 중국 조선언어문학의 현황과 전망-중앙민족대학교 조선
  언어문학학과를 중심으로-,『어문논집』34.

하정일(2011), 임화의 민족문학론과 언어론,『한국근대문학연구』23.

한글학회 편(1971),『한글학회 50년사』, 한글학회.

한영균(2011),『西遊見聞』文體 硏究의 現況과 課題,『國語學』62.

허경진 옮김(2004),『서유견문』, 서해문집.

허재영(2003), 근대 계몽기 이후의 국어 연구가 한글맞춤법에 미친 영향,『겨레어문학』31.

허재영(2008), 일제강점기 우리말 연구의 경향과 의미: 잡지, 학술지에 실린 논문을 중
  심으로,『민족문화논총』39.

허재영(2010), 애류 권덕규의 생애와 국어 연구,『어문론총』52.

허재영(2011ㄱ),『일본어 보급 및 조선어 정책 자료』, 경진.

허재영(2011ㄴ),『일제강점기 어문 정책과 어문 생활』, 경진.

허재영(2011ㄷ),『조선 교육령과 교육 정책 변화 자료』, 경진.

허재영(2011ㄹ), 국어 표기 규범화 과정에서 나타난 '역사적 철자법'의 성격,『어문연구』68.

허재영(2011ㅁ), 근대 계몽기 언문일치의 본질과 국한문체의 유형,『어문학』114.

홍종선(1996), 개화기 시대 문장의 문체 연구,『국어국문학』117.

홍종선 외(2009),『국어사전학개론』, 제이앤씨.

황호덕(2010), 번역가의 왼손, 이중어사전의 통국가적 생산과 유통 -언어정리 사업으로
  본 근대 한국(어문)학의 생성,『상허학보』28.

황화상(2005), 김희상 문법의 재조명,『우리어문연구』22.

石剛(2005),『日本の植民地言語政策硏究』, 明石書店.

小林英夫(1944),『文體論の美學的基礎づけ』, 筑摩書房.

安田敏朗(1999),『「言語」の構築 小倉進平と植民地朝鮮』, 三元社. 李珍昊·飯田綾織 譯
  註(2009),『「言語」의 構築 小倉進平과 植民地朝鮮』, 제이앤씨.

安田敏朗(2006),『國語の近代史―帝國日本と國語學者たち』, 中央公論新社.

趙振鐸(2000),『中國語言學史』, 河北敎育出版社.

中國社會科學院民族研究所 編(2003),『國家, 民族 與 語言 － 語言政策國別研究』, 語文出版社.

Amsterdamska, O.(1987), *Schools of Thought: The Development of Linguistics from Bopp to Saussure*. 임혜순 옮김(1999),『언어학파의 형성과 발달』, 아르케.

Helbig, G.(1970), *Geschichte der neueren Sprachwissenschaft*. 任桓宰 譯(1984),『言語學史』, 經文社.

King, J. R. P(1991), Korean Language Studies in the USSR.『이중언어학』8.

Paul, H.(1880), *Principles of the History of Language*; translated by Strong, H. A., General Books, 2012.

찾아보기

근대 국어학의 논리와 계보

초판 1쇄 펴낸날 2016년 4월 15일

지은이 | 최경봉
펴낸이 | 김시연

펴낸곳 | (주)일조각
등록 | 1953년 9월 3일 제300-1953-1호(구: 제1-298호)
주소 | 03176 서울시 종로구 경희궁길 39
전화 | 734-3545 / 733-8811(편집부)
　　　　733-5430 / 733-5431(영업부)
팩스 | 735-9994(편집부) / 738-5857(영업부)

이메일 | ilchokak@hanmail.net
홈페이지 | www.ilchokak.co.kr

ISBN 978-89-337-0708-1　93710
값 23,000원

* 지은이와 협의하여 인지를 생략합니다.
* 이 도서의 국립중앙도서관 출판예정도서목록(CIP)은 서지정보유통지원시스템 홈페이지(http://seoji.nl.go.kr)와
국가자료공동목록시스템(http://www.nl.go.kr/kolisnet)에서 이용하실 수 있습니다. (CIP제어번호: 2016008147)